J 27,-

Gelöscht

Stadtbibliothek Salzgitter
000-265-842-00B

Bruckmann's Zinn-Lexikon

Bruckmann's Zinn-Lexikon

Ludwig Mory
Eleonore Pichelkastner
Bernd Höfler

Bruckmann München

Schutzumschlagvorderseite:
Fama-Platte. Nürnberg, dat. 1567.
Nicolaus Horchaimer.
Bayerisches Nationalmuseum München

Kirchenleuchter. Süddeutsch, 1680.
Privatbesitz

Weinkanne (Stitze). Hall in Tirol, um 1700.
Mattäus Heiberle.
Tiroler Volkskunstmuseum Innsbruck

Salzmeste. München, 1805.
Johann Baptist Knoll.
Privatbesitz

Schutzumschlagrückseite:
Meister des 17. Jahrhunderts
Kokillenguß
Gußformöffnung
Dreharbeit

© 1977 Verlag F. Bruckmann KG, München
Alle Rechte vorbehalten
Herstellung: F. Bruckmann KG,
Graphische Kunstanstalten, München
Printed in Germany
ISBN 3 7654 1361 5

Vorwort

Das Metall Zinn spielt in der kulturellen Entwicklung der Menschheit eine bedeutende Rolle. Seine Verhüttung und Verarbeitung läßt sich seit Beginn der Bronzezeit nachweisen. Von Anfang an wird es zu einfachem Hausgerät wie zu Schmuckornamenten geformt – zwei Richtungen der Verwendung, die seit annähernd 5000 Jahren bis in die Gegenwart eingehalten werden, in den künstlerisch hochstehenden Epochen des Mittelalters, der Renaissance und des Barock auch zusammentreten und eine reiche, künstlerisch vielgestaltige Zinnkultur heraufführen, deren Erzeugnisse den Stolz der großen Museen und Privatsammlungen bilden.

Das Alte Testament und die Epen Homers sind die frühesten schriftlichen Dokumente für den Abbau und die Verarbeitung des Zinnerzes im abendländischen Raum. Funde von Zinngerät und Zinnschmuck aus so früher Zeit und aus der Antike sind wegen der leichten Verwitterung des Metalls nur in geringem Umfang erhalten. Im Mittelalter tritt das sich herausbildende Zinngießerhandwerk in den Dienst kirchlicher Auftraggeber. Viele liturgische Geräte – Hostienkapseln, Wein-, Wasser- und Ölampullen, Reliquienkästchen, Kruzifixe, Pilgerzeichen und Devotionalien – werden in Zinn gegossen, bei steigender Förderung von Zinnerz seit dem 13. Jahrhundert sogar große, reliefverzierte Taufbecken.

Im späten Mittelalter und zu Beginn der Neuzeit wächst durch das Aufkommen zahlreicher Zünfte und die gehobenen Ansprüche des Bürgertums die Nachfrage nach Zinngerät und Schmuckzinn auch im weltlichen Bereich. Das Zinngießerhandwerk tritt in seine Blütezeit. Die Zinngießer selbst schließen sich zu Zünften und Innungen zusammen, geben sich strenge »Ordnungen« und bezeugen ihr handwerkliches Können und künstlerisches Vermögen in gediegenem Haus- und Tischgerät aller Art, vor allem aber in großartigen Kannen, Humpen, Schüsseln und anderen Schaustücken, die in der Fülle ihrer Ornamente und figürlichen Darstellungen nicht mehr zum Gebrauch, sondern zum Schmuck auf Tafeln und Kredenzen bestimmt sind. In dieser Zeit wird das Zinngerät hoffähig und verbreitet im Verein mit Gold und Silber festlichen Glanz in fürstlichen Räumen. Erst die im Rokoko neu in Mode kommenden Werkstoffe Fayence, Porzellan und Steingut verdrängen das Zinngerät ins Abseits des kleinen Hausrats.

Unser Jahrhundert hat die sanftschimmernde Schönheit des Zinnmetalls neu entdeckt. Es steht zum Gebrauch wieder auf dem festlichen Tisch und wird in seinen kunsthandwerklichen, edlen Formen von Sammlern geschätzt.

Der Freund und Liebhaber alten und modernen Zinngeräts findet in diesem von Kennern der Materie erarbeiteten Nachschlagewerk alles Wissenswerte über das Zinn und seine handwerkliche und künstlerische Verarbeitung in alter und neuer Zeit, Hinweise auf Fälschungen, Pflege und die Anlage einer Sammlung.

Der Verlag

Hinweise zur Benutzung des Lexikons

Stichworte, die aus Einzelbegriffen bestehen, sind nicht streng alphabetisch, sondern entsprechend dem Sinnzusammenhang geordnet; z. B. Zinn zu Malzwecken. Zinn, weißes. Maßgeblich ist der Anfangsbuchstabe des ersten Hauptworts bzw. Eigenschaftsworts. Hiernach folgen die Stichwörter wie üblich nach dem Alphabet; z. B. Zinn-Bergwerke, Zunft. Von diesem Grundsatz wird nur abgewichen, wenn das aus Einzelbegriffen gebildete Stichwort sozusagen zu einem Eigennamen geworden ist; z. B. Gepeitschtes Zinn. In diesem Fall geschieht die Einordnung entsprechend dem Anfangsbuchstaben des ersten Wortes.

Die Stadt- und Meisterstempel sind alphabetisch – unabhängig von den Stichworttexten – hintereinander gestellt. Ausnahmen bilden die Marken einiger nichtdeutscher Länder, bei denen den einzelnen Städten kein gesonderter Text gewidmet ist; z. B. Holland, Italien. Hier sind die Stempel dem betreffenden Land beigegeben. Sonderstempel sind ebenfalls bei dem jeweiligen Stichwort zu finden, so Engelmarke oder Hausmarke. Stempel zeitgenössischer Zinnwarenhersteller stehen beim Stichwort: Modernes Zinngerät.

Abkürzungen

Bd. Bde.	Band, Bände	franz.	französisch	Mos.	Moses
bez.	bezeichnet	geb.	geboren	n. Chr.	nach Christi Geburt
C	Celsius	gen.	genannt		
D.	Durchmesser	gest.	gestorben	o. J.	ohne Jahr
d. Ä.	der Ältere	griech.	griechisch	Priv. Slg.	Privatsammlung
dat.	datiert	H.	Höhe	s.	siehe
d. J.	der Jüngere	Hl.	Heilige(r)	sign.	signiert
ehem.	ehemalig	Jh., Jh.s	Jahrhundert(s)	Slg.	Sammlung
engl.	englisch	lat.	lateinisch	v. Chr.	vor Christi Geburt
erw.	erwähnt	Met.	Metamorphosen		

Abbau von →Seifenzinn im Tagbau vorwiegend in Ostasien. Dabei wird das →Erz, das an oder knapp unter der Erdoberfläche vorliegt, mit Baggern abgeräumt. →Bergzinn wird bergmännisch, heute unter Einsatz moderner Maschinen, im Untertagebau gewonnen, zum Teil in tiefen Schachtbetrieben bzw. Bergwerken. »Off shore«-Abbau im Meer, mit Schwimmbaggern, im Bereich der Festlandsockel der Kontinente.

Abbeizung von Zinngerät mit Salzsäure- oder Nitro-Lösungen ist dann notwendig, wenn durch einfaches Waschen mit Seifenlauge oder Putzen mit Schweißsand (→Hilfswerkstoffe) Zaponlackreste, Nikotinrückstände und verklebter Schmutz in den Poren von →Zinnfraß nicht mehr entfernt werden können. Oberflächentönungen (→Patina) werden dabei jedoch zerstört. Solche Behandlung soll nur dem guten Fachmann oder Restaurator überlassen bleiben (→Pflege).

Abblätterung, s. Zinnkrankheiten

Abdraht sind Zinnspäne, die beim Abdrehen eines Gußstücks anfallen.

Abdrehen, s. Drehtechnik

Abendmahlsgerät in der protestantischen Kirche besteht aus →Abendmahlskanne, Kelch, →Hostiendose und →Abendmahlsteller. Das A. war meist aus Edelmetall gefertigt, wurde aber in Notzeiten aus Zinn hergestellt, vor allem Kanne, Kelch und Teller. Man war stets bemüht, das A. seiner kultischen Bedeutung entsprechend besonders sorgfältig und kunstvoll zu gestalten. Einzelne Stücke und auch ganze Garnituren wurden vor allem gegen Ende des 17. Jh.s von Gemeindemitgliedern der Kirche geschenkt oder testamentarisch gestiftet. Deshalb finden sich entsprechende Inschriften auf den Geräten. Durch die Reformation und die neu auszustattenden protestantischen Kirchen entstand für das Zinngießerhandwerk eine günstige Auftragssituation.

Abendmahlskanne. Sie ergänzt in der protestantischen Kirche den →Abendmahlskelch und faßt mindestens einen Liter Wein. Sie ist je nach Größe der zum Abendmahl versammelten Gemeinde einzeln oder mehrfach zum Nachschenken bereitgestellt. In weniger reichen Gemeinden besteht die A. aus Zinn, ihre Form entspricht den zeitgenössischen gehenkelten →Krügen und →Kannen für den profanen Gebrauch. Bis zur 2. Hälfte des 17. Jh.s war sie walzenförmig und hatte nur selten eine Schnauze. Gravierte Sprüche und →Symbole oder entsprechender Reliefdekor kennzeichnen sie als →Kirchengerät. Im 18. Jh. ist die A. vorwiegend birnförmig.

Abendmahlskelch, in der protestantischen Kirche das kultisch bedeutsamste Geräte, das unter Berufung auf das Wort Christi »trinket alle daraus« (Matth. 26, 27) durch die Reformation nicht mehr dem Priester allein vorbehalten blieb, sondern für die Gemeinde zum Laienkelch wurde. Deshalb ist die Kelchschale (Kuppa) hier bedeutend größer als beim

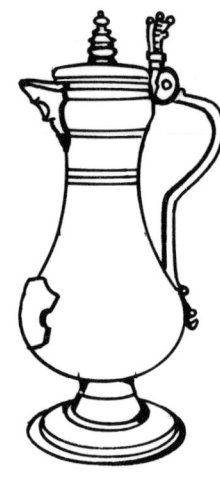

Abendmahlskelch. Frankreich, um 1600

Abendmahlskanne (Helmkanne). Dat. 1741

Abendmahlskanne. Ulm, 1. Hälfte 17. Jh.

katholischen →Meßkelch. A. und -kanne sind in der Regel nicht als Garnitur gearbeitet wie das →Taufgeschirr. Im 16. Jh. sind A. aus Zinn selten. Im 17. und 18. Jh. werden die einfachen Kelchformen des 16. Jh.s bevorzugt.

Abendmahlsteller. Dem lutherischen Ritus dient er als Oblatenteller (Hostienteller, Hostienschale, Patene). Er ist klein, scheibenförmig oder flach gemuldet. Zahlreiche →Reliefteller aus Zinn sind ebenfalls scheibenförmig. Als A. erweisen sie sich durch den Dekor mit Motiven aus dem Alten und Neuen Testament, wie der →Noah-Teller, →Eva-Teller, →Propheten-Teller, →Auferstehungsteller. Der reformierte Ritus verlangt einen Brotteller (Brotschale, -schüssel); Schüsseln mit christlichem Dekor, wie die Adam-und-Eva-Schüssel, sind deshalb dem →Abendmahlsgerät zuzuordnen. Für die Leipziger Thomaskirche wurde 1665/66 ein silberner A. mit breitem, getriebenem Blumenrand angefertigt, so daß auch →Blumenteller A. sein können.

Abformung, s. Abguß

Abguß. Dieser Begriff setzt eine Abformung von einem →Originalguß voraus. Der A. erfolgt meist in einer Form aus Sand, Lehm oder Gips (→Hilfswerkstoffe).

Abkühlung. Ein zu rasches Abkühlen nach dem Guß verhindert die exakte Ausbildung des Kristallgefüges und führt leicht zu Spannungen. Das läßt sich, besonders beim Kokillenguß (→Maschinen und technische Einrichtungen, *Gußformen*), durch eine gezielte Kühlung der Form vermeiden (→Kristallisation).

Abnützungsspuren sind ein Merkmal, das gewisse Schlüsse bei der Altersbestimmung zuläßt (→Gepeitschtes Zinn).

Abraham a Santa Clara, P., eigentlich Ulrich Megerle, geb. 1644 Kreenheinstetten, Baden, gest. 1709 Wien. Dort 1677 bis 1682 Prediger, seit 1689 Hofprediger. Derb volkstümlicher Schriftsteller, der auch über die Maßlosigkeit im Trinken klagte und in der Formenvielfalt von Zinnkanne, -krug und -becher ein Übel sah.

Abt, Roman, s. Sammler

Achatsteine, s. Handwerkszeuge

Achilles ist der am meisten gefeierte Held der griechischen →Antike, Sohn des Peleus und der Thetis. In der →»Ilias« beschreibt →Homer, wie der Gott Hephästos auf Wunsch der Thetis dem A. Waffen schmiedet. Dazu verwendet er »auch gepriesenes Gold und Zinn und leuchtendes Silber« (Ilias XVIII, 475) und schmückte den Schild, der aus fünf Schichten bestand (außen Gold, dann zwei von Erz und innen zwei von Zinn), reich mit figürlichen Szenen: u. a. »ein Gehege (Zaun) von Zinn« um einen Rebhain und Rinderherden, von denen »Einige waren aus Gold geformt, aus Zinn die anderen« (ebenda XX, 268–272, 565, 574). Hephästos »schuf ihm zuletzt auch Schienen aus feinem Zinn gegossen« (ebenda XXI 591).
Dieses aus fernen Fundstätten (→Zinnvorkommen) herbeigeholte Metall war selten und teuer und, wie man bei Homer lesen kann, wird es seiner Wertschätzung entsprechend unmittelbar nach dem Gold noch vor dem Silber erwähnt. Das läßt sich vielleicht durch den Umstand er-

Achaischer Krieger, der sich Beinschienen aus Zinn anlegt. Nach einer Zeichnung auf einer Schale des Duris

klären, daß die →Gewinnung des Zinns höher entwickelte metallurgische Kenntnisse voraussetzte als bei anderen Metallen. Außerdem ist es wie Edelmetall an feuchter Luft beständig. Auch diese Eigenschaft mag seine Wertschätzung erklären.
Die Beinschienen aus Zinn wurden zum Anlegen aufgebogen und um den Unterschenkel gelegt, den sie dann vermöge ihrer Federkraft fest umschlossen. Nicht nur A., sondern alle Achaier, die vor Troja kämpften, waren »hellumschient« (ebenda I 17, XI 148f., XIII 151f.), d.h. die Beinschienen waren nicht aus Leder, sondern aus Zinn.

Adam-und-Eva-Platte, Reliefguß, Frankreich um 1600; auf dem →Umbo das erste Menschenpaar unter dem Baum der Erkenntnis (nach einer Stichvorlage von E. Delaune, 2. Hälfte 16. Jh.), umgeben von einer breiten Reliefzone mit Minerva und den freien →Künsten in

Ovalmedaillons, dazwischen →Hermen und →Grotesken; auf dem Rand Reiterbildnisse antiker Helden sowie Grotesken. Das Thema begegnet in Deutschland bereits auf der aus geätzter Form gegossenen Platte des Meisters mit dem Ring, →Nürnberg, letztes Viertel 16. Jh. Hier steht Gottvater strafend vor dem Paar beim Baum der Erkenntnis (1. Mos. 2, 8 ff.). Auf dem Rand sind sieben Heldentaten des Simson gegen die Philister (Richter 13–16) und →Orpheus mit den Tieren dargestellt. Während die französische Platte auf die Tradition der Reliefarbeiten in der Art von B. Cellini und Primaticcio zurückgreift, ist die Nürnberger Platte eine eigenständige Erfindung deutscher Zinngießerkunst.

Aderlaßschüssel, ein →medizinisches Gerät, das in keiner Haus- und Feldapotheke fehlen durfte und nicht nur von Ärzten, sondern auch von Barbieren zum Auffangen des Blutes beim Aderlaß (bis zum 19. Jh. übliches und erfolgreiches Mittel gegen Blutandrang, Schlagfluß und beengende Zustände) diente. Wahrscheinlich waren A. auch in Haushalten vorhanden: kleine tiefe →Schüsseln, die mindestens einen halben Liter Blut auffangen konnten.

Ägypten, s. Ausgrabungen, Antike und Grabbeigaben

Ämterverband, s. Wendischer Ämterverband

Ätzen am Stück: im 16. und 17. Jh. vereinzelt angewandte Technik des Reliefdekors. Hierbei wird der Grund des sauber bearbeiteten Zinngegenstandes isolierend abgedeckt, nun das Ornament zeichnerisch übertragen und ausgekratzt, so daß das →Zinn an diesen Partien frei liegt und schließlich das Stück mit dem aufgebrachten Scheidewasser (z.B. zwei Teile Vitriol, drei Teile Salpeter) tief geätzt. Rund gestaltete Gerätschaften werden bei diesem Vorgang in das Scheidewasser getaucht. Dabei müssen alle nicht zu ätzenden Stellen wiederum abgedeckt werden, mittels Gummiarabikum und Schellacklösung sowie Leinöl und Firnis (→Khuen von Belasi, →Bachmann).
Ä. in der Form: wie vorher beschrieben wird das →Ornament auf die Form gebracht, die geätzten Partien erscheinen auf dem fertiggegossenen Stück als Flachrelief in der Art von graphischen Holzschnitten (→Holzschnittmanier, →Horchaimer, →Preissensin).

Agamemnon, König von Mykene, Anführer der Griechen im Trojanischen Krieg (1194–1184 v. Chr.). Da Schliemann Troja ausgegraben hat, ist A. keine Gestalt der Dichtkunst (→Homer, →Ilias) mehr, sondern eine historische Person. Für seine Rüstung wurde Zinn verarbeitet: »...eilend fügt er sich bergende Schienen blank und schön« (Ilias XI, 17–34); auf seinem ehernen Harnisch waren zur Verfestigung und Zierde »zehn blauschimmernde Streifen des Stahles, zwölf aus funkelndem Gold und zwanzig andre des Zinnes« angebracht. Sodann führt A. den gewaltigen, »ringsdeckenden« Schild bei sich (Turmschild), der den Mann im

Achaische Jäger mit ringsdeckenden Turmschilden erlegen einen Löwen. Bronzeklinge aus einem mykenischen Schachtgrab

Nahkampf vom Hals bis zu den Füßen und seitlich deckte. Er bestand aus etwa sieben Schichten oval geformter Rindshäute, mit Golddrähten zusammengenäht und durch Metallauflagen verstärkt und verziert: »...ihm liefen umher zehn eherne Kreise. Auch umblinkten ihn zwanzig von Zinn gewölbte Nabel« (Buckel, zehn in der oberen Hälfte, zehn in der unteren). Der Turmschild ist schwer, weshalb der Krieger mit dem Kampfwagen in die Schlacht gefahren wird. Diese Wagen sind ebenfalls »mit Zinn und Golde gezieret« (Ilias XXIII, 503).

Aiguière, französischer Wasserkrug, der auch als Taufkanne (→Taufgeschirr) verwendet wurde. Die A. begegnet im 2. Drittel des 16. Jh.s als prunkvolle →Arabeskenkanne, nach 1600 mit glatter, durch profilierte Reifen gegliederter Grundform: profilierter Tellerfuß, kurzer Schaft, umgekehrt glockenförmige Wandung mit Schnabelausguß oder kurzer Röhre, die wie der meist kunstvolle Henkel mit Reliefdekor verziert ist. Im 17. und 18. Jh. wird die Grundform bis zur kugeligen Wandung verändert und geht über zur Form der sogenannten Helmkanne mit hochgezogener, breiter Ausgußpartie. Der Dekor kann graviert oder reliefiert sein wie bei Silberarbeiten.

Akanthus, ornamentales Blatt, dessen Rippen sich nicht oder erst am unteren Blattende vereinigen, dessen Ränder gezackt und gelappt sind. Der Name A. – schon von Vitruv um 25 v. Chr. benutzt – wird durch die Ähnlichkeit des Motivs mit der im Mittelmeerraum heimischen Pflanze A. mollis und A. spinosus erklärt. Als Urform aber ist vielleicht die griechische →Palmette anzusehen, die sich seit dem 5. Jh. v. Chr. allmählich der Naturform des A. nähert. Jedoch abweichend von der natürlichen Blattform verlaufen die Rippen des A. parallel. Das A.-Motiv entwickelt sich zur Wellenranke und Spirale, es ist in vielen Abwandlungen bis in die Neuzeit gebräuchlich. Um 1550 wird A. durch die Vorlagestiche der Nürnberger Kleinmeister (→Beham, →Flötner) auch für den Reliefguß und die Gravur von Zinnarbeiten ein beliebtes Motiv, das, kombiniert mit →Barockblumen, im 17. Jh. eine üppige Ausprägung erfährt. Mit dem Auftreten des →Bandelwerks und der →Rocaille tritt der A. mehr in

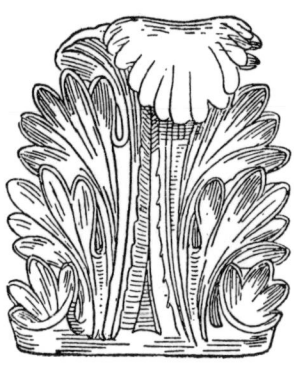

Akanthus als Blattranke. Ornamentstich von Francesco Bedeschini, Italien, 1670–80

Akanthus in der Art einer Palmette

den Hintergrund. Im 19. Jh. nähert er sich wieder der Palmette und wird in dieser Form gern als Punzierung verwendet.

Aktäon, Gestalt der griechischen →Mythologie, Enkel des Apollon, wird von dem Kentaur Cheiron zu einem tüchtigen Jäger erzogen. Er belauscht frevelhaft Diana und ihre Gespielinnen im Bad. Die erzürnte Göttin bespritzt ihn mit Wasser, verwandelt ihn dabei in einen Hirsch, seine eigenen Hunde zerreißen ihn daraufhin (Ovid, Met. 3, 138 ff.). Die Darstellung des A. und der Diana findet sich auf den sogenannten →A.-Platten.

Aktäon-Platte, →Reliefzinn, entstanden in →Frankreich im 2. Drittel des 16. Jh.s. Als frühestes Beispiel der großen Zinnplatten ist sie benannt nach der auf dem →Umbo dargestellten Szene mit →Aktäon und Diana. Am Umbo befinden sich zwei breite Ornamentfriese, von denen einer sechsfach unterteilt und mit →Maskarons und Bandornamenten gefüllt ist, während der andere mit →Arabesken wie die Kanne von R. →Greffet verziert ist. Es folgt als Kontrast eine glatte Kehlung. Auf dem breiten Plattenrand sind kräftig reliefierte →Grotesken zu sehen. Als Vorbild für die Aktäon-Szene diente ein Holzschnitt aus dem Buch »Illustres Observations antiques« von G. S. Florentin, 1558, →Lyon. Man darf annehmen, daß die A.-P. in Lyon entstanden ist, zumindest aber auf dortige Ornamentvorbilder zurückgeht.

Allegorie, bildhafte Darstellung von abstrakten, gedanklichen Begriffen wie z. B. Tod, →Tugend. In Mittelalter, →Renaissance und →Barock wird der Begriff als Person dargestellt. Die A. kann nicht immer eindeutig gegen das →Symbol abgegrenzt werden. – Allegorische Darstellungen sind auf dem →Reliefzinn des 16. und 17. Jh.s zu finden. Die Vorlagen dazu lieferten die Holzschneider und Kupferstecher wie V. →Solis und P. →Flötner.

Almosenschüssel, im 18. Jh. und wohl auch früher von Kirchengemeinden benutzt. Aus →London ist eine A. bekannt, die durch schräggezogene getriebene Mulden verziert ist. In jüdischen Gemeinden sind Almosenbüchsen üblich.

Alpha(α)-Zinn, s. Phasenumwandlung

Altarkreuz. Seit dem späten 11. Jh. muß das A. mit dem gekreuzigten Heiland (Kruzifix) versehen sein. Nach liturgischer Vorschrift (1570) steht es in der katholischen Kirche bei der Meßfeier dem Priester gegenüber auf dem Altar; außerdem muß es so groß sein, daß es von der Gemeinde gesehen werden kann. Für das Material gibt es keine Vorschriften, jedoch verlangt die Prager Synode 1605 zumindest →Bronze. Vielleicht haben ärmere Gemeinden beim Zinngießer den Abguß eines Holz- oder Bronzekruzifixus anfertigen lassen, oder der Bildhauer hat sowohl in Bronze- als auch in Zinn- oder Bleiguß gearbeitet. Es gibt einen Kruzifixus nach dem Modell von Georg Petel, um 1630. In der protestantischen Kirche kennen nur die Lutheraner und die Kirchen lutherischer Form ein A. – Außer Zinn-A. kommen auch solche aus →Blei vor, das sich besser gießen läßt. Vor allem Landkirchen besitzen Bleikruzifixe. Teilweise sind diese von beachtlicher Qualität.

Altarleuchter wurden zunächst von der protestantischen Kirche abgelehnt, haben sich aber später doch behauptet. Man stellte sie paarweise auf. Sie sind zwischen 20 und über 100 Zentimeter hoch und wurden aus verschiedenem Material gefertigt. Im 16. Jh. zeigen sie eine recht einheitliche Form: Rundfuß, Walzenschaft durch Ringe gegliedert, Traufteller, Dorn. Im 17. und 18. Jh. werden die Formen reicher: dreiseitiger Fuß, mehrfach gegliederter Balusterschaft, Traufschale mit Dorn oder Tülle. Flächen werden in Reliefguß oder mit mechanisch gedrücktem Dekor reich verziert, an den →Balustern sitzen Engelsköpfe. – In der katholischen Kirche sind A. seit dem 12. Jh. üblich, zur Vorschrift werden sie durch das Missale Pius V. (1570). Daher kommen A. im 15. Jh. sehr selten vor. Das Mittelalter bevorzugte silberne A. Solche aus Zinn waren erst nach der Erschließung der mitteleuropäischen →Zinnvorkommen im 13. Jh. häufiger anzutreffen. Im 17. bis 19. Jh. stimmen Silber- und Zinnleuchter in der Form weitgehend überein.

Altdeutscher Stil. In der 2. Hälfte des 19. Jh.s wurden Malerei und kunsthandwerkliche Arbeit des 15. und 16. Jh.s als a. St. bezeichnet und mit Vorliebe für den eigenen Wohnkomfort nachgeahmt. Die moderne Kunstgeschichte hat dafür die Bezeichnung →Historismus geprägt, in der sich die seit der 2. Hälfte des 19. Jh.s kopierten vergangenen Stilarten vereinigen. Neuerdings werden die Arbeiten im a. St. in Museen kritisch gesichtet und ausgestellt. Auch Zinnarbeiten, insbesondere repräsentatives Gerät für die Ausstattung der in Mode gekommenen »altdeutschen Stuben«, sind darunter zu finden (→Lichtinger).

Altenberg in →Sachsen. Das Zinnbergwerk war von 1458 bis Ende 1930 in Betrieb. Ein Köhler hatte – so berichtet die

Chronik der Bergstadt Freiberg i. S. von 1653 – beim Ausstoßen der Kohlen aus dem Meiler →Zinn darunter gefunden, das durch die große Hitze aus dem Gestein ausgeschmolzen war. Daraufhin wurden das Bergwerk und auch die Stadt begründet. A. war die einzige Zinngewinnungsanlage auf dem europäischen Festland mit eigenem Hüttenbetrieb. Das Zinngießerhandwerk dagegen läßt sich in A. erst seit Anfang des 17. Jh.s nachweisen.

Altes Testament, s. Bibel

American Pewter Collectors Club, von amerikanischen Zinnsammlern 1934 gegründet. Heute noch der größte Verein dieser Art, der sich der Erforschung von Zinngeräten aus aller Welt widmet (→Forscher, →Sammler).

American Pewter Guild. Zu Beginn des 20. Jh.s und nach dem Zweiten Weltkrieg bestand in →Nordamerika Interesse an Zinn aus der Kolonialzeit, so daß Firmen Reproduktionen herstellten. Aufgrund des Erfolges einer Ausstellung gründeten Firmen 1959 die »American Pewter Guild«, die Industrienormen und Gütestempel einführte, um Qualitätsansprüche zu garantieren.

Amerika. Zinn ist in den Anden um die Zeitenwende bekannt gewesen. Es wurde mit →Kupfer zu →Bronze verarbeitet, die erst um 900 n. Chr. nach Mittelamerika vordringt. →Bergzinn wurde in →Bolivien bereits in vorkolumbianischer Zeit gefunden. In →Nordamerika sind aus

Ampel. Deutsch, 2. Hälfte 18. Jh.

Europa eingewanderte Zinngießer seit dem 18. Jh. nachzuweisen, darunter die Meister →Heyne und →Weybrecht. In neuester Zeit hat sich die →American Pewter Guild um die Erforschung und Wahrung der Traditionen der Zinngießerkunst in A. verdient gemacht.

Amman, Jost, Zeichner, Radierer, Maler, geb. 1539 Zürich, gest. 1591 →Nürnberg. Er schuf vor allem Holzschnitt-Illustrationen für die →Bibel, Historien-, Jagd-, Trachten- und Wappenbücher. Zu seinem Buch »Eygentliche Beschreibung Aller Stände auff Erden…« hat Hans →Sachs die Verse geschrieben. Auch der »Kandlgiesser« ist erwähnt und bei seiner Arbeit an der Drehlade dargestellt.

Ampulle. Frankreich, 13. Jh. Gefunden in der Seine

Ampel, Öl-Hängelampe, die besonders seit dem 4. Jh. in christlichen Kirchen benutzt wurde und in Metall kostbar gearbeitet war. Zinn-A. gleichen denen aus →Silber oder →Bronze. Sie wurden im Mittelalter durch den kerzentragenden →Kronleuchter ersetzt, hielten sich aber bis in die Gegenwart als »Ewiges Licht« in der katholischen Kirche. Auch als Votivgabe vor Gnadenbildern ist die A. anzutreffen.

Ampulle (lat. Fläschchen, Krüglein). Sie war in der →Antike Behälter für wohlriechende Essenzen und Öle, in der christlichen Kirche Gefäß für geweihte Öle, Wasser und Wein beim Meßopfer und Pilger-A. (→Devotionalie), die von Wallfahrtsstätten mit nach Hause gebracht wurde (Wasser vom Jordan, geweihte Erde von Märtyrergräbern, Öl von den brennenden Lampen an den heiligen Stätten Palästinas). Am berühmtesten sind die A. aus dem Domschatz von Monza (6./7. Jh.): sie bestehen aus Zinn oder →Blei mit Silberüberzug, sind rund und flach, außerdem verziert mit gestanzten Reliefdarstellungen von den heiligen Stätten Palästinas; wie z. B. mit dem Grab Christi vor seiner Zerstörung durch die Perser im Jahre 614. Das beweist, daß eine solche A. vor dem Jahre 614 hergestellt worden sein muß.

Amsterdam, s. Holland

Amtsformen. Das Zinngießer-Amt, wie sich in →Norddeutschland, z. B. in →Lüneburg, die →Zunft oder Gilde der Zinngießer nannte, besaß Formen, die allen Meistern nach Wunsch zur Verfügung standen. In einem Lüneburger Gildebrief von 1735 heißt es, es sei unbillig, auf drei Meisterstücke bei der Prüfung zu verzichten, es blieben doch die Formen dem Amte, und zwar zur freien Benutzung für jeden Amtsgenossen, darum müsse auch jeder Meister zur Erhaltung des vollen Bestandes beitragen. Dieser Brauch war ein soziales Anliegen der Zunft, denn dem neuen Meister fiel es oft schwer, für die Werkstatt sofort alle Gerätschaften anzuschaffen. Beim Ausleihen hatte er zu beachten, »daß er dem Altermann selbige des Abends vor 6 Uhr wieder einsenden müsse«. 1735 waren in Lüneburg unter anderem folgende A. vorhanden: acht Schüsseln aus gotländi-

Gütestempel
American Pewter Guild
seit 1968

Aalen (Württ.)
Immanuel Bezler
1760

Altenberg
um 1600   *seit 1800*

schem Stein im Gewicht von fünf bis zehn Pfund, je eine gotländische Vorkostform und Rohrkanne (→Rörken). Solche A. belegen, daß sich stilistische Eigenheiten der Geräte über Generationen von Zinngießern erhalten konnten und so lediglich →Meistermarken und Verarbeitungsspuren eine Datierung ermöglichen.

Amtszinn. Die Bürger konnten sich im 17. Jh. für Festlichkeiten (Hochzeit, Taufe usw.) Zinngeschirr vom Zinngießeramt (→Zunft) ausleihen, wenn die eigene Anschaffung zu kostspielig war.

Amulett, Gegenstand, dem magische Kräfte des Segnens und Zaubers zugesprochen werden, die das Gute anzuziehen und das Böse, die Gefahr, abzuwenden imstande sind. Aus der griechisch-römischen →Antike sind Figürchen aus Zinn oder Blei überliefert; im Mittelalter wurden kleine Abzeichen, meist mit Heiligendarstellungen, angefertigt, die auch als →Devotionalie oder als →Pilgerzeichen dienten.

Anblasen, Zusammenlöten von Zinnteilen mittels schnellschmelzender Lote (→Weichlöten) unter einer Spiritus- oder Gasstichflamme.

Anblasvorrichtung, s. Maschinen und technische Einrichtungen

Andris, s. Schweden

Angießen, Methode des Zusammenfügens und Anbringens von kleinen Zusatzteilen an eine bereits fertige Körperform. Dabei wurde die Gußform (→Maschinen und technische Einrichtungen) an die vorbereitete Stelle der Kannenwand angepaßt, mit Ton abgedichtet und dann abgegossen. Auf der Kanneninnenseite wurde ein mit Lehmwasser befeuchtetes Leinenstück mit Ton festgedrückt, um ein Ausfließen des aufschmelzenden →Zinns zu vermeiden. Das Muster des Leinenflecks ist dabei oft im Metall erhalten geblieben. – Heute werden solche Teile – Henkel, Deckel, Scharniere, Füßchen, Knöpfe – im allgemeinen angelötet (→Weichlöten).

Anguß, s. Deckel-Anguß

Anlaufmeißel, s. Handwerkszeuge

Annaberg im sächsischen →Erzgebirge. Die Kannengießer erhalten 1514 ein Qualitätszeichen für →Lauterzinn, d. h. reines, ungefälschtes →Zinn. Urkundlich

1 Tischgerät. 15. Jh.

2 Zeus auf dem Ochsen.
   Römische Kaiserzeit

3 Thronende
   Madonna mit Kind.
   Spanien, 12./13. Jh.

4 Hl. Johannes von Nepo-
   muk. Böhmen, dat. 1641

5 Kruzifix. Dresden, 1781.
   Meister C. W. Simon u. a.

6 Justitia. Nürnberg,
   2. Viertel 16. Jh. P. Flötner

7 Medaillon mit Bild
   eines deutschen Fürsten. 18. Jh.

8 Aktäon-Platte. Frankreich (Lyon?),
2. Drittel 16. Jh.

9 Temperantia-Platte. F. Briot,
um 1585/90

10 Porträt F. Briot

11 Mars-Platte. F. Briot,
um 1600

12 Susannenplatte. F. Briot(?),
    um 1580/90

13 Pyramus- und Thisbe-Platte.
    Frankreich, 4. Viertel 16. Jh.

14 Herkules-Platte. Frankreich,
    4. Viertel 16. Jh.

15 Adam- und Eva-Platte.
    Frankreich, um 1600

27 Lappenteller mit dem Rütlischwur. St. Gallen, um 1700. J. Schirmer

28 St.-Georg-Schale. Nürnberg, dat. 1615. C. Enderlein

29 Schale mit der Hochzeit zu Kana. Nürnberg, um 1600. St. Christan

30 Blumenteller. Nürnberg, um 1640.
H. Spatz II

31 Blumenteller. Nürnberg, um 1700.
Z. Spatz

32 Schützenteller. Leipzig, um 1700.
G. Meyer

33 Reliefteller. Innsbruck, 1630–1665.
H. Hasse

34 Kaiserteller mit Kaiser Ferdinand II.
Nürnberg, dat. 1630. G. Schmauß

35 Krönungsteller mit Kaiser
Ferdinand III. Nürnberg, 1671–1675.
H. Spatz III

36 Gustav-Adolf-Teller.
Nürnberg, Mitte 17. Jh.
P. Öham d. J.

37 Eberhard-Teller. Calw,
2. Drittel 17. Jh. J. C. Hunn

38　Ringkanne. 13./14. Jh.

39　Wasserkanne und Handwaschgerät.
　　1. Hälfte 14. Jh.

40　Gefußte Kanne und Schale.
　　2. Hälfte 15. Jh.

41　Ringkanne und Salzschälchen.
　　2. Hälfte 15. Jh.

Altötting	Altona	Amberg	Annaberg	
Anton Aicher	um 1700	um 1561	um 1570	um 1760

und mit seinen Marken ist als erster Christoph Geriswalt als »Kandelgießer« 1556 erwähnt. Er fertigte einen →Krug mit figürlichem Reliefdekor, der sich 1921 in der Slg. Figdor (→Sammler) befand. Von Heinrich Jobin (erw. 1643–1684) gibt es noch fünf mächtige →Schleifkannen. Der letzte, 1880 erwähnte »Zinngüsser« aus A. war Carl Reichel, von dem sich eine Kanne und eine →Schüssel erhalten haben.

Anorganische Zinnverbindungen. Entsprechend der stabilen 2- und 4wertigen Form des →Zinns werden Zinn(II)- und Zinn(IV)-Verbindungen unterschieden. Sie haben technische Bedeutung als Reduktionsmittel und für →Glasuren und Emaille.

Antike ist die griechisch-römische, geschichtlich erfaßbare Zeit im europäischen und asiatischen Raum, insofern Völker und Kulturen dieser Gebiete mit denen der Mittelmeerländer in Beziehung getreten sind und von der z. B. Ruinen, →Ausgrabungen, →Grabbeigaben und literarische Quellen Kunde geben (→Homer, →Hesiod, →Herodot, →Plinius d. Ä., →Plautus). – Der Gebrauch des Zinns war in der A. bekannt, seine Verarbeitung durch die Erwähnung von →Bronze in der →Mythologie der Völker und der →Bibel belegt. Die griechischen antiken Dichter Homer und Hesiod schildern die Verwendung von Zinn bei den Rüstungen der Helden wie z. B. bei →Achill und →Agamemnon. Außer ganz aus Zinn gegossenen Beinschienen und Schildschichten (→Ilias XX, 268–272) sind keine Gegenstände aus Zinn bekannt; es sei denn Verzierungen auf anderen Gegenständen wie z. B. auf dem Kampfwagen des Diomedes, der »mit Zinn gezieret« (Ilias XXIII, 503) oder auf dem »Harnisch, von Asteropäos erbeutet, dem um die eherne Scheib' ein Guß hellstrahlenden Zinnes ringsum sich dreht« (ebenda, 560–562).

In der englischen Literatur gibt es einen Hinweis auf eine konische Feldflasche, angeblich um 600 v. Chr. entstanden. Erst aus römischer Zeit sind Funde überliefert: Spiegel aus Bronze und aus Glas mit blankem Zinnbelag stammen u. a. aus Ägypten, der Rheinprovinz und dem Taunus. Ebenfalls aus Ägypten stammen einige koptische Amulette. Der berühmte Arzt Galenus von Pergamon (129 bis um 199 n. Chr.) empfiehlt, Arzneien u. a. in Zinngefäßen aufzubewahren. In England hat man ca. 200 antike Zinngeräte ausge-

	Ansbach	Appenzell	Augsburg	Gütezeichen
um *1650*	um *1750* Philipp Heinr. Schaefer *1791*	G. Cane *1830*	(»*Augusta Vindelicorum*«) um *1560* um *1780* SimonKröber	Association of British Pewter- craftsmen *1972*

graben, die aus der Zeit der römischen Besatzung stammen und allgemeingültige Aufschlüsse über Gebrauchszinn vom 1. bis 5. Jh. geben. Die Formen der →Teller, →Becher, →Kannen usw. entsprechen denen aus Keramik und Glas (→Hekatios).

Antimon, chemisches Element, seit frühen Zeiten als Legierungselement für Zinngerät üblich. Es löst sich gut in Zinnschmelzen und erhöht die Festigkeit und Schärfe des Gusses. Gehalte bis 7% sind in der BRD genormt, im Ausland sind teilweise höhere Gehalte zugelassen (→Zinnlegierung).

Anwendungsgebiete. Hauptanwendungsgebiet des →Zinns, mit weitem Abstand führend, ist die Weißblechherstellung. Dann folgen Weichlote und Zinngerät, danach →Bronze, Lagerwerkstoffe und schließlich das Verzinnen ohne →Weißblech.

Apeller, Zinngießerfamilie in →Innsbruck während mehrerer Generationen von 1726 bis 1809. Stellte qualitätsvolles →Gebrauchszinn her, von dem sich Beispiele im Tiroler Volkskunstmuseum, Innsbruck, und in der Stiftssammlung Wilten befinden. Die Slg. Ruhmann (→Sammler) bewahrt eine →Schüssel als charakteristisches Beispiel für Tiroler Zinn in →Silberart.

Apfelschuß-Teller, s. Wilhelm-Tell-Teller

Apostel-Teller, eigentlich →Auferstehungs-Teller von P. →Öham d. J.; auf dem Rand Medaillons mit den zwölf Aposteln, Modelleur-Monogramm MS. Das Modell des Tellers wurde später von Lorentz und Ulrich Appel benutzt.

Apotheker-Zinn, s. Medizinische Geräte

Arabeske, symmetrisches Blatt- und Rankenornament, auch kombiniert mit winkelig umbrochenen und verschlungenen Bändern; im 3. Viertel des 16. Jh.s bevorzugtes Ornament auf →Reliefzinn. Sie entstand in der hellenistisch-römischen →Antike (2. Jh. v. Chr.) und wurde in der →Renaissance wiederentdeckt. In Deutschland kommt sie während der 1. Hälfte des 16. Jh.s zuerst in →Augsburg und →Nürnberg auf. Wenig später wurden auch Figuren, Köpfe und Tiere in die Ranken der A. eingefügt. Sie ist

Arabesken. Stichvorlagen von B. Sylvius, 16. Jh.

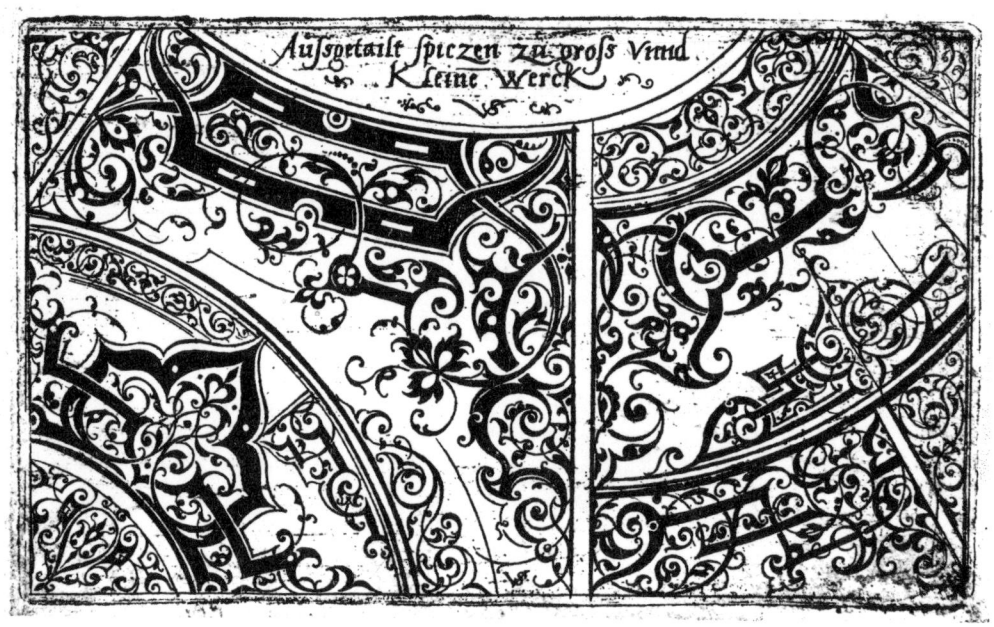

Arabeske. Ornamentstich von Virgil Solis (1514–1562), Nürnberg, Mitte 16. Jh.

naturalisierend und realistischer gestaltet als die →Maureske. Da aber die Formen der A. an keine strengen Regeln gebunden sind, ist ihre Begriffsbestimmung schon zur Zeit ihrer Hochblüte unsicher gewesen. – Die A. wurde vor allem von den Nürnberger Meistern J. →Koch II und H. →Zatzer mit Vorliebe verwendet. In →Lyon schuf R. →Greffet im 2. Drittel des 16. Jh.s eine prägnante →Kanne, deren Motive sich auf der A.-Schüssel von →Horchaimer wiederfinden (→Arabeskenkanne).

Arabeskenkanne. Im 2. Drittel des 16. Jh.s schuf R. →Greffet in →Lyon die A., deren gefußter, umgekehrt glockenförmiger und in charakteristische Zonen gegliederter Körper die →Arabeske als zarte Blattranken zwischen kantig verschlungenen Bändern zeigt. Der Ausguß der →Kanne ist als C-Schwung gebildet, verziert mit feinem Relief und einem eleganten Frauen-Maskaron (→Maskaron). Der Henkel, ebenfalls in Reliefguß, zeigt eine weibliche →Herme. Einige der noch erhaltenen, unterschiedlichen A. sind mit der Lyoner →Stadtmarke gestempelt, während an dem Exemplar im Kunstgewerbemuseum Köln eine Löwenmarke, die Initialen R. G. sowie ein Kreuz eingeschlagen sind. Diese Marke wird dem in den Jahren 1528 bis 1568 in Lyon tätigen Meister R. Greffet zugewiesen. Die Bandarabesken der Kanne finden sich als ornamentale Verzierungen der berühmten, in Lyon gedruckten Bücher von →Ovid (1559) und Sambin. Diese →Ornamente wurden von N. →Horchaimer in →Nürnberg für eine flache Arabeskenschüssel, um 1580, übernommen, die wahrscheinlich eine der letzten Arbeiten des Meisters ist. Besonderen Eindruck haben die Lyoner Arabeskenreliefs bei J. →Koch II und H. →Zatzer hinterlassen, denn sie verzierten eine stattliche Anzahl →Schüsseln damit.

Arbeitsgemeinschaft der Zinngießereibetriebe der BRD e. V., Sitz München; freiwillige, bundesweite Interessenvertretung und Fördergemeinschaft, die in Ergänzung der →Zinngießer-Innung gegründet wurde.

Arndt, Fritz, s. Sammler

Arsenkies, Begleitmineral von →Zinnerz, das durch Rösten entfernt wird (→Gewinnung).

Asche, s. Zinnasche

Association of British Pewtercraftsmen, Vereinigung britischer, hauptsächlich in der Gegend von Sheffield und Birmingham ansässiger Zinnhersteller. Die Mitglieder garantieren Qualität durch einen Rundstempel auf den Fertigteilen mit den Buchstaben ABPC.

ATC-Legierung, amerikanische Legierung mit Gütestempel (seit 1968), bestehend aus →Zinn, →Antimon und →Kupfer.

Attribut, Gegenstand, der einer Person zu ihrer Kennzeichnung beigegeben ist; z. B. das Rad der Hl. Katharina, der Adler des Zeus. Auch eine personifizierte →Allegorie ist durch das A. gekennzeichnet: Kreuz (Glaube), Geduld (Lamm). Die mit A. versehenen Personen sind vor allem auf den gravierten mittelalterlichen →Schleifkannen und dem →Edelzinn von F. →Briot, C. →Enderlein und den anderen Meistern aus →Nürnberg und →Sachsen zu finden.

Aufbereitung, s. Gewinnung

Auferstehungs-Teller, →Nürnberger →Reliefteller; auf dem →Umbo die Auferstehung Christi (Matth. 28) mit Inschrift; auf dem Rand sieben Rundmedaillons mit dem römischen Kaiser und den sechs Kurfürsten. Es gibt drei Modelle des A.-T., die sich nur durch die Ornamente zwischen den Medaillons unterscheiden. Modell I stammt von St. →Christan (wird benutzt von H. Spatz I und H. →Spatz II sowie Meister M. H. in Wertheim); Modell II wird C. →Enderlein zugeschrieben und ist um 1620/30 entstanden (wird benutzt von H. Spatz I und Lorentz Appel in Nürnberg); Modell III geht auf Georg Seger (1622–1647) zurück (wird benutzt von B. Hemersam in Nürnberg und Meister G. A. in Kulmbach). – P. →Öham d. J. goß im 2. Drittel des 17. Jh.s einen A.-T. von Modelleur M. S. (→Apostel-Teller). H. Spatz II schuf noch eine Variante mit Engeln, Passionswerkzeuge in den Händen haltend, die in der 1. Hälfte des 18. Jh.s von Z. →Spatz und Andreas Spatz benutzt wurde.

Die Beliebtheit des A.-T. deutet darauf hin, daß er als →Abendmahlsteller verwendet worden sein könnte. Die erste Darstellung der Auferstehung Christi auf →Reliefzinn findet sich auf einer Schüssel von A. →Preissensin vom letzten Drittel des 16. Jh.s.

Aufgießen, Verfahren zur Bedeckelung eines Kruges. Dazu wird erst der Deckel an das Scharnier angegossen, indem zwischen beiden eine kleine Lehmform gebildet und ausgegossen wird. Anschließend wird auch um den Krughenkel zum Scharnier hin eine kleine Lehmform gebildet und ausgegossen; der Hohlraum entsteht hier durch ein Lederband, das vor dem Guß herausgezogen wird.

Augsburg. Aufgrund der städtischen Steuerakten läßt sich bereits 1321 ein Zinngießermeister nachweisen. Die älteste bis jetzt bekannte Arbeit ist ein →Tischschoner (oder →Kuchenplatte) mit dem Urteil des Salomo, Rittern, Medaillons und Renaissanceornamenten in reicher Gravur, dat. 1583, gefertigt von Esaias Tepper d. Ä. (Meister 1557, gest. 1602). Als reiche Handelsstadt bot gerade A. im 16. Jh. vielen Handwerkern lohnende Arbeit. Dennoch ersuchten die Zinngießer 1567 den Rat der Stadt, die Meisterwerdung zu ändern und zu erschweren; das heißt die →Mutzeit für Fremde um drei Jahre zu verlängern, außer der Geselle heiratet eine Meistertochter oder -witwe. →Stadt- und →Meistermarke sind häufig auf einem Stempel vereinigt. Als Legierung wurde seit 1550 die →Probe zum Zehnten verlangt, →Beschaumeister achteten streng darauf. Zinn aus A. wird seit dem 17. Jh. sogar bis nach →Tirol geliefert. Ende des 17. bis Anfang des 18. Jh.s gaben die prächtigen A.er Silberschmiede-Arbeiten den Zinngießern Anregungen für den Dekor mit →Barockblumen in Reliefguß, die auf →Tellern flach und friesartig geformt sind, während sie sich z. B. bei →Schraubflaschen kräftig von der Fläche abheben. Eine weitere stilistische Anleihe bei den Silberschmieden wurde von den Zinngießern seit Mitte des 18. Jh.s gemacht, als diese Tafelgeräte in →Silberart herstellten und dabei Formen des →Rokoko, →Louis-Seize und →Empire übernahmen. Bedeutende Zinngießer gehörten der Familie →Ruprecht an. Seit dem 17. Jh. werden neben der reichen Gravur oder auch als selbständiger Schmuck auf fast allen Geräten punzierte →Palmetten, Sterne oder Rosetten als Borten um Fuß- und Randzonen angebracht, die für A.er Zinn charakteristisch sind. Ebenfalls typisch sind runde, niedrige →Dosen mit flachen Deckeln und punzierten Borten. Im 19. Jh. verfiel auch in A. das Zinngießerhandwerk, da die zahlreichen Fayence-, Porzellan- und Glasfabriken den Markt an sich rissen. Die →Stadtmarke von A. zeigt den Pinienzapfen und die Buchstaben A. V. für den lateinischen Namen der Stadt: Augusta Vindelicorum.

Ausgrabungen geben Kunde über →vorgeschichtliches Zinn und →Zinn aus der →Antike. Aber auch Bronzefunde, die aus dem vierten bis zweiten Jahrtausend v. Chr. stammen, beweisen das Vorhandensein von Zinn, da es mit →Kupfer zu →Bronze legiert wurde. Aus der Zeit um 2500 v. Chr. fand man in Ägypten (IV. Dynastie) Bronzestatuetten. Unter den Ruinen des römischen Thermalbades Aquae Neriae bei Montluçon in Frankreich kam der Henkel eines Zinngefäßes zum Vorschein. Im 19. Jh. wurden archäologische A. durchgeführt, die sich durch ihre systematische, sorgfältige Verfahrensweise von den mehr zufälligen und groben →Baggerfunden bei Bauarbeiten oder beim Entsanden von Flüssen unterscheiden: bei der Freilegung der Pfahlbauten in →Schweizer Seen kamen mit Zinn verzierte Tongefäße zutage, die in die Stein- bzw. →Bronzezeit (2000 bis 600 v. Chr.) datiert wurden. 1872 konnten in Palestrina östlich von Rom, auf dem Esquilin in Rom und im Tiber Weihefigürchen oder Votivgaben ausgegraben werden. Bei Bétricourt (→Frankreich) fand man einen runden Napf, der aus dem 4. Jh. n. Chr. stammt. Eine mittelalterliche Kanne wurde bei der Burgruine Homburg bei Wittenau (Schweiz) gefunden, die vor 1356 entstanden sein muß, da in jenem Jahr die Burg durch ein Erdbeben zerstört wurde (→Blattzinn).

Ausschmelzen, dabei werden in der Gießerei Schmutzteile aus dem eingeschmolzenen Zinnabfall, hauptsächlich →Abdraht, herausgebrannt, d. h. der Zinnabfall wird gereinigt. Anschließend wird diese gereinigte Schmelze für die spätere Verwendung in Zannen (→Handwerkszeuge) zu Barren abgegossen.

Bachmann I, Matthaeus, Meister in →Memmingen. Heirat 1553, erw. bis 1593. Er schuf die frühesten und schönsten →Leuchter mit geätztem Reliefdekor, die ganz in französischem Geschmack entworfen sind. Vielleicht hatte er während seiner Wanderjahre Kannen wie die des Lyoner Meisters R. →Greffet (2. Drittel 16. Jh.) gesehen, denn erstaunlicherweise zeigen die zwei Leuchterpaare von B. vollendete →Arabesken und sind bereits 1566 bzw. 1588 datiert sowie MB monogrammiert. →Briot, dessen Arbeiten von den →Nürnberger Meistern C. →Enderlein und J. →Koch II nachempfunden wurden, schuf sein Hauptwerk, die →Temperantia-Platte, erst in den Jahren 1585/90. Die früheste Arabeskenschüssel goß N. →Horchaimer 1580/83. Die Arabesken der Leuchter von B. unterscheiden sich von Nürnberger Arabesken durch lebendigere freiere Linienführung, die Bänder verlaufen unregelmäßig breit. Außer diesen Leuchtern schuf B. eine durch Ätzung und Gravur reich dekorierte →Zierplatte, dat. 1569; als Ätzer zeichnet der Monogrammist AWM.

Bacchus-Teller. Bacchus (griech. Dionysos), dem römischen Gott des Weines und Schöpfer des Weinstocks, huldigen seine Anhänger enthusiastisch auf bacchantischen Zügen durch Wälder und Berge. Er wird als älterer bärtiger Mann, aber auch als schöner Jüngling oder Knabe dargestellt, wie auf dem B.-T. von A. →Dambach, der zu den elegantesten und technisch ausgefeiltesten Leistungen der Zeit zählt. Nach einer Stichvorlage von D. Vellert, 1522, sitzt der knabenhafte Gott auf einem Weinfaß, in der erhobenen Rechten eine Trinkschale, im Hinter-

Baluster-Grundformen

grund eine Weinberglandschaft, auf dem Rand stilisierte Blumenranken mit Jagdszenen.

Baggerfunde sind im Unterschied zu →Ausgrabungen die mittels Maschinen zufällig zutage geförderten Gegenstände. Beim Ausbaggern der Flüsse z. B. wurden zahlreiche Funde gemacht: in der Seine von →Paris entdeckte man im 19. Jh. kleine Zinngegenstände, die u. a. als →Pilgerzeichen oder Goldschmiedemodelle, entstanden um 1470, gedeutet wurden. Kannen aus der Zeit um 1300 konnten in der Warnow bei Rostock, im Rhein (14. Jh.) und aus dem Main bei Haßfurt (15./16. Jh.) geborgen werden. In neuerer Zeit können B. auch infolge des Maschineneinsatzes bei Baustellen gemacht werden. B. aus vergangener Zeit können auch als Flußfunde bezeichnet werden.

Ballenzinn, im 18. Jh. Lieferform für →Zinn aus böhmischen und sächsischen Hütten. →Zinnfedern wurden dabei in mehreren Lagen senkrecht zueinander gelegt und dann zu Ballen gerollt.

Baluster, von lat. balaustium, Blüte des wilden Granatapfelbaumes, abgeleitet; ist eine gedrungene, kleine Säule, die sich an einer Stelle bauchig erweitert. Der Querschnitt des B. kann rund oder polygonal sein, die bauchige Erweiterung in der oberen oder unteren Hälfte oder in der Mitte liegen. Die Schönheit eines B. ist vom Formgefühl des Entwerfers abhängig. Im Kunsthandwerk wurde seine Form schon in der →Antike für Kannen und →Krüge übernommen. Im deutschen Sprachraum sind für B.-Formen auch vergleichende Bezeichnungen üblich: Birnkrug, →Rundele. Das Zinngießerhandwerk verwendet die B.-Form seit frühester Zeit in den verschiedensten Proportionen, denn der B. ist eine Grundform: ein Gefäß mit Bauch und engem Hals ermöglicht ein maßvolles Ausgießen der Flüssigkeit. Die Bezeichnung →B.-Kanne gilt nur für die schlanken Schenkkannen aus dem norddeutschen und schwedischen Raum.

Baluster-Kanne, Schenkgefäß aus der Zeit um 1500–1550, das vorzugsweise in Brandenburg und Pommern anzutreffen ist. Der schlanke →Baluster erhebt sich über einem flachen Standring, im Boden und Deckel sind meist Medaillons eingelassen. Die früheste B.-K. ist um 1480 zu datieren und stammt aus Frankfurt

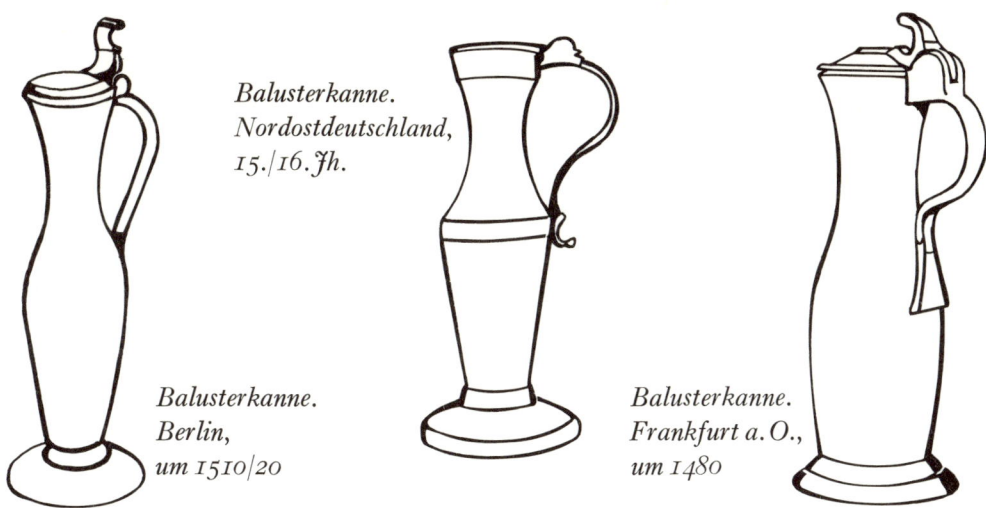

Balusterkanne. Nordostdeutschland, 15./16. Jh.

Balusterkanne. Berlin, um 1510/20

Balusterkanne. Frankfurt a. O., um 1480

(Oder). Sie ist von gedrungener Gestalt, während bei Ausformungen von 1510/20 eine schlanke, elegante Linienführung vorherrscht. Die im ausgehenden Mittelalter allgemein beliebte kantige, facettierte Gestaltung von Kannenwandungen, die auch bei den frühen schlesischen →Schleifkannen anzutreffen ist, findet sich ebenfalls bei den B.-K. des 15. und 16. Jh.s. Eine B.-K., die im Moor bei Schonen (→Schweden) gefunden wurde, ist facettiert und graviert. Sie stammt möglicherweise aus dem Raum Stettin.

Bandelwerk ist eine Stilform im 18. Jh., die über Vorlagestiche vor allem von →Augsburger Kupferstechern (Paulus Decker) von etwa 1715/20 an allgemeine Verbreitung gefunden hat. Im B. ist eine Verschmelzung der →Arabeske, →Groteske, des →Akanthus und des →Rollwerks in bewußter Anlehnung an Werke des niederländischen Ornamentstiches (F. Floris, V. de Vries) durch den berühmten französischen Ornamentstecher J. Berain (1637–1711) erfolgt. Der Goldschmied J. L. Eyster (gest. 1733) gab um 1715 Vorlagehefte mit »Neu inventiertem Laub- und Bandelwerk« heraus. Das B. ist auch in den Ornamentschatz der Zinngießer aufgenommen worden, wo es vor allem in den Gravuren der →Zierplatten erscheint. Es ist nicht zu verwechseln mit der Arabeske (Bandarabeske) und dem Bandwerk des 16. und 17. Jh.s.

Bandmesser, s. Handwerkszeuge

Bangka, indonesische Insel mit →Zinnvorkommen. Handelsbeziehungen bestanden wahrscheinlich schon mit den Phönikern (→Handelswege). Bedeutende Förderung seit dem 19. Jh.

Bapst, Germain, s. Sammler

Barbierschale, s. Medizinische Geräte

Barock, Stil der europäischen Kunst, der nördlich der Alpen etwa die Zeit von 1600

Barockblumen. Stichvorlage von Johann Reuttimann, Augsburg, 1678

bis Anfang 18. Jh. umfaßt. Die allgemeinen Merkmale des B. sind kräftig bewegte Formen, die möglichst alle Ausdrucksformen der Künste einbeziehen: Architektur, Bildhauerei, Malerei, Kunst- und Naturformen, Licht- und Schattenwirkungen gehen ineinander über; alle Sinneseindrücke sollen sich im Idealfall zu einem Gesamtkunstwerk vereinigen. B. ist repräsentativ und monumental in seiner Wesensart. – Die Zinngießer übernehmen von den Gold- und Silberschmieden z. B. die →Barockblumen als Relief oder Gravur. Die großflächigen glatten oder gewellten Formen der Gefäße bringen den charakteristischen silbermatten Glanz des Zinns im B. wirkungsvoll zur Geltung. Im 17. Jh. entstehen die mächtigen →Zunftpokale, →Kardinalschüsseln und →Humpen sowie die barocken →Schleifkannen.

Barockblumen. Selbständige Blumendarstellungen gibt es in Europa erst seit dem 16. Jh., als das botanische Interesse erwacht und Gartenblumen gezüchtet werden, die Gelehrte und Reisende aus fernen Ländern mitbringen, wie z. B. 1554 die Tulpe und den Flieder. Auch von den Zinngießern werden, wie von den Gold- und Silberschmieden, im 17. Jh. Blumen

(Tulpe, Nelke, Narzisse, Anemone) als üppiger Dekor bevorzugt. Ornamentstecher liefern die Vorlagen für →Blumenteller, Kannen und →Schraubflaschen mit reliefierten oder gravierten B.

Bauerntanz-Platte. Auf dem breiten Rand einer →Nürnberger Platte, letztes Viertel 16. Jh., sind zehn tanzende Bauernpaare in flachem, aus geätzter Form gegossenem Relief dargestellt, die frei nach einer Kupferstichvorlage von H. S. →Beham übernommen wurden. Der Zinngießermeister, der diese Platte schuf, ist nicht dem Namen nach bekannt, deshalb heißt er »Meister der B.-P.«. Es gibt auch eine →Zierplatte mit der gravierten Darstellung des Bauerntanzes.

Baumöl-Krug wird in der Zinn-Literatur aus noch nicht geklärten Gründen ein →Humpen genannt, der zwei Henkel und einen zweigeteilten Deckel aufweist. Als Baumöl wurde noch im 19. Jh. das Olivenöl bezeichnet. Wahrscheinlich war das Öl-Vorratsgefäß üblicherweise mit einem zweigeteilten Deckel versehen und der Name B.-K. wurde für gravierte Bierkrüge aus Zinn oder Steinzeug mit diesen besonderen Deckelformen übernommen. Manche B.-K. haben einen Siebeinsatz, der Gewürze beim Trinken zurückhielt (Mußkatnuß). Der Zinngießer J. H. Bischoff aus Brieg fertigte um 1750 eine Baumöl-Tonne von 92 ½ Pfund Gewicht. – Baum- oder Olivenöl, vermengt mit Schmirgel, verwendeten die Zinngießer zum Abdichten der Paßstellen von mehrteiligen Formen. Die Waffenschmiede kannten es als Rostschutzmittel. Selbst

Tanzende Bauern. Kupferstich von Hans Sebald Beham aus einer Folge von Monatsdarstellungen. Nürnberg, 2. Viertel 16. Jh.

gegen Fallsucht (Epilepsie) soll es geholfen haben.

Baum-Zinn, Markenbezeichnung eines →Feinzinns aus der BRD.

Becher, Trinkgefäß in zylindrischer oder angestumpfter Kegelform, ohne und mit Henkel. Sonderformen des B. sind im Mittelalter auch polygonal geformt. Ein gotischer B. zeigt Bandauflagen wie die zeitgenössischen Glasbecher. Schriftbänder oder gedrehte Rillen sind weitere Verzierungselemente. Im 16. und 17. Jh. wird Reliefdekor bevorzugt, Besitzer-Initialen und -Wappen werden nach Wunsch des Bestellers graviert. Ähnlich wie bei Silberarbeiten verzieren →Barockblumen die Wandungen. Selten sind Deckelbecher. In →Norddeutschland werden B. mit Henkeln und dicker Wandung →Stop genannt. Eine Sonderform bei B. des 18. Jh.s sind die →Trenck-B.

*Baumölbierkrug.
Breslau, dat. 1774*

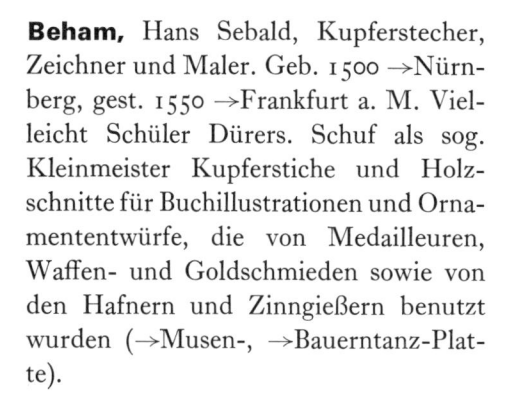

*Baumölbierkrug der Maurer.
Schlesien, dat. 1650*

Beham, Hans Sebald, Kupferstecher, Zeichner und Maler. Geb. 1500 →Nürnberg, gest. 1550 →Frankfurt a. M. Vielleicht Schüler Dürers. Schuf als sog. Kleinmeister Kupferstiche und Holzschnitte für Buchillustrationen und Ornamententwürfe, die von Medailleuren, Waffen- und Goldschmieden sowie von den Hafnern und Zinngießern benutzt wurden (→Musen-, →Bauerntanz-Platte).

Beham, Paulus, Zinngießer in →Nürnberg. Lernt bei N. →Horchaimer. Meister 1589, gest. 1610. Fertigt vasenförmige Deckelbecher mit →Arabesken in Flachrelief.

Beigemerk, auf →Meistermarken neben den Initialen, dem Namen oder dem Engel bei den →Engelmarken hinzugefügtes Zeichen wie z. B. Punkt, Stern, Blüte, Figur, Tier usw. Das B. sollte eventuelle Verwechslungen absichern.

Bekrönung wird die meist einem Deckel aufgesetzte (angelötete, angeschraubte) ornamental oder figürlich gestaltete Verzierung genannt, die das Öffnen und Schließen als Handhabe erleichtert. Die Zinngießer wählten dafür seit dem Mittelalter z. B. Kugel-, Scheiben- oder Balusterknöpfe, aber auch Figuren wie Löwen und antike Krieger, die bei →Zunftgerät meist ein Schild mit gravierter Inschrift halten und die oft aus stark bleihaltigem →Zinn bzw. →Blei vollrund gegossen sind. Im 18. und 19. Jh. erhielten die für die neuartigen heißen Getränke (Tee, Kaffee) gearbeiteten Kannen auch Holzknöpfe als B. und Holzhenkel, oder beides war mit Rohrsaiten als Wärmeschutz umwickelt.

Bemalung der Zinngegenstände kommt selten vor. Im 16. Jh. hob man durch Farben Wappen und Initialen hervor. Der →Nürnberger Meister M. →Koch war berühmt für seine Methode, durch spezielle B. eine →Vergoldung vorzutäuschen. Nach dem Dreißigjährigen Krieg vergoldete man auf diese Art auch Altargerät. Im Inventar des Erzbischofs von Bordeaux (1680) und des Schlosses von Rochefoucauld (1728) sind vergoldete Zinngeräte erwähnt. Außer Vergoldung ist auf den →Gustav-Adolf-Tellern des Meisters mit der Lilie (1. Hälfte 17. Jh.) und des Meisters A. L. (Mitte 17. Jh.) farbige B. vorhanden. Während des →Empire und →Biedermeier lackierte man z. B. Kannen und →Leuchter in Rot, Grün, Gelb oder Braun und bemalte sie zusätzlich mit Blumen und Ornamenten. Die typisch mattsilbern schimmernde Oberfläche des Zinns wurde durch die Lackierung verfremdet, anderes Material wie Porzellan oder Lackarbeiten nach chinesischem Vorbild vorgetäuscht. Bemaltes Zinn im 19. Jh. ist letztlich der Beweis, daß es aus der Mode kam und von anderen Materialien verdrängt wurde.

Bergbau, s. Abbau

Bergmannsleuchter, eine für →Sachsen typische Leuchterform, die im →Erzgebirge heimisch war. Der älteste erhaltene B. entstand in →Schneeberg um 1674: ein Bergknappe steht in Arbeitskleidung auf einem Sockel und trägt in der einen Hand die Leuchtertülle, während die andere eine Erzmulde auf der Schulter hält. Im 18. und 19. Jh. sind die Leuchterfiguren in Uniform gekleidet, die auf den traditionellen Bergparaden oder bei anderen feierlichen Anlässen getragen wurden. B. werden paarweise aufgestellt, weshalb eine Figur die Erzmulde, die andere die Bergbarte (eine Art langstielige kleine Axt) hält. B. waren sehr beliebt und werden bis in jüngste Zeit auch außerhalb Sachsens kopiert. Es gibt seit dem 19. Jh. →Kronleuchter mit Bergmannsfiguren als Lichtträger.

Bergzinn, mit anderem Gestein verwachsenes →Zinnerz, das im Untertagebau (→Abbau) gewonnen wird, sogenanntes Primärzinn.

Berling, Karl, s. Forscher

Berner Stegkanne, s. Stegkanne

Bertram, Fritz, s. Sammler

Berufsbild für das Zinngießer-Handwerk.
Arbeitsgebiet: Herstellung von Gegenständen aus →Zinn für Gebrauchs- und Dekorationszwecke und als Werbeartikel, z. B. Tischgerätschaften, technische Geräteteile für Pharmazie und Bierbrauerei, →Kirchengeräte, Beschläge mit Deckel und Fußreifen auf →Krügen.
Grundkenntnisse: Metallkunde über Zinn und seine Legierungsstoffe, handelsübliche Rohzinn-Sorten, Legierungsbezeichnungen, gesetzliche Bestimmungen über →Zinnlegierungen und deren Erkennungsmale, Qualitätsbezeichnungen (→Qualitätsmarken) von →Zinngeräten, Werkzeug- und Maschinenkunde (Wartung), Unfallverhütungsvorschriften, dazu *Spezialkenntnisse* (je nach Begabung): Zeichnen und Entwerfen, hierfür Kenntnisse in Stilkunde, Konstruktion und Herstellung mehrteiliger Gußformen (→Ma-

| Backnang | Balingen
um 1700 | Bamberg
um 1630
C. Gibner | Basel
Emanuel
Streckeysen
1765 | Bautzen
um 1530 | *um 1650* |

schinen und technische Einrichtungen) aus verschiedenen Materialien.
Grundfertigkeiten: Herstellung der Zinn-Schmelzmasse, →Gießen in Formen, Abkühlen und Ausschlagen, Feinbearbeitung (Versäubern) der Gußstücke, Arbeiten mittels Handstählen und Schablonenmessern auf der Drehmaschine, Löten (Zusammenfügen) einzelner Gußteile mit Lötvorrichtungen, Oberflächenbehandlung (maschinell) durch →Schleifen, →Polieren, →Bürsten. Anwendung von Chemikalien zum Entfetten, Ätzen, Patinieren, Herstellung einfacher Modelle und Gußformen, dazu *Spezialkenntnisse* (je nach Begabung): Herstellung von Drehwerkzeugen und Drehfuttern aus verschiedenen Materialien, Verformung von →Zinnblechen mittels Drückerwerkzeugen und -vorrichtungen, Bearbeitung und Verzieren von Zinngeräten durch →Gravieren und →Treiben.

Berzelius-Hütte importiert und verhüttet als einzige deutsche Hütte →Zinnerze. Stellt elektrolytisch das sog. →Rose-Zinn mit einem Reinheitsgrad von 99,95 her.

Beschaumeister sind von der →Zunft eingesetzte und vereidigte Gewährsleute, die die Qualität der Zinnarbeiten überwachen und – wie in Hamburg – ein →Beschauzeichen auf die geprüfte und für gut befundene Arbeit einschlagen. B. waren vorwiegend im 15. und 16. Jh. tätig. Danach übernahmen in der Regel die einzelnen Meister selbst die Garantie für gute Ware mittels der →Stadt- und →Meistermarke, denn das System war zu umständlich und zeitraubend geworden. In →Augsburg jedoch, das stets um beste Qualität der Arbeit besorgt war, wurde noch 1579 in der →Zunftordnung verlangt, daß drei vereidigte B. wenigstens sechsmal im Jahr unangemeldet alle Werkstätten aufsuchten und die →Probe zum Zehnten kontrollierten. Minderwertige Stücke aus zu schlechter →Zinnlegierung sollten sofort zerbrochen und in den Schmelztiegel geworfen werden. Eigene Beschauzeichen führten die B. in Augsburg nicht. Die Gepflogenheiten waren in den Städten verschieden, das 17. und 18. Jh. kennt in der Regel keine B. (→Holland). – B. hatten auch den Verkauf von Zinnwaren auf Jahr- und anderen Märkten zu überwachen. Sie hatten das Recht, mindere Ware einzuschmelzen, zu strafen und den weiteren Verkauf zu verbieten. Von solcherart Beanstandungen geben

Bayreuth	Berlin	Bern	Biberach	Bielefeld	Bordeaux
um 1600		*um 1670* *Daniel Hemman 1730*	*um 1650*	*Peter Heinrich Heising 1780*	*1694*

eine Reihe von Eintragungen in den Akten der Zinngießerzünfte Kunde.

Beschauzeichen. Die Zinngießerordnung von 1375 verlangte in Hamburg, daß der Meister seine Arbeit dem →Beschaumeister vorzulegen habe, damit dieser die Qualität der Legierung prüfe und mit der →Stadtmarke, dem B., versehen konnte. Der Stempel wurde in der →Zunftlade verwahrt und durfte nicht ausgeliehen werden. Mit der Zeit verlor die Stadtmarke ihren Charakter eines speziellen B. und wurde von den Meistern selbst eingeschlagen. Von Anfang an waren die Gepflogenheiten in den Städten verschieden. Die B. wurde im 17. und 18. Jh. durch den Qualitätsstempel (→Engelmarke) ersetzt, der in einigen Ländern und Städten üblich war (→Sachsen, Württemberg, →Thüringen, →Schweiz usw.).

Beschlag aus Zinn auf anderen Gegenständen (nicht zu verwechseln mit →Beschlagwerk) ist schon in der →Antike bekannt und in der →Ilias von →Homer erwähnt worden. Der Schild des →Achill und des →Agamemnon waren mit B. aus Zinn und Gold verziert und damit widerstandsfähiger. Auch die Kampfwagen der Helden waren beschlagen. Der auf den mittelalterlichen →Reliquienkästen vorhandene B. ist auf einen Holzkern genagelt und bedeckt die Oberfläche meistens vollständig als reliefierte, folienartige Verkleidung oder als ornamental durchbrochene und mit farbigem Stoff unterlegte Füllung. Manchmal ist der B. vergoldet oder versilbert, was darauf schließen läßt, daß ähnliche Reliquienkästen aus Edelmetall als Vorbild dienten. Die Herkunftsländer dieser mit B. versehenen Kästen sind →Italien und →Frankreich. Die Zinnmontierungen (Deckel, Lippen- und Fußrand) an Steinzeug- oder Fayencekrügen sowie an Glaskrügen werden zuweilen B. genannt. Die Deckel aus →Thüringen haben einen charakteristischen Dekor: rundes Mittelfeld mit acht, aus Bogenschlägen gebildeten Zacken, Reliefranken und einen Wulstrand, der wie eine Schnur geformt ist.

Beschlagwerk, Ornament, das wie bandartiger Eisenbeschlag aussieht und sich aus der Schmiedekunst ableitet. Der Niederländer Vredemann de Vries (1527 bis 1604) schuf viele ornamentale Vorlagenbücher, die das B. um 1600 auch in Deutschland bekannt machten. Dort wur-

*Beschlagwerk. Stichvorlage von
Jost Amman, Nürnberg, 1560–1570*

*Humpen mit Maskaron. Entwurf von
G. Wechter, Nürnberg, 1579*

de es von C. →Enderlein in →Nürnberg als Ornament für den Reliefguß übernommen, nachdem er die →Temperantia-Platte und die →Mars-Platte von F. →Briot, die ebenfalls B.-Ornamente vorweisen, kennengelernt hatte. Rollen sich die flachen Bänder an ihren Enden wie →Voluten ein, so spricht man von →Rollwerk. Das B. bleibt bis etwa 1620 in Mode.

Besitzermarken wurden auf Zinngegenständen von Auftraggebern oder Käufern als Ätzung oder Gravur verlangt, um ihr Eigentum zu kennzeichnen. Meist sind es Wappen, Initialen oder →Hausmarken, die sich dekorativ dem Stück zuordnen ließen. Manche Eigentümer ließen auch Stempel ähnlich den →Meistermarken einschlagen. Auf →Breitrandtellern und -platten finden sich als einziger Dekor oft sorgfältig gravierte Spiegelmonogramme als B. Auch unbeholfen von Laienhand eingeritzte Initialen sind als B. zu deuten.

Beta(β)-Zinn, s. Phasenumwandlung

Bettwärmer, s. Wärmflasche

Bezeichnungsregelung für →Zinngeräte (→RAL-RG 683): Enderzeugnisse aus zinnhaltigen Legierungen, die bei bestimmungsgemäßem Gebrauch mit Lebensmitteln in Berührung kommen können, sind

Bedarfsgegenstände im Sinne des Lebensmittel- und Bedarfsgegenständegesetzes (1974),

Ziergegenstände, die weder Bedarfsgegenstände noch Gegenstände des technischen Sektors sind,

Zinngeräte, als handwerklich oder industriell hergestellte Bedarfs- oder Ziergegenstände, deren Grundstoff aus einer oder mehreren zinnhaltigen Legierungen mit einem Mindestgehalt von jeweils 90% →Zinn bestehen.

42 Eva-Teller oder Jahreszeiten-Teller. Nürnberg, 1652–1682. S. Geisser

43 Auferstehungsteller. Nürnberg, 1580–1605. St. Christan

44 Propheten-Teller. Nürnberg, 1583–1619. J. Koch II

45 Noah-Teller. Nürnberg, dat. 1619. P. Öham d. Ä.

46 Auferstehungsteller. Nürnberg, 1630–1670. H. Spatz II

47 Auferstehungsteller. Nürnberg, 17. Jh. P. Öham d. J.

68   Schleifkanne. Neisse, um 1490

69   Schleifkanne der Zimmergesellen.
     Breslau, 1483. H. Grofe(?)

Bibel. Im Alten Testament wird berichtet, daß im Heer der Israeliten nach dem Sieg über die Midianiter um 1215 v. Chr. (4. Mose, 31, 22) Zinngegenstände mitgeführt wurden. →Bronze (Kupfer-Zinn-Legierung) schätzte man sehr, →Silber achtete man für gering (1. Könige, 11, 12). Figuren aus dem Alten und Neuen Testament erscheinen auf →Reliefzinn des 16. und 17. Jh.s wie z. B. auf der →Genesis-Schüssel, der →Lot-Schale, dem →Noah- und dem →Auferstehungs-Teller.

Biedermeier. Aus den von Victor v. Scheffel 1848 in den »Fliegenden Blättern« kreierten Namen für zwei deutsche Philistertypen »Biedermann« und »Bummelmeier« ist der Begriff »Biedermeier« entstanden, der sich für die Kunst in der Zeit des Vormärz, 1815 bis 1848, eingebürgert hat. In einer materiell armen Zeit konzentrierte sich die Formgebung auf Schlichtheit, gediegenes Material und vorzügliche handwerkliche Leistung. Die höfische Auszier trat zugunsten der bürgerlichen Kargheit zurück. →Zinngeräte wurden in dieser Zeit immer weniger gefertigt. Sie wurden von Porzellan verdrängt, das nunmehr in zahlreichen Fabriken hergestellt und immer preisgünstiger angeboten wird. Allein auf dem Land blieben →Schraubflaschen, Kannen und →Teller aus Zinn im Gebrauch. →Leuchter in Säulenform wurden bunt lackiert. →Meistermarken aus der Zeit des 19. Jh.s befinden sich oft auf Gegenständen vergangener Stilrichtungen wie →Empire und →Louis-Seize, weil die Gußformen weiterverwendet wurden und stilistische Eigenleistungen im B. nicht

Biedermeier-Kaffeekanne, schwarzlackiert und bemalt

mehr zustande kamen, da das Handwerk darniederlag.

Biegeprobe, s. Zinngeschrei

Bielefeld, s. Minden-Ravensberg

Bilderrahmen sind im 18. Jh. auch aus Zinn hergestellt worden, wobei ein in Holz geschnitzter B. als Modell für den →Sandguß in →verlorener Form diente. Der Vorteil eines B. aus Zinn lag darin, daß er beliebig oft nach dem Holzmodell hergestellt werden konnte.

Billiton, südostasiatische Insel; →Zinnvorkommen werden seit dem 19. Jh. im Tagbau (→Abbau) in bedeutenden Mengen abgebaut.

Billiton-Zinn, s. Gewinnung

Billy and Charley. Als im 19. Jh. das Sammeln (→Sammler) von Zinn immer eifriger betrieben wurde und große Nach-

Bozen	Bremen	Breslau (»*Wratislavia*«)			Brieg
um 1700		*um 1480*	*um 1630*	*um 1700*	*um 1580*

Blaker. Stichvorlage von J. C. Bodenehr, Augsburg, 1696–1704 ▷

frage für spielzeugähnliche oder figürliche Stücke herrschte, ließ sich in London das Fälscherpaar B. a. Ch. von einigen 1857 ausgegrabenen Figürchen aus römischer Zeit zu eigenen »Neuschöpfungen« anregen. Diese waren eindeutige Fälschungen, da sie, durch künstliche Mittel hervorgerufen, Alter vortäuschten und über interessierte Händler verkauft wurden. An ihrer Echtheit ist bis heute nur von wenigen gezweifelt worden.

Bimsmehl, s. Hilfswerkstoffe

Birkenmaierkrug, in alten Coburger Inventaren und auf Versteigerungen seit 1901 verwendete Bezeichnung für den fälschlich »Lichtenhainer Krug« genannten →Daubenkrug mit Zinnintarsien (→Intarsia). Es hat sich bislang keine Erklärung für den Begriff »Birkenmaier« finden lassen.

Birnkrug, s. Krug

Bischofsstab, s. Grabbeigaben

Blaker. Ein oder mehrere Leuchterarme sind an einer schildartigen Wandplatte befestigt, die das Licht reflektiert und die Wand zugleich vor dem Verrußen schützt. B. werden im 17. und 18. Jh. aus →Messing, →Silber, aber auch →Zinn hergestellt.

Blasen, s. Anblasen

Blaslot, schnellschmelzendes Lot, das zum →Anblasen verwendet wird. Meist eine Zinn-Blei-Legierung, in jüngster Zeit auch mit →Cadmium (Weichlöten).

Blasrohr, Lötkolben, der beim →Anblasen verwendet wird und seit dem 18. Jh. gebräuchlich ist.

Blattzinn wurde während der Kupferzeit als Auflage auf Keramiken verwendet, um diese wasserdicht zu machen. Durch Funde nachgewiesen bei den Pfahlbauten des →Züricher und Neuenburger Sees. Ebenfalls als Auflagematerial für Gegenstände anderer Art verwendet.

Blei, chemisches Element; in früheren Zeiten in großem Umfang als Legierungszusatz für →Zinn verwendet, gesetzlich (Blei-Zink-Gesetz von 1887) noch 10% zugelassen, jedoch heute wegen seiner

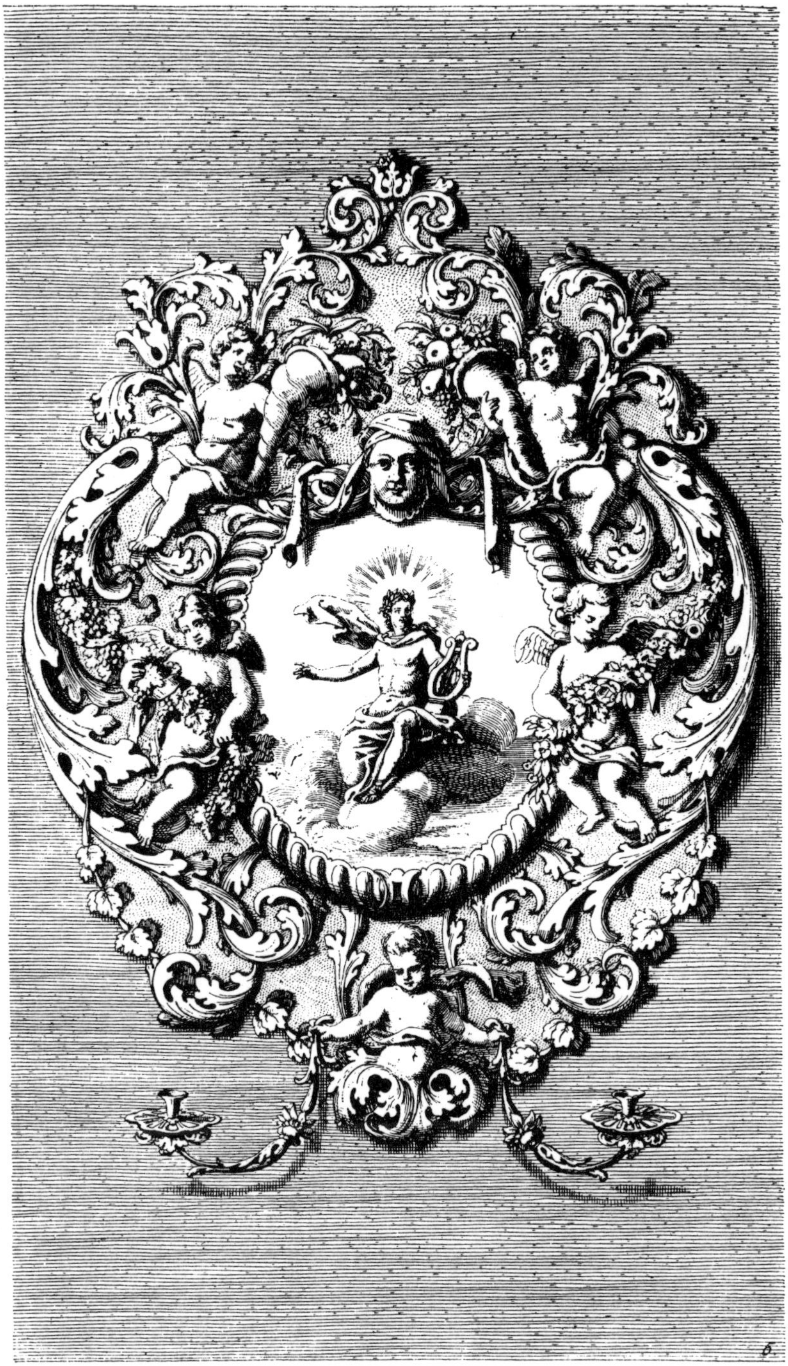

6.

| Brixen (Tirol) *um 1640* Walthasar Aichholzer | Bromberg *um 1780* | Brünn *um 1670* Joh. Tatzer 1731 | Bunzlau *um 1703* | Burghausen *um 1580* | Buxtehude *um 1600* Jos. A. Meinung 1765 |

toxischen Effekte umstritten. Die →DIN 17810 sieht maximal 0,5% B. vor, die nach allen Untersuchungen als absolut unbedenklich angesehen werden. – B. galt früher als unverzichtbarer Zusatz zur Verbesserung der schnellaufenden Gießfähigkeit des flüssigen Zinns, diese Übung wird heute durch Änderungen der Gußformen (→Maschinen und technische Einrichtungen) ausgeglichen. Ein weiterer Vorteil war es früher, durch Zugabe des schweren aber billigen B. die nach Gesamtgewicht berechneten Kosten für →Zinngerät günstig zu erhöhen (→Zinnlegierung).

Bleiform, s. Gußformenmaterial und Maschinen und technische Einrichtungen

Bleifrei, diese Bezeichnung wurde seit etwa 1970 für →Zinngerät mit niedrigen Bleigehalten verwendet. Es kamen aber Beispiele vor, bei denen Zinnwaren, insbesondere Importe aus Belgien, →Holland, →Italien und Portugal, trotz hohen Bleigehalts ebenfalls den Zusatz »B.« erhielten. Seit 1977 darf daher – laut →RAL-RG 683 – dieser Begriff auf Zinngeräten nicht mehr angebracht werden. Ein Bleigehalt bis zu 0,02% kann als »bleiarm« gelten.

Bleihaltigkeit, s. Probe zum Zehnten, Probe zum Vierten, Gewichtsprobe, Bleifrei, Gesundheitsschäden und RAL-RG 683

Bleilegierung, s. Probe zum Zehnten, Probe zum Vierten, Gewichtsprobe, Bleifrei, Gesundheitsschäden und RAL-RG 683

Bleivergiftung, s. Gesundheitsschäden

Bleizugabe erfolgt zu →Zinn seit dem Mittelalter, und zwar vorwiegend aus Kostenersparnis sowie zur Herabsetzung des Schmelzpunktes (→RAL-RG 683, →Gesundheitsschäden, →Probe zum Zehnten).

Blockzinn, (→Lieferformen), Name vom 18. Jh. an auch als Qualitätsbezeichnung üblich.

Blumenteller, →Reliefteller, der zuerst von dem →Nürnberger Meister Hans →Spatz II um 1640 gegossen wurde. In kräftigem Relief sind die →Barockblumen auf dem Rand angeordnet. Strenggenommen ahmen die B. getriebene Arbeiten der Gold- und Silberschmiede nach. Da sie aber in Zinn gegossen und

Engelmarke für Blockzinn

nicht getrieben wurden, sind sie dennoch ein charakteristisches, werkgerechtes Erzeugnis der Zinngießerkunst. Gegossener Blumendekor findet sich auch auf →Schraubflaschen im süddeutschen Raum.

Bodenfunde, s. Ausgrabungen, Baggerfunde und Grabbeigaben

Bodenmedaille. →Krüge und Kannen müssen zum Abdrehen (→Drehtechnik) der →Gußhaut auf die Drehlade mittels einer Spindel befestigt werden, die durch ein Loch im Boden geführt wird. Dieses wird zuletzt durch die angegossene oder geschweißte B. verschlossen. Die B. kann eine Rosette sein (üblich in der →Schweiz) oder figürliches Relief vorweisen: Kreuzigungsgruppe, →Kruzifix, Madonna mit Kind, Lamm Gottes, Stadtwappen (→Bremen), Amor in einer Muschel, Rosette mit Vase (→Schleifkanne der Tuchmacher). Die Modelle und Formen der B. sind lange Zeit benutzt worden, so daß sie für Datierungsversuche nicht immer herangezogen werden kann. Im Mittelalter, als die Glockengießer (→Glockenguß) zugleich auch Zinngießer waren, finden sich die gleichen Medaillen auf Glocken wie auf Kannen. Auch von Silberschmieden und Siegelstechern sollen Formen stammen. Wenn jemand über seinen Durst getrunken hatte, sagte man, »er hat den Heiland gesehen«, d.h. den Krug bis zum Boden geleert, wo die Medaille mit dem Gekreuzigten sichtbar wurde. Das bei diesem Anblick erwachende Schuldgefühl, so wird vermutet, sollte den Zecher zur Mäßigung anhalten.

Bodenrosette, s. Bodenmedaille

Bodenstumpf. Barockkannen haben häufig ein Loch im Boden, durch das ein Dorn gesteckt werden konnte, mit dem die Kanne zur Außenbearbeitung auf die Drehlade (→Drehtechnik) genommen wurde. Nach der Bearbeitung wurde das Loch mit einer →Plakette verschlossen, die auf der Außenseite einen Zapfen besaß. Dieser Zapfen diente der Aufspannung für die Innenbearbeitung der Kanne. Anschließend wurde er abgesägt. Seine Spuren weisen auf die Echtheit eines Stückes.

Bodenverschluß, s. Bodenstumpf und Bodenmedaille

Böhmen und Mähren hat eine bis ins 13. Jh. zurückreichende Tradition im Zinngießerhandwerk. In →Prag werden 1324, in Budweis, Kuttenberg, Königgrätz und Saaz gegen Ende des 14. Jh.s die ersten Zinngießer erwähnt. Bereits 1371 wird in Prag die Probe 10:1 verlangt. Da B. u. M. im 16. Jh. führend im Zinnbergbau war – es förderte die doppelte Menge wie →Sachsen –, entstan-

Bodenmedaille und Bodenrosetten　　　　　　　　　　　　　　　　　　*um 1600–1650*

den in der Nähe der Gruben und Hütten neue Zentren des Zinngießerhandwerks: →Schlaggenwald, Schönfeld, →Joachimsthal, →Karlsbad, →Eger und →Iglau gewannen im 17. bzw. 18. Jh. an Bedeutung.
Wie anderenorts waren in B. u. M. die Zinngießer im Mittelalter gleichzeitig Glockengießer, die nebenher große →Taufbecken herstellten. Berühmt sind die böhmischen →Schleifkannen mit Gravur oder Reliefdekor nach →Plaketten von P. →Flötner. Im 17. und 18. Jh. werden zylindrische Kannen und der breite, behäbige →Krug bevorzugt, die Wandung reich graviert. Die Qualität des böhmischen Zinns war hervorragend, es wurde bis nach Ungarn (→Siebenbürgen) und Polen gehandelt. Um reines Zinn zu kennzeichnen, war es anderen Städten B. u. M.'s erlaubt, als Qualitätsnachweis die Feinzinn-Marke von Schlaggenwald zusätzlich zu den eigenen Marken anzubringen. Dort sowie in Karlsbad und Schönfeld stellte man noch im 19. Jh., als an anderen Orten die Zinngießerwerkstätten infolge der wohlfeileren Keramikerzeugnisse ihre Aufträge einbüßten, nach alter Tradition →Zunft- und Gebrauchsgerät her. Dabei wurden

die ererbten, bewährten Formen verwendet, was bei fehlenden Marken die Datierung der Stücke erschwert. Leider wurden durch materialwidrige Treibarbeiten im späten 19. Jh. manches →Gebrauchszinn zur »Zierat« verfälscht.

Börsen, s. Zinn-Börsen

Bolivien, bis Mitte des 20. Jh.s das Land mit den größten bekannten →Zinnvorkommen. →Abbau wegen schlechter Transportverhältnisse, Wassermangels und ungesunden Klimas schwierig. →Erz mit höchstem Zinngehalt, bis 8%, aber auch mit hohem Grad unreiner Beimengungen; sulfidisches Erz.

Bolus, s. Hilfswerkstoffe

Bordeaux war in →Frankreich neben →Straßburg und Rouen bekannt für →Wöchnerinnen- oder →Ohrenschüsseln, die – versehen mit reichem Dekor des →Reliefzinns – im späten 17. Jh. bzw. im 18. Jh. gefertigt wurden. Der Reliefdekor auf den Ornamentschüsseln stellt eine anspruchsvolle handwerkliche Leistung der heimischen Zinngießer dar und trug den Ruf ihres Könnens weit über

2. Hälfte des 17. Jh.s und 18. Jh.

die Grenzen der Stadt hinaus. Daneben wurde in B. auch das sonst gebräuchliche Wirtschaftszinn hergestellt.

Bossard, J. und Gustav, s. Sammler

Boss'sche Kanne, holländischer Kannentyp aus dem 16. Jh. Weil die älteste dieser Kannen die Marke der Stadt →'s-Hertogenbosch aufweist, wird dieser Typ »Boss'sche-Kanne« genannt. Mit leicht gewölbtem Deckel ist sie nicht höher als 11 bis 15 Zentimeter, birnförmig gedrungen und weithalsig. Charakteristisch auch für diese Art der holländischen Kannen ist der Fußring: er steigt senkrecht an und verjüngt sich nach einem scharfen Knick, beide Partien sind gleich hoch. Während des 17. und 18. Jh. entspannt sich die gedrückte Kannenform, der Hals wird manchmal schlanker ausgeführt, trotzdem bleibt der Eindruck des Behäbigen erhalten.

Bozen in →Südtirol kennt als frühest erwähnten Zinngießer einen Michel Kandler, der für den 17. August 1449 durch Wilhelm Ramung, den Kesselrichter des Herzogs Sigmund, mit allen anderen Schmieden, Kandlern und Glockengießern der Grafschaft →Tirol nach Sterzing geladen wird. Als ältester erhaltener Gegenstand wird eine 1699 dat. große →Schüssel genannt. →Kannen werden im 17. Jh. mit einem gravierten Doppeladler verziert. Im 19. Jh. lassen sich in B. keine Zinngießer mehr nachweisen. Man darf jedoch annehmen, daß in diesem Weinbaugebiet viele Kannen, →Krüge und →Schraubflaschen hergestellt wurden, die sich nicht mehr erhalten haben, weil sie als schmuckloses Gebrauchsgerät letztlich eingeschmolzen wurden.

Branntweinschale, charakteristisches norddeutsches Trinkgerät, auch →Ohrenschüssel oder Kolleschal genannt, mit seitlichen, meist ornamental durchbrochenen horizontalen Griffen. Sie wurde für die Branntwein-Kaltschale, einem niederdeutschen Festtagsschmaus aus Schnaps, Honigkuchen und Rosinen, benutzt. Eine B. wird schon 1503 auf einer Grabinschrift für den mecklenburgischen Herzog Magnus in der Kirche zu Doberan erwähnt. Erhaltene B. aus Zinn stammen aus dem 18. Jh. Die der B. ähnliche Weinkostschale hat nur einen Griff; die Tröstelbier-Schale in →Westfalen, aus der nach Beerdigungen das in Bier ein-

2. Hälfte des 17. Jh.s und 18. Jh.

gebrockte Backwerk gelöffelt wurde, weist einen Ohren- und einen Ringgriff vor, durch den beim Servieren der →Löffel gesteckt wurde.

Bratwurstdose, ovale, manchmal passig geschweifte, steilwandige →Dose mit seitlichen Kugelgriffen und Deckelknopf, verziert durch Profile und Reliefborten. Die B. wurde erst im 18. Jh. »erfunden« und wird auch heute noch hergestellt. In ihr werden die traditionellen →Nürnberger Bratwürstel serviert.

Braumandl, Zinngießerei in →Zürich, 1903 von dem bayerischen Zinngießer Martin B. gegründet. Sie ist heute eine der ältesten noch tätigen Werkstätten der →Schweiz, die →Zinngerät in alten und modernen Stilformen herstellt.

Breitrandteller, -platte. Charakteristisch ist die im Verhältnis zum Rand kleine Tellermulde, die mit einem →Umbo versehen sein kann. Der breite, horizontal verlaufende Rand wird gerne mit reichen Gravierungen verziert. Ist er glatt belassen bis auf ein graviertes Besitzermonogramm oder -wappen, so wird der B. meist →Kardinalteller genannt.

Bremen gehörte im 14. Jh. zum →wendischen Ämterverband, einer Organisationsform, in der die Zinngießer des wendischen Kreises zusammengeschlossen waren, um ihre →Zunftordnungen miteinander abzustimmen (1361). In B. erfolgte 1301 die Gründung der Zinngießerzunft. Zunächst war als Probe für das sogenannte →Vollgut das Mischungsverhältnis 10:1 vorgeschrieben, das später auf 5:1 verringert wurde.

Brennkolben, s. Handwerkszeuge

Breslau war der Sitz der Ober- oder Hauptzeche der schlesischen Zinngießerzünfte. In der 1. Hälfte des 14. Jh.s werden in den sogenannten Schöppenbüchern Zinngießer urkundlich erwähnt. 1552 erreichen sie, daß auch in den umliegenden Städten nur Zinn angeboten werden darf, das der B.er Probe entspricht. Im 17. Jh. geht man ebenso hier zur →Nürnberger Probe 10:1 über. Seit 1766 kommt die Zahl 66 auf den →Stadtmarken vor, was darauf schließen läßt, daß die Zinnordnung neu geregelt wurde. Bis 1560 brauchten Meistersöhne kein Meisterstück abzuliefern. Da sie aber wenig Fleiß auf Handwerk oder Arbeit verwendeten und Müßiggang betrieben,

Kolleschal. 1700–1720

*Kolleschal. Lübeck, 1761.
Johann David Langhaar*

konnten sie als Meister ihre eigene Werkstatt nicht versorgen, so daß sie dem Verderben erlagen und von der Zeche (→Zunft) versorgt werden mußten. Also gab der Rat der Stadt »Ziel und Maß« und verlangte auch von den Meistersöhnen das Meisterstück.
Im 14. Jh. werden bereits 33 Kannengießer in B. urkundlich erwähnt. Michael Wilde (?) gießt am 17. Juli 1386 die Glocke für die Maria-Magdalenen-Kirche. Im 15. Jh. lassen sich 121 Zinngießer in B. nachweisen. Berühmt waren die →Schleifkannen des 16. und 17. Jh.s sowie das →Zunftgerät des 17. bzw. 18. Jh.s; Stücke, die sich traditionsgemäß erhalten haben, während das gängige →Gebrauchszinn meist eingeschmolzen worden ist. Der letzte von →Hintze erfaßte Zinngießer in B. arbeitete noch nachweislich im 20. Jh.

Briot, François, Zinngießer und Medailleur. Geb. um 1550 in Damblain (→Lothringen), zuletzt erw. 1616. Seit 1580 in Montbéliard (Mömpelgard) tätig. 1585 wurde B. zum »graveur de Son Excellence« ernannt und schnitt mehrere, mit F. Briot oder F.B. sign. Medaillen. Sein Hauptwerk ist die →Temperantia-Platte und -Kanne (um 1585–90). Die Signatur F.B. ist als Relief mitgegossen, was beweist, daß B. die Formen geschaffen hat. Nach einem Rechtsstreit 1601 wegen Verschuldung erhielt B. die Formen (Temperantia-Platte und -Kanne, Salzfaß, Vase und andere nicht genau bezeichnete Stücke) von seinen Gläubigern zurück. Das gilt als Bestätigung dafür, daß B. den Guß der Zinngeräte auch selbst ausführte. Seinem Werk werden aufgrund von Stilvergleichen die →Susannen-Platte (vor 1585), die →Mars-Platte und -Kanne (um 1600) zugeschrieben. B.'s Arbeiten werden im 17. Jh. von C. →Enderlein und anderen →Nürnberger Zinngießern als Vorbilder für eigene Ausformungen übernommen.

Briot-Vase, unter dieser Bezeichnung in der Zinnliteratur bekannte kleine Kanne, deren Form der →Arabesken-Kanne aus →Lyon von R. →Greffet (erw. 1528–1568) entspricht: gefußte Becherform mit kurzem Röhrenausguß, an dem ein Frauenkopf in Reliefguß die markante Verzierung bildet. Der Reliefgußhenkel zeigt eine weibliche →Herme. Die durch einen Wulstreifen unterteilte Wandung und der Deckel sind bei der B.-V. glatt im Unterschied zur Arabesken-Kanne. Der Pfeifendekor am Gefäßansatz sowie die Reliefborten an den Rändern sind bei beiden Objekten mit nur geringfügigen Abweichungen anzutreffen. Man wird daher den Entstehungsort und Meister der B.-V. eher in Lyon suchen müssen.

Britanniametall, eine »Komposition« von etwa 85% →Zinn, 10% →Antimon und 5% →Kupfer, wird im 19. Jh. in Großbritannien und am europäischen Kontinent, vor allem aber in USA (→Nordamerika) ein starkes Konkurrenzprodukt für das →Gußzinn. Dabei wird ein dünnes Blech aus einer besonders ziehfesten Legierung über eine rotierende Holzform gedrückt. Eine Massenproduktion mit angelernten Kräften ist leicht möglich, was notwendigerweise auch zu Modellen von zweifelhaftem Geschmack führt (→Pewterlegierung).

Brixen in →Südtirol, Bischofssitz. Im Diözesanmuseum und Domschatz sind mittelalterliche Zinnarbeiten aufbewahrt wie z. B. eine →Hostiendose und ein →Reliquienkasten aus dem 14. und 15. Jh. Als ältester Zinngießer in B. wird Johann Visper erwähnt, dessen Witwe 1578 den Zinngießer A. Heuschemann (gest. um 1585) heiratet. Von ihm ist eine typisch südtirolische →Stitze mit stark ausladendem Fußteil auf drei Füßen erhalten. 1586 bleibt ein Geselle aus Lemgo in →Westfalen, Aarandt Rümpher, in B., um eine Zinngießerswitwe zu heiraten und sich als Meister niederzulassen. Bis ins 19. Jh. sind in B. Zinngießer am Werk, einige ihrer Arbeiten werden in Museen aufbewahrt.

Broc, s. Pichet

Bronze, Kupfer-Zinn-Legierung, mit 80 bis 94% →Kupfer und 6 bis 20% →Zinn (üblicherweise). B. besitzt eine hohe Zugfestigkeit und ist zäh und leicht gießbar. In der →Bronzezeit, bis etwa 800 v. Chr. in Europa, war B. der wichtigste metallische Werkstoff.

Bronzeguß. Eines der ältesten Metallverarbeitungsverfahren der Menschheit ist das →Gießen von →Bronze, einer Kupfer-Zinn-Legierung.

Bronzezeit, Periode der vorgeschichtlichen Zeit, in der durch die Legierung von →Kupfer (90%) und →Zinn (10%) Waffen und Werkzeuge aus →Bronze hergestellt wurden. Sie löst die Jungsteinzeit ab, auf sie folgt die Eisenzeit. Die B. dauert in Kreta (bedeutendste Fundstätte des Kupfers) von 2100 bis 1100 v. Chr., in →Italien und Mitteleuropa von etwa 2000 bis 1000 v. Chr., in →Norddeutschland und Skandinavien von 1800 bis 600 v. Chr., in Osteuropa von 1200 v. Chr. an. Den Guß von Statuen in Bronze sollen um 600 v. Chr. die Samier Rhoikos und Theodoros erfunden haben. Die erhaltenen Arbeiten aus der B. beweisen, daß die Verarbeitung von Zinn – das ebenfalls in der →Ilias beim Kampf um Troja (1194–1184 v. Chr.) und in der →Bibel erwähnt wird – frühzeitig bekannt war.

Bruderschaft nennt sich in →Nord- und Westdeutschland meist die Gesellenvereinigung einer →Zunft, die gegenüber den Meistern und der Zunft (in der auch mehrere Handwerke vereinigt sein können) soziale Belange der Gesellen und Lehrlinge vertritt. An die B. wenden sich die auf →Wanderschaft befindlichen Gesellen, sobald sie in eine fremde Stadt kommen und bei einem Meister vorgesprochen haben. Die B. hält regelmäßig Zusammenkünfte in ihrer angestammten Schenke ab. Ihre Trinkgefäße aus Zinn sind durch gravierte Inschriften als Eigentum der B. gekennzeichnet.

Brunnkesseli, s. Sugerli und Gießfaß

Buckelteller, -schüssel oder -platte. Der Name leitet sich ab von den aus der Oberfläche mittels Holzpunzen herausgetriebenen stab- oder olivförmigen Buckelreihen. Diese Verzierungsart stammt wahrscheinlich aus →Italien und wurde außer in →Schlesien, →Prag und →Iglau vor allem in →Eger von H. →Wildner (um 1560) bevorzugt, bis sie in →Nürnberg von V. →Zipfel und H. →Zatzer auf ihre →Zonenteller übernommen wurden.

Bügelkanne, spätgotischer Kannentyp in der →Schweiz, der in drei Paaren erhalten ist: die Kannen aus Schloß Spiez bei Thun mit dem gegossenen Wappen der 1508 ausgestorbenen Familie Butenberg bzw. Spiez, um 1500; die Kannen von Aeschi bei Frutigen mit einer ungedeuteten Lilienmarke und schließlich die Kannen der Gemeinde Baar mit dem Wappen von →Zug, der Marke des Johann Vogt (geb. 1480) und dem →Beschauzeichen von Zug, um 1505 bis 1585.

Die Kannen haben einen schlichten Glockenfuß, eine kräftige birnförmige Leibung mit mehr oder minder halbkugeligem Deckel. Eine kantige lange Ausgußröhre mit Tierkopfendung reicht bis in die Höhe des Lippenrandes und ist durch einen Steg o.ä. mit den gewinkelten, seitlichen Bügeln verbunden, an denen der eiserne Klapphenkel angebracht ist. Die B. kam Ende des 16. bzw. Anfang des 17. Jh.s wieder in Mode, wie z.B. die →Frauenfelder Konstaffelkanne aus der 2. Hälfte des 16. Jh.s zeigt.

Bürsten. Um Zinn nach dem →Polieren einen matten Glanz zu verleihen, wird es gebürstet (→Maschinen und technische Einrichtungen, *Bürstmaschine*).

Bürstmaschine, s. Maschinen und technische Einrichtungen

Buffer Stock Manager, Beauftragter des →International Tin Council, dem die Marktregulierung obliegt. Gerät der Zinnpreis an die obere Grenze der vom Zinnrat festgelegten Preiszone, gibt der B. St. M. Zinn an den Markt ab; sinkt der Preis zur unteren Grenze ab, kauft er Zinn auf, um den Preis zu halten.

Bulge, typisches →Schweizer Schenkgefäß, ähnlich einer →Plattflasche, aber mit rechteckiger Grundfläche, vierseitiger glatter Wandung und schlankem, kurzem Röhrenhals sowie abgerundeter Schulter. Seitlich sind Tragösen für einen eisernen, verzinnten Klappgriff angebracht. Die Breitseiten sind oft mit Wappen oder Emblemen graviert. B. wurden

63

als Gemeinde-Schenkkannen benutzt. Sie können bis zu 50 Zentimeter hoch sein; die frühesten, aus der Zeit um 1500, stammen aus dem Berner Münsterschatz.

Cadmium, chemisches Element, Legierungsmetall für →Zinn und →Blei bei Loten (→Blaslote, →Weichlöten).

Candelarius, mittellateinische Bezeichnung für Zinngießer, abgeleitet von lat. candela (Wachslicht) und candelabrum (Leuchter, Kandelaber) im Sinne von Leuchtermacher. Man darf annehmen, daß der so bezeichnete Meister zugleich Bronze- und Zinngießer war. Der mittelalterliche deutsche Name für diese Handwerke war oft →Kandlgießer.

Cantrifusor, s. Kandlgießer

Cap de l'Étain (Bretagne), Abbau von →Zinnerz in kleinerem, aber Handel ermöglichendem Umfang schon zur Zeit der Phöniker (→Handelswege).

Cassiteriden, s. Kassiteriden

Cassiterit, s. Kassiterit

Chanukkaleuchter. Chanukka ist das Fest der Wiederweihe des Tempels von Jerusalem nach dessen Verwüstung durch Gorgias (164 v. Chr.) und dauerte acht Tage (1. Makk. 4, 47 ff.). Es ist eines der sieben Weihefeste im Zeitraum von der Erschaffung der Welt bis zur Ankunft des Messias. Der Ch. besitzt deshalb acht Lichtquellen, für jeden Tag des Festes eine, die in häuslicher Feier abends entzündet wird und eine halbe Stunde brennt. Zum Anzünden dient das neunte Licht, der Schames (hebr. Diener). Ch. aus Osteuropa haben oft zwei Schames und sind deshalb gleichzeitig Sabbatlampen.

Châtillon-sur-Seine, s. Grabbeigaben

Chemnitz, s. Sachsen und Günther

China kannte bereits im 3. Jahrtausend v. Chr. das →Zinn, wie Bronzearbeiten (→Bronze) aus dieser Zeit belegen. Im berühmten Schriftwerk über die Künste, dem in der Chou-Dynastie (seit 1122 v. Chr.) entstandenen »K'ao kung chi«, werden die Mischungsverhältnisse entsprechend dem Verwendungszweck der Geräte (Gong, sakrales Gefäß, Waffe, Handwerkszeug) genau beschrieben. Im 17. und 18. Jh. sowie im 19. Jh. gelangten Teekisten und -kannen nach Europa, deren Wandungen mit →Intarsia aus verschiedenen Metallen verziert waren. Auch Lackarbeiten erhielten Zinnauflagen.
Teekisten wurden noch im 19. Jh. mit →Kalain ausgeschlagen. Als im 19. Jh. aufgrund der Ausweitung des Welthandels aus den reichen Zinnminen Ch.s und anderer asiatischer Staaten preiswertes Zinn nach Europa gelangte, sank die Bedeutung des europäischen Zinnbergbaus. Da Zinn an feuchter Luft beständig ist, wird es in asiatischen Hochkulturen auch häufig als Überzug auf →Eisen, insbesondere aber auf Kupfergerätschaften geschätzt.

Chorasan, Lagerstätte an der persischen

Celle	Chemnitz	Chur	Colmar
um 1670 um 1830	um 1600	seit 1650 Daniel Hitz 1817	

Grenze, die im 3. Jahrtausend v. Chr. von Elam (→Handelswege) ausgebeutet wurde.

Christan, Steffan, gen. Hutter, Zinngießer in →Nürnberg. Lernte bei seinem Vater. Meister 1596, gest. 1605. Fertigte u. a. die →Lot-Schalen und den →Auferstehungs-Teller sowie eine →Schüssel mit flach reliefiertem Ätzdekor (→Ätzen).

Cento Camerelle (Etrurien), Abbau von Zinnerz in kleinerem, aber Handel erlaubendem Umfang schon zur Zeit der Phöniker (→Handelswege).

Ciborium, s. Ziborium

Cimarre, französische Schenkkanne des 16. bis 18. Jh.s, die hauptsächlich in der Champagne verbreitet war. Auf hohem, profiliertem Fuß mit kurzem Schaft erhebt sich ein variabel gestalteter balusterförmiger Körper, dessen Mündungszone sich geflacht halbkugelig erweitert und von einem ebenso gewölbten Klappdeckel verschlossen wird. Charakteristisch für die C. sind seitliche, an der Randzone sitzende Stifte, an denen der geschweifte Klapphenkel befestigt ist. Außerdem besitzt die C. noch einen Bandhenkel. Eine der C. verwandte Form ist die →Walliser-Kanne Typ I.

Clemens, Wilhelm, s. Sammler

Cölnische Probe verlangte im Gegensatz zur →Nürnberger Probe nur ein Mischungsverhältnis von 6:1 für Zinn-Blei-Legierungen. Sie war im Norden des Reiches und in rheinischen Bezirken üblich.

Cornwall (Cornwallis), →Zinnvorkommen in →England. Von den Phönikern (→Antike) entdeckt und abgebaut, später von den Römern. Heute eines der wichtigsten europäischen Abbaugebiete.

Dachplatten. 600 n. Chr. gab es in Gallien Kupferdächer, die verzinnt waren. 1262 wurde eine Kirche in Rostow (→Rußland) mit Zinn gedeckt. D. aus Zinn bewahrt das Germanische Nationalmuseum Nürnberg aus der Zeit vor dem 12. Jh. Ritter Rozmidal berichtet im 15. Jh., daß man in →England, das reiche →Zinnvorkommen besaß, ganze Dächer mit Zinn anstatt mit dem im Mittelalter üblichen, widerstandsfähigeren →Blei deckte. Auch Casanova kannte Bleidächer über den Gefängnissen in Venedig.

65

Crailsheim	Danzig	Deggendorf	Dingolfing	Dinkelsbühl
um 1700	*um 1636*	*um 1660*	*um 1670*	*um 1570*

Dänemark. Das Zinngießerhandwerk in D. stand wie das in →Schweden durch die →Wanderschaft der Gesellen und die Handelsverbindungen in enger Beziehung zu Deutschland, insbesondere zum Formengut des norddeutschen Zinns. – Bereits aus der →Bronzezeit stammen die als →Grabbeigaben gefundenen Doppelknöpfe und eine Holzschale mit einer Borte aus Zinnstiften. Aus der Zeit um 1200 datiert ein Kelch mit →Patene, der in einem Grab aus dem Dom von Roskilde lag. In →Testamentsverzeichnissen o. ä. vom 14. Jh. werden bei Bürgern von Roskilde, Ribe und Lund jeweils ein bis zwei Zinnkannen erwähnt, jedoch erst nach 1500 werden die zinnernen Gerätschaften in den Haushalten zahlreicher. 1524 besaß der Bürger Hans Herolder in Kopenhagen 30 Kannen, Töpfe und Flaschen sowie 36 →Schüsseln und sechs →Teller. Die in D. übliche Kannenform des 14. und 15. Jh.s ähnelt derjenigen in →Holland bzw. der →Hansekanne mit der deutlich abgesetzten Fußzone. 1656 goß Peter Hansen d. Ä. in Kopenhagen einen →Reliefteller nach →Nürnberger Vorbild mit dem Reiterbildnis von Kaiser Ferdinand III., eine einmalige Leistung in Skandinavien. Auch norddeutsche →Rörken und hohe →Krüge begegnen in D. Im 18. Jh. wurde auch hier Zinn in →Silberart hergestellt. Selbst die →Kranenkanne war beliebt. Im 19. Jh. setzt in D. der Niedergang des Zinngießerhandwerks ein.

Damaszierung, Oberflächengestaltung durch Ätzung.

Dambach, Andreas, Meister in →Nürnberg 1627, gest. 1650. Er gehört zur Gruppe der Meister des →Reliefzinns. Von ihm stammen u. a. der →Bacchus-Teller und der →Sultan-Teller. Die →Meistermarke ist bei seinen Arbeiten mit in die Form geschnitten. Ob D. die Formen selbst gestochen hat, ist nicht erwiesen; jedoch sind die Abgüsse von ausgezeichneter Schärfe.

Dankopfer-Teller, s. Noah-Teller

Daubenkrug. Die hölzernen Dauben sind mit Zinn gefaßt. Aus dem Holz ausgehobene Flächen wurden mit Zinn intarsienartig ausgegossen und abgedreht, so daß eine glatte Zinn-Holz-Oberfläche entstand. Die Motive des Zinndekors sind Wappen, Jagden, Vögel, Blumen. Es gibt auch ähnlich verzierte →Schraubflaschen, Fäßchen und Tabletts. Der D. wurde seit

Dippoldiswalde		Döbeln		Dresden	Düren
um 1660	*um 1750*	*um 1700*	*um 1750*	*vor 1600*	

etwa 1929 aus nicht erklärbaren Gründen als »Lichtenhainer Krug« bezeichnet, gemeint war sicher »à la Lichtenhain«. →Meistermarken auf D. weisen →Kulmbach als den Ort aus, in dem im 18. Jh. die meisten bekannten D., nämlich über 40 Stück, hergestellt wurden. Weitere Orte sind Bayreuth und Hof. In →Regensburg und in Plauen im Vogtland wurden D. bereits im 17. Jh. gefertigt, so daß man sie auch nicht »Kulmbacher Krüge« nennen kann. Qualitätvolle Kopien der D. wurden in der 1. Hälfte des 20. Jh.s hergestellt.

Daumendrücker, s. Deckelkrügge

Daumenrast, s. Deckelkrügge

Deckel-Anguß, stegartiges Zinnband als Verstärkungselement für den Deckel, vor der Krügge zur Deckelmitte hin befindlich.

Deckelbekrönung, s. Bekrönung

Deckelkrügge, Teilstück des Deckels, das als Auflage für den Daumen der den Henkel umfassenden Hand dient, um das Aufklappen des Deckels zu erleichtern. Die D. sind bei den →Hansekannen der Spätgotik brillenähnlich, in →Norddeutschland werden sie zu Doppelkugeln oder Zwillingsscheiben und gegen Ende des 16. Jh.s zu Doppeleicheln. Während des →Barock ist besonders in Süddeutschland der Rundknopf vorherrschend.

Deckelmontierung, s. Aufgießen

Deckelschloß, ein wenige Millimeter hoher, senkrechter Steg auf der Deckelinnenseite, der knapp neben dem inneren Mundrand eingreift und dadurch ein Verschieben des Deckels infolge der Lockerheit des Scharniers (besonders bei einem dreibackigen) verhindert.

Dedikationsplatte, ein in der →Schweiz charakteristischer Wandschmuck mit sorgfältig gravierten oder geätzten Wappen auf einer flachen Scheibe, deren Rand meist in einfallsreicher Weise ausgeschnitten ist. Die Namensinschriften mit Datierung erinnern an die im 16. und 17. Jh. in der Schweiz so beliebten Wappenscheiben aus farbigem Glas. Aber nicht alle mit gravierten Wappen verzierten →Platten sind D., da es auch Wappenplatten auf drei Füßchen gibt, die als →Tischschoner verwendet wurden. Es ist vielmehr der Widmungstext der Platte, der sie von den in Süddeutschland eben-

67

falls reich gravierten Tisch- oder Wandplatten unterscheidet. Die schönsten D. wurden in →Zug in der 1. Hälfte des 17. Jh.s von Peter Hans Vogt (gest. 1648) und Oswald Müller (erw. bis 1647) sowie in →Zürich von H. Wirz (Meister 1634, gest. 1665) angefertigt.

Dekorationsplatten, s. Zierplatten

Deko-Zinn, neuzeitliche, neben anderem der täuschenden Werbung dienende Sammelbezeichnung für Produkte von nur zinnähnlichem Aussehen, die häufig aus Hartblei (mehr als 80% →Blei, ca. 12 bis 15% →Antimon, ca. 1% →Zinn), aus Zink (mehr als 99,7%) oder aus elektrolytisch verzinntem Kunststoff, gelegentlich auch aus Mischzinn (ca. 30–70% Zinn, Rest Blei) bestehen. Diese Erzeugnisse enthalten in der Regel keinen Etiketten- oder Stempelhinweis auf diese negativen Materialeigenschaften und sind zum Gebrauch, besonders im Umgang mit Lebensmitteln, nicht geeignet (→RAL-RG 683).

Demiani, Hans, s. Sammler

Deutsche Werkstätten, s. Hellerau und Jugendstil

Devonshire, s. Limbergh

Devotionalie, Gegenstand einer überwiegend volkstümlichen religiösen Kleinkunst, der der Andacht und der Erinnerung an Wallfahrten dient. D. werden auch als →Amulett mit Heil- und Schutzwirkung getragen (Paracelsus: Die Talismane sind die Büchsen, worinnen die himmlischen Einflüsse aufbewahrt werden). D. werden auch aus Zinn und Blei hergestellt: in der frühchristlichen Zeit als →Ampulle, im Mittelalter als →Pilgerzeichen, später als Rosenkranzanhänger, Figuren usw. Zwei Zinngießereien in Dießen am Ammersee fertigen noch heute D. als Neugüsse nach Formen von 1810 bis 1840.

Dichte, spezifische Masse eines Stoffes, definiert als Masse pro Volumeneinheit in g/cm³; für →Zinn gilt 7,32 g/cm³.

Dijon war neben →Bordeaux, →Paris und →Straßburg eine der Städte in →Frankreich, in der bis Ende des 18. Jh.s →Gebrauchszinn auch mit kleinen Renaissancemotiven in Reliefdekor verziert wurde (→Reliefzinn).

DIN 1704 (z. Z. gültige Ausgabe, Juni 1973) betrifft Festlegung der zulässigen Verunreinigung in bestimmten Zinnqualitäten. Für →Zinngerät nach →DIN 17810 sind bei einem Grundwerkstoff von 99,75% →Zinn maximal 0,25% Verunreinigungen zulässig.

DIN 17810 (Erstausgabe Juni 1974, zweite Ausgabe in Vorbereitung) betrifft →»Zinngerät, hier Zusammensetzung der →Zinnlegierungen«. Sie soll hauptsächlich den herstellenden Betrieben eine moderne Materialbasis geben, um die Forderungen des Lebensmittel- und Bedarfsgegenständegesetzes (1974) sowie des veralteten Gesetzes, betreffend den Verkehr mit blei- und zinkhaltigen Ge-

70 *Gefußte Kanne, Breitrandteller, Becher. 15. Jh.*

71 *Gefußte Kanne, Breitrandplatte, Schale, gedeckelte Salzschale (bei der Frau vorn). 2. Hälfte 15. Jh.*

113 Breitrandplatte, Becher, eckige Tafeln als Vorformen für Teller, Knabe mit Wasserkanne und Schale zum Reinigen der Finger, im Hintergrund auf Stollenschrank Kannen und Platten als Schaugerät. Ende 15. Jh.

genständen (1887), zu erfüllen. Sie enthält eine Definition der Zusatzmengen, die z. B. einem mindestens 95%igen Grundwerkstoff Zinn die Beigabe von 2% →Antimon, 2% →Kupfer und bis zu 0,5% →Blei erlauben. Die Norm ist weitgehend identisch mit ausländischen Normen für den gleichen Bereich und ist Grundlage von →RAL-RG 683.

Diodor (griech. Siculus) von Agyrion (Sizilien), lebte zur Zeit Cäsars im 1. Jh. v. Chr. und schilderte in seiner »Bibliotheke« (Universalgeschichte in 40 Büchern) auch den Zinnbergbau auf den →Kassiteriden: »Die Stollen sollen sich oft meilenweit unter dem Meeresboden hingezogen haben, und hoch über den Köpfen der Bergleute rauschten, ihnen unhörbar, die Wogen« (→Zinn, Wortursprung, →Handelswege).

Display Pewter (engl.) s. Edelzinn.

Dörr, Zinngießerei in →Nürnberg, nach 1945 von dem bekannten Meister Josef Schmid übernommen. Dieser fertigte, wie seine Kollegenfirmen Josef Hörmann und Hans Menna, vornehmlich →Zinngeräte im Stil des →Barock, →Rokoko und →Empire in antiker und heller Tönung. Heute werden neben den nostalgischen auch moderner gestaltete Formen hergestellt.

Dokumententafeln und Schriftrollen aus →Zinn oder →Blei wurden bei Grundsteinlegungen mit eingemauert. Beispiele sind aus dem 16. Jh. überliefert wie die buchförmige D. aus der Helmkugel des Karlsturmes vom Großmünster in →Zürich mit den Namen der einheimischen Beamtenschaft, dat. 1537. Sie enthält auch Hinweise auf Bauarbeiten von Hans Balthasar Leller mit der Jahresangabe 1534. Die D. sind wichtige kulturhistorische Zeugnisse.

Doppeladlerteller und -schälchen waren in →Nürnberg seit dem 2. Drittel des 16. Jh.s sehr beliebt. A. →Preissensin brachte als erster eine Platte mit dem Doppeladler, die aus geätzter Form gegossen war. Sodann schuf er um 1590/98 ein Doppeladlerschälchen in kräftigem und üppig wucherndem Groteskrelief mit Delphinen und Putten auf dem Rand, das C. →Enderlein als Vorbild gedient haben dürfte; denn die Randornamente sind bei diesem ausgedünnt und wirken nachempfunden. Gleichwohl ist das Enderlein-Modell oft von anderen Meistern gegossen worden: es ist erhalten mit Marken von V. →Zipfel, Meister mit dem Stern, B. Keim (gest. 1634) und H. →Spatz II.

Dordrecht, s. Holland

Dortmund war im Mittelalter im →Bronzeguß führend, und aus dem 14. Jh. wird überliefert, daß ein D.er Kaufmann aus →England viel Zinn importiert hat. Also muß das Kannengießerhandwerk ebenfalls bestanden haben, das seit dem Niedergang der einstigen großen Handelsstadt im 15. Jh. nicht mehr florierte. Die 1436 erwähnte Zinngießervereinigung scheint bereits Ende des 15. Jh.s in der Schmiedegilde aufgegangen zu sein.

Die Markierungspflicht, die im 16. Jh. befolgt wurde, läßt seit dem 17. Jh. nach. Die Kannen haben auf dem Henkelrücken ein Rankenrelief, das bei der Gruppe der kölnisch-rheinischen Kannen in der Regel fehlt. Im 18. Jh. wird in D. die →Engelmarke eingeführt. Der Engel trägt anstelle der Waage bei der Marke des Andreas Goswin Jockenack ein Wappenschild mit Doppeladler, der vielleicht den Reichsadler darstellt, während der einfache Adler das Wappenbild der Stadt ist (→Kölner Kanne, →Westfalen).

Dosen als Behältnisse für kostbare Dinge waren schon im Altertum bekannt. Im Mittelalter begegnen sie als →Hostiendose und →Gewürzdose, im 17. und 18. Jh. als →Zuckerdose und →Tabaksbüchse. Charakteristisch für →Nürnberg ist die →Bratwurstdose. D. mit punzierten Randkanten stammen meist aus →Augsburg.

Dreheisen, s. Handwerkszeuge

Drehlade, s. Drehtechnik

Drehmaschine, s. Maschinen und technische Einrichtungen

Drehrillen, Bearbeitungsmerkmale von Drehteilen, die nach einer nur groben Bearbeitung deutlich zu sehen sind. Früher, als noch auf der Drehlade gearbeitet wurde, waren durch deren Eigenschwingungen bedingt, charakteristische D. bei noch so sorgfältiger Bearbeitung unvermeidbar. Diese sind deshalb ein Erkennungsmerkmal für altes Zinn.

Drehstahl, s. Handwerkszeuge, *Dreheisen*

Drehtechnik. Seit dem Mittelalter wurde zum Drehen die Drehlade verwendet (→Drehrillen). Mit einem Schwungrad wird dabei über eine Darmschnur eine Spindel in Drehung versetzt. Vorne an der Spindel befindet sich ein »Stock« genanntes Holz, dessen Form sich nach dem Werkstück richtet und dieses aufnehmen muß. Tiefer als die Spindel und parallel dazu liegt ein Brett mit einem verstellbaren Holzblock, durch den ein Stab gesteckt wird, der beim Drehen von unterhalb gegen den Rand des Werkstücks drückt. Über dem Gestell und dem Holzblock liegt ein fester Stab, auf dem der Zinngießer das Drehwerkzeug aufstützen kann, wenn er es nicht frei führt. Heute werden zum Drehen moderne Drehbänke verwendet.

Dreimarkensystem, seit dem 15. Jh. üblich in Ost- und Westpreußen mit →Stadt-, →Meister- und Landesstempel (Adler). 1596 werden für die Städte des →wendischen Ämterverbandes drei Marken für die Stempelung vorgeschrieben: Stadt- und Meistermarke, eine davon wird doppelt eingeschlagen. Auch in Württemberg (1596), →Sachsen (1614), →Tirol und →Salzburg ist das D. üblich (→Schüsselzinn, →Kannenzinn, →Markenwesen).

Dresden besaß als eine der Residenzstädte des sächsischen Herzogs- und Kurfürstenhauses vermutlich seit dem Mittelalter tüchtige Zinngießer. Heinrich Kan-

Bischofswerda, Meister M.F., um 1673–82
Dreimarkensystem in Norddeutschland
und Sachsen
eine Stadt- und zwei Meistermarken
(oder umgekehrt)

Thorn, Jeremias Mentzel, 1646
Dreimarkensystem in West- und Ostpreußen
Landesstempel (Adler), Stadt-
und Meistermarke sind »vereinigt«

nengießer stellte 1475 für die Rochsburg Bleirohre zur Wasserleitung her: »Welche deren 1475 auch für das neue Thorhaus des Dresdener Schlosses lieferte und 1491 Glocken für die Kirche goß«. Ein Ambrosius Reichenbach, gest. 1599, ist nicht nur Zinngießer, sondern auch Büchsenmeister. Er erhält 1590 für eine Auftragsarbeit (wohl eine Brunnenfigur), zu welcher der Bildhauer Valentin Silbermann aus →Leipzig das Modell anfertigte (→Plastik), 72 Gulden 13 Groschen 1 Pfennig: »Von dem Nackenden Weibesbilde aus Zien abzugießen wigt 1 Centner 9 Pfund«.
Viele Zinngießer kommen von außerhalb, aus →Wien, Bautzen, Freiberg und Meißen, um sich in D. niederzulassen und hier die Meisterprüfung abzulegen; wohl wegen der guten Aufträge, die von seiten des Kurfürsten und anderer Herren zu erwarten sind. Auch in D. wird hauptsächlich →Kirchengerät aus Zinn, →Zunft- und →Gebrauchszinn hergestellt. Sonderformen, wie z. B. in →Annaberg, →Marienberg und →Schneeberg, haben sich hier nicht entwickelt. Die →Zunftlade und eine große Tafel mit den Marken der zur Dresdener Kreislade gehörigen Meister befanden sich als Hinterlassenschaft der Dresdener Zinngießerzunft im dortigen Stadtmuseum.

Dröppelminna, volkstümliche Bezeichnung für →Kranenkanne; wahrscheinlich weil der Zapfhahn (Kran) nicht ganz dicht war und ständig »dröppelte«, zudem ihre rundliche, behäbige Form an diejenige einer gemütlichen Hausfrau namens »Minna« erinnert.

Druckguß. Seit etwa 50 Jahren wird versucht, das D.-Verfahren auch für →Zinngerät zu verwenden; es ist aber erst seit etwa 1970 zufriedenstellend durch apparative Veränderungen gelungen. Dabei wird aus einem Vorratskessel unter hohem Druck (d. h. mit hoher Einlaufgeschwindigkeit) flüssige Legierung in die Form geschossen. Nach dem Erstarren werden die Formen mechanisch gelöst. Je nach Teil können mehrere gleichzeitig hergestellt werden.
Besondere Sorgfalt ist auf die Auslegung der Speiser und der Luftkanäle zu legen, um eine einwandfreie Füllung und ein rechtzeitiges Entweichen der Luft aus der Form zu gewährleisten. Das Verfahren wird heute erfolgreich z. B. für →Becher, Stamper und →Löffel verwendet, ist aber

Drücken der Vorform   *Einziehen in Endform*

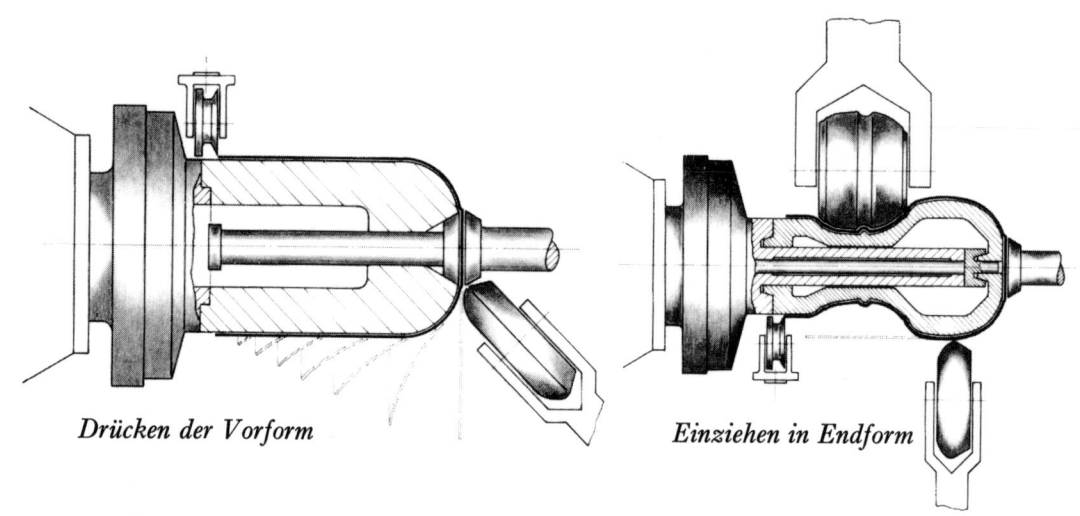

erst bei relativ großen Serien rentabel. Die D.-Form muß vorgewärmt sein, was durch einige Verschlüsse erreicht wird. Die Vorläufer werden direkt wieder eingeschmolzen.

Drücken. Das D. (auch »Forcieren« genannt) wird seit etwa 1965 im angelsächsischen Raum überwiegend, in Deutschland zu etwa 40% zur Herstellung von →Zinngerät verwendet. Ausgangsmaterial ist in Ronden geschnittenes Zinnblech. Dieses wird konzentrisch auf der Drückbank (ähnlich einer Drehbank) eingespannt und entweder von Hand oder automatisch mit Drückwerkzeugen um die Form, die sich mitsamt der Ronde sehr schnell dreht, gedrückt. Dabei verringert sich die Ausgangsblechstärke entsprechend. Beim automatischen D. werden die Werkzeuge über ein Modell des fertigen Teils gesteuert.
Entsprechend dem Arbeitsablauf können auf diese Weise keine reliefartig verzierten Teile gefertigt werden. Im Normalfall werden rotationssymmetrische Teile gefertigt, es sind aber auch eckige Grundformen möglich. Die Begrenzungen des Verfahrens liegen in der Lösbarkeit des Futters nach dem D., größere Teile (Bodenvasen) werden in mehreren Einzelstücken gedrückt und dann zusammengelötet. – Das D. erfordert große Geschicklichkeit und »Fingerspitzengefühl«, da das Material leicht an einigen Stellen zu dünn wird. Die nach dem D. gelegentlich auffallende →Entfestigung des Materials kann durch eine Wärmebehandlung des fertigen Teils ausgeglichen werden.

Drücker, s. Deckelkrügge

Dülmener Viktorszinn, seit dem 16. Jh. in →Münster verarbeitete Zinn-Blei-Legierung mit einem Verhältnis von 3½ : 1 (Münsterisches Pauluszinn).

Dünnpfennig, s. Hohlpfennig

Edelmetalle, Bezeichnung für chemisch träge Metalle, die unter dem Einfluß von Luftsauerstoff nicht oxidieren. Edelmetalle sind Gold, →Silber, Quecksilber, Rhenium sowie die Platinmetalle.

Edelzinn. Der Begriff wurde 1905 von H. Demiani (→Sammler) geprägt: »Als E. bezeichnet man die über den Gebrauchszweck hinaus zu künstlerischer Form veredelten, meist nur als Schau- und Prunkzinn zu betrachtenden Geräte im Gegensatz zum →Gebrauchszinn, den für den täglichen Gebrauch bestimmten Zinngeschirren.« Diese Definition bezieht sich also nur auf Zinnarbeiten in Reliefgußtechnik, wie sie durch F. →Briot oder C. →Enderlein repräsentiert und besonders in →Nürnberg, →Sachsen und in der →Schweiz seit dem ausgehenden 16. Jh. hergestellt wurden. Die künstlerische Leistung lag hier einerseits im harmonischen Ornamententwurf, der geistreichen Auswahl des thematischen Inhalts wie seiner ästhetischen Darstellung und andererseits in der meisterhaften Beherrschung der Technik bei der Herstellung der Gußform (→Maschinen und technische Einrichtungen) und des Gusses. – In →England wird das E. »display-pewter« (Ausstellungs- und Dekorationszinn) genannt.

Eger (→Böhmen und Mähren) verzeichnet um 1500 in den Stadtchroniken Georg Wildner d. Ä. und seine beiden Söhne als erste Kannengießer. Von H. →Wildner d. J. sind einige für E. charakteristische Arbeiten in Reliefguß erhalten, wie sie in →Nürnberg und →Sachsen üblich waren. Das läßt auf enge Verbindungen zu diesen Zentren deutscher Zinngießerkunst schließen. Seit 1600 wurden in E. Kannen mit charakteristisch eingeschnürtem oberen Drittel hergestellt, das sich zum Lippenrand hin wieder leicht wulstig

Salzburg um 1580   *Breslau 1660*   *Regensburg 1638*

Eichmarken

erweitert. Die einzige Verzierung dieser Kannen sind außer dem Deckelschild punzierte Borten und schräg angesetzte Scheibenfüße. Auch →Krüge mit Scheibenfüßen stammen meist aus E., desgleichen Schüsseln mit gravierten Ornamenten und Heiligen. Eine weitere Besonderheit für E. aus dem 18. und 19. Jh. ist der →Lirlkrug und die →Pitsche. In der 2. Hälfte des 19. Jh.s wurden in E. dem gesteigerten Bedürfnis nach →altdeutschem Zinn zufolge einfache Gebrauchsgeräte mit Dekoren »bereichert«, indem man z. B. Eßteller mit getriebenen Wappen oder Figuren schmückte und altertümlichen Inschriften gravierte. Sie finden heute als Beispiele für den →Historismus wieder Interesse.

Eichmarken werden meist vom Eichamt auf die Maße und Gewichte geschlagen. Da bei den E. das jeweilige Jahr zur Kontrolle vermerkt ist, dienen diese auch zur Datierung der Stücke. In →Breslau wurden die Zinngießer vom Rat der Stadt verpflichtet, selbst auf das rechte Maß zu achten, indem sie den Quartkannen innen in entsprechender Höhe ein Eichzäpfchen anzulöten und außen ein W mit Krone einzuschlagen hatten. In München wird 1531 angeordnet, daß die Eichzapfen nicht mehr zuoberst, sondern »einen zwerchen daumen vnder dem maul der kandten seen« d. h., so breit wie ein Daumen ist, unterhalb des Randes angebracht werden (→Humpen).

Eichzapfen, s. Zäpfchen

Einblasen, s. Anblasen

Eingußtrichter, s. Güssel

Einmarkensystem. Es vereinigt →Stadt- und →Meistermarke wie z. B. in →Nürnberg. Auch die →Qualitätsmarke kann noch hinzugefügt sein, wenn die Marke in der Mitte z. B. eine von Stadtzeichen und Meisterinitialen unabhängige Rose zeigt (→Rosenmarke) oder die vereinigte Marke von einer Krone zusätzlich verziert ist (Kronenmarke). Andererseits weist das Vorhandensein nur einer Marke (→Stadt- bzw. Meistermarke) darauf hin, daß der Gegenstand aus eingeschmolzenen alten Stücken umgegossen wurde.

Einmarkenzeichen, meist die →Meistermarke des Zinngießermeisters oder das →Beschauzeichen einer →Zunft, im Gegensatz z. B. zum →Dreimarkensystem, bei dem Herkunfts-, Qualitäts- und Meisterzeichen getrennt eingeschlagen wurden.

Einschwärzen, s. Gravieren

Eisblumenmuster, Ablagerung von Zinnsulfid in dunkler Färbung auf der

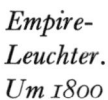

Empire-Leuchter. Um 1800

Empire-Kaffeekanne. Um 1810

Innenseite von Weißblechdosen, durch die hohe Temperatur bei der Sterilisation hervorgerufen. Führt nicht zu →Gesundheitsschäden.

Eisen, chemisches Element, als Verunreinigung im →Zinnerz (→Gewinnung). Beim →Sintern wird dem Eisenpulver Zinnpulver zugegeben.

Eisenchlorid, s. Hilfswerkstoffe

Elam, s. Handelswege

Elektrolytzinn, s. Gewinnung

Empire. Nach einer Übergangsphase vom →Louis-Seize mit einer deutlichen Hinwendung zur →Antike und – nach der Französischen Revolution – zum republikanischen Rom, bildete sich die neue Stilrichtung, das E., heraus, das die Zeit von der Kaiserkrönung Napoleons I. bis zur Restauration der Bourbonen (1804 bis 1815) beherrschte. Es war bis etwa

Marken für aus England eingeführtes Feinzinn *Norddeutschland, 18.Jh.*

1830 besonders auf den Gebieten der Raumdekoration wie des Kunsthandwerks bestimmend und wurde von Kaiser und Hof geprägt. Kaiserliche Abzeichen oder kriegerische →Symbole fanden ebenso Aufnahme in das →Ornament wie griechisch-römische und ägyptische Motive (Adler, Waffen, Sphingen, Löwen, Dreiecksgiebel, Säulen, →Palmetten, Mäander). Die höfische Erhabenheit wurde in Deutschland ins bürgerliche abgeschwächt, die Zinngießer folgten der neuen Mode bereitwillig. →Terrinen und Kannen erhielten Urnenform, Ägypterinnen tragen →Leuchter, die Sphinx verziert →Zuckerdosen.

Enderlein, Caspar, Zinngießer und Formenschneider, geb. 1560 Basel, gest. 1633 →Nürnberg. Auf seiner Gesellenwanderung kommt er 1583/84 nach Nürnberg, wird dort 1586 Meister und Bürger, auch als Meistersinger wird er erwähnt. Seine Berühmtheit verdankt er seinem Können als Formschneider von Gußformen (→Maschinen und technische Einrichtungen) mit Reliefdekor wie z. B. der →Temperantia-Platte.
Seine Gußformen scheinen für den Gebrauch in anderen Werkstätten bestimmt gewesen zu sein, sie tragen Marken von verschiedenen Zinngießermeistern neben seinen in die Form gestochenen Initialen C. E. Eine der Temperantia-Platten und eine Marien-Platte tragen außerdem rückseitig sein Porträtbildnis mit Monogramm und Umschrift SCVLPEBAT CASBAR ENDERLEIN. Daß E. in seiner Werkstatt auch die von ihm gefertigten Modelle gegossen hat, ist bis auf die →St.-Georgs-Schale nicht mit Sicherheit nachzuweisen. Alten Berichten zufolge hat E. jedoch zuerst →»hangende Leuchter« gegossen. Dies ist ein Hinweis mehr, daß sich E. weniger mit der Anfertigung von →Gebrauchszinn als vielmehr mit außergewöhnlichen Arbeiten und künstlerisch gestaltetem →Edelzinn beschäftigt hat. Seine Werke sind: Schälchen mit Doppeladler; →Lot-Schale, 1608; →Mars-Kanne, 1610; Temperantia-Platte Modell I und II, 1611; Marien-Platte, statt Temperantia auf dem →Umbo Maria mit dem Kind; →Temperantia-Kanne, wohl 1611; →Schüssel mit E.-Medaillonbildnis; St.-Georgs-Schale, 1615; →Eva-Teller, 1621; →Auferstehungs-Teller Modell II. Diese Stücke sind mehrfach und teilweise von mehreren Meistern über einen längeren Zeitraum ausgeformt worden, die Temperantia-Platte Modell II sogar etwa 110 Jahre lang, auch in Silber und sogar in Keramik. Vielleicht waren die E.-Modelle sogenannte →Amtsformen, die sich die Meister ausleihen konnten.

| Andreas Moser Schaffhausen | Jürgen David Brockmann Hamburg | H. H. Plas Hamburg | C. Gust. Schnoll Hall (Württ.) 1839 | Ludwig Mory München 1889 |

Engelmarken 18./19. Jh.

Engelmarke, zunächst Qualitätszeichen für →Englisch Zinn. Sie verdrängt im 18. und 19. Jh. in Deutschland fast gänzlich die →Stadt- und →Meistermarke als stehender Engel mit Schwert und Waage, seitlich die Meisterinitialen und manchmal eine →Jahreszahl. Die sprachliche Verschleifung des Begriffs »Englisch Zinn« zu »Engelszinn« dürfte zur Wahl der Markenfigur geführt haben, die den Seelenwäger des Jüngsten Gerichts, den Erzengel Michael, darstellt. Die Waage als →Symbol der Gerechtigkeit, des Maßes und der Klugheit ist weithin bis nach →China und Indien bekannt. Somit ist das rechte Maß des Mischungsverhältnisses für das durch die E. garantierte →Qualitätszinn symbolisiert. Die Herleitung der Marke ist eventuell auch aus den historischen Gegebenheiten zu erklären. Die Kramergilden führten von alters her in ihrem →Zunftsiegel als Qualitätsgarantie eine Justitia mit Waage und Schwert. Angesichts dieser Kombination der Rechtschaffenheit des Berufsstandes mit der Qualität der Ware liegt es nicht fern, daß auch die Zinngießer ein geeignetes Symbol in der E. fanden. Die vielfach vertretene Deutung, daß die E. eine Justitia darstelle, ist wohl unrichtig.

Die E. war bis ca. 1950 die verbindliche Garantie für Qualitätszinn. Die enorm gestiegene Nachfrage nach Zinn in den Jahren seit 1945 brachte es mit sich, daß dem Zinngießerhandwerk berufsfremde in- und ausländische Firmen der Metallbranche Zinn auf dem Markt anboten, das gesetzwidrig stark bleihaltig (→Blei, →bleifrei) und damit gesundheitsschädlich war. Um Qualität vorzutäuschen, brachte man die E. an. Da sich dieser Mißbrauch nicht abwenden läßt, wurde in der BRD seit 1970 anstelle der E. ein neues Gütezeichen für →Feinzinn eingeführt; eine Zinnkanne mit Umschrift »Deutsches Zinn – gegossen laut gesetzlicher Verordnung. Mitglied der Zinngießer-Landesinnung« (→Handwerkssiegel).

Engels-Zinn, Ableitung des Begriffs →Englisch Zinn in Zusammenhang mit der →Engelmarke.

England war bereits in der →Antike das klassische Land des Zinns (→Herodot, →Pytheas, →Hesiod, →Zinnvorkommen). Während der Besetzung Britanniens durch die Römer entstanden, wie →Bodenfunde belegen, meist →Schüsseln und

Nürnberg,
P. Beham
1589

Qualitätsmarke für auf
englische Art verhüttetes Zinn
Krone und Rose

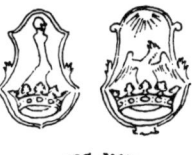

England

Birmingham
um 1800

Edinburgh
um 1750

Schalen aus Zinn. Im Mittelalter wurden auch in E. →Zinngießerordnungen erlassen, die das Mischungsverhältnis festlegten (→Englisch Zinn). Strenge →Zunftordnungen scheint es jedoch über einen längeren Zeitraum nicht gegeben zu haben. Meist waren die Zinngießer bei der Schmiedezunft angeschlossen.

Die englischen →Krüge sind breit und behäbig, der Deckel ist flach. Eine Sonderform sind tulpenartig geformte Krüge mit kuppelig abgestuftem Deckel. Die schottischen Krüge sind im unteren Teil konisch und walzenförmig, der schlanke Hals setzt sich davon in einem scharfen Knick ab und erweitert sich zum wiederum walzenförmigen Mündungsteil. Verzierungen werden auf englischem Zinn selten angebracht, einige Reliefarbeiten sind aus dem 1. Viertel des 17. Jh.s bekannt. Der etwas lineare, dünne Dekor unterscheidet sich deutlich von französischem oder →Nürnberger (→Dachplatten) →Reliefzinn. Während des großen Brandes in →London 1666 sind die meisten Zinnarbeiten und auch die Urkunden verlorengegangen.

Neuerdings gibt es in E. wieder Betriebe, die Gegenstände aus →Zinnblech in maschinellem Drückverfahren (→Drücken) herstellen. Daneben bemüht sich die →»Association of British Pewter Craftsmen« um die gewissenhafte Verarbeitung besten Metalls (→Billy and Charley, →Kassiteriden, →Cornwall).

Englisch Zinn, zusätzlicher Schriftzug bei →Engelmarken; gilt nur für bleifreies Zinn, bei dem es sich tatsächlich um aus →England eingeführtes gehandelt haben soll. Verwendung vom 18. Jh. an. Anstelle von E. Z. war auch der Schriftzug »London« gebräuchlich.

Entfestigung. Die meist durch eine mechanische Verformung hervorgerufenen Verspannungen im Gefüge des Kristallgitters, die zu einer Erhöhung der Festigkeit des Werkstoffs führen, werden durch eine →Erholung oder →Rekristallisation wieder abgebaut, was zu einer E. führt. →Zinn gehört zu den wenigen Metallen, bei denen dieser Vorgang schon bei Raumtemperatur abläuft.

Entzinnung, galvanische Wiedergewinnung von →Zinn aus der Zinnschutzschicht, die zu Konservierungszwecken in Konservendosen (→Weißblech) aufgetragen ist.

Eberswalde	Eger			Eggenfelden	Eibenstock
um 1560	*um 1650*	*um 1700*		*um 1700*	*um 1730*

Epitaph (griech.) bedeutet zunächst die Inschrift und im weiteren Sinne das ganze Gedächtnismal für einen Verstorbenen, das an einer Wand im Bereich des Kirchengebäudes angebracht ist. Es wird im →Barock prunkvoll gestaltet. Auch in Zinn wurden E. ausgeführt, wobei die Inschriften reich graviert oder geätzt sind.

Erholung. Bei einer Kaltverformung werden verschiedene Eigenschaften eines Metalls, wie z. B. Festigkeit, Dehnung, Leitfähigkeit, verändert. Gleichen sich diese Eigenschaften bei relativ niedrigen Temperaturen dem Zustand vor der Verformung wieder an, ohne daß eine Kornneubildung (→Rekristallisation) auftritt, spricht man von E.

Ermer, Franz, Scherenschnittkünstler und Illustrator. Geb. 1886 Kipfenberg, gest. 1956 Regensburg. Lieferte Entwürfe für →Zinngeräte der beginnenden modernen Stilrichtung.

Erntekanne, in →Thüringen und →Sachsen im 19. Jh. üblich. Die E. ähnelt einer →Schraubflasche mit sechs- oder achtseitiger Wandung, ist jedoch mit Henkel und Ausgußröhre versehen, letztere oft als Tierhals mit Kopf geformt. Dem Namen E. zufolge dürften diese Kannen zur Feldarbeit mitgenommen worden sein. Es gibt viele Fälschungen und Kopien. Auch Kannen mit konischer, durch gruppierte Flachwülste (in der Art von Faßreifen) gegliederter Wandung und Schiebeverschluß am flachen Deckel stammen meist aus Thüringen und werden E. genannt.

Erstarrungsvorgang. Darunter ist der Übergang vom flüssigen zum festen Zustand des Metalls in der Gußform zu verstehen. Durch gezielte Kühlung der Form mit feuchten Tüchern läßt sich der E. so lenken, daß beim Zusammenziehen (→Schwindmaß) des Metalls keine →Lunkerstellen (→Gießfehler) und Risse entstehen.

Erz, im Deutschen üblicher Ausdruck für →Bronze. Die Bezeichnung E. tritt häufig in der →Bibel auf, z. B. wird als Nachkomme des Kain der »Meister in allerlei Erz und Eisenwerk« Thubalkain genannt (1. Mos. 4, 22). Daraus ist zu schließen, daß vor der Sintflut die Verarbeitung von →Kupfer und →Zinn zu Bronze bekannt war. →Homer beschreibt in der →Ilias die Rüstung der Achaier

Eichstätt	Elberfeld	Elbing	Ellwangen	Erfurt	Esslingen
um 1700	*um 1800*	*um 1575*	*Alois Salver*		*18. Jh.*
Andreas Lehel			*1791*		

mit »erzumschirmt« (→vorgeschichtliches Zinn, →Ausgrabungen, →Grabbeigaben, →Zinnerze).

Erzaufbereitung, s. Gewinnung

Erzförderung, s. Abbau

Erzgebirge, Funde von →Zinnerz großer Güte und in beträchtlichen Mengen schon um 1150. Heute besitzt es noch eines der wenigen →Zinnvorkommen Europas. →Abbau durch die ČSSR und DDR.

Essigsäurekochtest, s. Bleifrei

Étain (franz.), Zinn.

Etrurien, s. Cento Camerelle

Euphrat, Tal des. Verwendung von Bronzegerät seit dem 3. Jahrtausend v. Chr. durch die Archäologie nachgewiesen (→Vorgeschichtliches Zinn, →Ausgrabungen).

Eutektikum, diejenige prozentuale Zusammensetzung von Legierungselementen, bei der der niedrigste Schmelzpunkt vorliegt.

Eva-Teller, Reliefscheibenteller mit der Erschaffung Evas (1. Mos. 2, 21–23) auf dem →Umbo, auf dem Rand die Vier Jahreszeiten. Der E.-T. von C. →Enderlein, dat. 1624, erfreute sich großer Wertschätzung. Er wurde elfmal von anderen Meistern bis in die 2. Hälfte des 18. Jh.s nachgegossen.

Ewiges Licht, s. Ampel

EWG (Europäische Wirtschaftsgemeinschaft). Alle EWG-Länder gehören dem →International Tin Council als Verbraucherländer an.

Extrem Zinnguß, s. Modernes Zinngerät

Facettenkanne. An der Wende vom 15. zum 16. Jh. entstanden in →Schlesien die spätgotischen F. (→Schleifkannen); insgesamt haben sich zwölf erhalten, davon drei Kriegsverlust. Ihre Gefäßwandung ist, mehrfach durchgehend, versetzt oder auch am oberen und unteren Rand zusätzlich polygonal versetzt facettiert. Sie beeinflussen zeitgenössische Kannenformen in anderen Gegenden, z. B. die →Abendmahlskanne von Dürrenmungenau, →Nürnberg um 1500. Auch im späten 16.

Facettenkanne. Iglau, um 1600

und frühen 17. Jh. macht sich ihr Vorbild noch geltend, wie die F. von Meister G., →Iglau um 1600, oder der →Krug von B. Landtsperger, →München 1638, veranschaulichen. Die Facetten wurden in spätgotischer Zeit mit gravierten Heiligenfiguren und Ornamenten vor schraffiertem Hintergrund verziert, im 16. Jh. treten anstelle der Heiligen meist allegorische Figuren und Bildnismedaillons.

Facettierung. Der runde Grundriß einer Kanne wurde dabei in einen vieleckigen umgewandelt, so daß auf der Wandung ebene Felder entstanden wie z. B. bei der →Facettenkanne.

Fälschungen sind solche Zinnarbeiten, bei denen in betrügerischer Absicht alte Fertigungsmethoden, Dekormotive und Inschriften nachgeahmt werden. Neuerdings werden mittels Kunststofformen alte Gegenstände mit ihren Marken und Gebrauchsspuren abgegossen, so daß die Täuschung nahezu perfekt ist. Auch Marken werden gefälscht. Ihre tiefer gelegenen Stellen sind scharf und glänzend, an der Oberfläche künstlich abgeschliffen, oder sie werden undeutlich eingeschlagen, was bei zwei oder drei Marken an einem Stück verdächtig ist. Auch alte echte Marken werden auf neue »antike« Stücke geschlagen. Um F. zu erkennen, bedarf es langer und gewissenhafter Beschäftigung mit Zinn; im Zweifel darf man den Vergleich mit einem gesicherten Objekt nicht scheuen. Seriöse Kunsthandlungen und erfahrene Auktionatoren geben meist bereitwillig Auskunft.

Färben. →Zinngerät ist nach landläufiger Meinung dunkelfarbig (»antik«), was vom Material her gesehen falsch ist. Die bei →bleifreiem (bleiarmem) Material sehr langsam verlaufende Nachdunklung kann durch chemische Reaktion schnell herbeigeführt werden. Dazu hat fast jeder Hersteller seine eigenen, wohlgehüteten Geheimrezepte, die alle überwiegend aus einer oxidierend sauren Lösung mit Fremdmetallen wie Platin, →Antimon, Arsen, →Kupfer etc. bestehen. Wichtig ist, daß bei Beendigung des F. der Vorgang durch gründliches Spülen und Dekapieren (Reinigen auf chemischem Wege) abgeschlossen wird; sonst kann sich die Reaktion fortsetzen (Nachdunkeln). Nachträgliches Aufhellen bestimmter Bereiche durch Überdrehen oder →Bürsten ist üblich.

Fahne, Fachausdruck für den Rand eines →Tellers, einer →Schüssel oder einer

→Platte, der breit genug ist, um Verzierungen darauf anzubringen.

Falke, Otto von, s. Forscher

Fama-Platte von N. →Horchaimer, →Nürnberg, mit flachem, aus geätzter Form gegossenem Reliefdekor, dat. 1567. Auf dem →Umbo läuft eine geflügelte Frau mit zwei Serpent-Hörnern in den Händen durch eine Landschaft, in der eine große Blumenvase steht. Es ist Fama, die römische →Allegorie des Gerüchtes, die es laut schallend verkündet. Als Vorbild diente dem Graveur bzw. Ätzer der Form ein Holzschnitt von V. →Solis. Auf dem Rand befinden sich drei Rundmedaillons mit Reiterbildnissen antiker Feldherren nach Vorlagen von G. Pencz und dazwischen eine Kampfszene frei nach einer Stichvorlage von H. S. →Beham (Raub der Jole durch →Herkules, 1544), weiterhin ein Triumphzug (nach einem Stich des Monogrammisten VG, 1534) sowie Orpheus und die Tiere (nach V. Solis). Charakteristisch für den Dekor dieser Zeit ist, daß jeder freie Raum mit Figuren und Ornamenten ausgefüllt wird.
Die F. ist mit der →Fortuna-Platte und der →Orpheus-Platte das früheste, durch ein Datum gesicherte →Reliefzinn. Sie weist das gegossene Meistermonogramm NH und ein Schriftband BIGMVNHGM auf, das gedeutet wird als: »B. J. grub mich und N(icolaus) H(orchaimer) goß mich.« Es sind zehn Exemplare der F. bekannt, eine trägt den Meisterstempel seines Sohnes, M. →Horchaimer. Das Fama-Relief kommt auch als Bodenplakette bei glattrandigen Schalen vor.

Familienhandwerk. Seit Bildung der →Zünfte wurde durch deren Bestimmung und Schutz jedes Handwerk zum F., da nur derjenige Meister – und damit Führer eines Betriebs – werden konnte, der Sohn eines Meisters war oder der die Tochter oder Witwe eines Meisters heiratete.

Farbtönen, s. Patinieren

Faulzinn, →Zinn geringer Güte mit hohen Bleibeimengungen.

Faust, Isaac, Zinngießer in →Straßburg; fängt mit elf Jahren die Lehre an, macht mit siebzehn Jahren sein Probestück, geht auf →Wanderschaft nach →Österreich, →Böhmen und Mähren, →Sachsen, Pommern, Polen, →Schweden, Finnland, Litauen, Kurland, →Dänemark und Belgien, bis er sich 1628 wieder in Straßburg als Meister niederläßt, zweimal heiratet und 1669 stirbt. Er gießt nach den Modellen von F. →Briot dessen →Temperantia-Platte mit Kanne und versah sie mit seiner →Meistermarke. Wie die Formen in seine Hand gelangt sind, ist nicht geklärt. Der Reliefkrug, frei nach Motiven der →Mars-Platte, der sogenannte Briot-Krug, gilt als eigene Leistung von F., wenngleich zwei dieser Krüge eine Marke mit dem Monogramm FB (F. Briot?) tragen, drei ungemarkt sind, aber dreizehn die Marke von F. aufweisen. Ganz anders geartet ist dagegen ein Facettenkrug von F. mit geflächelten (→Flächeln), gravierten und gekörnten Blumen, Zackenborten und Palmettenpunzen.

Feilen, s. Handwerkszeuge

Feinzinnmarken
Schweiz 17. bis 20. Jh.

Sachsen   Schlesien
           17. Jh.

Qualitätsmarken für
»clar und lauter Zinn«

Feinzinn. Der Grundwerkstoff →Zinn muß mindestens 99,95% betragen (→RAL-RG 683), es ist somit für →Zinngerät nicht verwendbar (→Zinnlegierung).

Feinzinngießereien, Betriebe, die →Zinngerät in entsprechender Reinheit und hoher Güte herstellen. Oft bezeichnen sich auch Betriebe als F., die eher Bleigießereien sind.

Feldflasche, s. Plattflasche und Schraubflasche

Figdor, Albert, s. Sammler

Figuren, s. Plastiken, Zinnfiguren und Hilpert

Flachrelief, s. Relieftechnik

Flächeln oder flecheln, eine sehr verbreitete und auch für ungeübtere Hände ausführbare Technik des →Gravierens. Dabei wird der breite Grabstichel mit nach links und rechts geführten Bewegungen langsam eingegraben, so daß Zickzacklinien entstehen. Verschiedene Wirkungen lassen sich durch die Benutzung von breiten und schmaleren Eisen erzielen. Es gibt geflächelten Dekor (Ranken, Blumen, Ornamentlinien, Schrift) bereits im 16. Jh. Die schönsten Arbeiten stammen aus dem 17. und 18. Jh. Die Gesellen wurden dazu angehalten, sich in der Technik der feinen Gravur während ihrer müßigen Abendstunden zu üben oder für einen »Stecherlohn« Gravierungsaufträge zu übernehmen. Die sehr sorgsam ausgeführten Flächeldekore scheinen solche Fleißarbeiten zu sein.

Flasche, Vorrats- und Gießgefäß ohne Henkel und Schnauze, aber mit enger Ausgußöffnung. Die F. aus Zinn hat mannigfaltige Form und wird entsprechend bezeichnet als →Schraubflasche, →Plattflasche, Feldflasche, Kettenflasche, →Kürbisflasche oder →Pulverflasche.

Flatterklinge, s. Handwerkszeuge

Fleckenbildung, durch Korrosion hervorgerufene Zerstörung der Oberfläche, die sich im Laufe der Jahre felderartig ausbreitet. Durch regelmäßige →Pflege und Reinigung zu verhindern.

Flies, s. Hilfswerkstoffe

Fließpressen. Bei Erhöhung des Preßdrucks über das Maß beim →Pressen hinaus werden →Zinnlegierungen fließpreß-

| Feldkirch (Vorarlberg) um 1650 | Flensburg seit 1650 | Frankenstein (Schlesien) um 1700 | Frankfurt (Main) 16. Jh. (?)   17. Jh.   18. Jh. (?) Joh. Abr. Klingling 1669 | Frankfurt (Oder) |

bar. Dabei steigt das Material auch frei gegen die Schwerkraft entlang vorgegebener Bahnen. Heute wird das F. für einfache, glatte →Becher und Stamper in großer Zahl eingesetzt. Nacharbeit durch Abschneiden der oberen und unteren Kanten oder Abrunden derselben ist erfolgreich.

Flötenkrug, Bezeichnung für einen hohen, schlanken Trinkkrug in →Siebenbürgen, mit hohem Wulstfuß, gewulstetem Lippen- und Deckelrand, meist reich graviert und mit Reliefgußhenkel versehen.

Flötner, Peter, Ornamentzeichner und Formstecher, Kunsttischler und Holzschneider; geb. etwa 1490/95 im Thurgau, →Schweiz, gest. 1546 in →Nürnberg. Dort war er seit 1522 tätig, er unternahm eine oder zwei Italienreisen. F. fertigte u. a. Modelle in Speckstein oder Kelheimer Stein für Medaillen und Kleinreliefs, die von Gold- und Waffenschmieden, Zinngießern, Töpfern und Schreinern bis ins 17. Jh. benutzt wurden. Von seinen →Plaketten sind außer Einzelstücken folgende Serien bekannt: zehn Szenen aus dem Alten und Neuen Testament, neun →Planetengötter, neun →Musen, vier Frauen aus der antiken Geschichte, dreizehn deutsche →Könige der ältesten Geschichte, acht →Tugenden, sieben Todsünden, sieben Folgen der Trunkenheit, fünf Sinne. Diese Reliefplaketten wurden am häufigsten von sächsischen Zinngießern des 16. und 17. Jh.s verwendet.

Flußfunde, s. Pilgerzeichen und Baggerfunde

Förderung, s. Abbau

Fond oder Spiegel, Bezeichnung für die vertiefte Mitte eines →Tellers, einer →Platte oder →Schüssel. Ist die Mitte des F. leicht gewölbt, spricht man von einem Spiegelumbo (→Umbo).

Forcieren, s. Drücken

Formenbau, s. Maschinen und technische Einrichtungen, *Gußformen*

Formenbauer stellt die wiederverwendbaren Gußformen (→Maschinen und technische Einrichtungen) her, indem er in das →Gußformenmaterial die Negativform des herzustellenden Gußstücks einarbeitet. Nur selten war und ist der Zinngießer auch selbst F., häufig werden Kupferstecher, Graveure und Künstler zum Formenbau zugezogen (→Enderlein).

95

| Frauenfeld (Schweiz) | Fraustadt (Posen) *seit 1630* | Freiberg (Sachsen) *um 1530* | *um 1760* | Freiburg (Brsg.) *um 1580* |

Formenpresse, s. Handwerkszeuge

Formenschlegel, s. Handwerkszeuge

Formenschneider, s. Formenbauer

Formenstecher, s. Formenbauer

Former ist derjenige, der im Fall der Verwendung von Sand, Lehm oder Ton (→Hilfswerkstoffe) das Modell in diese Formstoffe einformt, also die Gußform (→Maschinen und technische Einrichtungen) herstellt. Häufig ist der F. auch gleichzeitig →Gießer, jedoch nicht Modellbauer.

Formkasten, viereckiger Blechmantel, in dem Sandgußformen (→Sandguß) hergestellt werden und der dem Sand einen äußeren Halt bietet. Er ist mit Führungen versehen, da für geteilte Modelle mindestens zwei F. notwendig sind. Sie müssen zum Entfernen des Modells getrennt werden und anschließend wieder genau zusammenpassen.

Forscher. Einer der ersten Kunsthistoriker, der seine Studien über Zinn (→Sachsen) veröffentlichte, war K. Berling. Er bemühte sich um die sächsischen Zinnmarken und veröffentlichte die Sammlung Demiani (→Sammler) in einem Handbuch über »Altes Zinn«. Nicht weniger Verdienst erwarb sich O. v. Falke mit seinem Aufsatz über →Lyoner →Edelzinn. Ähnlich grundlegende Ausführungen, auf die sich die Zinnforschung immer stützen wird, sind die Aufsätze und →Markenbücher von E. →Hintze. Von den durch Hintze noch nicht erfaßten deutschen Landschaften wurden erst in späteren Jahren wieder Markenbücher erarbeitet von Theodor Kohlmann, Karl Kratzenberger, Margarethe Pieper-Lippe und Piroska Weiner. Weitere allgemeine und spezielle Veröffentlichungen des In- und Auslandes über Zinn sind im Literaturverzeichnis aufgeführt.

Fortuna-Platte von N. →Horchaimer, →Nürnberg, mit flachem, aus geätzter Form gegossenem Reliefdekor, dat. 1567. Auf dem →Umbo steht Fortuna, Lenkerin des Schicksals, mit ballonartig geschwelltem großem Tuch als Segel auf einem Delphin im Meer, bezeichnet NH FORTVNA nach einer Stichvorlage von 1537. Auf dem breiten Rand die sieben freien →Künste (nach Stichen von V. →Solis), dazwischen Vögel auf Vasen, Füllhörner und Ranken. Es sind acht Exemplare dieser →Platte in Sammlungen nachgewiesen.

114   Altarvase. Deutsch, 17. Jh.

115   Altarvase. Landshut, um 1700

116   Altarvase. Kaufbeuren(?), dat. 1742

117   Altarvase. Deutsch, dat. 1763

118   Taufkanne und -schüssel,
      17. Jh.

119   Taufgeschirr. Süddeutsch,
      um 1750. Meister M. Fries

120   Plattflasche mit Fuß und Henkel.
1. Hälfte 15. Jh.

121   Gefußte Kanne mit vierpassigem Fuß und reich gegliedertem Henkel in der Art von Silberschmiedearbeiten. Um 1500

122   Weinkannen, Diener mit »gedeckter Schüssel« (Kardinalschüssel). 15. Jh.

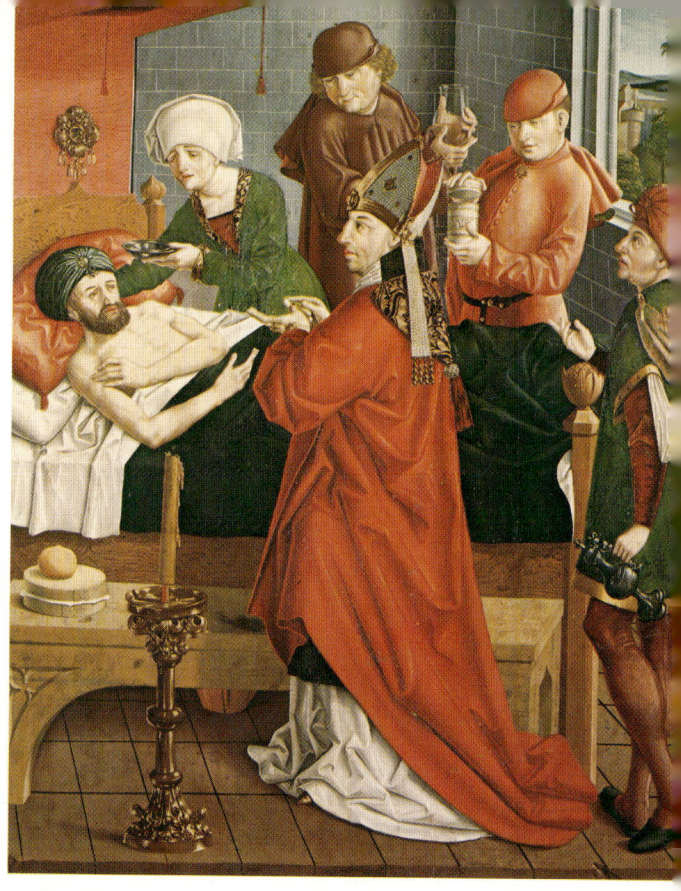

123 Taufbecken. Sachsen, dat. 1675

124 Weihwasserkessel. 16./17. Jh.

125 Taufkessel. Prag, um 1488

148   Krug. Schwäbisch Hall, dat. 1615

149   Hefekännchen. München, 1647.
G. Rieger

150   Abendmahlskanne. München,
Mitte 17. Jh. G. Rieger

151   Schenkkanne. Wallis, 18. Jh.

152   Schalen, Scheibenteller, Näpfe und Becher. 16. Jh.

153   Kaffeekanne.
Deutsch,
1. Hälfte 18. Jh.

154   Kaffeekanne.
Frankfurt a. M. (?),
um 1780. J. J. Lahr

155   Kaffeekanne.
Deutsch, Ende 18. Jh.

156   Helmkanne.
Um 1800

157   Kanne.
Um 1880

158   Kanne. Kayserzinn, um 1903.
Entwurf Hugo Leven

Freising	Freystadt		Frankreich	
um 1560	(Schlesien)	Rouen	Vitray	Le Mans
	um 1530	1659	1777	1838

Franckeit, s. Zinnerze

Frankfurt a. M. 1320 wird zum erstenmal ein Zinngießer in F. erwähnt. Im 15. und 16. Jh. arbeiten etwa fünf bis zehn Meister gleichzeitig in der Stadt, während z. B. im Pestjahr 1635 sich nur ein Meister behaupten kann. Im 18. Jh. setzt ein sprunghafter Aufschwung des Handwerks ein, so daß F. zu einer der bedeutendsten Zentren der Zinngießerkunst wird.

Aus der Frühzeit sind keine Geräte erhalten, doch werden sie im Aussehen den anderen rheinischen und mittelfränkischen geähnelt haben. Das früheste datierte Stück ist ein gravierter Becher von 1613 mit Musikanten und Liebespaaren; es folgt ein Deckelhumpen, der 1635 laut Inschrift der Büchsenschützengesellschaft gestiftet worden ist. Im 18. Jh. werden die →Tischgeräte in →Silberart hergestellt. Eine rege Nachfrage bringt den Aufschwung. Die Zahl der Meister steigt 1750 auf 30, Gesellen kommen aus →Sachsen, →Schlesien, →Schweden und sogar Finnland. Handwerksbetriebe weiten sich zu fabrikartigen Unternehmen aus wie das der Familie →Klingling. Dennoch kommt das Gewerbe Ende des 18. Jh.s zum Erliegen, wohlfeilere Werkstoffe verdrängen das Zinn.

Frankreich. In vorchristlicher Zeit wurde →Zinnerz am →Cap d'Étain (Bretagne) gefördert. Außerdem waren südfranzösische Häfen die Umschlagplätze für den Erzhandel. Auch von der Insel Wight wurde Zinn um 360 v. Chr. laut dem Reisebericht des →Pytheas nach Gallien verfrachtet. Die Verwendung von Zinn zum →Bronzeguß ist durch einen Fund aus der Zeit um 500 v. Chr. belegt, bei dem 1953 aus dem Grab einer etwa 30jährigen Frau bei Châtillon-sur-Seine in Vix eine 164 Zentimeter hohe und 210 Kilogramm schwere Bronzevase geborgen wurde. Auch Tongefäße und -figuren mit kleinen Zinnverzierungen sind überliefert (heute in den Museen von Chambrey, Aix und Lausanne).

Seit dem Mittelalter wurde den Kirchen in F. aufgrund der Synode von →Reims (803–813) erlaubt, Kelche aus Zinn zu benutzen. Über zwei dieser »sehr alten« Kelche aus dem 12. und 13. Jh., die sich angeblich in St. Jone aux Bois bzw. Dommartin befunden haben, berichtete 1725 der Benediktinerpater François Mathias von Moulin. Weiterhin sind →Pilgerzeichen seit dem 14. Jh., z. B. von Mont St. Michel, Loreto und aus Süd-F. bekannt (Musée Cluny, →Paris). Ähnliche Abzeichen trugen zeitweise die politischen Anhänger des Etienne Marcel bei einer Revolte der Einwohner von Paris im Jahre 1358. Auch die Leute von Armagnac gaben sich 1411 auf diese Weise zu erkennen. →Baggerfunde aus der Seine bei Pont Neuf in Paris und aus der Sambre bei Namur förderten Zinnmodelle zutage, die, wie urkundlich nachgewiesen, 1470 für Goldschmiedearbeiten benutzt wurden. Andere Gegenstände aus diesem Fund waren →Spielzeug, Pfeifchen u. a. Kleingeräte. Seit dem 12. Jh. sind in F. häufig gotische Kelche, →Patenen und Krummstäbe als →Grabbeigaben höherer Geistlicher anzutreffen, denen sie als Insignien ihres Amtes verehrt wurden.

Genaue Vorschriften über die Ausbildung und Prüfung von Zinngießern und die Legierung des Metalls sind in dem 1252 verfaßten »Livre des metiers« von Boiteau enthalten. Im 14. Jh. bekam die →Zunft in Paris und in einigen anderen Städten eine Ordnung, die meisten anderen Städte erließen erst gegen Ende des 15. Jh.s →Zunftordnungen. Wie andernorts waren in der 1. Hälfte des 16. Jh.s auch in F. →Plattflaschen im Gebrauch, wie sie auf der Tapisserie »La Promenade« (Musée Cluny) von einem Herrn an einer Kette getragen werden. Das gängigste Hausgerät aus der Zeit vom frühen 16. bis zur 2. Hälfte des 18. Jh.s, das sich am zahlreichsten erhalten hat, war ein kleiner →Krug, →Pichet genannt. Vom 16. bis 18. Jh. war der Wasserkrug, die →Aiguière, weit verbreitet, während die →Cimarre, eine Schenkkanne, hauptsächlich in der Champagne vorkam. Auch in F. waren die →Breitrandplatten oder Kardinalsplatten im Gebrauch, meist geschlagen (→Geschlagenes Zinn) und deshalb besonders qualitätvoll. Ihr Durchmesser liegt bei etwa 40 bis 50 Zentimeter, während der von Wildpretschüsseln (plats à venaison) bis zu 55 Zentimeter beträgt. Im 18. Jh. ist Zinn in →Silberart sehr gefragt. Die bedeutendste Leistung vollbrachten die französischen Zinngießer in der 2. Hälfte des 16. Jh.s auf dem Gebiet des →Reliefzinns (→Arabeskenkanne, →Temperantia-Platte von F. →Briot, →Susannen-, →Pyramus-und-Thysbe-, →Herkules- und →Adam-und-Eva-Platte). Die französischen Vorbilder wurden in →Straßburg, →Nürnberg, →Sachsen, →Memmingen und →Böhmen und Mähren übernommen. Auch die →Ohrenschüssel ist eine typisch französische Form, die ebenso wie anderes →Gebrauchszinn gern mit Reliefdekor verziert wird.

1776 löste Ludwig XVI. die Zünfte auf, das →Markenwesen wurde nicht mehr korrekt gehandhabt. Erst um 1850 erfuhr das Zinngießerhandwerk eine gewisse Belebung mit dem Interesse am →Historismus und →Jugendstil. Heute gibt es in F. wenige, aber sehr leistungsfähige Zinngießerbetriebe.

Frauenfelder Konstaffelkanne, →Ratskanne aus der 2. Hälfte des 16. Jh.s in der →Schweiz (Konstaffel: Konstabler; der Büchsenmeister, der die Geschütze bedient). Sie gehört zum Typ der →Bügelkanne mit gefußter, birnförmiger Leibung, kantiger Ausgußröhre mit Steg, der statt des Bügels einen Henkel hat (Berner →Stegkanne).

Freiberg in →Sachsen, im Mittelalter

berühmte und reiche Bergwerksstadt mit Silberbergbau. Bereits 1412 wird als Zinngießer Hans Hilger erwähnt. Ein Nicol Kangisser wird 1435 als Kannen-, Glocken- und Geschützgießer genannt. Meister Erhard Müller begründet in der 1. Hälfte des 16. Jh.s mit anderen Meistern die F. Kandelgießerzunft und liefert auch ein glattes →Taufbecken, dat. 1531, an den Dom der Stadt. Hans Günther d. Ä. – Meister 1594, gest. 1633 – fertigte sechs etwa 60 Zentimeter hohe, gefußte Kannen für die Bergknappen. Die Zinngießer in F. sind bekannt für den Dekor mit →Barockblumen in nachziseliertem Reliefguß, der in →Silberart den Goldschmiedearbeiten nacheiferte. Auch Deckel für die charakteristischen grauen F. Steinzeugkrüge wurden mit Blumenrelief verziert. Zinngießer sind in F. bis ins 19. Jh. tätig.

Fünte, s. Taufbecken

Fundstätten, s. Zinnvorkommen

Fußwaschungsbecher wurden in →Wien vom Kaiser am Gründonnerstag benutzt, um mit ihnen die Zeremonie der Fußwaschung (Joh. 13, 1–17) an zwölf alten Männern zu vollziehen. Sie sind schlicht und tragen das gravierte kaiserliche Wappen sowie die betreffende Jahreszahl. Nach der Zeremonie wurden sie jedem der zwölf Alten, mit Silbergulden gefüllt, als Andenken überlassen. Vom 18. Jh. an haben sich etliche erhalten.

Galice (spanische Provinz), Abbau von →Zinnerz in kleinerem, aber Handel erlaubendem Umfang schon zur Zeit der Phöniker (→Handelswege).

Galvano-»Guß«, Ende des 19. Jh.s angewandte Methode beim →Nachguß von →Tellern. Eine Kupferplatte, die auf den Bildbereich begrenzt war, wurde galvanisch hergestellt. Dieses Mittelstück diente als Einlage in den Tellerrand der Metallform und ergab im Guß die gesamte Tellerfläche.

Gangart, s. Taubes Gestein

Gasblasen, s. Gießfehler, *Blasen, Löcher*

Gatzelmacher, s. Katzelmacher

Gebäckmodel waren besonders im 17. und 18. Jh. aus Zinn gefertigt. Sie wurden in den Haushaltungen, aber auch von Bäckern und Zuckerbäckern benutzt. Es gibt zwei Typen: die einseitige und die »volle« Model, die durch Scharniere oder Zapfen verbunden wird. Dargestellt sind die verschiedensten Figuren, Tiere und Früchte. Sie wurden auch für Marzipan und Konfekt verwendet. Marken sind kaum feststellbar.

Gebrauchszinn ist im weiteren Sinne alles Gerät, das nicht für Kult- oder Dekorationszwecke (z. B. →Kirchengerät, →Edelzinn, gewisses →Zunftzinn), sondern zum praktischen Nutzen in Haushalt und Beruf hergestellt wurde wie →Küchenzinn, →Tischgerät oder →medizinische Geräte. Wenn in Kriegszeiten Zinn für den Kanonenguß gesammelt oder requiriert werden sollte (→Zinnverluste), war es zuerst das G., das eingeschmolzen wurde. Daher sind aus alten Zeiten wenig Beispiele erhalten.

Gedeckte Schüssel. Im Mittelalter und in der →Renaissance war es üblich, eine tiefe, breitrandige →Schüssel mit einer zweiten zuzudecken, ein Tuch darum zu winden und so die Speisen von der entfernt gelegenen Küche möglichst heiß zu Tisch zu bringen. Aus der g. Sch. entwickelte sich die →Terrine.

Gefußte Kanne, Schenkgefäß, das seit der →Gotik bis ins 18. Jh. als Probestück bei der →Meisterprüfung angefertigt werden mußte. Auf einem runden Standfuß erhebt sich ein schlanker Schaft, der den kugeligen oder ballenförmigen Gefäßkörper trägt; auf ihm sitzt der lange enge Hals mit der erweiterten, gedeckelten Mündungszone. Der Bandhenkel ist im oberen Teil meist abgewinkelt zu dem sogenannten →Kniehenkel und am Kannenbauch angesetzt. Aus gußtechnischen Gründen sind Körper und Hals durch Wulstreifen gegliedert und mit Zierrillen verschönt.
Die erste Gruppe der g. K. entstand zwischen 1451 und 1540. Die bedeutendste davon ist die →Ratskanne von →Regensburg, 1453 dat. Eine Wiederaufnahme des Typs der spätgotischen g. K. erfolgte im 17. Jh., als man auf verschiedenen Gebieten des Kunsthandwerks auf Elemente des 15. und 16. Jh.s zurückgriff, sie aber mit barocker Fülle ausstattete. Die zierlichen, nervösen gotischen Formelemente werden im 17. Jh. behäbig und rundlich. G. K. sind in allen Landschaften verbrei-

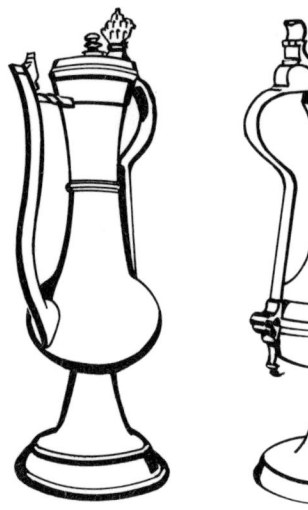

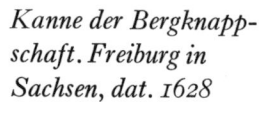

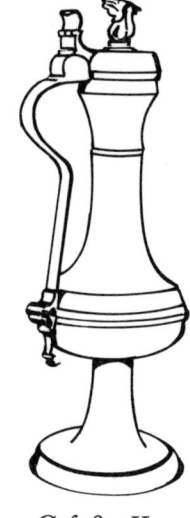

Kanne der Bergknappschaft. Freiburg in Sachsen, dat. 1628

Gefußte Kanne. Eger, 1. Hälfte 17. Jh.

tet. Erhalten haben sich sehr viele in →Süddeutschland und →Österreich, wo sie in ganzen Sätzen als Ratskannen, aber auch in Haushalten gebraucht wurden. Auf Gemälden des 15. und 16. Jh.s sind öfter g. K. abgebildet (→Zinngegenstände auf Gemälden). Ihre sehr zweckmäßige Aufbewahrung erfolgte auf Wandborden, in die sie mit der Öffnung nach unten eingehängt waren. Es gibt Sätze von ansteigender (15. und 16. Jh.) aber auch von gleicher Größe (17. Jh.). Auf den bauchigen Wandungen sind bei Ratskannen die Stadtwappen-Schilde aufgelötet.
Als Formvariante gibt es die g. K. mit langer Ausgußröhre (→Frauenfelder Konstaffelkanne, Kannen der Bergknappen in Freiberg, 1628). Der mehr oder weniger gefußte Birnkrug kann nicht als g. K. bezeichnet werden, die nicht nur Bestandteil der Meisterprüfung, sondern

etwa seit 1600 als Wahrzeichen auf Zunftwappen und vielen →Meistermarken zu finden ist.

Gelbgießer sind Messinggießer; der Name leitet sich von der gelblichen Farbe der Legierung her. In der 2. Hälfte des 16. Jh.s waren Ornamente aus Messingblech sowie Teile aus →Messing, wie Henkel usw., besonders in →Norddeutschland an Zinnkannen beliebt.

Gemälde, s. Zinngegenstände auf Gemälden

Gemäße, s. Maßgefäße

Gemerke, Sammelbezeichnung für alle Arten von Marken auf Zinn (→Stadt-, →Meister-, →Qualitäts-, →Engel-, →Hausmarke). Im Mittelalter (1375 Hamburg) war nur die →Stadtmarke in Gebrauch, mit deren Hilfe die Städte bei der Abwicklung ihrer Handelsgeschäfte sich die Herkunftsorte der Zinnarbeiten »merken« konnten. Zuvor wurden in die Deckel der Krüge und Kannen →Hohlpfennige mit dem Stadtwappen eingegossen (→Itzehoe, Verden, Frankfurt [Oder]). 1375 forderten die Hamburger Zinngießer, daß jede Arbeit mit der Stadtmarke »kenntlich gemacht« sein müsse (→Markenwesen).

Genesis-Schüssel und -Teller. Die Genesis ist das erste der fünf Bücher Moses im Alten Testament der →Bibel; sie bedeutet Entstehung und schildert u. a. die Geschichte des ersten Menschenpaares. Bei →Reliefzinn sind daraus folgende Szenen vertreten: Erschaffung Adams, Erschaffung Evas, Sündenfall, Fluch und Verheißung (Ermahnung), Vertreibung aus dem Paradies, Tod, Eva am Spinnrocken, Adam beim Bäumeroden. Auch die Geschichte Noahs gehört dazu. – Die G.-Sch. gilt als eine der bedeutendsten Arbeiten von N. →Horchaimer, entstanden vor 1583. Auf dem breiten Rand ist die Geschichte des ersten Menschenpaares in aus geätzter Form gegossenem Flachrelief (→Relieftechnik) dargestellt. Das Mittelfeld ist glatt belassen. Unter der Bezeichnung G.-T. laufen fälschlicherweise meist →Reliefteller, deren Rand und →Umbo mit Genesisszenen verziert sind; so der →Eva-Teller und der →Noah-Teller. Den →Propheten-Teller als G.-T. zu benennen, ist trotz der Genesisdarstellungen auf dem Rand nicht korrekt, da stets die Szene auf dem Mittelfeld einem →Teller den Namen gibt.

Genfer Kanne mit kugelförmiger, gedrückter Wandung auf eingezogenem Fuß und mit engem Hals. Sie entspricht dem Typ der →Walliser-Kanne und kann auch mit achtseitiger, prismatischer Wandung vorkommen. Dabei sind Vorbehalte wie bei der →Waadtländer-Kanne zu beachten.

Gepeitschtes Zinn. Um →Zinngeräte künstlich alt zu machen und Gebrauchsspuren vorzutäuschen, werden sie von Fälschern (→Fälschungen) mit Peitschen, in deren Schnüre harte Gegenstände gebunden sind, geschlagen. Meist sind derartige Manipulationen verhältnismäßig leicht erkennbar.

Gerauhtes Zinn, künstlerische Oberflächengestaltung, von Mitgliedern der →Regensburger Zinngießerfamilie →Wiedamann entwickelt (seit 1930).

Gerechtigkeit, Gerechtsame, seit dem 14. Jh. gebräuchliche altertümliche Bezeichnung der Zunftrechte, die sich für jeden Meister ergeben. So bestand um 1370 in Minden (→Minden-Ravensburg) »Der Hokere (Höcker) Gerechtigkeit«, 1549 in Menden im Sauerland die »Gerechtigkeit der Schuhmachergilde«. Welche Bedeutung die G. in der Praxis hatte, erschließt die »Zinngießer-Gerechtsame« von 1792 bis 1864, 1797 bis 1866 und 1802 bis 1836 in →München. Jeder Zinngießer benötigte, um eine Werkstatt eröffnen zu können, außer seiner →Meisterprüfung noch die G., die bei der →Zunft vergeben wurde: Söhne bitten um die Bewilligung der Übernahme der G. ihrer Eltern; Witwen oder nachgelassene Töchter erben die G. und können sie mit dem Einverständnis der Zunft weitergeben; Meister-Anwärter können durch Tod freigewordene G. beantragen und müssen nicht die Witwe oder Tochter heiraten, von der sie die G. und damit die komplette Werkstatt erwerben. Die Zunft hat nur eine bestimmte Anzahl von G. zu vergeben und begrenzt damit die Zahl der Meisterstellen. Die G. scheint nicht überall und konsequent gehandhabt worden zu sein, wie schriftliche Quellen belegen.

Geroldschale, Trinkschale des Hl. Gerold (gest. 978), die seinem Grab in der Probstei St. Gerold in Vorarlberg erstmals 1662 entnommen wurde. Sie ist

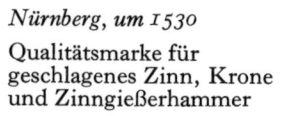

Nürnberg, um 1530
Qualitätsmarke für geschlagenes Zinn, Krone und Zinngießerhammer

Gardelegen (Altmark)

flachrund gewölbt, ca. 3 Zentimeter hoch und der Durchmesser beträgt 13 Zentimeter. Bei einer Restaurierung erhielt sie 1663 von Georg Dumeisen von Rapperswil eine vergoldete Silberfassung nebst Innenschale. Bei einer Laboruntersuchung (Röntgenfluoreszenzanalyse) im Januar 1963 erfolgte eine halbquantitative Bestimmung der Hauptmetalle, die sich als eine Legierung von 60 bis 70% →Zinn mit →Blei als Rest erwies. Die Randpartie ist für einen Bodenfund typisch korrodiert. An drei Stellen ist der Rand grob geflickt. Vielleicht handelt es sich bei zwei dieser Stellen um Ansatzpunkte für einen Henkel (→Grabbeigaben, →Klosterwerkstätten).

Geschlagenes Zinn ist gegossenes und abgedrehtes →Zinngerät (→Platten usw.), das auf dem Amboß durch Hämmern gehärtet wird. – Nach der →Nürnberger Kannengießer-Ordnung von 1578 war g. Z. mit der →Stadtmarke und einer Krone zu marken.

Geschmiedetes Zinn, s. geschlagenes Zinn

Geschützbronze, Verwendungszeit etwa 18. bis 19. Jh. mit etwa 88% →Kupfer,

vor 1580  — Genf *17. Jh.* — *17. Jh.*

10% →Zinn und 2% Zink; im Gegensatz zu »echter« →Bronze mit Zink-Zusatz.

Geschütz- und Glockengießer, s. Glockenguß, Taufbecken, Zittau und Dresden

Geschützrohr (→Geschützbronze). Das →Breslauer Siegel von 1532 zeigt ein G. neben einer Kanne und einer Glocke, was darauf hinweist, daß die Zinngießer auch mit dem →Bronzeguß befaßt waren.

Gesellenwesen, s. Wanderschaft, Meisterprüfung und Mutzeit

Gesundheitsschäden. Reines →Zinn ist ungiftig und auf Dauer geruchs- und geschmacksneutral. Aus diesem Grund werden Getränke- und Konservendosen innen verzinnt (→Weißblech). G. sind allerdings bei Verwendung von bleihaltigem Eß- bzw. Trinkgerät zu erwarten (Bleivergiftung) (→Bleifrei, →RAL-RG 683, →DIN 1704).

Gewichtsprobe, Überprüfung mit Hilfe einer Waage, ob eine Legierungsvorschrift eingehalten wurde (→Schaumeister, →Nürnberger Probe, →Cölnische Probe). Ein aus der zu prüfenden Legierung gegossenes Stück wurde mit Gewichten verglichen, die aus Zinn-Blei-Legierungen im Verhältnis 1:1, 2:1 bis 10:1 bestanden. Damit war ein Einordnen der überprüften Probe leicht möglich.

Gewinnung. →Zinnerze werden vor der Verhüttung mit physikalischen Methoden aufbereitet und angereichert, wobei bei →Kassiterit Konzentrate mit 68 bis 76% →Zinn erreichbar sind, bei Erzen aus →Bolivien dagegen Konzentrate mit nur 30% Zinn zur Verhüttung gelangen. Eine wichtige Rolle als Ausgangsmaterial bei der Zinngewinnung spielen neben den Zinnerzen auch Altmetalle sowie Zwischen- und Abfallprodukte bei der Verarbeitung anderer Erze, die auch zinnhaltig sind.
Das angereicherte Zinnerz (Zinn-Stein) wird in Öfen geschmolzen (in Zukunft vorwiegend Elektroöfen) und mit Kohlenmonoxid über das sich zuerst bildende Zinnmonoxid zu Zinn (Rohzinn) reduziert. (Reduzieren nennt man das Überführen von Oxiden in die Elemente). Die dabei entstehenden Schlacken sind sehr zinnreich und das in ihnen enthaltene Zinn wird in einem eigenen Arbeitsgang erschmolzen. Dieses sogenannte Schlackenzinn ist noch stark durch andere Metalle verunreinigt (bei hohen Eisengehalten spricht man von Härtlingen); auch das Rohzinn ist noch keineswegs rein, das erfordert für beide noch einen weiteren Reinigungs-Arbeitsgang, die Raffination. Rohzinn mit höheren Eisengehalten wird durch Seigern (→Seigerungen) gereinigt, dabei setzen sich die eisenreichen Härtlinge infolge ihres höheren →spezifischen

Siebe *Pochwerk*

Gewinnung und Aufbereitung von Zinnerz   *Aus: G. Agricola, De re metallica, Basel 1556*

Gewichts in der Schmelze am Boden ab. Verunreinigungen durch →Silber und →Wismut lassen sich nur durch elektrolytische Raffination entfernen; diese wird auch bei höheren Blei-, Kupfer- und Antimongehalten angewandt und ist zur Erzeugung von →Feinzinn (→RAL-RG 683) notwendig.

Gewürzdose. Zunächst kannte man in Europa nur das seit prähistorischer Zeit gewonnene Salz. Für die Herstellung von →Salzgefäßen wurde seit dem Mittelalter reines →Zinn gefordert (Hamburg 1375, →Lübeck 1508). Der Deckel des Gefäßes besitzt in jener Zeit meist einen stabförmigen Aufsatz, der sich als nützliche Stütze bei aufgeklapptem Deckel erweist, da das Gefäß so nicht kippen kann. – Andere Gewürze wie Pfeffer, Senf, Kümmel usw. kamen später vom Orient nach Europa. Im 17. und 18. Jh. wurden die G. mehrteilig und im Stil der Silberarbeiten auch reich verziert. →Augsburg war bekannt für die G. mit →punziertem Dekor (→Küchenzinn).

Giessel, s. Güssel

Gießen ist das älteste Herstellungsverfahren für →Zinngerät. Dabei wird flüssige Legierung in eine Form gegossen und nach dem Abkühlen aus der Form entnommen. Die Form kann entweder eine →Kokille aus Metall (Gußeisen, Rotguß, Stahl, →Bronze) sein oder aus Sand, Gips oder Silikonkautschuk bestehen. Feste Kokillen bestehen im Regelfall minde-

Das Bergwerk zu Schlaggenwald im Jahre 1548   *Erztransport, Wasserrutschen*

stens aus zwei Teilen, die genau passen müssen und zur Entfernung der Teile gelöst werden. Die Auswahl des Formmaterials richtet sich meist nach der zu erwartenden Anzahl der Teile (Verschleißprobleme). Die Formen werden zunächst einmal als Modell des fertigen Teils hergestellt, dann mit Gips oder Kunststoff ausgegossen. Dabei sind die Fließ- und Formfüllungseigenschaften des flüssigen Metalls zu beachten. In die Form müssen noch der (oder bei großen Teilen mehrere) Anguß (Speiser) und Kanäle zum Entwickeln und Ableiten der Luft eingebracht werden. Die Herstellung der Formen ist im Bereich des G. von Zinngerät der schwierigste Teil.

Die Übertragung der Modellform auf die fertige Form kann heute mit Kopierautomaten durchgeführt werden. Die Oberfläche der Form enthält alle Details des späteren Zinngeräts. – Die Formen werden vor dem G. mit einem Trennmittel behandelt (Kokillenschlichte, Ruß etc.), um zu verhindern, daß das flüssige Metall an ihnen festklebt. Zur Verbesserung des Formfüllungsvermögens wendet man heute zusätzlich Druckkräfte an (→Druckguß und →Schleuderguß).

Die Gießtemperaturen liegen etwa 50 bis

	Genf		Gerolzhofen	Glatz	Glogau	Glückstadt
1700		1750	16. Jh.	um 1600	2. Hälfte 17. Jh.	2. Hälfte 17. Jh.

150° C über dem Schmelzpunkt der →Zinnlegierung, abhängig u. a. von Größe und Form der Teile. Die Abkühlung wird durch Umlegen nasser Lappen oder allgemein durch Kühlwasser besorgt (→Maschinen und technische Einrichtungen, *Gußformen*).

Gießer. Er schmilzt das Metall und gießt die Gußformen (→Maschinen und technische Einrichtungen) damit ab. Im Fall von Sand-, Lehm- und Tonformen ist der G. häufig gleichzeitig der →Former, nur selten auch →Formenbauer.

Gießfaß oder Handfaß, mit zugehörigem Wasserbecken war es seit dem 16. Jh. ein Teil der Stücke, die bei der →Meisterprüfung angefertigt werden mußten. Es durfte in keinem Haushalt fehlen und wurde an die Wand, oder, wie in der →Schweiz, in die Waschnische eines Buffets gehängt.
Das gotische G. ist meist ein Kanister mit mehrfach gegliederter Frontseite, die noch verziert sein kann oder architekturhaft mit Türmchen ausgestattet ist, wie ein G. von etwa 1530 aus der Slg. Graf Wilczek veranschaulicht. In der Schweiz sind drei Typen anzutreffen: 1. Der Delphin, den gewundenen Schwanz nach oben gerichtet, im Maul den Wasserhahn. Ein darunter stehendes Muschelbecken sammelt das Wasser, das durch das teilweise abnehmbare Schwanzstück in den Hohlkörper des Delphins gegossen wurde. 2. Die Kugel-, Eichel-, Melonen-, Urnen-, Vasen- oder Eiform. Kugeln sind meist mit seitlichen Flügeln versehen (Anspielung auf die wahllos rollende Kugel der Fortuna). Als Deckelbekrönungen dienen Blätter, →Palmetten, →Kartuschen und kleine Delphine. Die zugehörigen Wasserbecken sind glattwandig mit manchmal reliefierter Rückwand. 3. Das Kasten-G. Es sind die häufigsten und vielgestaltigsten, zum Teil haben sie Säulenvorlagen und Nischen. Die Flächen sind mitunter graviert. Eine Sonderform des G. ist das →Sugerli.

Gießfehler verursachen am Gußstück: *Blasen*, wenn Fett- oder Ölreste in der Gußform (→Maschinen und technische Einrichtungen) haften oder wenn durch einen porösen Formmantel beim Kühlprozeß Wasserdampf eindringt; *Gießbahnen*, besonders bei →Tellern als fächerige Streifen an der Oberfläche sichtbar, manchmal leicht gerauht und dunkler verfärbt infolge zu langsamen Eingießens in die Gußform oder durch nicht genü-

| Gmünd (Württ.) J. Friedrich Both 1754 | Gmunden (Ob.-Österr.) Tobias Th. Scharmüller 1725 | Göppingen um 1650 | Görlitz 17. Jh. | Goldingen (Ostsee) | Graz 17. Jh. Blasius Eggenstaller 1636 |

gend heiße Zinnmasse, eventuell auch durch gleichzeitiges Verbrennen von Schmutzteilchen (→Güssel);
Löcher, wenn die Gußform beim Eingießen zuwenig steil steht, ein Steiggüssel fehlt und daher Luft eingeschlossen wird oder das Schmelzgut und die Gußform zu kalt sind;
Sauggruben, wenn nicht genügend Schmelzgut rasch genug eingegossen wird, dabei muß das schnelle Erkalten der Eingußstelle verhindert werden; ebenso beim Erschrecken des in die Form eingegossenen Zinns durch zu nasse Kühllumpen (→Handwerkszeuge).

Gießlöffel, s. Handwerkszeuge

Gießofen, s. Maschinen und technische Einrichtungen

Gießverfahren, s. Gußformenmaterial, Druckguß, Schleuderguß, Verlorene Form und Sturzguß.

Gießvorgang. Die Gußform (→Maschinen und technische Einrichtungen) wird durch Einlegen ihrer einzelnen Bestandteile in die →Schmelze der →Zinnlegierung auf die gleiche Temperatur erwärmt. Diese heißen Teile werden mit Hilfe von Zangen herausgehoben, mit einem befeuchteten Pinsel gereinigt und in einer Presse schnell zusammengesetzt. Mit dem gleichmäßigen Eingießen des flüssigen →Zinns beginnt auch bereits die sofortige Abkühlung von der Außenwandung her sowie von unten nach oben, durch Umfüttern der Gußform mit nassen Lappen. Zum Nachsaugen muß weiterhin Zinn in die Form eingegossen werden. Nach dem Erkalten wird die Gußform mit einem Zinn- oder Kunststoffschlegel aufgeschlagen, eventuell mit einer Kern-Ziehvorrichtung geöffnet.

Gilde, s. Zunft

Gildebrief. In →Holland wurde eine der ersten Handwerksordnungen vom Rat der Stadt Leyden als »Gildebrief der Zinngießer, Löffelmacher und Krugdekkelmacher« erlassen. Reinheit des Metalls, Preis und Handel wurden darin streng geregelt, →Meister- und →Qualitätsmarken mußten gestempelt werden.

Gildekanne, →Zunftkanne in →Holland mit entsprechender Inschrift. Die Form der G. kann verschieden sein. Oft waren diese Schenkkannen Stiftungen von Meistern an die Gilde (→Zunft).

| Greifenberg (Schlesien) | | Greifswald | Grimma | Güstrow | |
| um 1570 | um 1620 | 17. Jh. | um 1640 | um 1680 | um 1775 |

Gips, s. Hilfswerkstoffe

Gipsform, s. Gußformenmaterial

Gläntzer, Heinrich, s. Sammler

Glanz, s. Zinnglanz

Glasur. Zinndioxid ist schwer löslich und sublimiert oberhalb 1800° C, eignet sich daher für G. und Emaillen. Wird in Pulverform verwendet.

Glockenguß. In früherer Zeit haben sich Zinngießer häufig mit dem →Bronzeguß (Kupfer-Zinn-Legierung) und damit dem G. beschäftigt. Schon im 14. Jh. erschienen deshalb Glocken in →Meister- und →Stadtmarken.

Glockenkanne, Kannentyp in der →Schweiz, der, wie der Name sagt, glokkenförmig ausschwingend gebildet ist. Der Boden ist zugleich Standfläche. In Höhe der leicht gerundeten Schulter sitzt ein kurzer, gedeckelter Röhrenausguß. Der Deckel mit Schraub- oder Bajonettverschluß steigt wie ein umgekehrter Trichter auf, bekrönt von einem gekehlten großen Tragring (→Ringflasche). Auf der glatten Wandung, die meist durch Zierrillen gegliedert ist, sitzt ein aufgelöteter Wappenschild. Die Marken sind auf dem Klappdeckel der Ausgußröhre eingeschlagen. – Der Name ist erst im 19. Jh. für diesen Kannentyp eingeführt worden. Die Form stammt ursprünglich aus →Norddeutschland, wo der Typ etwa seit dem 2. Viertel des 13. Jh.s (Glasfenster der Elisabeth-Kirche in Marburg) nachweisbar ist. Seit dem 14. Jh. auf Gemälden abgebildet (→Zinngegenstände auf Gemälden), lassen sich die erhaltenen G. in der Schweiz erst wieder dem 17. und 18. Jh. zuordnen. Sie kommen hauptsächlich in den Kantonen →Zürich, Luzern, Obwalden, Glarn, →Zug, →Schaffhausen, Appenzell, St. Gallen, Graubünden, Aargau und Thurgau vor.

Goethe und das Zinn. Im November 1776 werden G. sämtliche Bergwerksangelegenheiten in Weimar übertragen. Er beschäftigt sich daraufhin intensiv mit Gesteinskunde. Da im Granit →Zinn enthalten ist, so folgert er, muß dem Zinn etwas über die erste Zeit der Erde abzulauschen sein. Im Sommer 1785 sammelt er acht Wochen lang im Fichtelgebirge →Seifenzinn und ersucht die Behörden, in die Zinngruben von →Schneeberg einfahren zu dürfen. In einem Brief vom

Gastwirt, der seine Gäste mit Brot und einer Kanne Bier begrüßt. Holzschnitt aus: Meister Stephans Schachbuch, Lübeck, um 1490

24.11.1813 beschreibt er seine »Zinnlust, seinen karmischen Hunger« nach dem »Ur-Metall«. 1818 ist G. wiederholt in →Schlaggenwald, Ehrenfriedersdorf und Geyer; seit 1817 legt er sich eine Zinn-Mineraliensammlung an mit Gestein aus Falun, →Frankreich, →Cornwall, →Malakka, Peru und dem →Erzgebirge. Die Zeit seiner Zinnstudien fällt zusammen mit seiner Lehre von der sich wandelnden Weisheit (»Metamorphosenlehre«) und seinen »Wolkenstudien«. Astrologisch stand G. im Sternenumkreis Jupiter, die Alchemie ordnete dem Zinn als Planetengott Jupiter zu. Gewisse geisteswissenschaftliche Richtungen sehen darin das Besondere in »Goethes Verhältnis zum Zinn«. Der Zinngießermeister Hermann Jakob Goethe, Geschworener und Vorsteher der →Frankfurter Zinngießer sowie seit 1741 Angehöriger des Rates, war der Onkel von G. Kätchen Schönkopf, G.s »Studentenbraut« in →Leipzig (1766–68) war die Tochter des Zinngießermeisters Christian Gottlob Schönkopf.

Goldschmidt AG bereitet in dem nach der Firma benannten Verfahren →Zinnschrott, vor allem →Weißblech, zur Wiederverwendung auf. Stellt neben anderen Produkten hochreines →Zinn, sogenanntes →»Baum«-Zinn, her.

Gotik, Stilstufe der mittelalterlichen Kunst in Europa, die von der Baukunst ausgeht und zeitlich von unterschiedlicher Dauer in den einzelnen Ländern ist. In Deutschland reicht sie etwa von 1230 bis Anfang des 16. Jh.s.
Zinn der G. begegnet als →Kirchengerät, →Pilgerzeichen, →Ampulle, →Baggerfunde, →Hansekanne, →Balusterkanne, →Schleifkanne, →gefußte Kanne und →Plattflasche. Neben figürlichem graviertem Dekor sind Inschriften in →Minuskeln anzutreffen. Über die Herstellung der →Zinngeräte in der G. berichtet →Theophilus Presbyter ausführlich. Die meisten Zinngeräte der G. sind verlorengegangen oder ein- und umgeschmolzen worden. Kenntnisse darüber und über die Meister jener Zeit vermitteln lediglich Urkunden, →Testamentsverzeichnisse und andere schriftliche Quellen oder auch Gemälde und Graphik mit Darstellungen der Gerätschaften (→Zinngegenstände auf Gemälden).

Gotisierendes Gerät entstand während des →Historismus in der 2. Hälfte des 19. Jh.s in der Absicht, die handwerklichen Traditionen der Vergangenheit wieder zu beleben. Doch kamen auch unschöpferische Nachahmungen von Vorbildern der →Gotik vor. Deshalb ist beim Erwerb von dekorativen gotischen Gerätschaften Vorsicht und Erfahrung geboten. G. G. ist nicht zu verwechseln mit Arbeiten der →Neugotik vom Anfang des 19. Jh.s.

Grabbeigaben, Gräberfunde. Seit ältester Zeit erhielten die Toten im Hinblick auf ihr Weiterleben G. Für die Archäologie sind sie neben den literarischen Quellen die ergiebigste Antwort auf Fragen über das vorgeschichtliche, antike oder mittelalterliche Leben. So haben sich in Gräbern auch Gegenstände aus Zinn erhalten, wie Schmuck aus reinem Zinn in Nordpersien (2000–1500 v. Chr.) oder eine zinnbeschlagene Holzschale aus Jütland, →Dänemark (etwa 1800–600 v. Chr.). Dolch- und Speerspitzen aus Zinn wurden in Hügelgräbern auf Amrum, Dänemark und Hallstatt gefunden, ebenso wie Spatelteile, Nadel, Doppelknöpfe und Ringe. Aus dem 4. bis 7. Jh. sind christliche →Symbole und Kreuzanhänger aus koptischen Gräbern überliefert, während aus Rom ein Miniaturstuhl von ca. 8 Zentimeter Höhe, 1. bis 3. Jh., stammt.
Im Mittelalter setzte man das Herz des Verstorbenen auch in einer Zinnbüchse gesondert bei, Lebensdaten und Verdienste wurden auf eine hinzugefügte Zinntafel eingraviert. Kirchlichen Würdenträgern gab man als Zeichen ihres Amtes Kelch oder Krummstab mit ins Grab, eine Sitte, die noch in der 2. Hälfte des 18. Jh.s fortlebte (→Geroldschale).

Grapengießer, in früherer Zeit Bezeichnung der Bronze- und →Gelbgießer, besonders im norddeutschen Raum. Sie stellten aus Glockenmetall (→Bronze, →Messing) schwere massive Haus- und Küchengeräte her, z. B. kesselförmig gerundete Gefäße auf drei langen Füßen, die an Eisenketten über das offene Feuer gehängt wurden (Tiroler Mundart: »Glockspeis'«).

Grapenguß ist der Guß von Herdkesseln, sogenannten Grapen. →Grapen- und Kannengießer erhielten im Bereich des →Wendischen Ämterverbandes 1405 die erste →Zunftordnung.

Graphit, s. Hilfswerkstoffe

Graues Zinn, α-Zinn, s. Phasenumwandlung

Graupen, Ort im →Erzgebirge, bei dem um 1137 erste Zinnerzfunde von großer Güte und in großer Menge gemacht wurden.

Gravieren, Verzieren durch Graben oder Ritzen von Linien, wobei das Metall mit Hilfe von Stahlsticheln oder Graviernadeln spanabhebend aus der Oberfläche des Zinngegenstandes herausgearbeitet wird. Die Werkzeuge (Stichel, Nadel) sind zur Erzeugung unterschiedlicher Strichformen an den Spitzen entspre-

Groteske. Ornamentstich von Agostino de' Musi, gen. Veneziano, Italien um 1530

chend geformt. – Angewandt wird die Gravurtechnik seit der Bronzezeit.

Gravierstichel, s. Handwerkszeuge

Greffet, Rollin, Zinngießer aus →Lyon, 1528–1568, schuf die für die Entwicklung des →Edelzinns vorbildliche →Arabeskenkanne.

Greissing, Joseph Anton, Hofzinngießer in →Salzburg, erw. 1692, gest. um 1740. Er arbeitete für Kirchen, das Benediktinerstift St. Peter und Stift Nonnberg. Seine Spezialität waren →Leuchter und →Ampeln.

Griechenland, s. Antike und Mythologie

Griffzinn, s. Halbgut

Groteske, in der römischen →Antike entstandene Ornamentform, die sich in unterirdischen Grabanlagen erhalten hatte und von den Künstlern der italienischen →Renaissance im 15. und beginnenden 16. Jh. entdeckt wurde. Die G. besteht aus dünnem Rankenwerk ähnlich der →Arabeske, das mit Tieren, phantastischen Mischwesen, Blumen, Früchten, Architektur usw. »groteskerweise« verbunden ist. Die G. wurde von F. →Briot in den Dekor seiner →Temperantia-Platte (um 1580/90) übernommen und auch von →Nürnberger Zinngießern wie →Enderlein oder →Horchaimer für das →Reliefzinn verwendet. Die Ornamentstecher und Kleinmeister wie H. S. →Beham, V. →Solis und P. →Flötner schufen die Vorlagen dazu.

Grubenmarken, s. Zinnfeder

Günther, Paul, Zinngießermeister in Chemnitz, →Sachsen, Meister vor 1601. Von ihm sind vier Deckelkrüge mit Reliefdekor erhalten, auf denen Szenen aus der Genesis (→Genesis-Schüssel), dem Gleichnis vom verlorenen Sohn (nach Stichvorlagen von H. S. →Beham, →Plaketten von Meister L. D., Leonhard Danner?) und die →Planetengötter dargestellt sind. Die →Krüge gelten als beste Zeugnisse sächsischen →Reliefzinns des 17. Jh.s.

Guernsey, Kanalinsel, im 17. Jh. wurde hier ein vom englischen abweichender Stil für Bierkrüge entwickelt. Diese wurden wesentlich schlanker und den in →Frankreich gebräuchlichen →Pichets sehr ähnlich.

Güssel, Trichter, in den das flüssige Metall gegossen wird und von dem aus es in die Hohlform gelangt. Steiggüssel dienen dazu, Luft aus der Form abzuleiten und dem Gußstück die Möglichkeit zu geben, beim Erstarren noch flüssiges Metall aus ihnen nachzusaugen, um so →Gießfehler in Form von Lunkern zu vermeiden (→Maschinen und techn. Einrichtungen).

Gütegemeinschaft Zinngerät e. V., Düsseldorf, Träger des →»Gütezeichens Zinngerät RAL«. Hauptaufgabe ist die Überwachung der Gütesicherung ihrer Mitgliederbetriebe für die zu verarbeitende →Zinnlegierung. Herausgeber der Werbeschrift: »Kleine Zinnkunde« (→Zinngießer-Innung).

Gütezeichen Zinngerät RAL zeigt eine weiße Rose mit Krone auf dunkelgrüner Grundfarbe mit der Bezeichnung RAL (Ausschuß für Lieferbedingungen und Gütesicherung e.V., Frankfurt am Main); seit 1973 vereinbartes, national und international geschütztes Zeichen der →Gütegemeinschaft Zinngerät e. V., gültig für →Zinngeräte, die der Gütesicherung unterliegen. Das G. Z. RAL verpflichtet dazu, die Bestimmungen nach →DIN 17810 und →RAL-RG 683 einzuhalten (→Handwerkssiegel).

Guild of the Assumption of the Blessed Virgin, →englische religiöse Bruderschaft des 13. Jh.s, aus der sich die Worshipful Company of Pewterers (→Nordamerika) entwickelte.

Gunmetal, s. Geschützbronze

Guß, s. Gußvorgang

Gußformen, s. Maschinen und technische Einrichtungen

Gußformenmaterial besteht für nicht wiederverwendbare Formen vorwiegend aus Sand, Gips, Lehm oder Ton (→Hilfswerkstoffe). Formen, die mehrfach wieder benutzt werden konnten, wurden früher aus Schiefer, Serpentin, Solnhofer Stein, Sandstein, →Messing, →Blei, →Bronze und →Kupfer hergestellt. Heute werden vorwiegend Kupferlegierungen herangezogen, aber auch Silikonkautschukformen gewinnen an Bedeutung.

Gußhaut, äußerste, zuerst erstarrte Schicht des Gußstücks, die meist unansehnlich ist und deshalb abgedreht wird.

Gußnaht. Bei geteilten Formen ergeben sich am Gußstück an den Teilungsflächen der Form meist kleine, linienförmige Verdickungen, die sogenannte G.

Gußtechniken, 1) s. Gießverfahren

2) für alte →Reliefteller, s. Originalguß, Abguß und Nachguß

Gußverfahren, s. Gußformenmaterial, Druckguß, Schleuderguß, Verlorene Form und Sturzguß

Gußvorgang. Dabei wird das flüssige Metall durch ein Eingußsystem (→Güssel) in die Form eingebracht und füllt diese wie auch das System der Steigtrichter (falls vorhanden). Wenn sich das flüssige Metall infolge Abkühlung zusammenzieht, muß nachgegossen werden (falls keine Steigtrichter vorhanden sind), um ein Nachsaugen zu ermöglichen und dadurch die Gußform (→Maschinen und technische Einrichtungen) voll zu halten.

Gußwerkzeuge. Zu den wichtigsten gehören Gießlöffel mit unterschiedlichem Fassungsvermögen; Eisenzangen zum Anfassen heißer Teile; Holzpressen zum Zusammenpressen von Formteilen; Kühllumpen, um die Abkühlung zu beeinflussen (→Handwerkszeuge).

Gußzinn, →Zinngerät, das durch →Gießen hergestellt wird, im Gegensatz zu anderen Verfahren wie →Drücken, Hämmern (→Geschlagenes Zinn).

Gustav-Adolf-Teller, Reliefscheibenteller mit weltlichem Thema (→Kaiser-Teller, →Krönungsteller, →Sultan-Teller). Das Modell wurde gestochen von SM, der auch den Krönungsteller schuf, und gegossen von P. →Öham d. J., Mitte 17. Jh. In der Mitte das Reiterbildnis mit der Beischrift G.A.R.S (Gustavus Adolphus Rex Suedorum) vor einer Stadtansicht. Auf dem Rand sechs Ovalmedaillons mit Reiterbildnissen der Generale, Beamten und Anhänger des Schwedenkönigs. P. Öham d. J. stellte davon mindestens 15 Stück her, die sich erhalten haben. Außerdem schuf er eine Schale mit dem Brustbild des Schwedenkönigs. Auch wurde das Brustbild in Lackfarben auf den →Umbo einer Schale des »Meisters mit der Lilie« gemalt. In der 2. Hälfte des 17. Jh.s wurde ein →Nürnberger G.-A.-T. in Mindelheim von Meister G. N. abgegossen. Der →Teller ist eine Huldigung an Gustav Adolf, dem sich die Stadt 1631 nach der Verwüstung durch Tillys Truppen anschloß. Der König hielt damals feierlich Einzug in Nürnberg.

Habsburger Sarkophag, s. Sarkophage

Härtung. Um dem →Zinn eine größere Härte zu verleihen, wurden →Blei, →Eisen, →Wismut, →Antimon, →Kupfer u. a. zulegiert, durch die Zinn eine hellere Farbe, größere Dichte und einen guten Klang erhält, sowie Zink, das eine helle, silbrige Farbe ergibt, aber zur Versprödung der Legierung führen kann.

Härtungsgrad, s. Härtung

Halbfälschungen. Alte Zinngegenstände, die durch nachträgliche »Verschönerungen«, die sie »wertvoller« machen sollen, ergänzt worden sind, werden zu H. Das sind zum Beispiel die Eßteller, die durch figürliche Treibarbeit auf dem →Spiegel zu Ziertellern werden, oder die Kannen, denen man Nischen mit einge-

Hall (Tirol)	Hall (Württ.)		Hamburg		Hannover
Bernhard Steger	2. *Hälfte*	*16. Jh.*	*18. Jh.*	*19. Jh.*	
um 1730	*16. Jh.*				

stellten Figuren einbaut (→Nischenkannen). H. sind auch die aus alten Bruchstücken zusammengesetzten Gegenstände, bei denen Hals, Deckel und Henkel an eine neue Wandung gegossen wurden. Das trifft vor allem für die →Walliser-Kannen zu (→Fälschungen).

Halbfigur eines Fürsten, s. Propheten-Teller

Halbgut, seit dem 15. Jh. übliche Zinn-Blei-Legierung (Verhältnis 1:1), die allerdings genehmigungspflichtig war und gesondert gestempelt werden mußte.

Halbzeug, vorgeformte Erzeugnisse, die weiterverarbeitet werden; Lieferung vorwiegend in Form von Blöcken, Stangen, Rohren, Bändern und Blechen.

Hallmarks, Marken von Silberschmieden. Wurden vor allem von amerikanischen Zinngießern imitiert (→Markenwesen).

Hamburg, s. Norddeutschland

Hamm in →Westfalen, Grafschaft Mark. Das Zinngießerhandwerk entwickelte sich in dieser Stadt in bescheidenerem Umfang als in →Soest. Die meisten der erhaltenen →Teller, →Schüsseln usw. stammen aus dem 18. Jh. und sind von Johann Henrich Scharp (erw. seit 1740) und seinem Sohn gefertigt. Stadtzeichen ist ein Balken im Schachbrettmuster. Meister-, Qualitäts- und Kontrollstempel werden ebenfalls noch eingeschlagen (→Beschaumeister).

Hammerarbeit, s. geschlagenes Zinn

Hammerzinn, s. Qualitätsmarken

Handel mit Zinn wurde in frühgeschichtlicher Zeit schon im 3. Jahrtausend v. Chr. betrieben (→Chorasan); später von den Phönikern und Römern (→Handelswege). In moderner Zeit →Vermarktung.

Handelsgesellschaften für →Hüttenzinn sind u. a. *Berzelius,* Duisburg, Tochtergesellschaft der Metallgesellschaft →Frankfurt a. M., einzige Zinnhütte der BRD (→»Rose«-Zinn); *Th. Goldschmidt,* Essen (→»Baum«-Zinn); *W. Grillo,* Duisburg-Hamborn, eine Gesellschaft, die wöchentlich einen Bericht über die Situation auf dem internationalen Zinn-Markt veröffentlicht und im süddeutschen Raum die Firma *Hetzel & Co.,* →Nürnberg.

Heilbronn	Hermannstadt	Hirschberg	Hof
Adam Goppelt	(Siebenbürgen)	(Schlesien)	*seit 1665*
1745		*1. Hälfte 17. Jh.*	

Handelsplätze. Wichtigste internationale H. sind heute die →London Metal Exchange und die →Penang-Börse. Die Weltmarktpreise hängen von der →Preisentwicklung an diesen Börsen ab (→Buffer Stock Manager).

Handelswege in der Antike. Spätestens seit dem 3. Jahrtausend v. Chr. wurde →Zinn aus Lagerstätten im Reich Elam, östlich des Tigris, und in den Bergen von →Chorosan an der persischen Grenze bei Turkmenistan und Afghanistan abgebaut. Auf H. gelangte es nach Vorderasien. Eine andere Bezugsquelle des kostbaren Metalls hatten die Phöniker wahrscheinlich auf dem Seeweg nach den indischen Inseln →Malakka und →Bangka und – mit Sicherheit – im »Nordmeer« auf den Zinn-Inseln, den →Kassiteriden (→Diodor), gefunden. Ihre Fahrtwege und Kenntnisse über Küsten und Länder hatten sie jahrhundertelang als strengstes Handelsgeheimnis gehütet; auch die ihnen als Seefahrermacht folgenden Karthager bewahrten hierüber Stillschweigen, da sie die Konkurrenz der Griechen fürchteten. Die griechischen Historiker →Hekatios von Milet (500–494 v. Chr.) und →Herodot (484–425 v. Chr.) berichten gelegentlich über Zinn, wissen aber nichts Genaues über die Fundorte. Erst dem Griechen →Pytheas gelang es um 325 v. Chr., von Marsalia (Marseille) aus eine Entdeckungsreise nach Norden zu unternehmen, die ihn bis zu den Zinn-Inseln nach Britannien führte. Er schrieb darüber das Buch »Der Ozean«, jedoch man glaubte seinen Berichten nicht.

Handfaß, s. Gießfaß

Handwärmer, s. Wärmflasche

Handwaffen wurden nie aus reinem →Zinn hergestellt, sondern aus →Bronze, einer Kupfer-Zinn-Legierung (→Geschützbronze).

Handwerkssiegel, Markenzeichen der in →München ansässigen →Zinngießer-Innung Deutschlands. Das jahrhundertealte H. mit der Zinnkanne auf rotem Grund garantiert eine nur in massivem Guß verarbeitete →Zinnlegierung nach →DIN 17810, eine handwerkliche Feinbearbeitung der →Zinngeräte von dauerhafter Wertbeständigkeit sowie die Einhaltung der Bestimmungen nach →RAL-RG 683 (→Gütezeichen Zinngerät RAL).

Handwerkszeuge in der Zinngießerei.

Achatsteine, hart wie Glas, sind Halbedelsteine. Als Werkzeug in Messingblech gefaßt, sind sie an langem handlichem Holzstiel befestigt. Sie werden mit Seifenwasser (→Hilfswerkstoffe) zum Hochglanz-Polieren des gedrehten Zinngegenstands benötigt.

Anlaufmeißel dient zum Anschlagen und Aufziehen, d. h. Zentrieren des Gußstücks auf dem Futterstock.

Bandmesser wird zur Gestaltung der Behelfsform beim →An- und →Aufgießen eines Krugdeckels (→Hilfswerkstoffe, *Lehm*) benutzt.

Brennkolben. Als eiserner Flachkolben findet er zum Ausbrennen der Hohlkehlen beim Aufgießen und zum Abbrennen des →Güssels Verwendung.

Dreheisen, aus Werkzeugstahl, selbst geschmiedet, mit Holzheft (Griff) ca. 20 bis 40 Zentimeter lang.

Feilen, in Sonderherstellung sogenannte »Zinnfeilen«. Solche mit Auswurfrillen und aus Stahl gefertigt heißen Flachfeilen; halbrunde und runde Feilen (»Rattenschwanz«): Stoßfeilen. Sämtliche Feilen in Grob- und Fein-Ausführung dienen zum Versäubern von Lötstellen, An- und Aufgüssen, Henkeln, Tellerrändern u. a.

Flatterklinge, s. Klingeneisen

Formenpresse, aus →Eisen oder Hartholz, bewirkt den kompakten Zusammenschluß der einzelnen Teile der Gußform (→Maschinen und technische Einrichtungen) und verhindert beim Eingießen des Materials ein Auslaufen an Nähten der Hubelteile.

Formenschlegel dient zum Aufschlagen (Öffnen) der Gußformen. Der Hammer-

Dreheisen gehören zu den wichtigsten Zinngießer-Werkzeugen

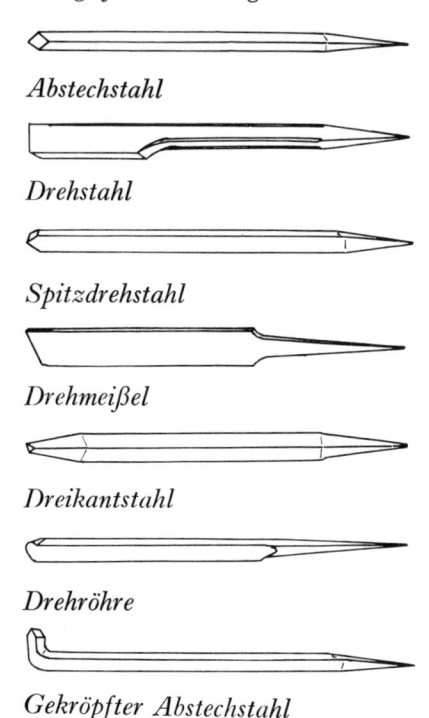

Abstechstahl

Drehstahl

Spitzdrehstahl

Drehmeißel

Dreikantstahl

Drehröhre

Gekröpfter Abstechstahl

teil besteht aus Zinn oder Kunststoff, der Stiel aus Eisen bzw. Aluminium und Hartholz.

Gießlöffel, in Form von Schöpfkellen verschiedener Größe, aus Gußeisen, auch aus gestanztem Eisenblech.

Gravierstichel, aus Stahl, in verschiedenen Formen z. B. als Rund-, Flach-, Spitzstichel. Mit Doppel-, Facett- und Punktiersticheln werden Schrift- oder Bildgravierungen an Reparaturstellen durchgeführt.

Holzhammer (Hartholz) wird zum Ausklopfen von verbeulten →Zinngeräten oder zum Aufschlagen (Öffnen) kleinerer Formen benutzt.

Drehstahlformen

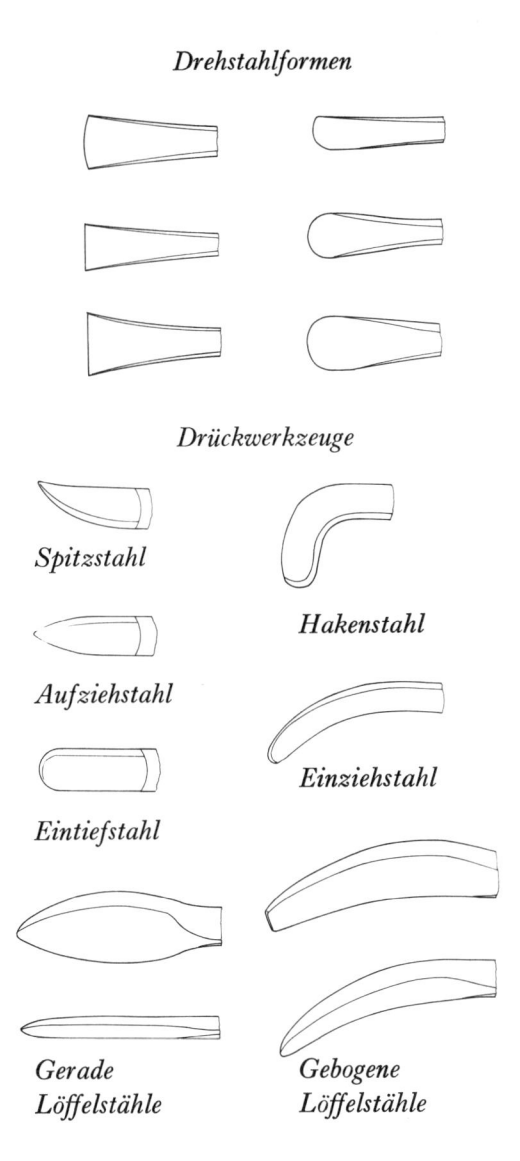

Drückwerkzeuge

Spitzstahl

Hakenstahl

Aufziehstahl

Einziehstahl

Eintiefstahl

Gerade Löffelstähle

Gebogene Löffelstähle

Klingen aus Federstahl mit bis zu ca. 15 Zentimeter langer und ca. 2 Zentimeter breiter Schneidkante dienen: als Ausschabklingen für An- und Aufgüsse; als Schlichtklingen (hart) zum Überschaben glatter Flächen an →Platten, →Tellern, Henkeln; in weicher biegsamer Form zum Überschaben von gerippten Tellerrändern, Henkelrücken, sowie welligen Flächen z. B. an →Terrinen, →Dosen; als Stehklingen mit verschiedenen schmalen Schneidkanten zum Ausdehnen von Rillen und zum →Versäubern; als Ziehklingen zur façongerechten Nachbearbeitung von Hand bei nicht glatten Körperflächen.

Kühllumpen (Putzlumpen) dienen, in Wasser getaucht, zur Umfütterung der Gußform, um deren Abkühlung zu erreichen (→Gießvorgang).

Lederband, in Breiten von 10 bis 20 Zentimeter und etwa 1,5 Millimeter stark, zum Aufgießen.

Lötkolben, in Hammerform aus →Kupfer. Erhitzung geschieht elektrisch oder in offenem Feuer. Verwendung zum Zusammenlöten von Zinnteilen, Auslöten von Löchern, Auflöten von Deckelknöpfen etc.

Polierstähle (und Polierhäkchen), schwertförmig und flach, dienen zum Polieren von Henkeln und Angüssen bei →Krügen und Kannen.

Prelleisen werden als abgewinkelte Vierkanteisen in verschiedenen Größen und Formen zum Ausbeulen und →Treiben verwendet.

Punzen, in Form von 5 bis 8 Zentimeter langen Stahlstäben, sind Stempel- und Zeicheneisen mit gehärteter, verschieden gestalteter Bildfläche. Mit ihnen werden →Stadt- und →Meistermarken, Linien, Perl- oder Flächenverzierungen (→Ziselieren, Treiben, →Repoussieren) eingeschlagen.

Randariereisen, kleines Eisenrädchen an langem Holzgriff, mit reliefierten Verzierungsdekoren auf der Lauffläche, die in

das auf der Drehmaschine rotierende Zinnstück eingedrückt werden und so ein Friesband entstehen lassen.
Richtplatte, Eisen-Standplatte, die zum Ausrichten und Ausbeulen von beschädigten Zinngegenständen oder auch zum Ausgießen von Zinnproben (→Zinnfeder) und Blaslot-Stäbchen (→Weichlöten) dient.
Richtscheit wird zum Anschlagen und Ausrichten des Gußstücks, vorwiegend zum Einpassen in die Futterstöcke hinein, verwendet.
Schabmeißel (und Schabhäkchen), meist selbst geschmiedet aus Werkzeugstahl, flach, halbrund, rund, zum Versäubern von Lötnähten und Deckel-Angüssen an Krügen.
Schraubzwingen aus Eisen, dienen demselben Zweck wie Formenpressen.
Schrubbstahl, selbstgeschmiedeter Werkzeugstahl, mit viereckiger oder halbrunder Schneidfläche, ca. 10 bis 15 Zentimeter lang, vierkantig, in ein Messing- oder Kupferrohr eingegossen; wird zum groben Abdrehen von Gußstücken bzw. Vorbearbeiten von massiven Zinnwerkstücken benutzt.
Sprengeisen, selbstgeschmiedeter Werkzeugstahl, ca. 40 bis 50 Zentimeter lang mit Holzgriff, an der Arbeitsfläche rund oder halbrund poliert, dient zum Aufsprengen (Aufdrücken) von Fußreifen auf Steinzeug- oder Glas-Bierkrüge sowie zum Einsprengen (Eindrücken) von Porzellanplättchen in Zinndeckel. Diese Tätigkeit wird auf der Drehbank am rotierenden Werkstück ausgeführt.
Stechmeißel, vierkantiger Flachstahl, mit schmaler und breiter, runder und halbrunder Schneidkante, zum Versäubern von An- und Aufgüssen.
Zannen, trapezförmige, ca. 25 × 10 Zentimeter lange Wannen aus Gußeisen, in die man die Legierungsschmelze aus dem Kessel zu kleinen Blöcken umgießt.
Zinnwaage, dem System nach eine kleine Goldwaage, die zur groben Bestimmung des Zinngehalts eines Probestücks im gewichtsmäßigen Vergleich mit dem genormten Musterstück dient.
Zupfeisen, in Haken- und Flachform mit gerader, runder oder spitzer Schneidkante, zum groben Vordrehen des rauhen Gußkörpers.
Zwickzange dient zum Abzwicken des überstehenden Gußzapfens, der beim endgültigen Erkalten des Gußstücks am Einfüllstutzen (Güssel) entstanden ist.

Hangelpott oder Seeltopf ist ein für →Norddeutschland typisches, seit Mitte des 18. Jh.s vorkommendes Gefäß: kugelförmig mit eingezogenem Fuß oder Standring und abgeflachtem Deckel mit Knopf. An seitlichen Henkelösen in ornamentalem Reliefguß ist ein Klappbügel befestigt. In solchen Deckeltöpfen wurde vorwiegend Essen ausgetragen.

Hangender Leuchter, ein langer, kunstvoller Haken oder eine Kette, die in eine Deckenöse mit einer Befestigungsvorrichtung für eine Kerze oder Öllampe eingehängt wurden. Im Gegensatz zum →Kronleuchter waren sie nur mit einer Lichtquelle versehen. In Zinn so gut wie nicht mehr erhalten, aber in der Literatur erwähnt. Als H. L. kann man auch die →Ampel bezeichnen.

Hansekanne. 14./15. Jh.

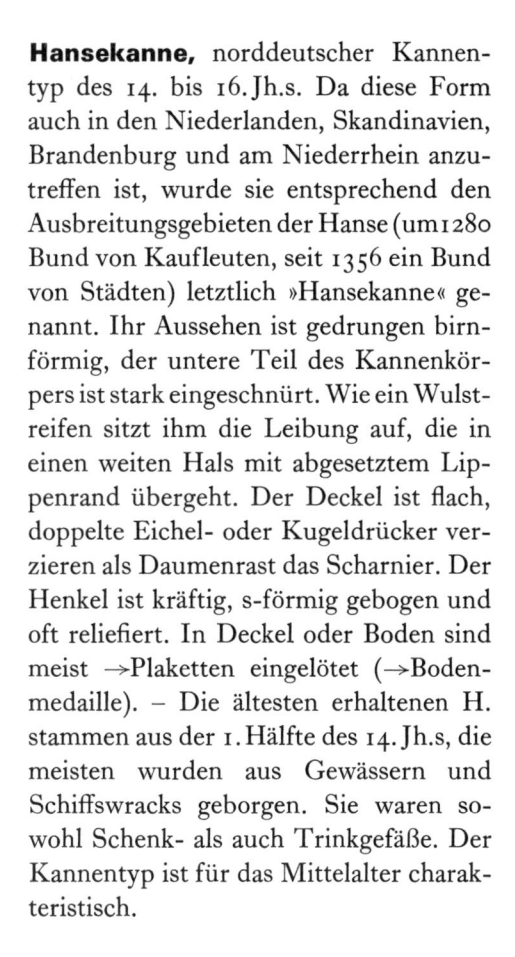

Hansekanne. Schweden, um 1501

Hansekanne, norddeutscher Kannentyp des 14. bis 16. Jh.s. Da diese Form auch in den Niederlanden, Skandinavien, Brandenburg und am Niederrhein anzutreffen ist, wurde sie entsprechend den Ausbreitungsgebieten der Hanse (um 1280 Bund von Kaufleuten, seit 1356 ein Bund von Städten) letztlich »Hansekanne« genannt. Ihr Aussehen ist gedrungen birnförmig, der untere Teil des Kannenkörpers ist stark eingeschnürt. Wie ein Wulstreifen sitzt ihm die Leibung auf, die in einen weiten Hals mit abgesetztem Lippenrand übergeht. Der Deckel ist flach, doppelte Eichel- oder Kugeldrücker verzieren als Daumenrast das Scharnier. Der Henkel ist kräftig, s-förmig gebogen und oft reliefiert. In Deckel oder Boden sind meist →Plaketten eingelötet (→Bodenmedaille). – Die ältesten erhaltenen H. stammen aus der 1. Hälfte des 14. Jh.s, die meisten wurden aus Gewässern und Schiffswracks geborgen. Sie waren sowohl Schenk- als auch Trinkgefäße. Der Kannentyp ist für das Mittelalter charakteristisch.

Has, Cunz, Zinngießer von Eichstätt, erwirbt 1449 das Bürgerrecht in →Regensburg, wo er noch 1492 erwähnt wird. Er ist eventuell mit dem Glockengießer Conrad Has identisch, der 1473 100 Glocken gegossen hat. Von ihm stammt die früheste erhaltene →gefußte Kanne mit der →Stadtmarke von Regensburg, seinem Meisterzeichen und dem Datum 1453. Sie ist charakteristisch für den spätgotischen Stil und gilt neben den in →Süddeutschland heimischen hohen, langhalsigen, glatten Messingkannen und zinnernen →Ratskannen als Vorbild für die 1477 in →Nürnberg entstandene silberne, teilvergoldete Bergkanne von Goslar. Das ist sehr bemerkenswert, weil ansonsten umgekehrt Silberarbeiten als Vorbilder für →Zinngeräte dienten (→Silberart).

Haushaltsgeräte, s. Testamentsverzeichnis und Gebrauchszinn

Hausierer waren besonders in der 2. Hälfte des 18. Jh.s die lästige Konkurrenz der ortsansässigen Meister, deren Zahl

| *Hamburg* | *Lübeck* | *Wismar* | *Königsberg* |

Hausmarken als Meisterzeichen, 16. Jh.

durch die Zunftbestimmungen ohnedies aus marktwirtschaftlichen Gründen in Grenzen gehalten wurde. H. mußten daher stets Pässe und Berechtigungen bei den Ämtern einholen, die Verbote, Strafandrohungen und Vorschriften über das Warenangebot auferlegten. 1768 zerbeulten die Zinngießer in →Frankfurt die Waren der italienischen H. auf offener Straße. Der Historiker Justus Möser empörte sich Ende des 18. Jh.s in seinen »Patriotischen Phantasien« darüber, daß seine westfälischen Landsleute mit den ungeprobten, minderwertigen Waren der Italiener, Tiroler, Bayern, Schwaben und Franken betrogen würden, da das Pfund Zinn über drei Viertel Blei enthalte. In Süddeutschland waren es z. B. vorwiegend Italiener aus der Provinz Piemont, die mit ihren Zinnwaren die Märkte heimsuchten. Sie reparierten vorwiegend, gossen ohne viel Aufwand Platten und formten sie zu kantigen oder zylindrischen →Schraubflaschen, denen nur noch der Verschluß – mittels kleiner, leicht mitzuführender Formen gegossen – aufzulöten war. Deshalb hießen im Elsaß die H. »welsche Plattengießer«, die selbstverständlich keine Marken führen durften. Im österreichisch-süddeutschen Raum hießen die H. auch →Katzelmacher. Nur in Ausnahmefällen durften sich H. als Meister niederlassen (→Zamponi).

Hausmarke, in Winkeln einander zugeordnete kurze Striche ähnlich einem Steinmetzzeichen, Runen oder Ziffern. Im Mittelalter benutzte nahezu jede Familie eine H., um damit auf einfachste Weise ihr Eigentum in Hof und Haus zu kennzeichnen. Als die Zinngießer begannen, ihre Arbeit mit →Meistermarken zu kennzeichnen, übernahmen sie ihre H. zunächst als Ritzmarke, später als Stempel. H. sind in →Nord- und Nordwestdeutschland besonders häufig auf Gerät anzutreffen.

Hefekännchen, in Schwaben heimische Form einer etwa 12 bis 25 Zentimeter hohen Kanne mit oder ohne Schnabelausguß, die im unteren Teil schlank ist und sich nach oben balusterförmig erweiternd, eine eingeschnürte Randzone, Deckel und Bandhenkel besitzt. Ähnlich geformt sind die Milchkännchen mit Tragbügel, die noch im 18. und 19. Jh. vorwiegend in →Ulm gefertigt wurden. Die Kannenform ist keine Schöpfung des 18. Jh.s, sondern schon im 15. Jh. üblich.

Heiligenfiguren, s. Kruzifix und Plastik

Heilingötter, Zinngießerfamilie über mehrere Generationen während des 18. und 19. Jh.s in →Karlsbad, führend in der Herstellung von Zinn in →Silberart.

Heirat. Bei der Ermittlung von Daten über einen Zinngießermeister fehlen oft die Zunfturkunden, die über Ort und Jahr der Geburt oder der Meisterwerdung Auskunft geben. Kirchenbücher als archivalische Quelle verzeichnen dann zumindest das Heiratsdatum, das in der Regel zugleich das Jahr der →Meisterprüfung ist: Nach der →Zunftordnung durfte nur derjenige sich als selbständiger Meister niederlassen, der entweder Meisterssohn war, oder der eine Meisterstochter oder Meisterswitwe ehelichte. Dies gewährleistete einen ordnungsgemäßen Hausstand, der den Gesellen und Lehrlingen Kost und Logis bieten konnte, wie es Brauch war. Die →Zunft achtete darauf, daß nach dem Tode des Meisters der Werkstattbetrieb möglichst ununterbrochen weiterlief und die Zeit der Versorgung einer Witwe aus Zunftmitteln möglichst kurz bemessen war. Deshalb fand die Wiederheirat der Witwe oft noch im Todesjahr des Meisters statt. Die Übernahme kompletter Werkstätten erklärt auch, daß Stücke in älteren Stilformen, mit verschiedenen Meisterstempeln versehen, sich über Generationen erhalten konnten.

Heißgießen. Um bei dünnwandigen Gußstücken ein Vollfüllen der gesamten Form sicherzustellen, werden die Teile der Gußform in die →Schmelze getaucht und vor dem Guß auf deren Temperatur gebracht.

Hekatios von Milet, geb. etwa 560/550, gest. etwa 480 v. Chr., leistete bedeutendes für die Geschichte der Geographie und Geschichtsschreibung. Er versuchte eine genauere Erdkarte zu zeichnen, verbunden mit einer »Erdbeschreibung«, in der er berichtet (allerdings nur vom Hörensagen), daß Zinn aus den entlegensten Gegenden Europas, von den →Kassiteriden komme. Erst →Pytheas (um 325 v. Chr.) überzeugte sich persönlich auf seiner Nordmeer-Reise, daß in Britannien →Zinnerz abgebaut und Metall daraus gewonnen wurde (→Handelswege, →Antike).

Helbing, Hugo, s. Sammler

Hellas, im Altertum Landesname für Griechenland. Dort lebten die Hellenen, wie alle griechischen Stämme nach der dorischen Wanderung genannt wurden (→Homer, →Ilias, →Antike).

Hellerau, Sitz der ehem. Firma Deutsche Werkstätten, nahe bei →Dresden. Nachdem im ersten Jahrzehnt des 20. Jh.s →Zinngeräte in Jugendstilformen (→Kayserzinn) aus der Mode kamen, wurde hier um 1913 erstmalig versucht, »moderne Zinnkunst« herzustellen.

Helmkanne, s. Taufgeschirr

Hemersam d.J., Michael, geb. 1595/96, gest. 1658, Sohn des M. H. d. Ä. in →Nürnberg, Meister 1624. Er gehörte zur Gruppe der Meister des →Reliefzinns; u. a. benutzte er die Modelle von C. →Enderlein und schuf in eigener Werkstatt →Zonenteller und -schüsseln, die →Arabesken oder Borten mit Blumen und Früchten aufweisen.

Hengeler, Adolf, s. Sammler

Henkelformen. Das Aussehen eines Henkels ist von Bedeutung für die Datierung einer Arbeit. Im späten Mittelalter setzt er direkt am Lippenrand an und trägt die beiden Laschen für den Scharniersteg des Deckels. Der Henkel selbst ist ein flaches Band, innen leicht halbrund gewölbt, an den Kanten von einem kleinen Steg gesäumt. Er ist nach einer kurzen Rundung knieförmig abgewinkelt (Kniehenkel) oder S-förmig gebogen und auch manchmal auf dem Rücken reliefiert (→Hansekanne). Das untere Ende muß im 15. Jh. flach an der Bauchung des Gefäßes aufliegen und darf nicht darüber hinausragen oder auswärts gebogen sein. Seit Mitte des 16. Jh.s wird der Henkel auf der Ober- und Unterseite leicht gerundet, sein Ende läuft nun über den Gefäßbauch hinaus und ist gelegentlich ornamental gestaltet in Form von →Voluten, Dreipässen oder Drachenköpfen. Bei →Reliefzinn finden sich zu Henkeln umgestaltete →Hermen. Das Deckelscharnier weist drei charakteristische Backen vor, wobei der Mittelbacken am Henkel fest angegossen ist. Die seitlichen Lötstellen für den eingeschobenen Drehachsen-Stift und die drei Backen sind Merkmale für alte Zinngefäße.

Herfort, s. Minden-Ravensberg

Herkules-Platte, →Edelzinn, →Frankreich, letztes Drittel des 16. Jh.s. Auf dem →Umbo ist Herkules im Kampf mit dem nemeischen Löwen dargestellt, dessen unverwundbares Fell der antike Held später als charakteristisches Gewand trug. Im →Fond der H.-P. sind zwei Reliefzonen, auf dem breiten Rand Streifen mit →Grotesken und →Ornamenten angeordnet. Eine stilistische Verwandtschaft zu italienischen Werken aus dem Kreis von Benvenuto Cellini und Primaticcio ist offensichtlich und berechtigt zu der Annahme, daß diese →Platte vor F. →Briots Arbeiten entstanden ist. In →Nürnberg übernimmt N. →Horchaimer vor 1583 das Thema »Herkules und der nemeische Löwe« nach einer Stichvorlage von H.S. →Beham für zwei Reliefguß-Schälchen.

Herme, Statue, bei der nur der Oberkörper oder der Kopf ausgearbeitet ist. Der Rumpf ist als vierseitiger Schaft gestaltet. Die H. steht nicht mit dem Gott Hermes in Beziehung. H. sind auf französischem →Reliefzinn dargestellt wie z.B. auf der →Adam-und-Eva-Platte als Teil der →Groteske. Auch Reliefgußhenkel sind mit H. verziert.

Herodot aus Harlikanassos, geb. etwa 484, gest. 425 v. Chr., von Cicero als »Vater der Geschichte« geehrt. Seine Berichte gehen zurück auf ausgedehnte Reisen im griechischen Kulturraum. Auch das Zinn wird von ihm darin erwähnt, aber er gesteht: »Über die äußersten Länder in Europa, gen Westen hin also, kann ich nichts Genaues berichten... Ich weiß auch von den Zinn-Inseln nichts, woher dieses Metall kommt... Zudem habe ich trotz aller

Bemühungen von keinem Augenzeugen etwas Näheres über jenes Nordmeer in Europa erfahren können. Daß von dem äußersten Lande jedoch Zinn und Bernstein kommen, unterliegt keinem Zweifel.«(III, 115, 116). H. berichtet auch von Toren und Pfosten sowie Oberschwellen aus →Bronze und →Erz in Babylon (I, 178–182) (→Antike, →Pytheas, →Hesiod, →Hekatios, →Handelswege).

Herstellungsmethoden, 1) für Zinn s. Gewinnung
2) für Zinngerät s. Gießen, Drücken, Fließpressen und Geschlagenes Zinn

Hesiod. Nach →Homer der bedeutendste epische Dichter der archaischen Zeit in Griechenland, er lebte um 700 v. Chr. in Askra in Böotien. Zugeschrieben wird ihm u. a. die ausführliche Schilderung »Der Schild des Herakles«, in der die Verwendung von →Zinn (→Achill) erwähnt wird. Dieser Schild wurde um 1832/34 von dem →Münchener Bildhauer Ludwig Schwanthaler nach der Beschreibung des H. gezeichnet und als Gipsmodell mit einem Durchmesser von 89 Zentimeter gegossen (Bayerisches Nationalmuseum).

Heyne, Johann Christoph, aus Deutschland im 18. Jh. in →Nordamerika eingewanderter Zinngießer. Er erhielt von der lutherischen Gemeinde in Lancaster, →Pennsylvanien, den Auftrag, zwei gleiche →Abendmahlskannen nach dem Vorbild der aus Rothenburg o. T. vom Meister H. Müller stammenden Kanne zu schaffen, die der dortigen Dreifaltigkeitskirche gehörte. Auch von anderen lutherischen Gemeinden in Pennsylvanien erhielt H. Aufträge für gleiche Stücke. Insgesamt haben sich noch vier Kannen, Kelche und Gebrauchsgerät von Meister H. erhalten. →Hintze vermutet, daß H. aus →Sachsen stammte, wo Zinngießer gleichen Namens tätig waren. H. verstand, deutsche und englische Formelemente in seinen Arbeiten geschmackvoll zu vereinen. Er stempelte seine Arbeiten »J. C. H.«, »Lancaster«.

Hiedl, Johann, s. Jugendstil

Hilfswerkstoffe in der Zinngießerei.
Bimsmehl, mit Wasser vermengt, wird als breiiges Schleifmittel auf dem Zinngegenstand zur Glättung der Oberfläche (Schließung der Poren) verwendet; als trockenes Pulver zur gleichmäßigen Mattierung der Oberflächen.
Bolus, gebrannte und gemahlene Tonerde, dient mit Wasser verdünnt zum Einstreichen der Innenflächen von Gußformen (→Maschinen und technische Einrichtungen), um gegebenenfalls vorhandene poröse Stellen für den Zinneinlauf zu glätten.
Eisenchlorid findet Verwendung zur Dunkeltönung der Oberfläche (→Patina).
Flies, ein rauher filziger Kunststoff, um nachträglich helles Zinngerät zu mattieren.
Gips, eventuell zur Härtung vermischt mit Ziegelmehl, wird zum behelfsmäßigen Formenbau für Kleinteile (Knöpfe, Füßchen) verwendet, aber auch um im Reparaturfall beschädigte oder verlorene Verzierungsteile von einem Zweitstück stilgerecht abzuformen und nachzugießen. –

Weiterhin dient er auch zur kompakteren Befestigung von Fußreifen an →Krügen.
Graphit (Formenschlichte) wird als Einstreichlösung für Gußformen benützt, um das gegossene Teil, besonders bei zylindrischen und leicht konischen sowie schraubenartigen Formenkörpern, leichter abzulösen.
Kaltleim dient zur Verleimung mehrerer Sperrholzschichten beim Bau von Drehstöcken; vermischt mit Sägemehl als Holzpaste zum Abdichten gesprungener Drehstöcke.
Klebemittel. Spezielle Arten zur festen Verbindung von Metallen ersetzen und erleichtern heute den Vorgang der nachträglichen Anbringung von →Plaketten auf bereits fertigen →Zinngeräten (z.B. Sportpokale, Widmungsteller), die früher in einem sehr sorgfältigen Lötungsverfahren (→Weichlöten) mit der Blasflamme angelötet werden mußten.
Kreide dient wie Siegellack, in die Paßringe des Futterstocks eingestrichen, zum festeren Halt durch geringfügige Verkleinerung des Ringdurchmessers.
Kupfersulfat (Vitriol), zum →Verkupfern von Scharnierteilen.
Lehm, zum Gängigmachen alter Scharniere. Bei undichten Formen werden damit die Nahtstellen eingestrichen, um ein Auslaufen des flüssigen Zinns zu verhindern bzw. einzuschränken.
Leinenfleck (Barchet) wurde früher zum Eingießen des Henkels in die Wandung des Zinnkrugs an dem dafür geschaffenen Ausschnitt von innen her gegen diese Verschmelzungsstelle gepreßt und mit Ton festgehalten, um so ein Durchlaufen des flüssigen Zinns zu verhindern. Die Leinenstruktur bleibt hernach an der Zinnwand innen sichtbar. – Heute Verwendung zum Auslöten von Löchern in →Tellern und Kannen.
Lötöl, als Stearinöl eine schnellflüssige Löthilfe, hinterläßt jedoch lange anhaltenden ranzigen Geruch und sollte daher für Trink- und Eßgeräte keine Anwendung finden.
Lötwasser wird als Hilfsmittel zum schnellen Fließen des Lötzinns verwendet. Die Selbstherstellung erfolgt aus Zinkblech, in Salzsäure aufgelöst.
Ölstein, eine flache Arkansas-Schieferplatte, die mit Maschinenöl und Petroleum getränkt, zum Abziehen der Schneidkanten von Dreheisen, Klingen oder Stechmeißeln benützt wird (→Handwerkszeuge).
Polierpaste, auf rotierende Schwabbelscheiben aufgetragen, erhöht die Glanzwirkung eines neuen Zinngegenstands bis zum sogenannten Hochglanz.
Polierrot (»Pariserrot«) ist pulverisiertes Eisenoxyd aus Roteisenerz (Blutstein). Es wird auf eine rauhe Ledersohle gestäubt oder als Paste aufgestrichen und auf dieser die Polier-Achatsteine und Drehstähle abgezogen.
Sägemehl dient zum Trockenreiben von nassen Zinngegenständen, angereichert mit Petroleum zum →Patinieren.
Salpetersäure, Schwärzungsmittel zur Erhöhung des Verzierungseffekts (Schwärzen); früher verwendete man hierfür Antimonbutter. Außerdem wird sie zum Schwarzbrennen von neuen Gußformen aus →Messing benutzt.
Salzsäure, mit Wasser verdünnt, eignet sich zum Putzen von altem dunklem Zinn;

gleichzeitig hält sie die Weiterentwicklung von →Zinnfraß auf und dient zur Herstellung von Lötwasser.

Schleifpaste wird auf rotierende Schwabbelscheiben aufgetragen, um damit in geschmeidigen Bewegungen Verzierungsteile, die nicht abgedreht werden können (Barockrand, -henkel, -schnauben) zu glätten und in Verbindung mit Bimsmehl zu überschleifen.

Schlichtemittel (Graphit), in verschiedener Zusammensetzung auch industriemäßig lieferbar.

Schwabbelscheibe ist ein flacher Bund runder Blätter aus Nesselstoff oder Ziegelleder von zusammen etwa 3 bis 4 Zentimeter Gesamtstärke und etwa 10 bis 20 Zentimeter Durchmesser. Es gibt auch Kopfscheiben dieser Art.

Schweißsand wird zum Aufstreuen auf Lehm als Schutzschicht beim Deckelanguß oder auch zum Putzen stark verschmutzter alter Zinngeräte verwendet.

Seifenwasser kühlt das Zinnstück beim Drehvorgang und bewirkt daher bessere Spanabhebung. Es schont außerdem die Schneide des Dreheisens.

Sidol eignet sich wie viele andere flüssige Feinputzmittel besonders zum Hausgebrauch, um durch den Luftsauerstoff leicht nachgedunkeltes Zinngeschirr wieder glänzend zu machen.

Siegellack erfüllt die gleiche Aufgabe wie Kreide.

Stahlwolle, in zwei Arten verwendbar, grobe und feinere; ebenso verseifte Stahlwolle, mit der alte Zinngegenstände nachgeputzt (aufgehellt) werden.

Ton, in zäher Struktur, hiermit werden einmalig benutzbare Behelfsformen (Leitbahnen) von Hand, die z. B. das →An- oder →Aufgießen des Deckels auf einem Steinzeugkrug oder früher das Eingießen des Henkels in den Krugkörper ermöglichen (Leinenfleck), erstellt. Verflüssigt dient er zum Einstreichen der Gießformen, um Blasen am Gußstück zu vermeiden.

Wachs, vor allem schnellschmelzendes Bienenwachs, wird auf die ineinandergreifenden Backen eines vom Gußvorgang her noch heißen Scharniers aufgetragen, um die noch sperrigen Reibflächen gängig zu machen.

Zinkchlorid, als weißes Pulver in destilliertem Wasser aufgelöst, bewirkt das schnelle Fließen des Lots. Es ist im Gegensatz zum Lötöl geruchs- und geschmacksfrei.

Zinnsand, ein durch Trocknungsverfahren aus Kieselquarzteilchen entstandener Sand, der dem Zinnkraut (Schachtelhalmgewächs) entzogen wurde und zum Nachreiben von bereits mit Schweißsand vorgeputztem altem Zinn dient.

Hilpert, Johann Gottfried, Sohn des Zinngießers Andreas H. in Coburg, Bürger und Meister in →Nürnberg 1760, gest. 1801. Mit seinem Bruder, dem als Bleifigurenmacher sehr geschätzten Johann Georg H., und später mit seinem Sohn Johann Wolfgang H. fertigte er →Zinnfiguren, die bis nach →Holland, →Rußland und →England verschickt wurden. Ihre künstlerische Vollkommenheit wurde niemals wieder erreicht. Dargestellt sind Bildnismedaillons, teils farbig bemalt und meist mit »Hilpert fecit« bezeichnet, außerdem Tierfiguren als »Naturhistorische Vorstellungen«, Volkstypen und originelle Bürgertypen. Als Vorlagen dienten Kupferstiche, Silhouetten, Medaillen. Ausgehend von diesen Figuren entwickelte sich im 19. und 20. Jh. die Herstellung von Zinnsoldaten und ganzen kulturhistorischen oder militärischen Serien.

Hintze, Erwin, geb. 1876 →Straßburg, gest. 1931 →Breslau; Kunsthistoriker am Breslauer Museum für Kunstgewerbe und Altertümer, verfaßte die grundlegende Publikation »Die deutschen Zinngießer und ihre Marken« (7 Bände). Der frühe Tod von H. verhinderte die Herausgabe weiterer Markenbände. So fehlen bis heute die Gebiete →Thüringen, Mark Brandenburg, Sachsen-Anhalt, Rheinland und Hessen. Es gibt jedoch inzwischen Einzelveröffentlichungen. H. schrieb auch Fachartikel für Zeitschriften über Zinn.

Hirth, Georg, s. Sammler

Historische Personen werden besonders auf →Reliefzinn des 16. und 17. Jh. dargestellt: Kaiser Ferdinand II (→Kaiser-Teller), Kaiser Ferdinand III. (→Krönungsteller), Älteste deutsche →Könige. Weitere Arbeiten sind die →Gustav-Adolf-Teller, →Sultan-Teller, →Wilhelm-Tell-Teller; ferner die Porträtmedaillons von F. →Briot und C. →Enderlein auf ihren →Temperantia-Platten.

Historismus, nach dem →Biedermeier etwa 1840 bis 1900 sich vollziehende Rückbesinnung auf vergangene historische Stilarten. Die zur Förderung der Industrie und des Handwerks wie zur Schulung des Geschmacks gegründeten Kunstgewerbeschulen machten sich zum Ziel, die altehrwürdigen handwerklichen Meisterleistungen nachzuahmen und zur industriellen Nutzung zu führen. Griechisch-römisches und →gotisierendes Gerät, preiswert und maschinell gefertigte Gegenstände im →altdeutschen Stil, Neubarock (→Makart-Stil) oder zweiten →Rokoko dekorierten die Bürgerwohnungen. Seit den 70er Jahren des 19. Jh.s konnte z. B. »altdeutsches Zinn« über das Versandgeschäft bezogen werden. Man blieb nicht bei der Übernahme reiner Stilformen stehen, sondern verband sie auch miteinander oder erfand Variationen. Die Epoche des H. wird neuerdings in die kunsthistorische Forschung einbezogen. Prägnante Stilbeispiele werden von Museen kritisch gesammelt und ausgestellt (→Nischenkanne).

Hochrelief, s. Relieftechnik

Hörmann, Josef, s. Jugendstil

Hohlguß, im Gegensatz zum →Vollguß ein Gußstück, dessen Innenraum leer bleibt und nicht mit Schmelzmaterial gefüllt wird. Dieser freie Innenraum wird während des →Gießvorgangs durch einen →Kern ausgefüllt.

Hohlpfennig, auf den Deckeln einiger Kannen des 15. und frühen 16. Jh.s angebracht, sind Hilfen für die Bestimmung der Herkunft der Kannen, sofern sie mit einem Stadtwappen versehen sind. Der H. ist bei der Datierung eines Stücks aber

Holland

| Rotterdam | Leyden | Haarlem | Gouda | Delft | Den Haag | Amsterdam |

16. und 17. Jahrh.

kein gültiger Ersatz für Marken entsprechend der späteren →Zunftordnungen (→Markenwesen).

Holland. Als das Land im 1. bis 3. Jh. von den Römern besetzt war, kannte man dort schon die Herstellung von →Schüsseln und →Tellern aus Zinn, das aus den nahegelegenen Minen von →Cornwallis in Britannien kam. Erst 1284 werden wiederum Zinngeschirre in einem Verzeichnis der Stadt Dordrecht urkundlich erwähnt. 1355 wird in Gent vorgeschrieben, daß vereidigte →Beschaumeister (Wardeine) die Zinngegenstände prüfen und die →Stadtmarke einschlagen. Aus Groningen stammen die frühesten erhaltenen Zinngießermarken in H. (seit Mitte 15. Jh.). Im 16. Jh. gingen auch andere Städte zur Markierung der Arbeiten über. War man zuvor anderen →Zünften angeschlossen, so gingen im 17. Jh. die Zinngießer dazu über, zunftähnliche Gilden zu gründen. Die Anfang des 16. Jh. entdeckten →Zinnvorkommen in den ostindischen Kolonien brachten in H. eine Entwicklung des Zinngießerhandwerks und eine Ausweitung des Marktes mit sich. →Qualitätsmarken wie bekrönter Hammer kommen seit 1472 und die bekrönte Rose seit der 2. Hälfte des 16. Jh.s vor. Letztere ist bis ins 19. Jh. die gebräuchlichste Zinnmarke in H.
Die wohl ältesten erhaltenen →Zinngeräte aus H. sind eine »Hanseatische Kanne« mit einer 1331 dat. Reliefplakette auf der Innenseite des Deckels und ein Kännchen mit dem Wappen der Stadt Middelburg aus dem 16. Jh. Mit der mächtigen Ausdehnung des Handels im 16. und 17. Jh. kommen die Bürger des Landes zu Reichtum und Wohlstand. Die Vorräte an Tafel- und Küchengeschirr werden größer, weitere charakteristische Kannentypen bilden sich: →Boss'sche Kanne, →Rembrandt-Kanne, →Jan-Steen-Kanne. Im 18. Jh. waren wie im Mittel- und Niederrheinischen auch in H. die →Kranenkannen beliebt. Im 19. Jh. wird die Nachfrage für Zinn geringer, das Handwerk stirbt ab. Erst die Gegenwart ist wieder an Zinnwaren interessiert, jedoch verzichtet man in einigen Betrieben bei der Herstellung auf die Gießtechnik und verarbeitet Zinnblech im maschinellen Drückverfahren.

Hollmann, Rudolf, ansässig in Tirschenreuth, ist heute wohl der technisch und künstlerisch vielseitigste Formenschneider von bildhauerisch gestalteten und reliefverzierten →Zinngeräten. Selbst kein gelernter Zinngießer, fordert er, gerade durch den steigenden Wert des Metalls Zinn, eine diesem ebenbürtige Verzierung auf massiv gegossenen Gegenständen anzubringen. Er wendet nicht die bisher übliche Methode an, bei der vorgearbeitete Modelle mit flächenüberziehenden Dekoren auf glattem Untergrund maschinell in die Gußform (→Maschinen und technische Einrichtungen) übertragen werden, sondern er verleiht dem Schmuck eine dreidimensionale Wirkung. Durch seine Fähigkeit, den Entwurf unmittelbar mit Hilfe von Stichel, Meißel und Punzen (→Handwerkszeuge) in Negativschnitt in den Stahlmantel zu übertragen, entsteht ein organisches Bild. Zinn will nach seinen Worten »Bewegung und Kontraste«. Der Betrachter soll gleichsam in den einzelnen Szenen spazierengehen können und immer wieder Neues entdecken. H. übersteigert damit die früher bei Zinn üblichen Verzierungselemente wie →Holzschnittmanier und Halbplastik (L. →Lichtinger).

Holmsten, der früheste, namentlich seit 1376 bekannte Zinngießermeister in Stockholm (→Schweden).

Holzhammer, s. Handwerkszeuge

Holzpitsche, s. Pitsche und Daubenkrug

Holzschnittmanier, flaches Bildrelief, das ursprünglich nicht in die Gußform (→Maschinen und technische Einrichtungen) eingraviert, sondern eingeätzt wurde. Die Ornamentik auf dem fertigen Zinn-Gußstück hat eine ähnliche Wirkung wie Holzschnittdrucke. – Häufig wird auch die Bezeichnung »Holzstockmanier« verwandt, in Anlehnung an die Holz-Druckstöcke für die bildlichen Darstellungen auf Leinen (→Wiedamann, →Ätzen, →Horchaimer, →Preissensin).

Holzstockmanier, s. Holzschnittmanier

Homer, nach Überlieferungen der Name des ältesten epischen Dichters des Abendlandes, Verfasser der Großepen →Ilias und Odyssee (8. Jh. v. Chr.). Er berichtet in seinen Dichtungen von der Verwendung des Zinns bei den Rüstungen des →Achill und →Agamemnon.

Horchaimer, Melchior, Zinngießer in →Nürnberg, Meister 1583, gest. 1623, Sohn des Nicolaus H. Er übernahm einige Modelle aus geätzter Form von seinem Vater, wie die →Fama-Platte von 1567 und den →Scheibenteller mit →Arabesken. Sein Reliefteller mit dem Dankopfer Noahs wurde von drei anderen Meistern bis etwa 1681 abgegossen. Auch seine Namensinschrift auf dem Deckelkrug mit Reliefmedaillons der sieben freien →Künste nach →Briot bzw. →Enderlein und die frei entwickelten →Ornamente beweisen, daß er den Reliefguß mit eigenen Leistungen bereichert hat.

Horchaimer, Nicolaus, aus Koblenz, in →Nürnberg 1561 Meister, gest. 1583. Er goß die ersten, 1567 datierten Stücke aus geätzter Form: die →Fama-, →Fortuna- und →Orpheus-Platte. Es folgen mit NH monogrammierte und teilweise datierte →Platten, Schalen und →Teller. Insge-

159 Kranenkanne. Westdeutsch, Ende 18. Jh.

160 Sugerli. Schaffhausen, 18. Jh.

161 Kranenkanne (Dröppelminna). Westdeutsch, Anfang 19. Jh.

163 Kaffeekanne. Eibenstock, Sachsen, um 1850. J. E. Flach

162 Kanne. China, 17. Jh.

164 Glockenkanne (Ringkanne). Schweiz, 17. Jh.

165 Stitze. Steyr,
2. Hälfte 16. Jh. A. Bock

166 Stitze. Augsburg,
2. Hälfte 16. Jh. J. Hamburger

167 Stitze. Straßburg,
dat. 1606. H. Holm d. Ä.

168 Abendmahlskanne.
Lancaster/Pa. (USA),
dat. 1771. J. Ch. Heyne

169 Flötenkrug.
Schässburg (Segesvár),
um 1670. Meister M. G.

170 Kanne. Lübeck,
2. Hälfte 18. Jh.
B. Ch. Böttger

171 Krug. Wien, 2. Hälfte 16. Jh.

172 Krug. Rotterdam, um 1600

173 Humpen. London, dat. 1730. W. Eddon

174 Pitsche. Bayern, 19. Jh.

175 Lichtenhainer Krug. Zinnmontierung, dat. 1796

176 Daubenkrug (à la Lichtenhain). Kulmbach(?), 1. Hälfte 18. Jh.

177 *Morisken-Kanne. Passau, 1588. P. Harthammer*

178 *Facettenkrug. Böhmen, dat. 1603*

180 *Krug. Brieg, Schlesien, 2. Hälfte 18. Jh. J. F. Bischoff*

179 *Serpentinhumpen. Sachsen, 17. Jh.*

181 *Schnabelkännchen. Steyr, dat. 1731*

182 *Schnabelkrug. Stockholm, 1. Viertel 18. Jh.*

samt werden bei →Hintze 19 erhaltene Arbeiten nach 16 Modellformen nachgewiesen, die sich oft in mehrfachen Abgüssen erhalten haben. H. schuf mit diesen Stücken eine holzschnittähnliche Wirkung mit dem flachen Relief aus geätzter Form, das als typisch deutsche Variante des Reliefgusses bezeichnet wird. Wer die Formen ätzte, ist unbekannt (→Ätzen). In dieser Technik gossen noch A. →Preissensin, der Meister der →Bauerntanz-Platte, der Meister der →Musenplatte, der Meister mit dem Ring. Nicht bei Hintze erfaßt ist der einzige bekannte Nürnberger →Zunftpokal, den H. 1561 für die Schuhmacherinnung goß. Sie soll ihn 1569 Hans →Sachs zu dessen 75. Geburtstag geschenkt haben, wie die Überlieferung will.

Hostiendose und -kapsel, Altargerät von liturgischem Charakter, Behälter für den Vorrat an Hostien, die noch unkonsekriert und im katholischen Ritus als Materie für die Verwandlung in den Leib Christi bei der Zelebration der hl. Messe bestimmt sind. Es sind mehrere kleine Zinndosen erhalten (Kunstgewerbemuseen Graz, Köln, Berlin u. a.) mit linearem Reliefschmuck, die sich aufgrund religiöser Darstellungen als →Kirchengeräte ausweisen und als H. bezeichnet werden. Sie stammen aus dem 14. und 15. Jh. – H. sind auch als Teil des →Abendmahlgerätes in der protestantischen Kirche im Gebrauch.

Hüttenwerke sind Betriebe, die entweder die →Gewinnung von Zinn aus →Zinnerzen betreiben oder die nur Legierungen herstellen und diese in Form von →Halbzeug ausliefern.

Hüttenzinn, Block- oder Stangenzinn, wie es nach Verhüttung des →Zinnerzes in folgenden Qualitäten in den Handel kommt: *High-grade-Zinn* mit 99,85% Zinn-Gehalt, *Standard-Zinn* von mindestens 99,75% Zinn-Gehalt.

Hubel, s. Maschinen und technische Einrichtungen, *Gußformen*

Humpen oder →Krug, größeres Trinkgefäß, das mindestens einen halben Liter faßt, mit Deckel, Standring, Wulstfuß oder eingezogenem Fuß, wie etwa bei birnförmigen H. Auch Doppelhenkel sind gelegentlich angebracht, wenn z. B. der H. zum Umtrunk (→Zunftkanne) bei einer Zunftversammlung vorgesehen ist. Manche H. weisen immer einen oder in regelmäßigen Abständen mehrere →Zäpfchen (Eichzapfen) an der Innenwand vor, die den genauen Inhalt angeben. Manche H. haben auf dem Boden ein abschraubbares, →»Muskatkappe« genanntes Sieb, in das Gewürze gegeben werden (→Bodenmedaille).

Iglau in Mähren (→Böhmen und Mähren). Zinngießer waren dort bereits im 16. Jh. tätig. Überliefert sind →Zunftkannen mit leicht geschweiften Wandungen, gravierten Schriftbändern und Rankenborten, wie sie in der →Gotik üblich waren. Im 17. und 18. Jh. sind die bauchigen und walzenförmigen →Krüge beliebt. Charakteristisch für I. sind die großen Schalen von 65 Zentimeter Durchmesser, auf deren Spiegel (→Fond) große Reliefplaketten mit den →Allegorien der vier Erdteile eingelassen sind. Die Stichvorlagen für die Allegorien stammen von dem Niederländer Markus Gerhard. Die Asia-Schale stammt von Meister L.G., um 1622, die Europa-Schale von Meister MZ oder ZM. Um die Reliefdarstellung und die gravierte Rankenborte auf dem Rand laufen auch hier gedrückte Olivbuckel wie bei den Arbeiten von H. →Wildner aus →Eger.

Ilias, Gedicht von Ilion (Troja), verfaßt von →Homer, das vom zehn Jahre währenden Krieg der Achäer um die phrygische Stadt Troja handelt. In der I. werden mehrere Gegenstände aus Zinn erwähnt (→Achill, →Agamemnon, →Antike).

Imitationen, s. Fälschungen

Indien, s. Handelswege und vorgeschichtliches Zinn

Indonesien, wichtiger Erzeugerstaat (→Bangka, →Zinnvorkommen) in Südostasien.

Innsbruck, Landeshauptstadt von →Tirol. Von den ältesten Zinngießern, die seit 1416 urkundlich erwähnt werden, sind keine Arbeiten erhalten. Die Urkunden und Rechnungsbücher der Stadt vermerken wenigstens einige davon: Flaschen für ein Bad (1474), eine Glocke für die Pfarrkirche von Schwaz (1477), ein →Gießfaß in die Neue Kanzlei (1521), ein Brunnen (Gießfaß) in fürstlicher Durchlaucht Schlafkammer (1525), drei Trink- und eine Maßkanne, zwei →Schüsseln (1529). Bei →Hintze wird um 1549 ein unbekannter Meister erwähnt, der Schüsseln mit dem Wappen und den Namensinschriften der Familie →Khuen von Belasi fertigte, von denen vier noch erhalten sind.

N. →Jenbacher d.Ä. war Hofzinngießer des Erzherzogs Ferdinand von Tirol. Ausnahmsweise waren im 17. Jh. zwei →Stegkannen nach Berner Vorbild in I. hergestellt worden (→Stilverschleppung), die von N. Jenbach d.J. (gest. vor 1643) und S. →Karant (erw. bis 1710) stammen. Einmalig für I. ist auch der →Reliefteller mit →Arabesken nach Vorbildern von J. →Koch II aus →Nürnberg, gefertigt von J. Hasse (gest. 1665). Im 17. und 18. Jh. waren die üppigen, gravierten und reliefierten →Barockblumen ebenso beliebt wie später die gängigen Formen in →Silberart. Die Tradition der Zinngießer von I. wurde durch die Familie →Apeller über Generationen gepflegt.

Innungsgründungen, s. Zinngießer-Innung und Zunft

Intarsia, Einlegearbeit, mit der meist Möbel mittels verschiedenfarbiger oder gefärbter Hölzer, aber auch andere Materialien (Zinn, Elfenbein, →Messing, Perlmutt, Schildpatt, Stein) verziert werden. Bereits in der →Antike und im Mittelalter war die I. bekannt. Sie entwickelte sich in der italienischen Frührenaissance und nahm bedeutenden Aufschwung zur Zeit Ludwigs XIV., als der berühmte Ebenist Ch. A. Boulle (1642–1732) in sei-

Iglau	Ingolstadt		Innsbruck	Isny
um 1600	*Franz Clostermayr* 1679	*Anton Lipp* 1768	*Jos. Karant* 1712	(Allg.) 17. Jh.

ner speziellen Technik Möbel intarsierte und dabei auch Zinn wirkungsvoll verwendete. Auf Zinngegenständen werden seit dem 17. Jh. I. aus Messing angebracht, vor allem in →Sachsen, →Schlesien und →Norddeutschland (→Tauschierung). Eine Art der I. ist das Ausgießen herausgeschnitzter Flächenornamente auf hölzernen Gegenständen (→Daubenkrug). Auch Bronze- und Messingreliefs werden auf Zinngegenständen angetroffen, sind jedoch eine Ausnahme (→Ratskanne Luzern, →Zunftkanne der →Gelbgießer in →Lübeck).

International Tin Council (Internationaler Zinnrat), Sitz London; Gemeinschaftsorganisation der Zinn erzeugenden und verbrauchenden Staaten, Exekutivorgan für die »Internationalen Zinnabkommen«. Erzeuger und Verbraucher haben jeweils gleiche Stimmzahl, die Marktregulierung erfolgt durch Stützungskäufe des →Buffer-Stock-Managers bei Preisverfall oder durch Verkäufe bei zu großem Preisauftrieb.

International Tin Research Council (Internationaler Zinnforschungsrat), London, 1932 gegründet; Dachorganisation des →Tin Research Institute, in dem die Zinnerzeugerstaaten zur Gemeinschaftsforschung auf dem Gebiet der Anwendung des Zinns zusammengeschlossen sind. Finanziert wird er von den Mitgliederstaaten. (→Forscher).

Irland, s. Moorfunde

Isotope eines chemischen Elements besitzen im Atomkern dieselbe Anzahl von Protonen, aber eine unterschiedliche Anzahl von Neutronen. Die natürlich vorkommenden Elemente bestehen immer aus einer Mischung mehrerer I., künstliche I. sind durch Einwirken auf den radioaktiven Zerfall herstellbar. Natürliche I. des →Zinns kommen vor mit den Massezahlen 112, 114, 115, 116 (ca. 14%), 117, 118 (ca. 24%), 119, 120 (ca. 33%), 122, 124.

Italien. In der römischen →Antike wurden Zinngegenstände sehr geschätzt. →Plautus berichtet von →Tischgerät. Mit der Eroberung Britanniens (43–407) gelangten die bedeutendsten →Zinnvorkommen des damaligen Europa in die Hände der Römer. Man darf annehmen, daß dadurch das Zinngießerhandwerk im Römischen Reich in voller Blüte stand, obwohl sich nur wenige Gegenstände erhal-

Italien

Stadtstempel
15. Jahrh.

Venedig
Meisterstempel
16. Jahrh.

ten haben. Mit dem Untergang des Römischen Imperiums und dem Entzug der Rohstofflieferungen verfiel das Handwerk und erholte sich erst nach dem 8. Jh. In der 2. Hälfte des 14. Jh.s gab es →Krüge und man schützte die Eisengitter durch Verzinnen (Siena, 1492). Wenn sich auch wenige Beweisstücke erhalten haben, so zeigt das vorhandene →Edelzinn (→Peltro) eine hervorragende Beherrschung der Ätztechnik (→Ätzen) und der Treibarbeit (→Treiben). Daß es auch in I. das andernorts übliche einfache Haushaltszinn gab, belegt die Autobiographie des Florentiner Goldschmieds und Bildhauers Benvenuto Cellini (1550–1571). Er berichtet darin, daß er den ganzen Hausrat an Zinn mit Erfolg der flüssigen →Bronze zugesetzt hat, um sie für den Guß einer Statue geschmeidiger zu machen.

Um 1700 unterscheidet man den venezianischen Stil mit durchbrochenen Flächen und gezackten Rändern, den lombardischen Stil, der den barocken Formen nördlich der Alpen ähnelt und den piemontesischen Stil, der einfach und geschmeidig in der Linienführung ist. Eine auffallende Erscheinung sind die wandernden italienischen Zinngießer, die in der →Schweiz und in →Süddeutschland als Konkurrenz der heimischen Meister oft sehr lästig wurden (→Hausierer, →Katzelmacher).

Itzehoe, Kreisstadt in Holstein, gehörte seit 1526 dem →Wendischen Ämterverband an. Eine der frühesten →Hansekannen vom Ende des 15. Jh.s stammt aufgrund eines im Deckel eingelassenen →Hohlpfennigs vermutlich aus I. (→Norddeutschland). Im 16. Jh. lassen sich sieben, im 17. Jh. elf Meister urkundlich feststellen.

Jahreszahlen auf →Stadt- und →Meistermarken weisen nicht immer auf das Entstehungsjahr des Stückes, wie z. B. im 17. Jh. in →München. J. geben möglicherweise das Jahr der Meisterwerdung oder den Zeitpunkt an, in dem die gültige Zinngießerordnung vom Landesherrn erlassen wurde (1614 und 1708 im Kurfürstentum →Sachsen, 1674 für →Leipzig). Die Zahl 8 in Verbindung mit Marken aus Bayreuth, →Kulmbach und Hof kennzeichnet die Probe 8:1. In →Memmingen bedeutet die 4 geringes Zinn, während die 10 im Bodenseegebiet die Qualitätsmischung 10:1 angibt. Unstimmigkeiten zwischen J. und den Daten des Meisters (→Heirat) deuten auf →Fälschungen. Die →Zünfte verordneten auch Meistern, eine bestimmte J. in der Marke zu führen, damit öffentlich kontrolliert werden konnte, ob Qualitätsvorschriften von einem bestimmten Datum an wirklich eingehalten wurden. – Gravierte J. sind nicht immer identisch mit dem Herstellungsjahr. Auf →Zunftgerät wird oft das Gründungsjahr vermerkt, das lange vor

Jauer	Joachimsthal	Johann-
(Schlesien)	*16. Jh.*	georgenstadt
17. Jh.		(Sachsen)
		Ende 17. Jh.

der Entstehung des Gegenstands liegen kann. Entscheidend sind eher Meistermarken, stilistische und technische Kriterien.

Jahreszeiten-Teller, eigentlich der Reliefscheibenteller mit der Erschaffung Evas (→Evateller), auf dessen Rand die →Allegorie der vier Jahreszeiten in querovalen Medaillons dargestellt ist. Das Modell schuf C. →Enderlein, dat. 1621.

Jan-Steen-Kanne, holländischer Kannentyp aus dem 17. Jh. Der Name leitet sich von dem berühmten Maler ab, der derartige Kannen des öfteren auf seinen Genrebildern und Stilleben dargestellt hat. Der birnförmige Körper mit langem, weitem Hals und tiefsitzendem Bauchring erhebt sich über einem gekehlten, leicht eingezogenen Hohlfuß. Die Bauchung wiederholt sich ästhetisch ausgewogen, gewissermaßen als optisches Pendant, im erweiterten Lippenrand und der Deckelwölbung. Das Charakteristikum dieser Kanne ist jedoch die lange, steil aufragende, kantige und gedeckelte Ausgußröhre, die frei an der Bauchung ansetzt. Aus ihr wurde kunstvoll in hohem Bogen Wein eingeschenkt. Die J.-St.-K. gleicht der Berner →Stegkanne lediglich im Typ, scheint aber das Vorbild für ähnliche Siegburger Steinzeugkannen zu sein.

Japan. Außer vereinzelt nach Europa gelangten Zinnarbeiten des 18. und 19. Jh.s sind kaum Informationen greifbar. Da seit Jahrhunderten die große Kunstfertigkeit im →Bronzeguß zu bewundern ist, darf angenommen werden, daß auch →Zinn- und Bleilegierungen für kunsthandwerkliche Arbeiten im sakralen oder profanen Bereich herangezogen wurden. Im 16. und 17. Jh., wahrscheinlich noch früher, wurden z. B. diese Metalle neben Gold und →Silber für die Einlegetechnik auf Lackarbeiten, Schwertstichblättern u. a. verwendet (→China).

Jenbacher, Zinngießerfamilie aus →Innsbruck. Als Ältester der Sippe wird 1523–1545 Thomas J. erwähnt. Seine Tätigkeit läßt sich nur anhand von Rechnungen erfassen, in denen ein →Gießfaß für die Neue Kanzlei, Arbeiten für die wegziehenden Königinnen (?) (1521) und ein Brunnen in fürstlicher Durchlaucht Schlafkammer (1525) genannt werden. Steffan J. war etwa von 1547 bis 1579 tätig; er lieferte 1550 Arbeiten an die Burg sowie 1579 Blei für die Aufstellung des Grabmals von Maximilian I. im neuen Stiftsbau. Nicolaus J. d. Ä., Meister 1561, gest. 1597, ist Hofzinngießer des Erzherzogs Ferdinand von →Tirol. Zwei gravierte Schüsseln von ihm haben sich erhalten. Nicolaus J. d. J., gest. vor 1643, ebenfalls Hofzinngießer, fertigt eine für Innsbruck ungewöhnliche →Stegkanne nach Berner Vorbild.

Jersey, Kanalinsel, Entwicklung wie auf →Guernsey.

Joachimsthal (→Böhmen und Mähren) ist im 17. Jh. berühmt für sein →Reliefzinn. Auf niedrigen Deckelhumpen sind umlaufend Szenen aus der Genesis, der Geschichte vom verlorenen Sohn oder christliche und antike Motive gegossen. Die →Humpen stehen in Beziehung zu ähnlichen Stücken aus →Marienberg und von P. →Günther aus Chemnitz. →Hintze vermutet als Urheber der sogenannten Müllheimer Kanne von 1551 einen Meister aus →Annaberg oder H. →Wildt d. Ä. aus J. Aus dem 16. Jh. sind 15 Arbeiten bekannt, deren Reliefs nach →Plaketten bzw. Vorlagen von H. S. →Beham, P. →Flötner und dem Meister der Herkulestaten (um 1550) ausgeformt wurden. In drei von diesen Kannen und →Krügen sind J.er Medaillen im Boden eingelassen, so daß Zuschreibungen dorthin glaubhaft scheinen.

Jütland, s. Grabbeigaben

Jugendstil, Stilform in der deutschen Kunst, die etwa seit 1895 bis in die Zeit des 1. Weltkriegs in erster Linie auf dem Gebiet des Kunsthandwerks zur Erscheinung gelangt als Reaktion auf den →Historismus. Der Name J. leitet sich von der in →München seit 1896 erscheinenden Zeitschrift »Jugend« her. Die Pflanze ist das bestimmende →Ornament im J. Historische Formen wie →Arabeske oder →Barockblume werden abgelehnt. Auch das Zinngießerhandwerk, das im Verlauf der Industrialisierung in der 2. Hälfte des 19. Jh.s vom kleinen Meisterbetrieb in einzelnen Fällen zur Serienfertigung (Firma E. Kayser, →Kayserzinn) überging, nahm die neue Formgebung auf. Manufakturen und geschäftstüchtige Handwerksmeister vergaben Aufträge an Künstler, die Ornamente und Formen für neuartige →Zinngeräte entwarfen. Auf der Gewerbeschau in München 1912 gelang es den Zinngießern L. R. und F. →Mory, J. Hiedl und Sohn aus München sowie J. Hörmann aus →Nürnberg mit J.-Zinn Beachtung zu finden. Für E. →Wiedamann in →Regensburg war der Architekt Ch. Metzger und F. Adler, Hamburg, tätig. Auch P. Behrend, A. Müller und J. M. Olbrich entwarfen Zinngerät, das von der Zinngießerei E. Hueck in Lüdenscheid hergestellt wurde, 1900 beschäftigte sie 100 Arbeiter. Die »Deutschen Werkstätten« eröffneten in →Hellerau bei →Dresden eine eigene Zinngießerei. Auch R. →Riemerschmid und W. v. →Wersin lieferten Entwürfe. Hauptanliegen war dabei die sowohl werk- als auch materialgerechte Form und Verzierung des Gegenstands, der sich serienmäßig herstellen ließ.

Jungfrauenadler, vereinigtes Stadt- und Meisterzeichen von →Nürnberg seit 1812 für Probezinn (10:1). Anstelle des alten Stempels mit halbem Reichsadler, drei Schrägbalken und →Beigemerk tritt der volle Adler mit einem Frauenoberkörper. Die Marke in kleiner Ausführung zeigt die Meisterinitialen zu Seiten des Adlerkopfes, darüber die Bezeichnung »Probzinn«, bekrönt von einem N. Der große J. befindet sich in einem Dreipaß,

Große Nürnberger Jungfrauenadler-Marke seit 1812 üblich
J.M. Schelhorn, als Beigemerk ein Posthorn

die Initialen zu Seiten der Fänge, darunter ein Beigemerk (Stern, Kreuz, Punkt usw.), über dem Ganzen zwei Schriftbänder »Nürnb. Probzinn«.

Justitia, s. Tugend

Kälberhaare, seit dem Mittelalter neben anderem üblicher Zusatz zum Sand bzw. Ton, wenn ein Modell in diesen Formstoffen abzuformen war. Die K. machten den Formstoff etwas geschmeidiger und hinterließen nach dem Brennen der Form feine Hohlräume, durch die beim Guß die Gießgase (auch Luft genannt) entweichen konnten.

Kälteeinfluß, s. Phasenumwandlung und Nowaja Semlja

Kahlbau, Eduard, s. Sammler

Kaiser-Teller, auf dem →Umbo des →Reliefftellers das Reiterbildnis Kaiser Ferdinands II. von Habsburg, der 1630 in →Nürnberg gekrönt wurde, aber schon seit 1619 Kaiser des »Heiligen Römischen Reiches Deutscher Nation« war. Auf der →Fahne elf Medaillen mit den Reiterbildern der kaiserlichen Vorfahren vor Landschaften, versehen mit Beischriften. Zur Erinnerung an die Krönung in Nürnberg geschaffen. Die Form trägt das Stechermonogramm C., dat. 1630, und die →Meistermarke von Georg Schmauss (1628–1639). Der →Teller wurde nachweislich 37mal abgegossen, die Form gelangte später in den Besitz der Zinngießermeister Niclas Christan (1634–1681), Joh. Sigmund Wadel (1690–1719) und Jobst Sigmund Geisser (1689–1724). Dieser Teller ist Vorbild für die →Krönungsteller mit dem Reiterbildnis Kaiser Ferdinands III. sowie für einen Teller, der das Reiterbildnis Herzog Eberhards III. von Württemberg mit Stadtwappen auf dem Rand zeigt. Er wurde von Johann Castolus Hunn (→Heirat 1636) in Calw gegossen.

Kalaïn, Metallplatten, mit denen noch im 19. Jh. die chinesischen Teekisten ausgeschlagen waren (→China). Die →Platten aus K. wurden zunächst irrtümlich für reines →Zinn gehalten, setzen sich jedoch zusammen aus 17 Teilen Zinn, 2 Teilen →Kupfer und 1 Teil Zink.

Kalcher, Leopold, Mitglied einer bedeutenden →Linzer Zinngießer-Familie im ausgehenden 16. Jh.

Kaltbrüchig. Durch eine zu niedrige Gießtemperatur ist die →Kristallisation schon zu fortgeschritten, um noch ein festverzahntes Metallgefüge zu ergeben. Das Gefüge ist nicht dicht genug; das Gußstück hat ein mattes Aussehen.

»Der Kandelgießer«. Aus: Jost Amman, Stände und Handwerker, Frankfurt a. M., 1568

Kaltleim, s. Hilfswerkstoffe

Kandelschlager, Bezeichnung für Zinngießer, die →Platten, Becken, →Teller, und →Schüsseln noch durch Hammerschlägen verdichteten, um den Geräten so eine größere Festigkeit zu verleihen.

Kandlgießer. Mit der im 13. Jh. beginnenden Zinngewinnung in Mitteleuropa wurde die Verarbeitung des Metalls zu einem erschwinglicheren Preis als vordem möglich, das Handwerk konnte sich entwickeln. Die Namen der Meister verbinden sich mit der Berufsbezeichnung zu Familiennamen, die seit Anfang des 12. Jh.s in Deutschland zu den Vornamen gesetzt wurden. Da sich die Zinngießer im frühen Mittelalter latinisiert auch →Candelarius, Cantrifusor oder →Stannarius nannten, heißen sie entsprechend dem landschaftlich gebundenen Sprachgebrauch später im norddeutschen Raum z. B. auch Kannemaker, Tingether, →Grapengießer. In →Süddeutschland heißen sie Kandler, Kandlgießer. In →Nürnberg begegnen Meisternamen wie Ratpot Zingizzer (1360), Herman Kanlgiesser (1403).

Kanne, Schenkgefäß mit Deckel von bestimmtem Inhalt, das bei jeder →Meisterprüfung anzufertigen war. Die Berliner Meisterstücke sahen 1691 u. a. eine hohe K. mit weitem Bauch, engem Hals und hohem Fuß »von 3 Quart« vor. In →Dresden und Bautzen wurde Anfang des 17. Jh.s eine hohe Schenkkanne »mit zweyen Bäuchen« gefordert. Es gibt auch K., die 1,5 Liter fassen, unterteilt in vier Ort (→Zäpfchen). In übergroßen Ausmaßen und reich verziert werden →Zunftkannen und →Schleifkannen angefertigt. Auch die →Ratskanne, →Gildekanne, →Stegkanne, →Balusterkanne und →Stitze gehören zu den Schenkgefäßen. Schlichte K. normalen Ausmaßes und ohne Deckel können auch als →Maßgefäß benutzt worden sein, zumal, wenn innen unterhalb der Randkante ein oder mehrere Eichzäpfchen vorhanden sind, die den genauen Inhalt angeben, oder wenn das städtische Eichamt seine Stempel eingeschlagen hat (→Eichmarken).

Kannelierung, Verzierung an antiken Säulen in Form von flachen Rillen, die durch scharfe Grate voneinander getrennt

Kanne. Dänemark, 14./15. Jh. Gefunden am Strand von Kalvebod

Schenkkanne. Breslau, um 1580

Kanne. Norddeutsch, 15. Jh.

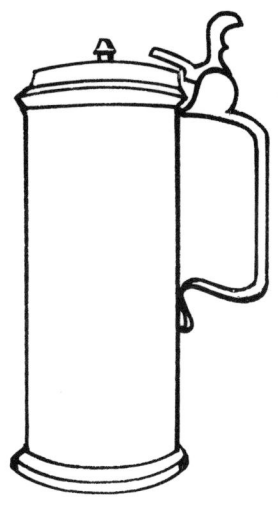

Kanne. Norddeutsch, 18. Jh.

sind. Dieser klassische Dekor wurde seit der →Renaissance auch vom Kunsthandwerk übernommen. Noch im →Biedermeier werden z.B. Säulenschäfte von →Leuchtern durch K. verziert.

Kannenfüße waren im 15. und 16. Jh. bevorzugt in Form von Löwen und Greifen ausgebildet; später wurden sie ballenförmig oder als geflügelte Engelsköpfe oder Krallen gestaltet.

Kannenzinn. Für die ehemaligen Gebiete des Deutschen Ordens wurde 1440 in Danzig vereinbart, daß dem K. als drittbeste Legierung die →Stadt- und →Meistermarke eingeschlagen wird, wobei anstelle des Stadtsymbols der Anfangsbuchstabe des Ortsnamens tritt (K = Königsberg, M = Marienburg) (→Schüsselzinn).

Karant, Zinngießerfamilie in →Innsbruck. Von 1641–1659 wird Philip K. als ältester Meister dieser Familie erwähnt. Sebastian K. ist Hofzinngießer und wird 1710 noch genannt. Er gießt →Schraubflaschen mit kräftigen →Barockblumen, als ob es Silberschmiedearbeit wäre, sowie eine →Stegkanne nach Berner Vorbild. Von Joseph K. (Meister 1712) hat sich etliches →Gebrauchszinn erhalten, darunter ein halbkugeliger, gebuckelter Weinkühler mit Reliefdekor. Andreas K. beabsichtigt, 1717 nach Vilshofen in Bayern überzusiedeln.

Kardinalshutschüssel, s. Kardinalteller

Kardinalteller und -schüssel, volkstümliche Bezeichnung für den seit dem Mittelalter bekannten, im 17. Jh. mehr

Kanne. Dänemark, 17. Jh.

Schenkkanne. Eger, 1600

dekorativen als nützlichen →Breitrandteller, weil er von der Bodenseite betrachtet, einem Kardinalshut ähnelt. Der sehr breite, durch eine nach unten verstärkte Kante verfestigte Rand ist meist glatt, lediglich mit einem gravierten, umkränzten Besitzermonogramm oder -wappen versehen. Gegenüber sind im allgemeinen die →Stadt- und →Meistermarken sorgfältig eingeschlagen. Seit der 2. Hälfte des 17. Jh.s werden profilierte Randkanten auf der Oberseite angeordnet. Qualitätvolle Exemplare sind geschlagen, was an konzentrisch verlaufenden Hammerspuren zu erkennen ist (→Geschlagenes Zinn). Leider werden K. heute täuschend ähnlich gefälscht.

Kardinaltugenden; Klugheit (Prudentia), mit Januskopf und Spiegel; Mäßigkeit (Temperantia), Wasser in Wein gießend; Tapferkeit oder Stärke (Fortitudo), mit zwei Säulenstümpfen oder Löwe und Gerechtigkeit (Justitia), mit Schwert und Waage (→Temperantia-Platte, →Edelzinn).

Karlsbad (→Böhmen und Mähren) begründete seinen Ruf als Zentrum der Zinnherstellung durch Geräte in →Silberart. Die am Ort gelegenen Zinngruben lieferten ein →Erz von seltener Reinheit, das verarbeitet einen warmen silbrigen Glanz ausstrahlt. Die frühesten erhaltenen Arbeiten sind →Zunftkannen aus der 2. Hälfte des 17. Jh.s mit punzierten Borten. Im 18. Jh. verfügte ein Dekret Kaiser Karls VI., daß nur 18 Werkstätten in K. bestehen dürften. Im letzten Drittel des 18. Jh.s verging kein Tag, an dem nicht auf →Wanderschaft befindliche Gesellen um Arbeit nachsuchten. Führend in der Herstellung von Zinn auf Silberart war über mehrere Generationen die Familie →Heilingötter, ähnlich wie in →Frankfurt a. M. die Familie →Klingling. Den Stilwandel vom →Rokoko zum →Empire machten die Meister in K. noch mit, doch im 1. Drittel des 19. Jh.s erfolgte der Niedergang des Handwerks.

Kartoffel wird auch heute noch zur Reinigung einer →Schmelze verwendet. Sie wird in diese eingetaucht, wobei ihr Stärke- und Feuchtigkeitsgehalt das Schmelzgut zum Aufquellen bringt und hierdurch Verunreinigungen an die Oberfläche gespült werden.

Kartusche, ein in der →Renaissance entstandenes →Ornament, das eine Flä-

Kartuschen. Stichvorlagen von Paulus Decker, Nürnberg/Augsburg, um 1710

che rahmenartig umschließt. Die Fläche kann mit Wappen, figürlichen Szenen oder Landschaften sowie Inschriften ausgefüllt sein. Die Form der K. richtet sich nach der jeweiligen Stilrichtung. Eine rund oder oval geformte K. mit reliefiertem, bildartigem Mittelfeld und vorwiegend dekorativem Charakter kann auch Medaillon genannt werden. K. befinden sich z.B. auf der →Temperantia-Platte, Medaillons auf →Relieftellern.

Kassette, s. Reliquienkästen

Kassiteriden, 1) von →Herodot erwähnte Inseln mit →Zinnvorkommen, die geographische Lage ist jedoch unbekannt. 2) Scilly-Inseln, südwestlich von →Cornwall (→Zinn, Wortursprung; →Handelswege, →Diodor).

Kassiterit, oxidisches Zinnerz. Bei den heute für abbauwürdig betrachteten →Erzen handelt es sich üblicherweise um oxidische.

Kasten, s. Reliquienkästen

Katzelmacher, volkstümlicher Name im 18. und 19. Jh. für wandernde Zinngießer (→Hausierer) aus →Italien, abgeleitet von Cazza (ital. Rührlöffel, Schöpfkelle), oder von Gatze, dem österreichischen Ausdruck für →Maßgefäß. Den wandernden Zinngießern war von den ansässigen →Zünften lediglich gestattet, →Löffel, vielleicht auch Maßgefäße, herzustellen, die in kleinen, leicht zu transportierenden Formen gegossen werden konnten.

Kautschukformen (→Gußformenmaterial) werden häufig, auch für größere Stücke, beim →Schleuderguß verwendet.

Kayserzinn, Bezeichnung für das von der Firma P. K. Kayser in Krefeld-Bockum hergestellte Zinn im →Jugendstil. 1885 wurde dort zunächst Zinn im Geschmack des →Historismus gegossen. 1894 entwarf der Gründer der Zinngießerei, Engelbert K., selbst einen »modernen« Bierkrug. Diese Stilrichtung wurde beibehalten, so daß die Firma Kayser Entwurfsateliers in Köln einrichten konnte, diese zu einer Zinnkunstschule 1900 erweiterte und Künstler als Entwerfer hinzuzog. So gelangen hier außer gängiger Gebrauchsware, die keinen großen technischen Aufwand erforderte, auch Stücke von künstlerischem Rang. Die Firma bestand etwa 20 Jahre. Sie führte eine Modellnummer für jedes Stück ein, die bei 4000 begann, so daß sich K. datieren läßt. K. ist eine Legierung aus →Zinn, →Kupfer und →Antimon mit einem angenehmen silbrigen Glanz. →Fälschungen sind u. a. an →Windblasen zu erkennen.

Kelch, s. Abendmahlskelch und Meßkelch

Kern. Bei Gußstücken, die einen Hohlraum besitzen sollen, muß dieser in der Gußform durch ein festes Material, den K. ausgefüllt sein. Er besteht ebenfalls aus einem Formstoff und wird nach dem Guß entfernt (→Maschinen und technische Einrichtungen).

Kettenkanne und -flasche wird im nichtschweizerischen Sprachgebrauch eine →Walliser- oder →Waadtländische Kanne oder Flasche genannt, die mit einer Zierkette aus Zinn versehen ist. Die Ketten sind meist in späterer Zeit erneuert worden.

Khuen von Belasi, altes →Tiroler Geschlecht. Um die Mitte des 16. Jh.s wurden für diese Familie u. a. vier noch erhaltene →Schüsseln in Tirol oder, wie →Hintze annimmt, in →Innsbruck angefertigt. Der Dekor – Ranken, Tiere,

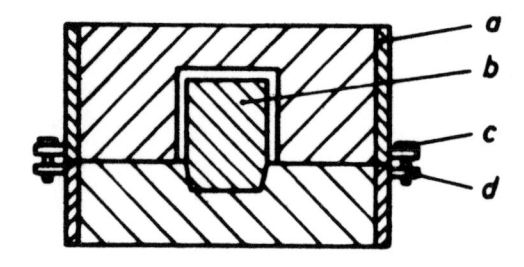

Sandform mit Kern.
a Formkasten   b Kern   c Führungsstift   d Führungslasche

Figuren und die Namensinschriften – wurden am Stück selbst geätzt. Diese Ätzarbeit war den Plattnern und Waffenschmieden geläufig und wurde anscheinend auch von Zinngießern des 16. Jh.s praktiziert (→Ätzen).

Kirchengerät zur Ausübung des Ritus und zur Ausstattung des Raumes. In der katholischen Kirche durfte ursprünglich das für sakrale Handlungen bestimmte Gerät nur aus →Edelmetall gefertigt sein. Erst auf der Synode von →Reims (803–813) wurden Kelche aus Zinn für ärmere Gemeinden erlaubt. Dagegen kennt die evangelische Kirche für das K. keine Vorschriften betreffs Form und Material, Zeitgeschmack und Gemeinde entschieden darüber. Zum K., das auch in Zinn hergestellt wurde, gehören u. a. verschiedene Formen von →Abendmahls- und Altargerät, außerdem →Ampel, →Epitaph, →Heiligenfigur, →Hostiendose, →Kruzifix, →Meßgarnitur, →Monstranz, →Sakramentshäuschen, →Taufbecken, →Versehgerät, →Weihbrunnkesselchen und →Ziborium.

Kirsch, Heinrich und Reinhold, s. Sammler

Klang. Gegossenes →Zinn klingt beim Anklopfen glockenhell und dieser Klang ist um so klarer, je höher der Reinheitsgrad des Zinns ist. Da beim →Drücken und →Ziehen die Kristallstruktur erheblich beeinträchtigt wird, sind Gegenstände, die nach diesen Verfahren hergestellt wurden, klanglos.

Klargut, Legierungsvorschrift in →Bremen, die anfangs der →Nürnberger Probe entsprach, mit der Zeit aber auf ein Zinn-Blei-Verhältnis von 5:1 absank.

Klarzinn, →Zinn mit nur ganz geringen Bleizusätzen, wesentlich reiner als die →Nürnberger Probe.

Klassizismus, 1. Stilrichtung der europäischen Baukunst, die Mitte des 16. Jh.s von A. Palladio ausging, sich im 17. Jh. nördlich der Alpen durchsetzte und antike, besonders römische Vorbilder verwendete.
2. Stil in der europäischen Kunst von etwa 1770 bis 1830 als Gegenbewegung zu →Barock und →Rokoko unter Anlehnung an die antike Kunst. Auf den speziellen Gebieten des Kunsthandwerks, der Innenraumdekoration und der Mode wird diese Richtung →Empire genannt. Die Zinngießer nehmen um 1800 bereitwillig die neue Stilrichtung zur Belebung der rückläufigen Nachfrage nach Zinngeräten auf, wobei Kaffeekannen, →Zukkerdosen oder →Leuchter formal zeitgenössischen Silberarbeiten entsprechen.

Klebemittel, s. Hilfswerkstoffe

Kleinschmidt, Fritz, seit 1935 Inhaber der 1772 in →Regensburg gegründeten Zinngießerei des Gottfried August Willkomm und des nachfolgenden Zinngießergeschlechts der Weschke. Es handelt sich hierbei sicherlich um die älteste heute noch betriebene Werkstätte in jeweils direkter Meisterfolge. Zum Beispiel wird die sogenannte »Regensburger Weinkanne« bis jetzt aus einer alten Eisenform der damaligen Gründungszeit hergestellt.

Klingen, s. Handwerkszeuge

Klingling, Zinngießerfamilie in →Frankfurt a. M., die über 200 Jahre tätig war. Im 18. Jh. hatten die Meister Johann Georg (Meister 1726, gest. 1749) und Andreas K. (1741) mit der Erzeugung von Zinn in →Silberart so große Erfolge, daß schließlich ihr Betrieb einer Fabrik ähnelte und die Erzeugnisse an Großabnehmer geliefert werden konnten.

Klosterwerkstätten. Wie um 1100 →Theophilus Presbyter in seiner →»Schedula diversarum artium« beschreibt, war die Herstellung von →Zinngerät in K. schon vor seiner Zeit verbreitet. Angeregt dadurch begannen auch die Bauern ihre Geräte selber herzustellen, bis sich im Laufe der Zeit einige spezialisierten und die Herstellung zu ihrem Beruf, dem Handwerk, machten.

Kniehenkel ist charakteristisch für Kannen und →Krüge der Spätgotik (→Henkelformen, →Gotik).

| Kamenz (Sachsen) 1. Viertel 17. Jh. | Karlsbad um 1700 | Karlsruhe 2. Hälfte 18. Jh. | Kaufbeuren 17. Jh. | Kempten 17. Jh. | Kiel um 1600 | Kitzingen 17./18. Jh. Michael Hartmann 1699 |

Knopf wird als loses Teil auf ein blankes Scharnier aufgelötet und ergibt dadurch die →Deckelkrügge.

Knorpelwerk, in der 1. Hälfte des 17. Jh.s auftretende Ornamentform, die mit knorpelartig verdickten Partien an ohrmuschelartigen Gebilden versehen ist (Ohrmuschelstil). In der Zeit von 1630 bis 1660 ist das K. auf den reliefverzierten →Kurfürstentellern anzutreffen.

Koch II, Jacob, Sohn des Kandlgießers Jacob K. I in →Nürnberg, Meister 1583, gest. 1619. Er zählt zu den bedeutendsten dortigen Zinngießern. In seiner Werkstatt entstand beispielgebender figürlicher und ornamentaler Reliefdekor, wobei die →Arabeske am meisten dem Zeitgeschmack entsprach (→Zonenteller). Er arbeitete mit C. →Enderlein zusammen, wie die sogenannte →Mars-Kanne von 1610 beweist; denn sie zeigt beide Meistermonogramme. Als Vorlage für seine →Lot-Schale von 1608 diente ihm ein Holzschnitt von V. →Solis. Die eleganteste Formgebung gelang K. bei dem dreifüßigen Deckelkrug mit Ornamentbändern. Aus seiner Werkstatt stammen noch folgende Modelle, die auch von anderen Meistern benutzt wurden: →Propheten- oder Genesis-Teller (das Vorbild aller folgenden Reliefscheibenteller), Hochzeit-zu-Kana-Schale. K. goß auch eine →Temperantia-Platte nach Modell I von C. Enderlein, die sich außerdem in versilberter Ausführung erhalten hat. →Hintze weist zehn Arbeiten von K. nach, die teilweise mehrfach gegossen wurden.

Koch II, Melchior, Meister in →Nürnberg 1517, gest. 1567. Er hat mehrfach Grund zur Klage wegen schlechten Zinns gegeben. Jedoch erfand er eine Art der Bearbeitung, die den →Zinngeräten ein so schönes Aussehen verlieh, »eben als wann sie mit dem besten Gold verguldet waeren, welches es, auch bey dem staeten Gebrauch, immerfort behielte«. Er nahm dieses Geheimnis mit ins Grab. Arbeiten von ihm haben sich nicht erhalten.

Köln. Die älteste Zinngießerordnung datiert von 1397. Aus spätgotischer Zeit haben sich Feldflaschen, eine →Plattflasche sowie →Becher erhalten. →Frankfurter Urkunden vom Ende des 15. Jh.s besagen, daß auf der Messe →»Kölner Kannen« gehandelt wurden, deren Form wahrscheinlich im gesamten Rheingebiet heimisch war und die den mainfränkischen, durch →Ausgrabungen überlieferten Kannen geglichen haben mag. 1695 wurde in K. die Ordnung anscheinend erneuert, da seitdem diese Jahreszahl auf Meisterstempeln erscheint. Die Marke zeigt das Stadtwappen, drei Glocken, vereinigt mit dem Meistersignum in einem Schild. – Die sogenannte →Cölner Probe von 6:1 war eine geringwertige Legierung, die im 16. und 17. Jh. auch in den angrenzenden Gebieten bis Mainz üblich war. Da die Zinngießer aus K. vom 15. bis 18. Jh. viele Erzeugnisse exportierten, mußten sie sich aus Konkurrenzgründen ebenfalls zur →Nürnberger Probe 10:1 entschließen und anerkanntes →Qualitätszinn herstellen.

Meister Adrian van Eck (erw. 1565–1600) bot in Frankfurt regelmäßig geschlagene →Schüsseln und »englisches Zinn« an. Im 17. Jh. waren auch in den Nachbarstädten von K. →Ratskannen in Form einer Plattflasche beliebt, die jedoch in K. hergestellt wurden und auf die mittelalterliche Form der Weinkanne mit dem walmdachartigen Fuß zurückgehen. Dieser Gefäßtyp wurde im 17. und 18. Jh. rheinaufwärts und in der →Schweiz gefertigt. Als Rats- oder →Zunftkanne ist im 17. und 18. Jh. ein niederländischer Kannentyp mit gedrungenem Körper (→Baluster) anzutreffen. Auch die →gefußte Kanne ist in K. derb und gedrungen. Seit dem 17. Jh. kommt die sogenannte Kölner Kanne in Größen von 7 bis 30 Zentimeter vor. K.er Becher waren im 17. und 18. Jh. reich graviert in der Art von Silberarbeiten (→Barockblumen, →Kartuschen). Seit dem 18. Jh. vollzog sich ein Niedergang des Handwerks.

Kölner Kanne. 17./18. Jh.

Kölner Kanne. Wie bei der →Mainfränkischen Kanne ist der zylindrische Ansatz der Wandung kurz und gedrungen, der Kugelbauch gedrückt, der lange schlanke Hals erweitert sich zur Mündungszone und ist mit einem flachen Deckel versehen. Im 17. und 18. Jh. besitzt die K. K. noch einen flachen Standring und einen schön geschwungenen Bandhenkel. In gotischer Zeit dürfte der Standring fehlen und ein Kniehenkel anstatt Bandhenkel vorhanden sein, wie ihn die mainfränkischen Bodenfunde zeigen. Im 17. und 18. Jh. gibt es die Kannen in Serien von etwa 18 Stück mit einer Höhe von 7 bis 30 Zentimeter.

Kölnische Probe, s. Cölnische Probe

Könige, 12 (oder 13) älteste deutsche. P. →Flötner stellte sie im 2. Viertel des 16. Jh.s auf →Plaketten dar, die als Modelle für Reliefdekor von Goldschmieden und auch von sächsischen Zinngießern benutzt wurden. Sie sind z. B. von H. →Lichtenhahn um 1580 für die Ver-

| Klausenburg (Siebenbürgen) 16. Jh. | 15. Jh. | Köln 17. Jh. | 18. Jh. | 19. Jh. | Königsberg (Neumark) 16. Jh. Jacob Kremer |

zierung seiner Reliefkanne verwendet worden. Im Mittelalter entstand in Anlehnung an antike Gepflogenheiten auch in deutschen Reichsgebieten das Bedürfnis, das Geschichtsbewußtsein aufzuwerten und deutsche K. in mythologischer Gestalt zu personifizieren. Man erfand vor-germanische Helden als »älteste deutsche Könige«. Sie sind als gepanzerte Ritter und größtenteils mit Zackenkrone dargestellt worden; so Tuiskon mit gestikulierend ausgestreckter Linken; Mannus mit Schild am linken Arm, rechts auf die Lanze gestützt; Wygewon, die Linke auf eine Hellebarde gestützt, rechts am Boden ein Helm; Heriwon, die Rechte auf eine schräg stehende Lanze gestützt, die Linke am Griff des Krummsäbels; Eusterwon wie voriger, die Linke am Griff des rückwärts quer gehaltenen Krummsäbels; Marus mit Bogen und Schild; Gambrinus mit Hopfenkranz im Haar, die Linke weist auf eine Garbe; Suevus, die Linke auf die Lanze gestützt, im Hintergrund Kornfeld und Pflug; Wandalus im reichen Rock mit Schnüren, in den Händen Zepter bzw. Schriftrolle; Ariovistus, in der Linken das Schwert, die Rechte auf einen Schild gestützt; Arminius, in der Linken das Haupt des Varus, über dessen Körper schreitend; Carolus Magnus mit Kaiserkrone, Reichsapfel und Schwert; der Dreizehnte, links die Lanze, rechts den Säbel quer vor dem Körper.

Körnen, Verzieren der Oberfläche durch punktierende Strichführung.

Kohlmann, Theodor, s. Forscher

188 Bierkrug. L. Lichtinger München, 1903

183 Rörken der Weberzunft zu Bremen. 1666

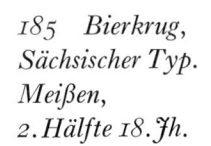

185 Bierkrug, Sächsischer Typ. Meißen, 2. Hälfte 18. Jh.

184 Bierkrug, Oberbayerischer Typ. Dingolfing, um 1730. Meister Bernhart Meining

186 Humpen. München, 1870/80

187 Humpen. München, 3. Drittel 19. Jh.

189 Gildebecher.
Delmenhorst, dat. 1646

190 Becher. Köln, 17. Jh.

191 Trenck-Becher.
Magdeburg(?),
um 1760

192 Becher.
Süddeutsch,
dat. 1753

193 Deckelbecher. Neisse,
Schlesien, Mitte 18. Jh.
J. Brosig

194 Becher.
Nürnberg, 1905

195 Maßbecher mit
Eichmarke. Österreich, 18. Jh.

196 Weinmaß. England,
um 1650

197 Gemäßkanne.
Frankreich, um 1750

198 Maßgefäß (Gemäß).
Wismar, 1. Viertel 19. Jh.
P. R. D. Stammann

199 Gemäßkanne.
Frankreich, 19. Jh.

200 Viertellitermaß. Linz,
um 1800. J. Nickmüller

201 Kettenkanne. Vevey, um 1680

202 Flasche. Solothurn, 17. Jh.

203 Nachttopf. Holland (?), 16. Jh.

204 Eisbüchse. 18./19. Jh.

205 Medizinbüchse. 18./19. Jh.

206 Vorratsbüchse. 18. Jh.

207 Apothekenbüchse. Österreich, 18./19. Jh.

208 Apothekenbüchse. Linz, 1768. F. J. Winckler

209 Medizinische Geräte. 18./19. Jh.

Kokille, häufig wiederverwendbare Gußform, die vorwiegend aus Metall, in historischer Zeit auch aus Stein besteht (→Gießvorgang, →Gußformenmaterial).

Kolleschal, s. Branntweinschale

Kompositionsmetall, s. Britanniametall

Kongo, afrikanisches Land mit bedeutenden →Zinnvorkommen und modernen →Hüttenwerken.

Konservendosen, s. Weißblech

Konstaffel-Kanne, s. Frauenfelder Konstaffel-Kanne

Kopien. In und nach der →Renaissance wurden Bildinhalte und Bildprägungen häufig von verschiedenen Meistern kopiert; sie waren Allgemeingut, um das es keine Prioritätsstreitigkeiten gab. – Moderne K. werden entweder als →Fälschungen versucht oder als kunsthandwerkliche K. gekennzeichnet.

Korrosion ist eine durch chemische bzw. elektrochemische Reaktionen (vorwiegend →Oxidation) von der Oberfläche ausgehende Zerstörung eines Werkstoffs. →Zinn und die für →Zinngeräte verwendeten Legierungen sind sehr korrosionsbeständig. Unter Einwirkung des Luftsauerstoffs bildet sich allmählich eine Oxidschicht (→Patina), die aus einer Mischung der Oxide des Zinns und seiner Begleitelemente besteht. Überaltetes Blumenwasser und Rotwein wirken korrosiv.

Kranenkanne oder Dröppelminna. Niederrhein, Ende 18. Jh.

Kranenkanne oder Dröppelminna Niederrhein, 1. Hälfte 19. Jh.

Kraes, im westfälischen Raum verwendete alte Bezeichnung für →Krug oder →Humpen.

Krätze, Schlacke, in die die Verunreinigungen der →Schmelze bei der →Gewinnung übergeführt werden. Diese Bezeichnung wird auch für die Schlacke von Schmelzen anderer Metalle verwendet.

Kranenkanne, Sonderform einer Kaffeekanne, die seit Mitte des 18. Jh.s im Bergischen Land (Niederrhein) mit den Hauptwerkstätten in Elberfeld und Barmen hergestellt wurde. Sie ist birn- oder eiförmig, steht auf drei geschweiften Beinen, ist zu Anfang des 19. Jh.s, dem Zeitgeschmack folgend, auch urnen- oder vasenförmig. Ihr Fassungsvermögen kann zwischen einem halben und acht Liter

| Königsberg (Preußen) Ende 16. Jh. | Konstanz 1718 Johannes Harder | Kronstadt um 1700 | Kulmbach 17./18. Jh. | Kuttenberg (Schlesien) 17. Jh. |

liegen. Den Namen verdankt sie dem Ausgußhahn, dem Kran, den sie anstelle einer Röhre oder Schnauze hat. Große K. besitzen zwei bis drei Kräne. Die K. soll aus →Japan über →Rußland und →Holland ins Rheinland gelangt sein. Manche sind bunt lackiert (→Lackbemalung), die Urnenformen des 19. Jh.s haben Adlerkopf, Schwanenhals oder Ringgriffe und sind mit →Akanthus oder Perlborten verziert. Als komplette Garnitur gehören zur K. noch Milchkännchen, Zuckerschale und Kuchenteller. Mittels Holzkohle in zugehörigen Untersätzen (Stövchen) wird der Kaffee warm gehalten. K. mit zwei Henkeln sind im Bergischen, in →Westfalen, Osnabrück und Oldenburg heimisch, einhenkelige mehr im Ostfriesischen und in Holland.

Krankheiten, s. Zinnkrankheiten

Kratzenberger, Karl, s. Forscher

Kreide, s. Hilfswerkstoffe

Kreuz, s. Altarkreuz und Kruzifix

Kristallisation. Metalle bilden beim Erstarren Kristalle, diesen Bildungsvorgang nennt man K. Dabei wachsen die einzelnen Kristallite (Körner) so lange, bis sie durch Zusammentreffen mit anderen Kristalliten ihre Begrenzung finden und die gesamte →Schmelze in Form von Kristalliten erstarrt ist (→Rekristallisation).

Kristallwanderung, s. Rekristallisation und Erholung

Kröber, ein →Augsburger Zinngießergeschlecht, das im 17. und 18. Jh. →Zinngeräte, vornehmlich verziert mit gepunzten Ornamentfriesen, in besonderer Schönheit hergestellt hat (→Ruprecht).

Krönken, s. Rörken

Krönungsteller, Reliefscheibenteller aus →Nürnberg. Auf dem →Umbo das Reiterbildnis Kaiser Ferdinands III. von Habsburg, der 1637 in Nürnberg gekrönt wurde. Auf der →Fahne die Reiterbildnisse der sechs Kurfürsten. Welch großer Nachfrage sich die K. im 17. und 18. Jh. als Erinnerungsteller erfreuten, zeigt, daß sieben Meister neun verschiedene Modelle schufen; und zwar nach einem gemeinsamen Vorbild (bis auf einen), aber in Einzelheiten verschieden. Der K. von H. →Spatz II mit dem Stechermonogramm G. H. ist der künstlerisch beste von allen, er wurde am häufigsten, mindestens 24mal, hergestellt. P. →Öham d. J. brachte zwei voneinander abweichende Modelle heraus. Insgesamt können 79 K. nachgewiesen werden, deren Vorläufer der 1630 vom Stecher C geschaffene →Teller aus der Werkstatt des G. Schmauß (→Kaiserteller) mit Ferdinand II. war.

Krone, s. Markenwesen

Kronen-Zinn, s. Münster

Kronleuchter (Lüster). Mehrere Lichtquellen sind an einem Gestell vereinigt, das von der Decke herabhängt. Die ursprüngliche Form des Gestells war ein Rad oder Reifen mit aufgesteckten Halterungen, Öllampen oder Tüllen für Kerzen (Lichterkrone). Den ersten →»hangenden Leuchter aus Zinn« soll in →Nürnberg C. →Enderlein gegossen haben. Das ist zweifelhaft, denn Hans →Sachs berichtet bereits in seinem Spruchgedicht von den Nürnberger →Kandelgießern 1543, daß sie »Leuchter die man auff thutt hencken«, anfertigen.

Krügge, s. Deckelkrügge

Krug oder →Humpen wird ein Trinkgefäß genannt, das größer als ein →Becher, aber kleiner als eine Kanne ist. Allerdings verwischen sich zwischen Kanne, Humpen und K. die Begriffe, da in verschiedenen Gegenden auch aus einem hohen K. ausgeschenkt wird. Im allgemeinen wird als K. ein Gefäß be-

Birnkrug. Süddeutsch, dat. 1724

zeichnet, aus dem sich bequem trinken läßt, das einen Deckel hat, vielfach auch einen gravierten Besitzernamen oder Monogramm. Das deutet an, daß der K. in einem Wirtshaus für den Eigentümer bereitstand. Auch Inschriften und sich über Jahre erstreckende, datierte Namensverzeichnisse von Wandergesellen können graviert sein. Diese K. wurden in Ehren gehalten und nicht eingeschmolzen, als K. aus anderen Werkstoffen das Zinn verdrängten. Die Formen der K. sind mannigfaltig: →Birn-, Walzen-, →Vexier-, →Baumöl-, →Daubenkrug, →Rörken, →Rundele.

Krummstab, s. Grabbeigaben

Kruzifix, Abkürzung von Kruzifixus »Der Gekreuzigte«, ein Kreuz mit dem daran gehefteten Christus in →Zinn, →Blei oder →Bronze. Seit dem frühen Mittelalter als →Altarkreuz, auf einer Stange als Prozessionskreuz und als Handkreuz bei der Erteilung der Sterbesakramente o. ä. gebraucht. K. in Zinn sind oft von beachtlicher künstlerischer Qualität, wenn die Modelle von Bildhauern wie Petel oder V. Silbermann (→Dresden) geschaffen wurden.

Kuchenplatte, reich gravierte oder ornamental durchbrochene Scheibe auf kleinen Füßen. Der Gebrauch einer solchen Scheibe als K. läßt sich durch die Spuren von Messerschnitten vermuten. Sie könnte auch als →Tischschoner wie die →Schüsselringe benutzt worden sein. Eine K. mit reichen und feinen Gravierungen ist wahrscheinlich eher eine →Zierplatte, die an der Wand ihren Platz fand. K. sind mit großer Wahrscheinlichkeit die schlicht und zweckmäßig durchbrochenen und gefußten Scheiben. Sie wurden vorzugsweise in Süddeutschland angefertigt (→Ulm, →Nürnberg).

Küchenzinn sind diejenigen Gerätschaften, die nur in der Küche für die Bereitung der Speisen benutzt werden. →Tischgerät im engeren Sinne gehört nicht dazu, jedoch sind die Abgrenzungen nicht immer eindeutig. Zu K. zählen z. B. Wanne, Gemüsesieb, Vorratstopf, Pudding-, Konfekt- und Eisform, Eisbombe, Kelle, Schöpflöffel, Wasserfaß usw.

Kühllumpen, s. Handwerkszeuge

Kühlungsvorgang, s. Abkühlung

Künste, die sieben freien. Im Altertum sollte der freie Mann im Unterschied zum Sklaven über bestimmte Kenntnisse und Fähigkeiten verfügen, die man als »freie Künste« bezeichnete. Gegen 400 kennt man sieben, die in zwei Gruppen eingeteilt und personifiziert wurden. Damit war ihre Darstellung durch die bildenden K. vorbereitet worden. In karolingischer Zeit (800 bis 1. Hälfte des 10. Jh.s) beginnt man damit. In der →Renaissance erfahren sie ihre bekannteste Ausprägung in Gestalt von Frauen mit →Attributen, die beim →Edelzinn auf der →Temperantia-Platte von F. →Briot und C. →Enderlein zu finden sind. N. →Horchaimer benutzte Vorlagen von V. →Solis mit folgenden Attributen: Astronomia, mit Globus; Geometrie, mit Zirkel und Winkelmaß; Dialektik, mit Schriftrolle; Arithmetik, mit Zahlenbrett; Rhetorik, mit Schriftband; Musik, mit Flöte; Grammatik, mit Schlüssel. Zu diesen Frauengestalten gesellte sich manchmal noch Minerva als Schöpferin und Beschützerin der K.

Kürbisflasche, so genannt nach der Form des Flaschenkürbis oder der Kalebasse. Die K. kann auch mehrfach gebaucht sein (Doppelkürbisflasche), wie sie in der →Dresdner Zinngießerordnung von 1609 für die →Meisterprüfung verlangt wurde: »Zum vierten eine Kürbis Flaschen Form von drey Ringen« (Bauchungen). Die K. kam aus dem Orient und nordafrikanischen Raum nach Europa und wurde nicht nur in Metall, sondern auch in Keramik ausgeformt.

Kulmbach. Von 1570 bis 1892 sind in K. Zinngießer nachgewiesen. Sie gehörten zur Hauptlade Bayreuth. K. gilt nach neueren Forschungen als der Hauptherstellungsort der mit Zinn eingelegten →Daubenkrüge.

Kunstguß, allgemeiner Ausdruck für das →Gießen künstlerischer Gegenstände im weitesten Sinne sowie für diese Gegenstände selbst. Bezieht sich nicht auf das Können des →Formers bzw. →Gießers im Sinne von Gießkunst.

Kupfer, chemisches Element, seit langem als Legierungszusatz zu →Zinn für →Zinngerät üblich, Hauptlegierungselement von →Bronze und →Messing. Gehalte bis 2% sind in Deutschland genormt (neuer Normentwurf sieht 3% vor). K. erhöht die Festigkeit bei gleichzeitiger Verminderung der Duktilität (Hämmerbarkeit), wirkt auch kornverfeinernd beim Erstarren der →Schmelze.

Kupfersulfat, s. Hilfswerkstoffe

Kupolofen, Schmelzofen, vorwiegend für Eisengießereien, für den kontinuierlichen Schmelzbetrieb mittels Koksfeuerung.

Kurfürstenteller wurden die Reliefscheibenteller genannt, die auf der →Fahne die Reiterbildnisse der sechs Kurfürsten (Mainz, mit Rad; →Köln, mit Kreuz; Trier, mit Kreuz; Pfalz, mit Löwe und Rautenschild; →Sachsen, mit Balken und Rautenzweig; Brandenburg, mit Adler) in Medaillons vorweisen. Korrekterweise sollte man sie nicht K. nennen, da die Darstellung auf dem →Umbo einem →Reliefteller seinen Namen gibt (→Krönungsteller, →Kaiser-Teller, →Sultanteller).

Kylindrit, s. Zinnerz

Lackbemalung bei →Zinn und anderen Metallen kommt vor allem in →Holland vor, angeregt durch ostasiatische Vorbilder. Diese Technik wird Anfang des 19. Jh.s und im →Biedermeier auch von anderen Ländern übernommen. Der Zinngegenstand wird allerdings durch die L. in seinem Wesen entfremdet. Andererseits soll die L. die schwärzliche Oberfläche der im 19. Jh. zunehmend geringwertigen →Zinn-Blej-Legierung (oft zu gleichen Teilen) überdecken.

Lade, s. Zunftlade

Lagerstätten, s. Zinnvorkommen

Lammzinn, Markenbezeichnung eines elektrolytisch gewonnenen →Reinzinns der *BERA Standard* in Glostrup, →Dänemark.

Lampen, s. Ampel, Leuchter und Kronleuchter

Landmeister, in →Österreich seit dem 16. Jh. gebräuchliche Bezeichnung für Zinngießermeister, die in kleinen Orten auf dem Land arbeiteten und nach den Vorschriften der →Zunft der jeweiligen Landeshauptstadt angegliedert werden mußten.

Lanna, Albert von, s. Sammler

Lappenteller, →Reliefteller in der Art des Wappentellers, jedoch sind die Wappen von ausgeschnittenen Rundbögen umgeben, so daß der Rand »Lappen« aufweist, anstatt kreisrund geschlossen zu

»Neuinventirtes Laub- und Bandlwerk«. Titelblatt des Ornamentstichwerkes von J. L. Eysler, Nürnberg, 1. Drittel 18. Jh.

sein. Der L. wurde in St. Gallen um 1700 als →Rütlischwur-Teller vom Formstecher Zacharias Täschler geschaffen.

Laub- und Bandelwerk. Ende des 17., Anfang des 18. Jh.s von →Frankreich (Lepautre, Messonier, Bérain) nach Deutschland gelangtes →Ornament, das seit seiner Verbreitung durch die süddeutschen Ornamentstecher (P. Decker, Ch. Weigel) etwa um 1715/20 das charakteristische Ornament des →Rokokos neben der →Rocaille ist. Die Zinngießer übernahmen es bei Gravuren anstelle des →Akanthus oder als Reliefgußdekor bei →Kirchengerät und Prunkgefäßen in →Silberart wie z. B. beim →Weinkühler (→Bandelwerk).

Lauge dient zur anschließenden Neutralisation von Rückständen verdünnter Salzsäure (→Hilfswerkstoffe), nachdem ein →Zinngerät bei der →Restaurierung in dieser gebadet wurde. – Seifenlaugen werden beim Reinigen benutzt (→Pflege).

Lauterzinn, s. Feinzinn

Lederband, s. Handwerkszeuge

Ledermeyr, Zinngießerfamilie in →Wels. Hieronymus L. wird 1627 Bürger und ist erwähnt bis 1669, seine drei Söhne (Hans 1644, Hans Jacob 1655–1661 und Caspar 1665–1669) lernen bei ihm. 1628 wird er →Landmeister der →Linzer Lade. Er arbeitet besonders formschöne →Krüge mit Palmettenpunzen und graviert hervorragend (→Gravuren). Aus seiner und des Sohnes Caspar Werkstatt stammen Gegenstände aus dem →Schwanstädter Fund.

Legierungsfähigkeit mit anderen Metallen. →Zinn bildet sehr leicht Legierungen mit anderen Metallen, wobei vor allem die →Bronzen – Kupfer-Zinn-Legierungen – sowie die Zinn-Blei-Legierungen, früher für →Zinngerät und heute für Lote von großer Bedeutung sind (→Hilfswerkstoffe).

Laub- und Bandelwerk. Ornamentstich, deutsch um 1715/20

Legierungsvorgang (technisch). Gleichzeitig mit den Zinnbarren werden auf einem zweiten Ofen die weiteren Legierungsmetalle, z. B. →Kupfer, →Antimon, erschmolzen, anschließend der Zinnschmelze zugegeben und eingerührt.

Legierungsvorschriften, s. RAL-RG 683, DIN 1704 und Nürnberger Probe

Lehm, s. Hilfswerkstoffe

Lehmwasser, s. Angießen

Lehrling konnte nur werden, wer »ehrlich« und »ehelich« geboren war, das heißt frühestens sieben bis neun Monate nach der Eheschließung der Eltern, die ebenfalls ehelich geboren sein mußten. Der Vater durfte keinem unehrlichen Gewerbe angehören (Scharfrichter, Barbier, Bader, Müller, Schäfer, Kartenmaler, Schauspieler). Die Lehrzeit betrug um 1500 sechseinhalb Jahre, um 1700 vier, um 1850 drei Jahre.

Leibwärmer, körpergerecht gebogener Hohlkörper mit Schraubverschluß, in den warmes Wasser gefüllt werden kann (→Medizinische Geräte).

Leinenfleck, s. Hilfswerkstoffe

Leipzig, Messestadt in →Sachsen mit kaiserlichem Privileg seit 1497. L. hat schon vor 1446, als die Kannengießer-Ordnung die »Probe zum Elften« und Marken bestimmte, für die Arbeit der Zinngießer Vorschriften erlassen, bis auch hier die für ganz Sachsen gültige Zinngießer-Verordnung von 1614 in Kraft trat. Wie Urkunden aus dem 15. Jh. berichten, fertigten Kannengießer auch die großen, bis zu sechs Zentner schweren Knöpfe als Abschluß für die Turmspitzen an. Die älteste überlieferte →Meistermarke in L. gehört Hans Jobin (Meister vor 1539). Ein Kännchen von ihm, mit graviertem Schuppenmuster, hat sich erhalten. Die Zinngießer aus L. schufen vorwiegend →Zunft- und →Gebrauchszinn. Das

Zinngießerhandwerk hielt sich bis in das späte 19. Jh.

Leuchter, Kerzenständer, der stilistisch dem jeweiligen Zeitgeschmack entspricht. L. aus Zinn gibt es bereits im Mittelalter. Je nach Zweck variiert die Größe der L. vom Handleuchter, der nur aus Traufschale mit Daumenring oder -griff und Tülle besteht, über den Tischleuchter mit Fuß, Schaft, Traufschale und Dorn bzw. Tülle bis hin zum knapp zwei Meter hohen Standleuchter (→Paderborn) mit mehreren Armen. Ob der L. als Altarleuchter diente, läßt sich meist nur an Inschriften – Widmungen, Vermächtnissen – oder am Dekor erkennen (Engelköpfe, christliche →Symbole). Der Zinn-L. übernimmt die Formen der L. aus anderen Materialien, im 18. Jh. zeigt er sich in →Silberart. Als Sonderformen sind zu nennen: →Bergmannsleuchter, →Chanukkaleuchter, Applique (→Kronleuchter, →Ampel, →Ölfunsel, →Nachtlicht).

Leyden, s. Holland

Licht, Ewiges, s. Ampel

Lichtenhahn, Zinngießerfamilie in →Schneeberg im →Erzgebirge. Ein Matheus L. ließ sich 1589 in Basel als Bürger und Meister nieder. Stephan L. (um 1560) lieferte nicht nur an die heimische Kundschaft, sondern bis nach →Leipzig, so für die Nicolai-Kirche 1558 eine Taufkanne und 1561 →Zinngerät für den Taufbrunnen. Für die Thomaskirche fertigte er ein →Taufbecken. Auch nach Schwarzen-

Leuchter. Deutsch, 1820–1840

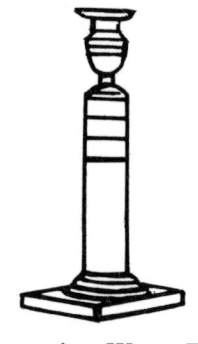

berg und Berlin ging seine Ware. Eine →Meistermarke mit den Buchstaben H. L. deutet auf Hans L. (1587–1619), von dem die bemerkenswerte →Kanne aus der Zeit um 1580 mit Reliefgußdekor nach →Plaketten von P. →Flötner stammt. Ein Meister P. H. (Hahn, Lichtenhahn?), tätig um 1587, benutzte die gleichen Plaketten für eine Wiederholung der Lichtenhahn-Kanne.

Lichtenhainer Krug, s. Daubenkrug

Lichtinger, Ludwig (geb. 1855, gest. 1900), Zinngießermeister in →München, Urheber der halbplastischen figürlichen Szenen auf →Zinngeräten im →Makart-Stil. Er fertigte seine Gußformen selbst und hielt seinen als talentierten Graveur tätigen Schwiegersohn →Röder an, nicht nur nach dem System einer vorausgehenden Modellierung (R. →Hollmann) Renaissancevorbilder (→Arabesken, allegorische Figuren, Masken) zu übernehmen. Vielmehr sollte er Künstler wie F. von →Stuck, Gabriel von Seidl und Anton Seder als Entwerfer hinzuziehen und neue Darstellungen wie z. B. Tanz-, Trink- und Jagdszenen oder Stadtansichten, Porträts und Wappenbilder technisch in die Gußformen übertragen. Die anbrechende Zeit

| Landeshut (Schlesien) 17. Jh. | Landshut (Bayern) um 1600 | Lauban (Schlesien) 1741 | Lauingen (Donau) um 1550 | Lausanne | Leipzig 16. Jh. |

des →Jugendstils und L.'s früher Tod (1900) setzten dieser Stilentwicklung für Zinngerät ein schnelles Ende, wenngleich in modernisierter Form einige bayerische Zinngießer diese Technik nach 1930 wieder aufleben ließen (R. →Wiedamann).

Lieferformen. Übliche L. der →Hüttenwerke sind Blöcke (→Blockzinn) von ca. 37 bis 39 Kilogramm Gewicht. Außerdem wird auch in Form von kleinen Blöcken, Blech, Draht, Pellets und nach Sonderwünschen geliefert. – In früheren Zeiten wurde →Zinn u. a. in Stangen- oder Barrenform, als gerollte Platten oder in Fässer geschlagen geliefert.

Lieferungsarten. Für den Handel wurden in den verschiedenen Industrieländern Qualitätsnormen festgelegt, so z. B. in der BRD die →DIN 1704.

Liegnitz, Stadt in →Schlesien. Bereits im 14. Jh. sind sechs Zinngießer nachweisbar, die 1399 in →Breslau wegen der Zinnprobe Erkundigungen einzogen. Die frühesten erhaltenen und gemarkten Arbeiten sind vier Kännchen von Jacob Milde d. J. (erw. 1436, gest. 1484), der auch Glocken gegossen hat. Die Kännchen wurden im Baugrund alter Häuser in L. gefunden (→Ausgrabungen) und ähneln den →Hansekannen. Aus dem 16. Jh. haben sich keine L.er Zinnarbeiten erhalten, dagegen →Zunftpokale aus dem 17. Jh. Zinn aus L. ist selten, es gibt nur noch einige Arbeiten in →Silberart.

Limbergh, Tidemann, Kaufmann in →Norddeutschland, erhielt 1347 vom Prinzen von Wales das Privileg, mehr als drei Jahre lang alle englischen Zinnbergwerke zu betreiben und alles Zinn aus →Cornwall und Devonshire aufzukaufen. Demzufolge nahm im 14. Jh. der →Handel mit englischem Zinn nach Deutschland zu, obwohl hier seit 200 Jahren →Zinnerz abgebaut wurde (→Graupen, seit 1137, Schönfeld, →Schlaggenwald, →Altenberg, Eibenstock).

Lindinger, Josef, Maler, Gebrauchsgraphiker und Bühnenbildner, geb. 1907 in Straubing, ansässig in →Regensburg. Studierte in →München bei E. Preetorius. Er lieferte Entwürfe für repräsentative Zinnarbeiten wie Zunfthumpen (→Historismus).

Linz war der Sitz der Zinngießerlade für Oberösterreich. Ein Meister W. schuf die älteste erhaltene Zinnarbeit →Öster-

Libau (Ostsee) um 1650   Liegnitz um 1600   19. Jh.   Lindau seit 1670   Linz seit 1500   um 1700 Rochus Kesselberger

reichs, die 1512 dat. →Kanne der Riemerzunft zu L. mit gebauchter und facettierter Wandung. Ein anderer Facettenkrug mit allegorischer Darstellung der Monate schuf G. Kalcher (erw. seit 1612, gest. 1632) für die Löffelmacherzunft in Klein-Raming bei Steyr. Auch zwei →Stegkannen nach Berner Art wurden in L. (→Innsbruck, →Wels) gefertigt, wo bis in die Mitte des 19. Jh.s vorwiegend →Gebrauchszinn nach der jeweiligen Stilrichtung, also auch in →Silberart, hergestellt wurde.

Lirl-Krug, ein speziell in →Eger (→Böhmen und Mähren) heimischer →Krug in der Art der niederländischen →Saugkanne, geformt jedoch wie ein →Sugerli, wobei anstelle des schwenkbaren Bügels hier ein seitlicher Henkel angebracht ist.

Locher d. Ä., Wilhelm aus →Memmingen (erw. 1615/1619, gest. wohl vor 1640). Er schuf einen →Reliefteller mit Christus als Weltenrichter (→Nürnberg) auf dem →Umbo und zwölf Medaillons mit den Halbfiguren der Apostel auf der →Fahne. Dieser →Teller mit der Marke des W. L. d. Ä. ist nur in einem Exemplar erhalten, doch der Sohn des Meisters (?) hat ihn mindestens zehnmal abgegossen (meist ohne Marken).

Löffel, seit dem Altertum benutztes Eßgerät, zunächst aus Holz, später aus Metall. L. aus Zinn haben sich aus älterer Zeit kaum erhalten, sie wurden durch Hämmern stabiler gemacht. In →Holland und im niederdeutschen Raum kennt man L. für Branntwein, Warm- und Tröstelbier sowie die Kolleschal. Die Laffen wurden gern graviert, die Stiele reliefiert gegossen. Das ist meist bei Apostellöffeln der Fall, die bei der Taufe geschenkt werden. Es gibt drei Hauptformen der Laffe: olivförmig, rund, spitzoval. Der Stiel ist mit einer kleinen Verlängerung an der Laffe befestigt, was der Versteifung der Konstruktion dient. Im 18. und 19. Jh. zogen Hausierer aus →Italien als Löffelmacher (→Katzelmacher) durch die Lande. Aufbewahrt wurden L. einst auf Anrichten und im →Löffelständer.

Löffelständer, -brett und -halter. Erstere sind meist in →Silberart gearbeitete gefußte Schalen mit einem durchlöcherten Aufsatz an einem Mittelgriff, in den rundum die →Löffel gesteckt werden. Die L. wurden nicht nur zur Aufbewahrung, sondern auch zur Bedienung bei Tafel

| Lissa (Posen) um 1725 | Löbau (Sachsen) um 1600 um 1800 | Löwenberg (Schlesien) um 1520 | London | um 1750 |

benutzt. Außerdem gab es für die Küche Wandleisten mit Löchern als L.-halter. Löffelbretter aus Holz oder Zinn werden an die Wand gehängt und haben Löcher, durch die die Löffel gesteckt werden.

Löten, s. Weichlöten

Lötkolben, s. Handwerkszeuge

Lötöl, s. Hilfswerkstoffe

Lötwasser, s. Hilfswerkstoffe

Lombardischer Stil, s. Italien

London. 1503 wird gesetzlich die Stempelung der in L. hergestellten Zinnarbeiten gefordert. Die kontinentale Vorliebe für Reliefdekor greift auch auf →England über. Ein Kelch mit Bandarabesken (→Arabeske, →Lyon) beweist die Kenntnis von französischem →Reliefzinn. Der bekannte →Leuchter von William Grainger ist auf dem trommelartigen Fuß dagegen mit Kreisen und Rechtecken, auf dem Schaft mit Blumenzweigen verziert, die in keiner stilistischen Beziehung zu mitteleuropäischen →Ornamenten stehen. Der Leuchter ist mit dem Meisternamen signiert und 1616 datiert. Eine gefußte Schale aus dem gleichen Jahr läßt sich stilistisch demselben Meister zuweisen. Der große Brand von L. im Jahre 1666 vernichtete u. a. nicht nur die meisten Zinnarbeiten, sondern auch die Gildesatzungen. Der Name »London«, auf heimischen Zinnarbeiten eingeschlagen, galt auf dem Kontinent bis zum Ende des Zinngießerhandwerks als Nachweis für die beste Qualität der →Zinnlegierung.

London Metal Exchange, internationale Rohstoffbörse für Metalle, mit großen Lagern. An ihr werden Warentermingeschäfte von Erzeugern, Verbrauchern und Spekulanten getätigt (→Penang-Börse).

London-Zinn, s. Englisch Zinn

Lot, s. Weichlöten

Lothringen. F. →Briot wurde um 1550 in Damblain geboren. In Nachbarschaft zu diesem Ort liegt Neufchâteau, wo sich im 16. Jh. die Münze der Herzöge von L. befand. Vielleicht hat dort Briot von den Münzschneidern und Graveuren erste Anregungen für seine Reliefarbeiten erhalten (→Temperantia-Platte). Beim →Gebrauchszinn aus L. sind die →Pi-

Lübeck		Lüneburg	Luzern	Lyon
um 1600	*um 1750*	*seit 1700*		*1675*

chets von charakteristischer Form: gebauchte Wandung über konisch ansteigender Fußzone, die Mündungszone weitet sich stark aus.

Lot-Schale, von dem →Nürnberger Meister J. →Koch II vor 1608 geschaffen, war Vorbild für Schalen oder →Schüsseln mit glatter steiler Wandung und Figurenszene in Reliefguß im →Fond. Dargestellt ist Lot mit seinen Töchtern, die ihm Wein zu trinken geben (1. Mos. 19, 31–38), im Hintergrund das brennende Sodom. Als Vorlage diente der Holzschnitt von V. →Solis aus der →Frankfurter Bibel von 1563. C. →Enderlein arbeitete im Auftrag von J. Koch II eine Form nach der gleichen Vorlage, monogrammiert CE und 1608 datiert, die von Koch II gegossen und gemarkt wurde. Sein Sohn J. Koch III verwendete dieses Modell ebenfalls. St. →Christan kopierte das Modell von J. Koch II, während M. Rössler d. Ä. seine L.-Sch. in Anlehnung an Enderleins Modell schuf.

Louis-quatorze, Stilrichtung, die sich während der Regierungszeit des französischen Königs Ludwig XIV. (1643–1715) herausbildete. Sie ist die höchste und umfassendste Entfaltung des →Barocks in →Frankreich, der von der Klassik durchdrungen war, daher Klarheit und leichte Verständlichkeit besaß. Darum konnte sich dieser Stil weit über die Grenzen Frankreichs hinaus verbreiten und auch zum Vorbild für die Handwerkskunst im Auftrage der europäischen Fürstenhöfe werden. Die Zinngießer wiederum orientierten sich im 18. Jh. an den höfischen Silberarbeiten. Sie mußten von der bei Silber- und Goldschmieden üblichen Treibarbeit Anregungen für die Gußtechnik aufnehmen und bei Gravierungen die neuesten Ornamentstichvorlagen beachten.

Louis-quinze, die unter Ludwig XV. (1715–74) von →Frankreich herrschende Stilrichtung, die in Deutschland →Rokoko genannt wird. Da höfische Ansprüche bei dieser Stilrichtung durch die hervorragendsten Künstler und Handwerker erfüllt wurden, haben die Zinngießer auch die Formen des Silbergeräts in Zinn übernommen und den bürgerlichen Haushalten zugänglich gemacht (→Silberart).

Louis-seize, Stilrichtung auf dem Gebiet der Dekoration und des Kunsthandwerks während der Regierungszeit Ludwigs XVI. (1774–92) von →Frankreich, die bereits um 1760 einsetzt und vom →Louis-quinze (→Rokoko) zum →Empire überleitet. Die bislang stark bewegte Linienführung und die Überfülle des Zierrats werden gemäßigt, die Linien begradigt, klassisch antike Dekormotive lösen die →Rocaille ab: Perlstab, Girlande, Zahnfries, Kanneluren. Die Formen der Silberarbeiten werden auch von den Zinngießern übernommen, um gegenüber den jetzt häufiger und wohlfeiler angebotenen keramischen Erzeugnissen konkurrenzfähig zu bleiben.

Ludl, s. Sugerli

Lübeck gehörte seit 1526 dem →wendischen Ämterverband an und war eines der Hauptämter, denen umliegende Städte angeschlossen waren. Die Zinngießerzunft wurde 1345 gegründet. Am 24.7.1361 wurde in L. eine Städteversammlung abgehalten, auf der wahrscheinlich die Zinnprobe für den Ämterverband festgelegt wurde: →Schüsseln, →Flaschen und →Ampullen sollen aus reinem →Zinn bestehen, ansonsten gilt die Probe 4:1. 1376 wird auch für Salznäpfe reines Zinn gefordert, für →Kannen dagegen die Probe 3:1, für Griffe und Drücker 1:1. 1579 und 1633 sind weitere Bestimmungen erlassen worden (Eichordnung, Probe 8:1), da in den →Meistermarken die Zahlen 79 bzw. 33 auftauchen. Auch in L. wird, wie in Rostock, Württemberg, der Oberlausitz und →Sachsen, das →Dreimarkensystem praktiziert, wobei sowohl die →Stadt- als auch die Meistermarke doppelt eingeschlagen werden kann. Der älteste Zinngießer in L. ist der 1299

Lirlkrug. Eger, 18./19. Jh.

Louis-seize-Kaffeekanne. 2. Hälfte 18. Jh.

erwähnte Hinricus Amphorator. Das älteste Zinnobjekt ist eine Deckelkanne, vielleicht noch aus dem 14. Jh. (→Baggerfund). Seit 1508 wurden Meisterstücke gefordert. Das Zinngießerhandwerk hielt sich in L. bis etwa 1900.

Lüneburg, das im Stadtbuch schon kurz nach 1250 einen →»Candelarius« nachweist, gehörte neben 15 anderen Städten dem →wendischen Ämterverband an. Im Rathausmuseum in L. befinden sich vier →Markentafeln aus der Zeit von 1597 bis 1704 sowie ein Bürgermeisterwahlkasten mit durchbrochenen Zinnornamenten auf einem Holzkern, 14. bis 15. Jh. (→Reliquienkästen).

Lunkerstellen (auch Sauggruben), s. Gießfehler

Lyon, 59 v. Chr. von Galliern gegründet, war nicht nur eine berühmte Seidenwe-

177

berstadt, auch das Zinngießerhandwerk war im 16. Jh. zu hervorragenden Leistungen fähig, die sich bis nach →Nürnberg auswirkten. Das prägnanteste Beispiel dafür sind die →Arabeskenkannen (→Greffet), die in drei Exemplaren mit unterschiedlichen Mustern (Kunstgewerbemuseen Berlin, →Dresden und Hamburg) erhalten blieben und als die frühesten L.er Arbeiten gelten. Die →Arabeske in den Ornamentschatz der Zinngießer eingeführt zu haben, ist das Verdienst der L.er Meister. Vermutlich ist die →Aktäon-Platte ebenfalls in L. entstanden, da das Vorbild für die figürlichen Darstellungen in dem 1558 im Verlag Tournes in L. gedruckten Buch »Illustres Observations antiques« von G. S. Florentin als Holzschnitt enthalten ist. Eine Arabeskenkanne im Musée Cluny, →Paris, und eine Ornamentkanne im Kunstgewerbemuseum →Köln, die dem Typ der →Susannenkanne entsprechen, können L. zugeordnet werden wie auch vielleicht ein →Salzgefäß mit vollplastischem Figurenschmuck. – Seit Mitte 17. Jh. kommen in L. auch →Ohrenschüsseln mit reichem Dekor vor, wie sie später in →Straßburg und in der →Schweiz gegossen werden.

Mailand. In einigen Werkstätten M.s, besonders im Raum Brescia, werden heutzutage wieder Zinngegenstände nach Vorbild des 18. Jh.s hergestellt. Nur wenige Betriebe arbeiten jedoch nach dem traditionellen Gießverfahren, die meisten stellen die Gegenstände aus →Zinnblech im modernen Drückverfahren (→Drükken) her. Der Zinnguß in →Italien wird

Magdeburg   Mainz
              1750
              Jac.
              Zimmermann

damit weiter verdrängt, obwohl auch hier wie andernorts Nachfrage für dekoratives Zinn besteht.

Mainfränkische Kannen des 14. und 15. Jh.s sind durch →Ausgrabungen erhalten geblieben. Die Wandung besitzt einen kurzen, zylindrischen Ansatz, der in einen gedrückten Kugelbauch übergeht; auf ihm erhebt sich ein schlanker, mehr oder weniger konkav geschweifter Hals mit erweiterter Mündungszone. Der Deckel ist flach oder ein wenig ansteigend, der Bandhenkel zu einem sogenannten →Kniehenkel abgeknickt. Diese →Kannen wurden in Mainz, Würzburg, Haßfurt und Gunzenhausen gefunden und werden wahrscheinlich mit →Kölner Kannen des 15. Jh.s verwandt sein, die nur erwähnt, aber nicht erhalten geblieben sind.

Majuskel, s. Minuskel

Makart-Stil, im →Historismus auftretende neubarocke Stilrichtung, die von dem Maler Hans Makart (1840–1884) geprägt wurde. Er schuf Riesengemälde historischer und allegorischer Art mit prunkhafter Farbigkeit und pathetisch posierenden Figuren. Sein künstlicher

| Marienberg | Meißen | | Memmingen | | | Meran |
| um 1570 Ende 18. Jh. | 1690 | 2. Hälfte 16. Jh. | Matthäus Bachmann 1553 | um 1663 | | Ludwig Paul 1582 |

Stil hatte Einfluß auf die Wohnkultur (Makart-Bukett) und die Formgestaltung. So beauftragte der →Münchner Zinngießer L. →Lichtinger dortige Künstler, Entwürfe im M.-St. für →Kannen und →Becher zu schaffen.

Malakka, indische Insel mit →Zinnvorkommen. Handelsbeziehungen wahrscheinlich schon mit den Phönikern (→Handelswege).

Malaysia, wichtiger Erzeugerstaat (→Zinnvorkommen) in Südostasien.

Malerei, s. Zinngegenstände auf Gemälden und Zinnfolie

Manierismus, von der deutschen Kunstwissenschaft geprägter Stilbegriff und hauptsächlich im deutschen Sprachraum für den Zeitstil zwischen →Renaissance und →Barock (etwa 1530–1600) gebraucht. Charakteristisch für den M. sind elegante, überlange und kleinköpfige Figuren mit lebhaften Gesten. Hinzu kommen unruhige →Ornamente, verbunden mit gelehrten Themen der →Antike und →Allegorien. Angeregt von den Wandmalereien des Italieners Primaticcio (1504–1570) in Schloß Fontainebleau, schufen die Ornamentstecher Vorlageblätter, die auch von den Zinngießern verwendet wurden. Dem manieristischen Stil folgen z. B. Edelzinnarbeiten von F. →Briot, C. →Enderlein und N. →Horchaimer; außerdem die →Adam-und-Eva-Platte, →Aktäon-Platte, →Herkules-Platte, →Pyramus-und-Thisbe-Platte.

Mankgut, Stralsunder Zinn-Blei-Legierung; im 14. Jh. für Kannen mit einem Mischungsverhältnis von 3:1 auch Menggut genannt. In →Bremen wurden Zinn-Blei-Legierungen im Verhältnis von 4:1 bis 2,5:1 als M. bezeichnet.

Manz, P. J., s. Sammler

Marienberg im →Erzgebirge hatte sich stets geweigert, den Anordnungen des Kurfürsten zu folgen und sich einer Kreislade (Zunftgemeinschaft mehrerer Orte) anzuschließen. 1570 erhielten die Zinngießer gemeinsam mit anderen Handwerkern der Stadt (wie Sattlern, Schlossern, Hutmachern, Glasern u. a.) eine →Zunftordnung. – Die M.er Meister arbeiteten in der 2. Hälfte des 16. Jh.s in Reliefguß nach →Plaketten von P. →Flötner und nach Stichen von H. S. →Beham. Bedeutend waren der »Meister mit dem

| Mölln (in Lauenburg) Ende 16. Jh. | Mühldorf (Bayern) 17. Jh. Cajetan Troger 1775 | Mühlhausen (Elsaß) Hans Birr, um 1660 | München 2. Hälfte 16. Jh. | 1640 | 18. Jh. | Münster (Westfalen) Alef Eikroet 1593 |

Halbmond« (so genannt in seiner Marke 1572, der richtige Name ist nicht überliefert) und Christoph Wiegoldt, erw. 1604. Da nahe bei M. der Zöblitzer Serpentin gefunden wird, aus dem →Krüge u. ä. gedreht wurden, fertigten viele dortige Zinngießer die Zinnfassungen der →Serpentinkrüge an. Noch 1882 übernahm der Zinngießersohn F. Bethge die Werkstatt seines Vaters und stellte 1920 →Bergmannsleuchter nach ererbten Formen her.

Markenbücher, Nachschlagewerke mit biographischen Angaben über die Meister, deren bekannte Arbeiten und Zunftgeschichte sich auf archivalische →schriftliche Quellen gründen. Vorbildlich dafür ist das siebenbändige Werk von E. →Hintze »Die deutschen Zinngießer und ihre Marken«.

Markeneisen, Punze (→Handwerkszeuge) zum Einschlagen von Marken. An der Spitze der Punze befindet sich eine Negativform der Marke, so daß diese nach dem Einschlagen in Positivform erscheint.

Markenloses Zinngerät kann aus frühester Zeit stammen, als noch keine bindenden Vorschriften für die Kennzeichnung bestanden. Gerät, das für den eigenen Gebrauch in eigener Werkstatt (Kloster, Landesherr) gefertigt wurde, und Gegenstände, die auf Bestellung für einen bestimmten Auftraggeber entstanden, unterlagen nicht der Notwendigkeit, gestempelt zu werden, da die Qualität während der Auftragserteilung bereits garantiert worden war. Geringwertiges →Zinn mit hohem Bleianteil wurde ebenfalls nicht gemarkt.

Markentafel, eine Art Register zur Ermittlung und Kontrolle der von den einzelnen Meistern gewählten Zeichen zur Markierung ihrer Arbeit. Sie wurde als Dokument bei der →Zunft aufbewahrt. Gelegentlich wurde die →Meistermarke zusätzlich in die Zunftakten eingetragen. In folgenden Städten haben sich M. erhalten: →Dresden (1708), →Augsburg (1776), Berlin, →Lüneburg (vier Stück, 1597, 1704), →Nürnberg (1792–1850).

Markenwesen. Eine der Hauptaufgaben der →Zunft war die Regulierung und Überwachung des Mischungsverhältnisses von →Zinn und →Blei. Man kontrollierte die Einhaltung der Bestimmungen über den Reinheitsgehalt der Legierung, indem man →Beschaumeister (→Stadtmarke) verpflichtete und den Meistern auferlegte, den Zinngegenstand mit ihrem Zeichen (→Meistermarke) zu stempeln. Diese Maßnahmen wurden verschieden gehandhabt, es gibt keine allgemeingültigen Regeln dafür; einmal erlassene strenge Bestimmungen wurden im Laufe der Zeit auch gelockert. Deshalb muß man die Gepflogenheiten in den verschiedenen Zeitläufen und Orten kennen. Verbindliche Auskunft darüber liefern die →Markenbücher und die Fachliteratur (→Dreimarkensystem, →Markenloses Zinngerät, →Rosenmarke, →Tudor-Rose, →Engelmarke, →Qualitätsmarke, →Hausmarke, →Ritzzeichen, →Besitzermarken, →Hohlpfennig, →Markentafel).

Markt und Preise.
Zinn als Antiquität Das Angebot an guten, alten Zinngegenständen kann die erwünschte Nachfrage heute nicht mehr decken. Das Einschmelzen abgenützter Stücke und der →Umguß in ein neues Gerät, die Vernichtung durch kriegsbedingte Metallsammlungen und Zerstörung bei Kampfhandlungen haben zu Verlusten geführt, die sich über Generationen hingezogen haben.
Durch Auflösung privater →Sammlungen gelangen gelegentlich über Auktionen und spezialisierte Antiquitätenhändler kleine Mengen seltener Zinnstücke in den Handel. Leider ruft dieser Angebotsmangel auch die Herstellung von →Fälschungen hervor, die mit modernen technischen Hilfsmitteln täuschend ähnlich nachgeahmt werden und über Trödelmärkte, Altwarenhändler, aber auch Versteigerungen einfachen Hausrats und sogar Kaufhäuser zahlreich in den Markt eingeschleust werden.
Seit etwa 1970 ist echtes, altes Zinn in der Gunst der Käufer und damit in der Preisgestaltung rapide gestiegen. Entscheidend hierfür scheint neben der Freude an der schönen Form und der Wertbeständigkeit auch eine zunehmend gesuchte Kapitalanlage zu sein. Der Wert erhöht sich noch durch die Stilform und die eventuelle Zuschreibung zu einem bestimmten Landschaftsgebiet, dem der Interessent vielleicht selbst angehört; ebenso spielen die Art der Ausführung, Seltenheit, Alter und Qualität hierbei eine Rolle. Der Preis wird also nicht nur vom Alter, vorausgesetzt die Echtheit, sondern vom Erhaltungszustand überhaupt, von der Metallgüte und gegebenenfalls von der Art der Verzierung (Reliefguß, Gravierung, etc.) bestimmt.
Unter diesen Bedingungen veranschlagt sich heute ein Eßteller, Durchmesser 24 Zentimeter, in glatter Ausführung, aus der Zeit um 1800, auf DM 150,- bis 200,-; mit barockem Randprofil (1650-1780) auf DM 300,- bis 500,- und als →Platte um etwa 40 Zentimeter Durchmesser auf DM 1000,- bzw. 2000,- und mehr. Zinnteller und -platten, die der →Renaissance angehören, mit breiter glatter →Fahne, dazu eventuell Wappengravierungen, steigern sich von etwa DM 1200,- bis 5000,-. Die kleinen →Nürnberger Teller des 17. Jh.s mit Bilddarstellungen (→Auferstehungs-Teller, →Noah-Teller, →Kurfürstenteller) sind, bei scharfer Ausformung des Reliefs, zwischen DM 1500,- bis 3000,- zu veranschlagen. Sächsische

Walzenkrüge, süddeutsche →Stitzen, →Schweizer →Kannen, von einheitlich glatter Oberfläche, und dem 17. bis 18. Jh. zugeschrieben, wechseln zwischen DM 1000,- und 3500,-. Hier können spezielle Formen wie Rostocker →Rörken, →Kölner oder Berner Kannen Preise von DM 2000,- bis zu 7000,- erreichen. Große →Humpen und Zunftwillkomm, soweit überhaupt noch im Handel, steigen bis zu DM 20000,-. Die Museen besitzen heute →Reliefzinn (Kannen, Platten) des 16. und 17. Jh.s von französischen und deutschen Meistern, die einen Stückwert von DM 30000,- und mehr verkörpern.

Zinn als Rohmetall Der zentrale Handelsplatz ist zwar noch die →London Metal Exchange, sie wird jedoch in der Preisgestaltung von der →Penang-Börse (Herstellerländer) stark beeinflußt. Der →International Tin Council versucht durch Abkommen der derzeit sechs Erzeuger- und neunzehn Verbraucherstaaten eine Preissteuerung (→Buffer-Stock-Manager). Das Verhältnis Erzeugung zu Verbrauch bleibt mitbestimmend, wobei die fortschreitende Erzerschöpfung, andererseits der Zwang zur technischen Modernisierung, der ständig auch Hüttenschließungen nach sich zieht, von ausschlaggebender Bedeutung sind. Seit 1976 ist es zu einer ununterbrochenen preislichen Aufwärtsbewegung gekommen. Das Verhältnis der Währungen, ein zunehmendes Spekulationsgeschäft und die allgemeine Inflation spielen hierbei eine Rolle.

Der Zinn-Einkaufspreis lag Mitte August 1977 für 1 Tonne →Reinzinn bei etwa DM 2600,- + 11% Mwst., ab Lager Duisburg. In der BRD werden jährlich ungefähr 2500 bis 3000 Tonnen für neues Zinngerät von ca. 150 Herstellerbetrieben verarbeitet. Der gesamte gewerbliche Zinnverbrauch wird auf etwa 18000 Tonnen geschätzt.

Mars, römischer Gott des Ackerbaus und des Krieges, dem griechischen Ares gleichgesetzt. Gerüstet in einer Landschaft sitzend, ist M. auf dem →Umbo der nach ihm benannten →Mars-Platte (F. →Briot) dargestellt.

Mars-Kanne, von F. →Briot um 1600 geschaffen. In Form und Dekorprinzip entspricht sie der →Temperantia-Kanne. Auf der Mittelzone drei →Beschlagwerk-Kartuschen mit den betitelten →Allegorien Paix (Friede), Abondance (Überfluß), Guerre (Krieg). In →Nürnberg schufen C. →Enderlein und J. →Koch II eine →Kanne gleicher Gestalt und Ornamentik. Neben der Figur des »Krieges« das datierte →Stechermonogramm CE 1610. Auf der Schulterzone drei betitelte →Kartuschen mit den Feldherren HORATIVS, CAIVS MVTIVS, MARCVS CVRTIVS. Im Schild des Horatius die mitgegossenen Initialen IK (Jacob Koch II). Außerdem ist die Kanne mit dem eingeschlagenen Meisterstempel des J. Koch II gemarkt.

Mars-Platte. Auf dem →Umbo sitzt →Mars in einer Landschaft. Auf dem Fries um dieses Relief die auf Mars bezogen allegorischen Figuren Pax (Friede) und Abundantia (Überfluß),

Zinngießerwerkstatt. 1. Hälfte 19. Jh.

Bellum (Krieg) und Invidia (Neid, Haß) in betitelten →Rollwerk-Kartuschen, dazwischen →Maskarons. Ein weiterer Fries zeigt →Grotesken. Auf dem breiten Rand zwischen Waffentrophäen, →Hermen, Groteskwesen und →Ornamenten die vier Erdteile im Wechsel mit Herrscherporträts (Cyrus, Alexander Magnus, G. Julius Caesar). Das Programm der Darstellungen auf der →Platte kann so interpretiert werden: der Kriegsgott entscheidet über Krieg als Folge von Neid und Haß sowie über Frieden, aus dem Überfluß und Fülle wachsen; dieses Schicksal ist allen Erdteilen beschieden, je nachdem Herrscher ihre Macht ausüben. – Die Ornamente der M.-P. gehen auf Vorlagen des in →Straßburg tätigen Stechers E. Delaune zurück. Thematisches Programm und die Qualität der Ausführung lassen keinen Zweifel daran, daß F. →Briot diese Platte um 1600 geschaffen hat (→Mars-Kanne).

Maschinen und technische Einrichtungen in der Zinngießerei.

Anblasvorrichtung dient zum Zusammenmontieren der einzelnen gegossenen Teile

Zinngießerwerkstatt. Mitte 18. Jh.

Einzelteile der Gußformen einer Kanne. ▷
Aus: Salmon, Schauplatz der Künste und Handwerke, 1795

eines →Zinngeräts. Durch den Druck von Erd- oder Flaschen-Gas wird in einem pistolenartigen Handstück, bei gleichzeitiger Sauerstoffzuleitung, eine spitze Stichflamme erzeugt, die mit dem →Blaslot die Teile fest verbindet bzw. anlötet (→Weichlöten). – In frühester Zeit wurde mit dem Mund durch ein kurzes Schlauchstück in ein sich verjüngendes Messingröhrchen geblasen, das in die Spitze einer Spiritusflamme gehalten, die erwünschte Stichflamme erzeugte. Später wurde das Mundblasen durch handbediente Wasser-Druckkessel ersetzt.

Bürstmaschine, Motor mit verlängerter Achswelle; auf sie werden Eisen-, Messing- oder Neusilberbürsten in Scheibenform, vielfach auch Kopfbürsten aufgesteckt. Um dem →Zinn einen matten Glanz zu verleihen, wird nach dem →Polieren gebürstet.
Drehmaschine (Drehbank) mit Handauflage, Vor- und Rückwärts-Schaltung sowie Geschwindigkeitsregulierung durch Stufenscheiben, Ansaugvorrichtung. Gedreht werden alle runden Gußteile, wie z.B. →Teller, Kannenkörper, Deckel.
Gießofen, ein meist gemauerter, mit

Pl. II.

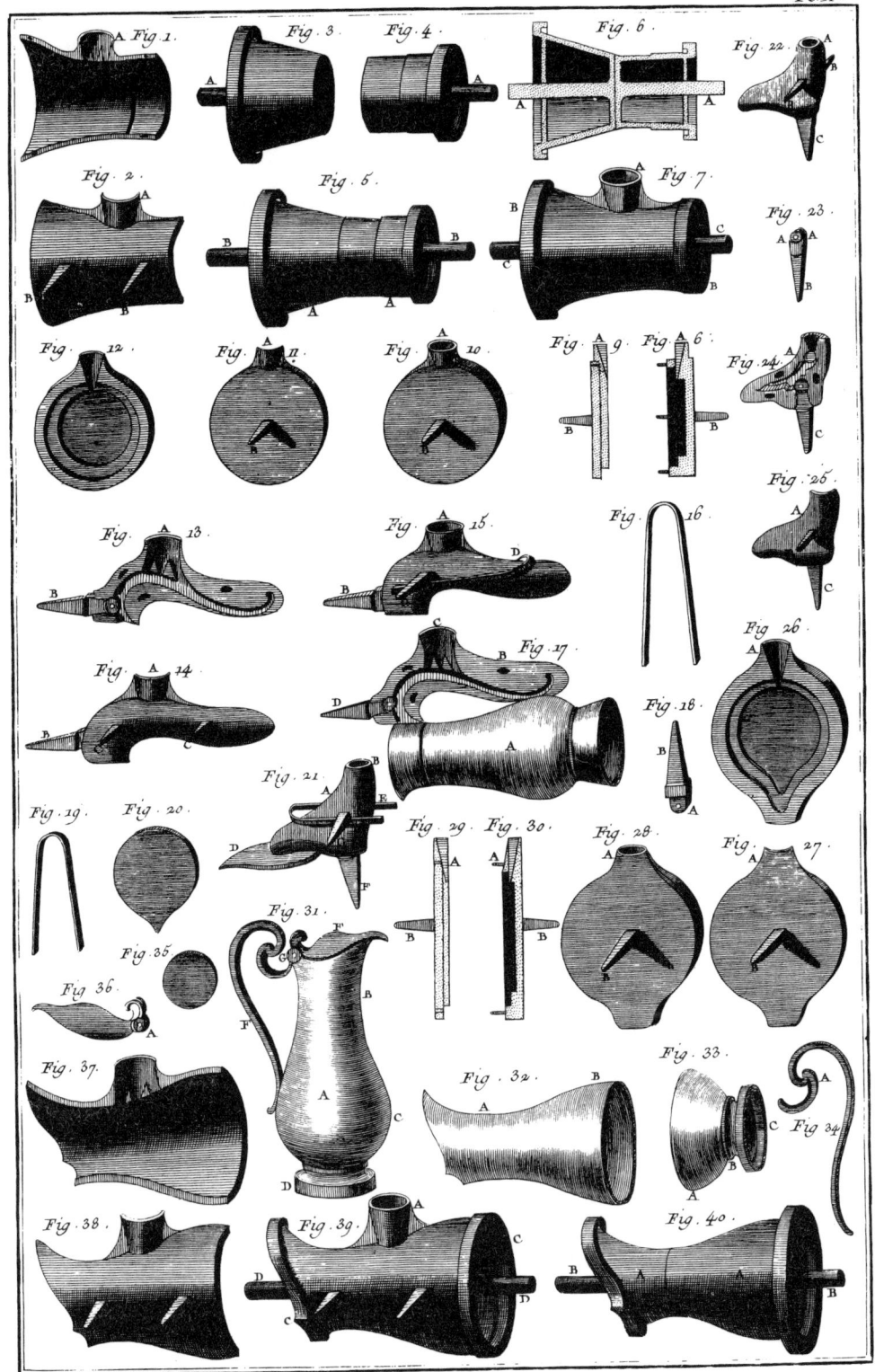

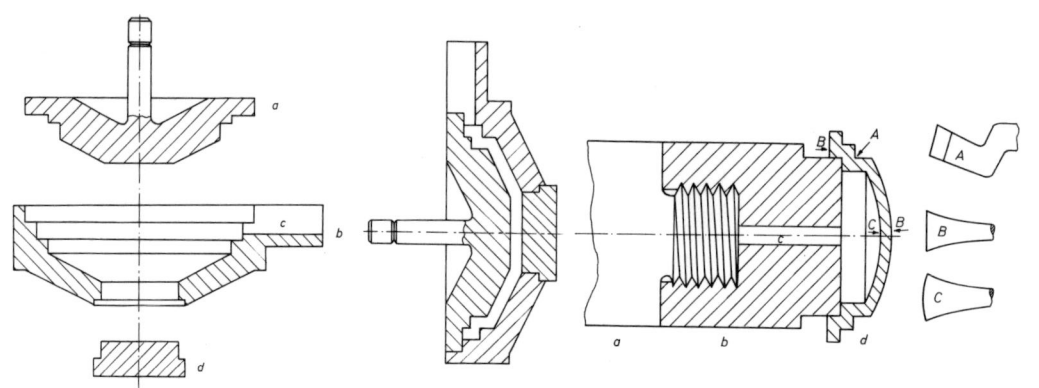

Gußform für einen Deckel, offen. a Kernteil, *b* Manteilteil (Hubel), *c* Güssel (im Hubel), *d* Einlageteil. – *Gußform für einen Deckel, geschlossen*

Drehvorgang. Auf das Gewinde der Drehbank *a* wird der Drehkopf *b*, der der Form des zu drehenden Gegenstandes *d* angepaßt ist, aufgeschraubt. Durch die Bohrung *c* wird der Gegenstand *d* angesaugt und dadurch während der Bearbeitung festgehalten. Die mit Großbuchstaben bezeichneten und ihnen entsprechende Flächen werden mit den entsprechenden Werkzeugen bearbeitet: *A* Zupfeisen, *B* Drehstahl für ebene Flächen, *C* Drehstahl für runde Flächen

Eisenblechmantel umzogener Setzofen, der Feuerungsraum ist schamottiert. Oberseitig versenkt ein Eisenkessel, der von unten und von den Seiten her erhitzt wird. Heute Öl- oder Gasfeuerung, früher Kohle oder Torf. Den Öfen bzw. Kesseln, in verschiedenen Größen, ist ein Meßgerät zur Kontrolle der Schmelz- bzw. Gießtemperatur angeschlossen.

Gußformen (→Kokillen) sind heute aus Stahl gebaut; einfache Formen bestehen aus Aluminium und Kunststoff. Früher fertigte man diese im Grauguß- und Temperußverfahren aus →Eisen. Auch →Messing, →Blei, Lindenholz, Gips, Ton, Schiefer werden dafür verwendet. Der Einbau eines →Güssels ist heute von Bedeutung, um ein sauberes Gußstück zu gewährleisten. Die Hauptteile sind der →Kern und der Hubel, sie können zwei- und mehrteilig sein. Um Verzierungen bereits im Guß zu erzeugen, sind die Innenflächen der Hubelteile mit Reliefbildern oder Inschriften vertieft graviert.

Schleifmaschine, mit massivem Standbock, auf der beiderseits verlängerten Motorwelle sind die rotierenden Schwabbelscheiben (→Hilfswerkstoffe) angebracht. Hier werden die auf der Drehmaschine nicht bearbeiteten Gußstücke geschliffen und poliert.

Schmelzkessel, aus Gußeisen oder Stahl bestehend, der zur Herstellung und zur Bevorratung der Zinn-Schmelzmasse dient. Das gleichzeitige Schmelzen der Härtungsmetalle →Kupfer und →Antimon erfolgt im Graphittiegel eines eigenen Schamotteofens. Ein Feuerungsgebläse sorgt dafür, daß schnell hohe Schmelztemperaturen erreicht werden.

Spannvorrichtungen (Drehstöcke) sind Futterstöcke aus Hartholz, Kunststoff oder Aluminium, oft auch in Sperrholzschichten verleimt, mit denen die auf der Drehmaschine zu bearbeitenden Gußstücke eingespannt (Halterung) werden.

Maskarons. Stichvorlage von J. L. Eysler, Nürnberg, um 1720

Maskaron. Stichvorlage von Hans Sebald Beham, Nürnberg, 1543

Demselben Zweck dienen Dreibackenfutter, Bohrfutter und Vakuum-Ansaugvorrichtungen.

Maskaron, bei →Reliefzinn des 16. und 17. Jh.s Schmuckmotiv einer Maske (Frau, Mann, Satyr, Löwe u. a.), die in ein →Ornament eingefügt ist und deren Ränder sich ornamental auflösen können.

Maßgefäß. Das Hohlmaß wird sowohl für flüssige als auch für trockene Waren

Maßgefäß. *Krug oder Eichmaß.*
Holstein, 15./16. Jh. *Liegnitz, um 1460*

benötigt. Meist werden die ortsüblichen →Kannen dazu benutzt, in die Eichzäpfchen (→Zäpfchen) angebracht werden. In →München sollten sie »zweiquerfingerbreit« unterhalb des Randes sitzen. Ein Maß faßte in der Regel eineinhalb Liter und war in vier »Ort« (Quartel) unterteilt. Von Fall zu Fall garantierten die Eichmeister das rechte Maß, indem sie Kontrollen durchführten und →Eichmarken in die Gefäße schlugen, sofern keine Ungenauigkeiten vorlagen. Da die Eichmarken meist Jahresangaben enthalten, erleichtern sie jetzt die Datierung der Gefäße. Bei der →Meisterprüfung wurde in der Regel die Anfertigung einer Kanne nebst ihrer Form in einer bestimmten Maßeinheit verlangt. M. ohne Henkel sind so gearbeitet, daß sie sich mit sicherem Griff um den schlanken Hals handhaben lassen. Charakteristisch für M. aus dem 19. Jh. ist die zylindrische, gehenkelte Form. Ältere M. haben sich selten erhalten, da sie als verschleißträchtiges →Gebrauchszinn oft um- oder eingeschmolzen wurden.

Mathiesen, Olof, s. Schweden

Matrize, Negativform zur Herstellung von positiven Gegenständen, besonders von →Plaketten (→Bodenstumpf). Auch der sogenannte Siegelschneider wendet dieses Verfahren bei der Anfertigung von Siegeln an.

Maureske, in der islamischen Kunst entstandenes Flächenornament, das naturalistische Motive vermeidet. Die M. zeigt im Vergleich zu der →Arabeske ein abstraktes Rankenornament, das entfernt an Blätter auf schematischen Linien erinnert. Den blattartigen Ranken fehlt jede Binnenzeichnung; sie sehen wie Silhouetten aus, werden aber oft mit der Arabeske verwechselt. Die M. kommt in Deutschland zum ersten Mal 1527 vor, nachdem sie im 15. Jh. in →Italien ihre Ausprägung erfahren hatte. In der →Renaissance ist sie ein beliebtes Dekorationsmotiv, das z. B. bei Zinn auf dem Mauresken-Teller von A. →Preissensin anzutreffen ist.

Medaillen-Teller, s. Propheten-Teller

Medaillon-Plaketten, s. Hilpert

Medizinische Geräte wurden bereits in der →Antike aus Zinn hergestellt. Der Arzt Galen von Pergamon (129–199 n. Chr.) empfahl u. a. Gefäße aus Zinn, Glas, Horn oder Silber als Behälter für

Maureske. Ornamentstich aus dem Maureskenbuch, herausgegeben von H. Cock, Antwerpen, 1563

Medizin zu nehmen. Vielleicht enthielten die noch erhaltenen römischen und mittelalterlichen →Ampullen einst Medizin für die Reise. In öffentlichen Apotheken, Haus- und Feldapotheken bewahrte man ebenfalls gewisse Vorräte in Zinngefäßen auf, die reich verziert sein können. Im Jahre 1552 beeiden in →Breslau die Ältesten der Kannengießer, daß sie von ihren Vorfahren her das Recht haben, Arbeiten für Apotheken zu machen, sei es für einheimische, fremde oder außer Landes befindliche Auftraggeber. Dazu zählen auch m. G., die von den Apotheken zur Behandlung verordnet werden; so z. B. Aderlaßschüsseln, Barbierschalen mit angeschnittenem Rand, Spritzen, Klistierspritzen, Badebecken spezieller Formen, Bett- und →Leibwärmer. M. G. aus Zinn wurden empfohlen, da sie sich leicht körpergerecht verformen lassen (→Zinn in der Medizin).

Meistermarke. Sie dient dem Qualitätsnachweis, ihr Gebrauch wird in der →Zunftordnung vorgeschrieben. Mit ihrer Hilfe können bei Beanstandungen die Hersteller der mangelhaften Ware sofort ermittelt werden. Jeder Meister hatte sein Zeichen auf der →Markentafel bei der →Zunft einzuschlagen. Zahlen auf der M. können das Jahr der Meisterwerdung oder einer Zunftverordnung betreffen (→Sachsen); in seltenen Fällen

Mauresken. Ornamentstich aus dem Maureskenbuch von Peter Flötner, Nürnberg, um 1545

enthält die M. die →Jahreszahl der Herstellung des betreffenden Gegenstandes (→München). Es kommt auch vor, daß Söhne die M. ihrer Väter mit geringen Änderungen übernehmen. Witwen, die die Werkstatt weiterführen, müssen die alten Marken mit einem Querstrich versehen. Seit der 2. Hälfte des 18. Jh.s werden die Vorschriften immer mehr gelockert. →Engel-, →Qualitäts-, →Stadt- und Meistermarken werden auch kombiniert. Unerläßliches Hilfsmittel zur Bestimmung und Datierung des gemarkten Zinngeräts sind die →Markenbücher.

Meisterprüfung. Zur Zeit der Zünfte mußte ein Geselle, wollte er Meister werden, eine Reihe zum Teil nicht leichter Bedingungen erfüllen. Als erstes mußte er eine →Mutzeit ableisten und entweder der Sohn eines Meisters sein oder die Tochter oder Witwe eines Meisters heiraten. Zum anderen mußte er entsprechenden Geldbesitz nachweisen, ebenso einen Lehrbrief und Dienstbeweis sowie ein Zeugnis der ehelichen Geburt vorlegen. Dann mußte das Bürgergeld entrichtet und der Bürgereid geleistet, außerdem eine Rüstung erworben werden. Erst danach wurde die Zulassung zur handwerklichen Befähigungsprüfung erteilt. Diese dauerte in der Regel zwei Wochen und wurde in der Werkstatt des Altmeisters abgehalten. Meist waren als Meisterstücke drei Zinngegenstände anzufertigen, einschließlich der Gußformen. Genügten die angefertigten Gegenstände den Anforderungen der Meister nicht, mußte die Mutzeit fortgesetzt werden.

Meisterstück, s. Meisterprüfung

Meistertafel, s. Markentafel

Melonenrippen, s. Repoussieren

Memmingen, freie Reichsstadt in Oberschwaben, geographisch mit →Ulm und →Augsburg ein Dreieck bildend, wichtiger Handelsstraßenknotenpunkt. Da sich die Zinngießer-Akten glücklicherweise im Stadtarchiv erhalten haben, läßt sich ermitteln, daß bereits 1454 eine Kannengießerordnung für die zwei in der

Stadt ansässigen Meister bestand, die schwören mußten, die Probe zum Siebenten (sieben Teile →Zinn, ein Teil →Blei) einzuhalten. Knappe 100 Jahre später, in der 1. Hälfte des 16. Jh.s, einigte man sich auf die →Nürnberger Probe zum Zehnten. In der Folgezeit lassen sich jedoch immer wieder Verstöße der Meister gegen die Qualitätsproben 10:1 aus den Akten herauslesen, was auf einen harten Konkurrenzkampf mit den Zinngießern von Biberach, Kaufbeuren, Lindau, Isny, Ravensburg und Kempten deutet. Auch die →Probe zum Vierten (Stempel mit einer 4) und die Probe zum Fünften für das Beschlagen der »Kreußlen« (Deckel und Fußreifen für Steinzeug- und Fayencekrüge) wurden erlaubt. Besondere Leistungen erbrachten die Zinngießer in M. mit dem →Reliefzinn und den →Zierplatten von den Meistern M. →Bachmann I und W. →Locher d. Ä. Das Zinngießerhandwerk hielt sich in M. bis zum Ende des 19. Jh.s.

Menggut, s. Mankgut

Meran in →Südtirol verzeichnet als ältesten Zinngießer den Meister Rueprecht, der nach einem Inventar von 1472 an das Kellnerhaus in M. eine →Flasche, acht große →Schüsseln, vier »gross zinen plaen«, zehn Salzschüsseln und drei mittlere Schüsseln liefert. Vom 17. bis 19. Jh. werden in M. die weit ausladenden →Stitzen und Tafelgeräte in →Silberart hergestellt.

Meßgarnitur, Altargerät in der katholischen Kirche, bestehend aus einem ovalen

Meßkännchen. Ende 18. Jh.

→Teller mit zwei Kännchen für Wasser und Wein, die bei der hl. Messe zur Gabenbereitung, zur liturgisch vorgeschriebenen Handwaschung und zur Reinigung des Kelches gebraucht werden. Auch Aquavinum, Lavabo oder Meßpollen genannt. Aus dem 17. bzw. 18. Jh. haben sich M. in Form von Miniaturkännchen erhalten, die später im Stil des →Rokokos in →Silberart gefertigt sind.

Messing, Kupfer-Zink-Legierung, mit 10 bis 60% Zink und 40 bis 90% →Kupfer; durch Zusätze anderer Metalle, wie z. B. →Zinn, in seiner Härte und Dehnbarkeit in weiten Grenzen variierbar.

Messingverzierungen, s. Intarsia

Meßkelch, in der katholischen Kirche das Altargerät, in dem der Priester die mystische Verwandlung des Weins in das Blut Christi vornimmt. Infolgedessen bestanden Vorschriften über das Material der M. →Bronze, →Kupfer, →Eisen oder →Blei waren aus gesundheitlichen Gründen ausgeschlossen. Auf der Synode von →Reims (803–813) wurden armen Gemeinden M. aus Zinn erlaubt. Es blieben nur wenige mittelalterliche Stücke erhalten; Kircheninventare oder Briefe geben aber Kunde von einstmals vorhandenen →Kirchengeräten wie M. aus Zinn (→Testamentsverzeichnis). Im 17. und 18. Jh. wurden infolge der Verarmung nach Kriegen durch Raub oder Einschmelzen wohl öfter M. aus Zinn gefertigt. Überregionale Verbote sollen nicht bestanden haben. – Als M.-Formen kommen vor: Seit der 2. Hälfte des 12. Jh.s weite schalenförmige Kuppa; Ende des 13. Jh.s bis 16. Jh. becherförmige Kuppa, seit dem 14. und 15. Jh. auch in einem »Korb«, d. h. in durchbrochen gearbeiteter Ummantelung; 17. und 18. Jh. kleinere Kuppa, oft reich gestalteter Fuß.

Metallurgie ist die Lehre von der Metallgewinnung aus Erzen, der Schmelz- und Legierungstechnik, den Umwandlungsprozessen, der Herstellung von Halbzeug (→Gewinnung).

Milchkännchen, s. Hefekännchen

Minden-Ravensburg mit den Städten Bielefeld, Herford und Minden läßt erst im 18. Jh. Rückschlüsse auf das Zinngießerhandwerk zu, das sich gegen die strengen preußischen Qualitätsvorschriften wehrt, um konkurrenzfähig gegenüber den Billigangeboten der Umgebung zu bleiben. Es gibt keine →Meistermarken,

Minuskel in gotischer Schreibschrift aus der Wenzel-Bibel, 1389–1400

→Engel- und →Rosenmarken werden nicht einheitlich gehandhabt; auch Namensstempel werden verwendet. Die älteste bekannte Bielefelder Arbeit ist der →Willkomm des Bielefelder Maurer- und Steinhaueramtes von 1660 mit einer Rosenmarke. Ein →Sederteller, reich graviert, um 1700, von Meister Joh. Jürgen Heising (in Bielefeld seit 1696) befindet sich jetzt wahrscheinlich in →London. Das Zinngießerhandwerk in Minden (zwei hervorragende Meister im 18. Jh.: Jac. Schine, Nik. Haupt) und in Herford (seit Ende des 18. Jh.s Zinngießerfamilie Cotti) ist noch nicht erforscht; für Bielefeld sind entsprechende Darstellungen in Vorbereitung.

Minnekästchen können auch die als →Reliquienkästen bezeichneten mittelalterlichen Holzkassetten mit Zinnbeschlag sein, in denen Eheurkunden oder Brautgeschenke aufbewahrt wurden.

𝕬 𝕭 𝕮 𝕯 𝕰 𝕱 𝕲 𝕳 𝕴   𝕴 𝕸 𝕬 𝕺 𝕻 𝕼 𝕽 𝕾
𝕬 𝕭 𝕮 𝕯 𝕰 𝕱 𝕲 𝕳 𝕴 𝕶 𝕴 𝕸 𝕬 𝕺 𝕻 𝕼 𝕽 𝕾
𝕿 𝖀 𝖁 𝖃 𝖄 𝖅
𝕿 𝖀 𝖁 𝖃 𝖄 𝖅

Majuskeln aus dem Typenverzeichnis der 42zeiligen Gutenberg-Bibel, Mainz, 1452–55

Minuskel, Kleinbuchstabe im Gegensatz zur Majuskel, dem Großbuchstaben. Gebräuchlich waren in der Regel bei Inschriften: bis Ende 14.Jh. gotische Majuskel; 14. bis 15.Jh. gotische M.; Anfang 16. Jh. bis um 1620 Renaissance-Majuskel (Kapitale und gotische Majuskel); von etwa 1620 bis um 1700 lateinische Majuskel; seit etwa 1700 bis Ende 18.Jh. lateinische M.; gegen Ende des 18.Jh.s lateinische Majuskel.
Bei Zinn sind Inschriften in M. auf den gotischen →Taufbecken und den →Schleifkannen des 16. und 17.Jh.s anzutreffen. Sie sind jedoch meist nicht zu entziffern oder es besteht kein Sinnzusammenhang zwischen den erkennbaren Wörtern. Verschiedene Theorien besagen, daß es verkürzte Segenssprüche, Alphabete oder Zauberzeichen zur Abwehr des Bösen oder auch Mißverständnisse des Graveurs seien. Von einer Datierung nach der Schriftart ist bei Zinngegenständen abzuraten, da bei diesen handwerklichen Arbeiten Stilmerkmale verzögert auftreten (→Stilverzögerung).

Mischkristalle sind Legierungen von zwei oder mehreren Metallen, wobei sich die Legierungen in ihren Eigenschaften von den reinen Legierungsmetallen erheblich unterscheiden können. In der Kristallstruktur werden entweder Einzelpositionen von Atomen im Gitter des einen Elements durch Atome des anderen Legierungselements ersetzt, oder dessen Atome werden zwischen die Atome des einen Elementes eingelagert.

Mischungsverhältnis, s. RAL-RG 683, DIN 1704 und Reichsprobe

Modelleur-Initialen, s. Stechermonogramm

Modernes Zinngerät. Die Kriegsjahre 1914 bis 1918 lähmten durch Metallbeschlagnahmen und Verarbeitungsverbote sowie auch durch den Verlust von Menschenleben die Fortentwicklung des Zinngießerhandwerks, das sich mit seinen Erzeugnissen in der Formgebung des →Jugendstils gerade vom →Historismus gelöst hatte. Die Erhaltung der alten Handwerkstradition ist nur wenigen Meistern, die sich Gesellen leisten konnten, und den »Einmannbetrieben« zu danken. Erst die zwanziger Jahre brachten einen neuen Aufschwung. Die Werkstätten A. →Röders in Soltau/Hannover und E. →Wiedamann in →Regensburg konnten ihre Arbeiten auf Kunstgewerbeausstellungen in →Lübeck, →Bremen, →München und →Nürnberg sowie auf den Leipziger Messen mit Erfolg und Anerkennung ausstellen. Als Gegengewicht zu industriell hergestelltem Gebrauchsgut verlangte der Käufer wieder gediegene Handwerkserzeugnisse, die den neuzeitlichen Raum- und Wohnbedürfnissen entsprachen. Die Werkstätten konnten aufgrund ihrer soliden, handwerksgetreuen Verarbeitungsweise die freie Mitarbeit von Künstlern gewinnen wie z.B. W. v. →Wersin, den Innenarchitekten O. →Roth oder den Bühnenbildner Jo →Lindinger. Nach den Entwürfen dieser Künstler stellten die Handwerksmeister die neuen Gußformen her, die der Stilrichtung der Neuen Sachlichkeit, dem Prinzip der zweckmäßigen Ästhetik verpflichtet waren: schlichte, konische Walzenkrüge mit knappen, ruhig ausschwingenden Henkeln, zweckmäßige Daumendrücker und Deckel, →Teller mit Politurringen, die der Struktur des Materials gerecht werden. Profile und Rillen werden als Dekorelemente bevorzugt, da sie der Bearbeitung des Materials auf der Drehbank entsprechen. Als neuen Dekor fand E. Wiedamann die Aufrauhung der Zinnoberfläche: durch ein besonderes Verfahren erhält der weiche Werkstoff unregelmäßige kleine und kleinste Eintiefungen, wie Poren einer Haut. Damit waren Anregungen gegeben. Die alteingesessene Werkstätte der Zinngießerfamilie Hubert Schreiner in Nabburg schloß sich den neuen Stilformen an und konnte für Entwürfe F. Ermer und Karl Leutner gewinnen.

Trotz Industrialisierung hat sich das Zinngießerhandwerk dennoch in einigen der Tradition verpflichteten Werkstätten bis heute erhalten können. Um die moderne, zeitgenössische Formgebung des →Zinngerätes bemüht sich u.a. mit Erfolg die Werkstätte von M. →Rackl in Gauting bei München. Die Oberflächen der zum Teil asymmetrischen Arbeiten sind wie mit verzinnten Spinnwebfäden überzogen oder mit kraterartigen Rundungen genarbt; im Wesen sich zurückbesinnend auf die Kunst der Primitiven, auf Urformen, die, wie der Meister über seine Entwürfe selbst urteilt, »von etruskischem Einschlag berührt« sind. Damit hat das Zinngießerhandwerk auf künstlerischem Gebiet den Anschluß an die Zukunft nicht verloren.

Modifikationen, s. Phasenumwandlung

Molekularspannung kann auftreten bei zu raschem oder ungleichem Abkühlen nach dem Guß bzw. von verschiedenen Teilen des Gußstücks. Die M. ist möglicher Auslösungsfaktor für →Zinnfraß.

Molenaar, Hein, zeitgenössischer französischer Künstler deutscher Abstammung, der vorwiegend Pewter-Bleche verarbeitet und seine Kunstwerke nach Gewicht verkauft.

Moll, Balthasar, →Wiener Zinngießermeister um 1740, fertigte viele der reich mit lebensgroßen Figuren und Ornamentdekor versehenen Habsburger →Sarkophage in der Kapuzinergruft zu Wien.

Gütemarken der Innung

Firmenstempel
von Werkstätten (Auswahl), die der Innung des Zinngießerhandwerks angehören (1975)

1968–1973	bis 1975	Augsburg *Julius Schubert*	Bayreuth *Georg Sturm*	Dießen *Babette Schweizer*	

Gauting *Bavaria- Zinnkunst Max Rackl*	Gnadental *Eduard Scholl*	München *seit 1922 seit 1963 Ludwig Mory*		Nabburg *Anton Schreiners Söhne*	Neustadt *Scholl KG*

Nürnberg *K. u. G. Dörr*	*Robert Menna*	Öhringen *August Weygang*	Regensburg *Fritz Eugen Kleinschmidt Wiedamann*	Riedlingen *E. Zint & Co.*

Rosenheim *Adolf Weiss*	Schnaittenbach *Karl Dausch*	Soltau *Albrecht Röders*	Traunstein *Hans Stark gegr. Trostberg 1734*

Monstranz. Süddeutsch, 2. Hälfte 17. Jh.

Monstranz, Teil des →Altargeräts in der katholischen Kirche, mit der Eigenschaft eines »heiligen Gerätes«. Die M. dient als Schaugefäß der großen, in den Leib Christi mystisch verwandelten Hostie (Eucharistie) und ist entstanden mit der Einführung des Fronleichnamsfestes (1246 Lüttich, 1264 für die ganze Kirche), als es Brauch wurde, die Eucharistie öffentlich zur Verehrung auszusetzen oder in Prozessionen herumzutragen. Vorbild war die Reliquienmonstranz, ein zylindrisches Gefäß aus Glas oder Kristall. Es entwickeln sich verschiedene M.-Formen, in Anlehnung an Architekturvorbilder (als »Haus des Herrn«), bis sich im 17. und 18. Jh. die Scheiben als Sonnen- und Strahlenmonstranz durchsetzen. (Ps. 18,6 »in der Sonne hat Er sein Zelt gebaut«.) Eine M. aus Zinn ist sehr selten anzutreffen. Es ist anzunehmen, daß M. aus →Zinn ebenso wie die zahlreich erhaltenen aus →Kupfer oder →Messing vergoldet waren.

Montbeliard, s. Briot

Moorfunde, die wahrscheinlich beim Torfstechen in →Schweden, →Dänemark, Schottland und Irland ans Tageslicht kamen, waren Dolch- und Pfeilspitzen, Ringe und Spangen aus stark bleihaltigem →Zinn und sogar aus mit Zinn verziertem Bernstein. Sie sind der späten Stein- bzw. der ihr folgenden →Bronzezeit (1800–600 v. Chr.) zuzuordnen (→Grabbeigaben, →Baggerfunde, →Ausgrabungen).

Moriskenkanne und -krug. Die Gefäßwandung ist in gravierte oder facettierte kleine Felder gegliedert, in die Männerköpfe im Profil graviert sind. Meist befindet sich ein Narr darunter, alle tragen Kopfbedeckungen wie Hüte, Mützen und Helme, auch Kronen. Da die Gesichter wild und grimmig dreinschauen, brachte man sie mit den Figuren des Moriskentanzes in Beziehung, der im Mittelalter von Spanien aus über ganz Europa verbreitet war (→Nürnberg 1479). Unter Morisken verstand man die zum Christentum übergetretenen Mauren, die in diesem Tanz volkstümlich und teils grotesk dargestellt wurden. Dazu gehören noch die Figuren Jungfrau, Pfeifer und Narr. Die älteste Nachricht über den Moriskentanz in Deutschland stammt aus Nürnberg vom Jahre 1479 und aus →München vom Jahre 1480, als in der Stadtkammerrechnung die »Maruschkatänzer« von Erasmus Grasser erwähnt werden. Die M. datieren in die 2. Hälfte des 16. Jh.s. Sie sind nicht zu verwechseln mit den gotischen →Facettenkannen.

210 Teller, Schüssel und Weinkanne mit Messingplakette, in der Art der Temperantia-Kanne. 17. Jh.

211 Weinkanne, Variante der sogenannten Rembrandt-Kanne. 17. Jh.

212 Schraubflasche. Süddeutschland, um 1650

213 Schraubflasche. Linz, um 1700. J. Maußrieder

214 Schraubflasche. München, 2. Hälfte 17. Jh. Th. Koch

217 Kardinalschüssel. München, dat. 1695

218 Schüssel. Bistritz (Beszterce), dat. 1630. Meister H. K.

215 Schraubflasche. Lindau, 2. Hälfte 18. Jh. J. A. Roos

219 Schüssel. Straßburg, um 1615. H. Holm d. Ä.

220 Schützenteller. Zittau, dat. 1789

221 Teller. Augsburg, 2. Hälfte 18. Jh.

222 Platte. Norddeutsch, Ende 18. Jh.

223 Teller. Linz, 1. Drittel 19. Jh. A. Lachner

224 Jugendstil-Teller, um 1903

216 Platte. Emden, 1686. H. Lubberts

217

218

219

220

221

222

223

224

250 Gießfaß mit Becken.
Schweiz, 18. Jh.

251 Gießfaß mit Becken.
Innsbruck, nach 1742.
J. C. Rötter

253 Wandbrunnen.
Breslau, 1. Hälfte 18. Jh.
G. Ch. Nitsche

252 Delphin-Gießfaß mit Becken.
Schweiz, 18. Jh.

254 Delphin-Wasser-
behälter. Schweiz, 18. Jh.

255 Löffelform (Gießform). 18. Jh.

256 Löffelbrett. Um 1820

257 Handwärmflasche in Form eines Gebetbuches. 17. Jh.

258 Siebtopf. Penig, Sachsen, dat. 1835. J. Ch. G. Richter

259 Wärmflasche. Nordwestdeutschland, 19. Jh.

260 Weinkühler. Landshut, Anfang 18. Jh.

261　Münchener Bierkrug, Teller, Steinzeugkrüge mit Zinndeckeln, rotgelackte Flasche mit geöffnetem Zinn-Schraubverschluß. 18. Jh.

262　Tischgerät der Gegenwart

Mory, Zinngießerei in →München, gegründet 1827, noch in Betrieb. Hervorzuheben sind aus der Zeit um die Jahrhundertwende die Meister Ludwig Robert und sein Sohn Fritz M., die →Zinngeräte im →altdeutschen Stil und im →Jugendstil, verziert mit handgravierten oder getriebenen Motiven, herstellten. Von etwa 1910 bis 1940 enge Zusammenarbeit mit R. →Wiedamann (→Sammler).

Moskau, s. Rußland

Müller, Hans Melchior, s. Wilhelm-Tell-Teller

Müller, Oswald (Meister vor 1636, erw. bis 1647), tätig in →Zug, →Schweiz, bekannt wegen seiner →Dedikationsplatten und →Tischschoner.

München. Von 1480 bis 1865 bildeten die Zinngießer und Hafner eine gemeinsame →Zunft. Ende des 14. Jh.s galt die →Probe, im Verhältnis 10 Pfund →Zinn zu einem Pfund →Blei. 1531 werden die Seiler mit in die Zunft eingegliedert. Als Meisterstücke für die Zinngießer wurden →Platte, →Schüssel und →Kanne mit zugehöriger Form sowie ein →Gießfaß aus Platten in zwei Teilen verlangt, als Marken der Mönchskopf und das Meisterzeichen mit (laufender) →Jahreszahl vorgeschrieben. Seit etwa 1743 wird das Jahr der Meisterwerdung in der Marke geführt. In M. waren noch im 19. Jh. Zinngießer tätig, die sich etwa 1850 nach Auflösung der Zünfte im »Verein der Zinngießer« zusammenschlossen. Sie schufen beachtliche Arbeiten im Stil des →Historismus (→Lichtinger, →Stuck), des →Jugendstils und im 20. Jh. in modernen Stilformen (→modernes Zinngerät). Die Werkstätte der Zinngießerfamilie →Mory ist bis in die Gegenwart weitergeführt worden. – M.'s Zinn zeichnet sich durch kräftige behäbige Formen aus. Geschätzt war gravierter Dekor wie auf dem facettierten Krug von Barth. Landsperger (Bürger 1630, gest. 1655).

Münster, Oberstift, Zentrum des alten Fürstbistums mit Kannengießeramt, dem noch die umliegenden Landstädte angehörten (ein Katalog der Meister und Marken wird vorbereitet); ist nach dem Niedergang der Bedeutung →Dortmunds der Mittelpunkt des Zinngießerhandwerks in →Westfalen. Nur in M. gab es eine selbständige Zinngießerzunft neben 17 anderen Gilden. Nach ihrer Ordnung richteten sich die anderen Städte. Vorschriften aus dem Mittelalter sind nicht erhalten, aber anzunehmen. Die Stempelpflicht ist vom 16. bis 19. Jh. strikt eingehalten worden. – Das sogenannte →Münstersche Pauluszinn ist eine geringe Legierung von 5:1 und zeigt einen bärtigen Pauluskopf sowie die →Meistermarke mit dem Jahr der Meisterwerdung. Dadurch wird die Datierung der Stücke erleichtert. Das →Qualitätszinn war das sogenannte Kronenzinn mit der Legierung 9:1. Als Marke hierfür wurden der einfache Balkenschild (ähnlich dem →Wiener Bindenschild) und nach 1705 die →Engelmarke mit dem Wappenschild zusammen mit einer bekrönten →Rosenmarke verwandt, die das Stadtwappen als Herzschild darstellt. Charakteristisch für

M. sind die sogenannten Löwen-Humpen der →Zünfte und Bruderschaften: behäbige Trinkgefäße auf hockenden Löwen mit Schilden als Füße und Deckelbekrönung, die Wandung sorgfältig graviert. Der älteste stammt aus dem 16. Jh., der jüngste ist 1670 datiert. Auch →Schüssel und →Breitrandteller werden graviert. Die ältesten Münsterländer Stücke stammen aus Dülmen: →Willkomm der Bäkkergilde in Form einer Haubitze aus dem Jahre 1585.

Münsterisches Pauluszinn, Zinn-Blei-Legierung der Stadt →Münster seit dem 16. Jh. mit einem Verhältnis von 5:1 (→Dülmener Viktorszinn, →Halbgut).

Musen. Neun griechische Göttinnen, Töchter des Zeus, die auf dem Olymp wohnten. Später wies man ihnen bestimmte Gebiete in Kunst und Wissenschaft zu: Urania (Astronomie) mit Globus, Zirkel und Astrolabium; Clio (Geschichtswissenschaft) mit vier Büchern; Euterpe (Flötenspiel) mit Schalmei und Handorgel; Thalia (Komödie) mit faltenreichem Gewand und bloßen Unterschenkeln; Melpomene (Gesang) mit Buch; Terpsichore (Tanz) mit Harfe; Erato (Poesie) mit Geige; Polyhymnia (Lyraspiel) mit Laute; Kalliope (epische Poesie) mit Schreibtafel. Die →Attribute entsprechen hier deren Darstellung im 16. Jh. Nach Stichvorlagen von H. S. →Beham schuf 1575 ein namentlich unbekannter Zinngießer, der sogenannte »Meister der Musenplatte«, sein bedeutendstes Werk, die →Musen-Platte, in einem Guß aus geätzter Form.

Musen-Platte, →Reliefzinn, aus geätzter Form gegossen. Auf dem →Umbo, abweichend von Dekorschema etwa der zeitgenössischen →Platten (→Aktäon-, →Fama-, →Paris-Urteil-Platte usw.), ein →Maskaron und ein umlaufender Fries mit den sieben →Planetengöttern. Auf dem breiten Rand die neun →Musen nach einer Stichvorlage von H. S. →Beham, dazwischen Felder mit winkelig umbrochenen Bandornamenten, wie sie in weitläufigerer Anordnung bei der →Arabeske begegnen. Sie wird im letzten Drittel des 16. Jh.s von den →Nürnberger Zinngießern als eines der Hauptmotive für den Reliefdekor (→Arabeskenkanne) übernommen. Man ist daher überzeugt, daß die M.-P. geschaffen wurde, bevor die Bandarabeske in Nürnberg auftritt und datiert sie deshalb um 1575. Der Meister, der sie schuf, ist namentlich nicht bekannt, weshalb er den Notnamen »Meister der Musen-Platte« erhielt.

Muskatkappe, abschraubbares, halbkugelförmiges Sieb, meist auf dem Boden eines →Humpen, in das Gewürze getan wurden. Gelegentlich befindet sich ein Sieb unterhalb des Lippenrandes.

Mutzeit, zur Zeit der →Zünfte dem Gesellen, der Meister werden wollte, auferlegte mehrjährige Bewährungszeit. Die Länge dieser Frist hing auch davon ab, ob der Geselle Sohn eines Meisters war oder eine Meisterstochter bzw. -witwe heiraten wollte. Gesellen, die keine dieser drei Bedingungen erfüllten, sich aber dennoch zur Prüfung anmeldeten, wurden aus der Gilde ausgeschlossen.

Mythologie ist die Lehre und Kenntnis der Mythen über die Götter und Herren der verschiedenen Völker, ihre Herkunft, ihr Erscheinen und Wirken auf der Erde. Die meist nur bruchstückhaft überlieferten Quellen geben aber Aufschluß über →vorgeschichtliches Zinn. So nannten z. B. die Griechen von fünf Weltzeitaltern (Rassen) das dritte die »Bronzene Rasse«; offenbar wurde also bereits in jener Zeit →Kupfer mit →Zinn legiert, ehe →Ausgrabungen das Vorhandensein von →Erz um 2500 v. Chr. beweisen. Den Sagen der Tai zufolge hat der mythische Kriegsherr Ma Yuanhot »kupferne Schiffe« besessen und Bronzesäulen errichtet. Weiter erzählen die griechischen Mythen, daß Talos, der Neffe des Daidalos (Vater des Ikaros) ein Riese mit ehernem Leib und einer einzigen Ader war, die von einem bronzenen Zapfen verschlossen wurde. →Homer kündet von dem Palast des Zeus, dem größten, hallenreichen, erzenen und unvergänglichen. Athene schuf die Argo, das berühmte Schiff des Jason, das wie »Erz geschimmert« hat; die Schiffe der Phaiaken waren ebenfalls »erzschimmernd«. Vor Troja stiehlt Odysseus ein Kultbild aus schimmerndem Erz, →Achill und →Agamemnon, die Helden im trojanischen Krieg, tragen Rüstungen mit Teilen aus Zinn.
Auf →Reliefzinn des 16. und 17. Jh.s sind auch Figuren aus der griechischen M. dargestellt wie z. B. →Herkules, →Orpheus, die →Musen, →Paris-Urteil, →Pyramus und Thisbe und →Mars. In der Alchemie waren den Metallen die →Planetengötter zugeordnet. Bezeichnenderweise vertritt Zeus-Jupiter das Zinn. Dem Metall werden übersinnliche Kräfte zugesprochen, wenn z. B. Jacob Böhme (Mystiker) 1610 beschreibt, er sei »zumandermal vom göttlichen Lichte ergriffen... durch den Anblick eines zinnernen Gefäßes als des lieblichen jovialischen Scheines«, und im selben Jahr erfuhr er noch die sogenannte dritte Berufung, die seine »Einweihung« vollendete. Auch →Goethe fühlte sich durch Zinn beeinflußt.

Nachbearbeitung. Darunter versteht man das Über- und Bearbeiten von gegossenem →Zinngerät, wie z. B. das Entgraten, Drehen, →Polieren, usw.

Nachbildungen, s. Kopien

Nachgießen, s. Gießen und Gußvorgang

Nachguß, meist neuzeitlicher Guß, für den als Modell altes →Zinngerät verwendet wurde. Als kunstgewerbliche Vervielfältigung gekennzeichnet, als versuchte →Fälschung an den unscharfen Konturen erkennbar.

Nachlaßverzeichnis, s. Testamentsverzeichnis

Nachsaugen, s. Gußvorgang

Nachtgeschirr, das nicht zerbricht, wurde aus Zinn gefertigt. Aus dem 14. Jh. ist ein gedrungener 16 Zentimeter hoher, beutelförmiger Deckelkrug erhalten, der wahrscheinlich ein Nachttopf ist, da urkundlich nachgewiesen wurde, daß diese

→Krüge ohne Fußring in den Niederlanden als »kamerpotjes« verwendet wurden. N. aus Zinn ist auf niederländischen Gemälden vom 15. bis 17. Jh. abgebildet. Gelegentlich sind Stücke aus dem 18. und 19. Jh. erhalten, die meisten dürften eingeschmolzen worden sein.

Naumburg   Neisse   Neu Brandenburg 17. Jh.

Nachtlicht nennt man eine →Ölfunzel, deren Vorratsbehälter aus Glas besteht (z. B. birnförmig), wobei dessen Bandhalterung meist mit einer Stundenskala versehen ist. Am Stand des allmählich verbrauchten Öls kann man während der Nacht an der Skala die Uhrzeit ablesen. In früheren Zeiten waren die Leute gewohnt, bei einem N. zu schlafen.

Nassau-Siegen in →Westfalen kennt im 18. Jh. zwei erfolgreiche Zinngießer, die die reformierten Kirchen des Fürstentums mit →Altargerät versorgten: Henrich Christoffel Volckmar (aus Jena, 1731 in Siegen) und Joh. Philipp Volckmar, wohl sein Sohn. Hessische, süddeutsche und rheinische Vorbilder prägten die Erzeugnisse in N.-S. wie z. B. die gefußten württembergischen →Abendmahlskannen, deren Typ sich im 17. Jh. bis nach →Frankfurt a. M. und Marburg ausbreitet. Die Weinkannen entsprechen →Kölner Formen.

Nestel, Carl, s. Sammler

N-Gut, s. Faulzinn

Neugotik, Stilrichtung, die zunächst von der Baukunst in →England (um 1750) und der Romantik ausging, um viel später (um 1820–40) auch auf dem Kontinent in das kunsthandwerkliche Gebiet überzugreifen. Zinngegenstände werden selten im Stil der N. gefertigt. Alles →gotisierende Gerät aus der 2. Hälfte des 19. Jh.s zählt zum neuerdings kunsthistorisch erforschten →Historismus.

Nickel, chemisches Element. Wurde im 19. Jh. als Legierungsmetall für →Zinn verwendet, um diesem ein silberähnliches Aussehen zu verleihen.

Niederlande, s. Holland

Nigeria, afrikanisches Land mit bedeutenden →Zinnvorkommen und modernen →Hüttenwerken.

Nischenkanne, gegen Ende des 19. Jh.s beliebte Neuschöpfung des →Historismus in Form einer gefußten →Schnabelstitze mit frontal angeordneter, in den Kannenkörper hineingebuchteter, mitgegossener Nische, in der eine vollrunde Ritterfigur oder eine historische Persönlichkeit steht. Zusätzlich wird die Nische oft von drei aufgesetzten Phantasieschildern umgeben. Die N. aus →Nürnberg oder Öhringen ist für die kritische Einschätzung des Historismus neuerdings beachtenswert,

Neuenburg (Neuchâtel)	Nördlingen		Nürnberg		
	David Bergholz 1670	*1760 Gg. B. Güntzler*	*um 1500*	*1580 Albrecht Preißensin*	*um 1640 Meister mit der Lilie*

in vorangegangenen Jahrhunderten hat es diese Form nicht gegeben.

Noah-Teller aus der Serie der →Reliefteller. Auf dem →Umbo das Dankopfer Noahs unter dem Regenbogen, den der Herr als Zeichen seines Bundes mit der Erde setzte (1. Mos. 8,20–22, 9,13–17). Darunter die Inschrift »·NOE·GIENG· AVS·DER+ARCH+GETR+OST +OPFERDT·16·GOTT·19·«. Auf dem Rand zwischen →Vasen mit Blumenranken (Eucharistische Vasen) vier Ovalmedaillons mit Szenen aus der Genesis. Dieser N.-T. von P. →Öham d. Ä. (1604 bis 1634) ist 1619 datiert und wurde von ihm 19mal gegossen. H. →Spatz II und seine zwei Söhne übernahmen die Gußform und fertigten 17 Exemplare, so daß insgesamt 36 →Teller nachgewiesen sind. Viele Hunderte von Abgüssen aus dem 19. Jh. sind mit einer Phantasiemarke gestempelt, deshalb sind N.-T. genau zu prüfen.

M. →Horchaimer besaß ein Modell des N.-T. vom Stecher WF und goß es achtmal; H. →Zatzer, M. Rößler (1596–1635) und N. Christan d. J. (1634–1681) verwendeten es ebenfalls. Der Thematik und der Nachfrage wegen darf man annehmen, daß der N.-T. ein →Abendmahlsteller war.

Nordamerika verzeichnet mit den englischen Einwanderern des 17. Jh.s auch die ersten Zinngießer, die sich 1640 in Boston, Newport, New York und Philadelphia niederließen. Stücke aus dieser Zeit haben sich nicht erhalten, sie dürften jedoch denen der englischen Heimat entsprochen haben. Da die Einfuhr von Rohzinn vom englischen Handel aus Konkurrenzgründen sehr erschwert war, wurde vorwiegend Altzinn verarbeitet. Zunftvorschriften gab es nicht, die →Beschauzeichen waren Firmenwerbung und keine Qualitätsgarantie. Die Haupttätigkeit der Zinngießer in N. lag in den Jahren 1700 bis 1850.

Nach dem Sezessionskrieg distanziert man sich im →Markenwesen vom englischen Vorbild und übernimmt national selbstbewußt den amerikanischen Adler in die Stempel. Gelegentlich erscheint nach europäischem Vorbild als Qualitätszeichen das bekrönte X und →»London«. Einheitliche Vorschriften gab es wiederum nicht, viele authentische Stücke blieben ungemarkt. Dekor als Relief oder als Gravur ist selten und fällt spärlich aus. In →Pennsylvanien wurde Zinn nach deutschem Vorbild hergestellt, was auf Einwanderer wie →Weybrecht und →Heyne zurückzuführen ist. Eine formalgeschicht-

Nordamerika

Boston	Middletown	Lancaster	Baltimore	New York
Thomas Badger 1787	 *Thomas Danforth* 1755	*Johann Ch. Heyne* 1713	*Sylvester Griswold* um 1820	*Frederick Bassett* 1769

liche Entwicklung, die den Zeitstilen →Rokoko oder →Empire folgt, ist bei amerikanischem Zinn nicht festzustellen. Im 19. Jh. geht man zur Massenproduktion mittels →Britanniametall über, das in amerikanischen Sammlerkreisen durchaus geschätzt wird. Im Gegensatz zu den Nordstaaten und dem mittleren Westen wurde in den Südstaaten weniger Zinn hergestellt; man begnügte sich mit englischen Importen. Die Zinnforschung wird in N. von dem rührigen, 1934 gegründeten →»American Pewter Collectors Club« gefördert. Um das Interesse der Öffentlichkeit an qualitätvollem zeitgenössischem Zinn zu fördern, wurde 1959 die →»American Pewter Guild« gegründet.

Norddeutschland. Das Zinngießerhandwerk war von alters her in N. in zwei Hauptgruppen gegliedert: einerseits links der Oder die wendischen Städte mit Vorpommern, Mecklenburg, Schleswig-Holstein, Elbmündung; andererseits die rechts der Oder gelegenen Provinzen Ost- und Westpreußen in den ehemaligen Gebieten des Deutschen Ordens. Dazwischen lag als kleine Untergruppe Hinterpommern. Diese Teilung erklärt die verschiedenen Vorschriften der Zinnprobe und des →Markenwesens.

Für die Städte des wendischen Kreises werden einheitliche Zinnproben zuerst 1361 vereinbart, während der Zusammenschluß zu einem Ämterverband für →Lübeck, Hamburg, Wismar, Rostock, Stralsund und →Lüneburg erst 1526 erfolgt. In den Städten selbst waren zuvor die Bestimmungen in eigenen sogenannten Zunftrollen festgelegt. Die älteste ist die 1361 entstandene von Lübeck; es folgten 1375 Hamburg, 1387 Wismar, 1482 Rostock. Über die Verwendung von Marken gibt zuerst die Zunftrolle von Hamburg (die sogenannte Settinghe) 1375 Aufschluß. Knapp 100 Jahre später werden 1461 für den ganzen wendischen Bezirk →Stadt- und →Meistermarken gefordert. Unabhängig von dieser Regelung sind Marken vorher verwendet worden. Eine wichtige Bestimmung vereinbarte der Ämterverband 1596: das →Dreimarkensystem wurde eingeführt. →Klarzinn erhielt eine Stadt- und zwei Meistermarken, →Mankgut nur eine Meistermarke. Später erhielt die beste Zinnsorte die →Rosenmarke und im 18. Jh. die →Engelmarke, oft werden beide angebracht.
In der Gruppe der ost- und westpreußischen Städte bemühte man sich seit dem 14. Jh., sich den Vereinbarungen der wendischen Städte anzupassen. 1391 und 1395

sollen Sendboten in Hamburg und Lübeck dieserhalb sich erkundigt haben. 1410 und 1422 wurden in Marienburg bzw. Deutsch-Eylau Bestimmungen über Zinnproben festgesetzt, während 1432 zum ersten Mal die Anwendung von Marken vorgeschrieben wird. Für das 14. Jh. können keine →Zunftordnungen in West- und Ostpreußen nachgewiesen werden; als erste erhalten 1405 die →Grapen- und Kannengießer der Altstadt Danzig eine Probe. Im übrigen gilt auch hier das Dreimarkensystem für →Qualitätszinn mit je einer Stadt- und Meistermarke und dem Landesstempel mit dem Adler. Die drei Marken werden gelegentlich zu einem Markenbild vereinigt, auch mit einer Rosenmarke als Untergrund. Die zweite Zinnsorte (→Schüsselzinn) erhält nur Stadt- und Meistermarken. Das geringste Zinn (→Kannenzinn) erhält anstelle der üblichen Stadtmarke den Anfangsbuchstaben des Ortsnamens. Im 18. Jh. ist auch hier die Engel- bzw. Rosenmarke für Qualitätszinn üblich.

Hinterpommern umfaßt die Städte Kolberg (Amberg), Belgrad, Greifenberg, Köslin, Neu-Stettin, Rügenwalde, Stolp usw. Man richtet sich in den Zunftbestimmungen nach den anderen Ämtern und schreibt seit 1622 für Qualitätszinn die Rosenmarke, für anderes Zinn Stadt- und Meistermarke vor.

Die frühesten Zeugnisse norddeutscher Zinngießerei sind die →Hansekannen des 14. Jh.s, die, wie der Name andeutet, bis ins frühe 16. Jh. im gesamten Randostbereich der Hanse anzutreffen sind. Sie werden im 17. Jh. verdrängt vom →Rörken und den zylindrischen →Krügen, deren zunftmäßiger Gebrauch nur durch Inschrift belegt wird. Der →Willkomm oder Wilkumst bzw. Hansebecher ist ein Zunftpokal, der in N. außer dem zylindrischen Mittelstück noch charakteristische Säulenbekrönungen oder Henkel besitzt. Der →Stop ist eine Becherform, die Kolleschal eine →Ohrenschüssel, deren Formen ebenso wie die →Humpen oder →Leuchter den zeitgenössischen Silberarbeiten entlehnt sind, während der →Hangeltopf eine bodenständige Zinnarbeit ist. Reliefdekor ist nur an zwei norddeutschen Stücken aus dem 18. Jh. bekannt: ein →Becher mit Sündenfall-Hochzeit-Jacobsbrunnen und eine Tabakdose aus Norden mit Blattranken, Vögeln, Löwen und Figuren. Auch im 19. Jh. wurden in N. noch →Zunftkannen, Becher u. a. hergestellt, wie z. B. der Willkommpokal der Brüderschaft der Kronträger in Hamburg von P. Wittoop (1843 bis 1878), dat. 1855, oder die Kanne der Glasergesellen in Lübeck von C. A. F. Heidorn (1854–1893).

Norm, deutsche, s. DIN 1704 und DIN 17810

Norwegen. Das Zinngießer-Handwerk hatte in N. eine ähnliche Entwicklung wie in →Schweden: im Mittelalter sind kaum Meister, nur einiges Gerät nachzuweisen, das aber eventuell über die Verbindung zum Hansebund aus ausländischen Werkstätten stammte.

Nowaja Semlja. 1886 wurden fast 300 Jahre dort befindliche Zinngegenstände einer holländischen Expedition gefunden (heute im Rijksmuseum in Amsterdam). Trotz jahrhundertelanger höchster Kälteeinwirkung weisen sie keine Stellen von →Zinnfraß auf; ein Beweis, daß Kälte allein nicht zu Zinnfraß führen muß, sondern auch die Luftfeuchtigkeit eine entscheidende Rolle spielt.

Nürnberg kennt bereits vor 1300 eine städtische Zinnverordnung, die die →Probe zum Zehnten verlangt und die 1371 von →Prag übernommen wird. Am 7. März 1578 wurden ausführliche Bestimmungen über die Zinnproben und Marken aufgestellt, die als »Kandengießer-Ordnung«, als »Nürnberger Probe zum Zehnten« richtungweisend für die Zinngießerordnungen in fast allen deutschen Ländern und Städten wurde. Denn sie garantierte →Qualitätszinn. Die Entwicklung des Handwerks und damit verbunden der schönen Künste gerade in N. hängt damit zusammen, daß die Stadt an der wichtigsten Handelsstraße von Süden nach Norden lag. Hans →Sachs besingt 1543 in einem Spruchgedicht die N.er Zinngießerzunft und zählt die hergestellten Gegenstände auf.
Besonderen Ruhm erlangten die N.er Meister mit dem Ätzdekor und dem Reliefzinn, dessen künstlerische Entwürfe von Meistern wie H.S. →Beham, V. →Solis, P. →Flötner und anderen stammen. Nur wenige Zinngießermeister in N. haben ihre Gußformen für Reliefzinn selbst hergestellt. Mit Sicherheit weiß man nur von J. →Koch II, C. →Enderlein und M. →Horchaimer, daß sie gleichzeitig Formenstecher waren. Es gibt eine Anzahl Stecher und Ätzer, die in die Gußformen ihre Monogramme gesetzt haben, aber man kennt ihre Namen nicht. Ihre Kunstfertigkeit war auch bei den Waffenschmieden und Plattnern gefragt. Das Zinngießerhandwerk war in N. bis zur Auflösung der Zünfte im 19. Jh. so stark vertreten, daß E. →Hintze einen speziellen Band seines Werkes »Die deutschen Zinngießer und ihre Marken« der Stadt N. vorbehalten und 575 Meister erfassen konnte.
Als erste Arbeit mit Reliefdekor ist ein Krug mit Figuren der →Tugenden nach P. Flötner zu erwähnen. Daß die Geschicklichkeit der N.er Meister schon im 15. Jh. zu bewundern war, beschreibt 1547 ein Historiker: Martin Harscher »hat einen solchen Fleiß fürgewandt, was ein jeder gemeiner Goldschmied von Silber gemacht hat, das hat er also rein von Zinn zuwegen gebracht«. N.er Meister haben sogar ihre Arbeiten vergolden können »als wann sie mit dem besten Gold verguldet waeren welches es auch bey dem staeten Gebrauch immerfort behielte«.

Nürnberger Probe, seit dem 13. Jh. bestehende Legierungsvorschrift für Zinn-Blei-Legierungen (→Polizeybuch), die festlegt, daß auf zehn Pfund →Zinn nur ein Pfund →Blei kommen darf (→Probe zum Zehnten). Wird später zur →Reichsprobe.

Oberflächenspannungen, nicht zu verwechseln mit der physikalischen Eigenschaft »Oberflächenspannung«. O. treten an fehlerhaften Stellen eines Gußstücks auf, führen zu dunklen Flecken und können Narben im Gußstück ergeben.

Ochsenfurt
17./18. Jh.
Andreas
Reuschheim
1730

Öhringen
um 1690
Joh. Mich.
Pschorn 1730

Olmütz
um 1750

Oppeln
16./17. Jh.

Oschatz
um 1600

Oberflächenstruktur. Aus ihr läßt sich zum Teil verhältnismäßig einfach erkennen, um welches →Gußformenmaterial es sich bei der Herstellung gehandelt hat. Auch Gebrauchsspuren, echt oder gefälscht, ebenso →Patina, erlauben rasch eine grobe Abschätzung des Alters und der Echtheit eines →Zinngeräts.

Öham d. J., Paulus. Sohn des Zinngießers Paulus Öham d. Ä. (Meister 1634, gest. 1671); arbeitet wie sein Vater im Reliefguß, wobei der →Propheten- oder →Genesis-Teller von Jacob →Koch II als Vorbild dient. Ö. gehört zu den Hauptmeistern seiner Zeit. Seine →Meistermarke ist nicht nachträglich eingeschlagen, sondern schon in die Form geschnitten und anschließend von Modelleuren gestochen worden, deren Monogramme ebenfalls in den Formen zu finden sind: MS, SM, WS. Von Ö. stammen u. a. der →Auferstehungsteller, →Kaiser-Teller, →Gustav-Adolf-Teller, Schalen mit Bildnissen Gustav Adolfs und Kaiser Ferdinands III. sowie die →Schleifkanne der Bäcker-Innung und Bäckergesellen-Herberge in Nürnberg, die er ein Jahr nach seiner →Meisterprüfung anfertigte.

Ölfunzel. Anstelle einer Kerze wird bei der Ö. in einem auf dem Leuchterschaft befestigten Wännchen mittels Docht das Öl (Raps- oder Rüböl) verbrannt. Öl spielte bereits im Altertum eine große Rolle für Beleuchtungszwecke (→Leuchter, →Nachtlicht).

Ölstein, s. Hilfswerkstoffe

Österreich mit seinen Stammlanden Vorarlberg, →Tirol, Kärnten, Krain, Österreich ob und Österreich unter der Ems, →Salzburg stand in reger Verbindung zu den benachbarten Kulturräumen, so daß süddeutsches und schweizerisches Formgut sehr ähnlich dem österreichischen gestaltet ist und umgekehrt. Außerdem sind durch den Umfang des einstigen Vielvölkerstaates Ö.-Ungarn stilistische Abgrenzungen zu heutigen Nachbarstaaten nicht einzuhalten. So zeigt z. B. das Vorkommen der →Facettenkannen und -krüge von →Schlesien über →Böhmen und Mähren nach Salzburg bis Passau und →München einen zusammenhängenden Kulturkreis wie eine volkskundliche Gemeinsamkeit trotz geographischer Entfernungen. Die →Wanderschaft der Gesellen sorgte ebenfalls für das Verschmelzen des Formgutes zu wohlabgestimmter Harmonie. Am frühesten sind in folgenden österreichischen Orten Zinngießer urkundlich erwähnt: →Wien 1326, Krems 1350, Wiener Neustadt 1402, →Innsbruck 1416, Steyr 1427, Salzburg 1429. Die älteste Zinngießerordnung wird 1430 in Wien niedergeschrieben, aber wahrscheinlich galt sie schon 1368 mit ihrer Vorschrift über die Probe 10:1. Arbeiten aus dem 14. und 15. Jh. haben sich nicht erhalten. Das älteste, 1931 noch vorhandene Zeugnis österreichischer Zinngießerkunst ist die 1512 datierte →Kanne der Riemerzunft in →Linz; ferner die aus Innsbruck stammenden →Schüsseln mit geätztem Dekor der Familie →Khuen von Belasi (1549) und der →Krug mit →Planetengöttern in Reliefguß (nach dem gleichnamigen Plakettenmodell des Kruges von Christian Geriswalt in →Annaberg in →Sachsen) von Meister Hanns Meixner (Heirat um 1548, erw. bis 1591) aus Waidhofen a. d. Ybbs. Dieser Krug ist eine der wenigen Reliefzinnarbeiten in Ö. Als Dekor werden gravierte oder geflächelte →Ornamente, Blumen, Figuren und Inschriften bevorzugt. Häufig finden sich breite, niedrige Deckelkrüge auf geflügelten Engelsköpfen als Füße. →Gefußte Kannen sind in Ö. seltener als in →Süddeutschland anzutreffen; aber erhalten haben sich drei 1577 datierte →Ratskannen von →Wels und die aus derselben Zeit stammenden sechs Ratskannen von Steyer, die Abraham Böck (Meister um 1567, erw. bis 1596) schuf. In Süddeutschland setzt die Wiederaufnahme dieser eigentlich spätgotischen Formen erst im 17. Jh. ein. Ob es in Ö. gefußte Ratskannen bereits im 15. Jh. gegeben hat, ist ungewiß. Eine Sonderstellung nimmt Feldkirch an der Grenze zur →Schweiz ein mit seinem seit dem 16. Jh. bezeugten Zinngießerhandwerk, das auch typisches Schweizer Formgut hervorgebracht hat: →Glockenkanne, →Plattflasche, →Prismatische Kanne mit Ringgriff, →Wilhelm-Tell-Teller.

Über die Qualität des zu verarbeitenden Zinns erläßt die Kaiserliche Zinnverordnung vom 20. 10. 1770 für alle österreichischen Länder in Anbetracht der Gesundheitsschädlichkeit des Bleizusatzes die Bestimmung, daß die neuen Arbeiten aus reinem Zinn als →»Schlaggenwalder Feinzinn«, das übrige böhmische Zinn als →»Feinzinn« bezeichnet wird. Altes mit →Blei vermischtes Zinn, das umgegossen wird, soll »vermischtes Zinn« gestempelt werden.

Off shore-Abbau, s. Abbau

Ohrenschüssel, -schälchen, tiefgemuldetes, randloses Schälchen mit einem oder zwei waagerecht angebrachten flachen Griffen, den Ohren, die reliefiert oder durchbrochen ornamentiert sein können. Sie sind im 16. bis 18. Jh. in →Frankreich und →Nürnberg nachzuweisen. In →Holland sind sie als →Branntweinschalen und im norddeutschen Raum als Kolleschal bekannt, während die gedeckelten O. in →Straßburg als →Wochenschüssel mit reichem Reliefguß verziert waren.

Orfèvrerie d'étain, s. Poterie d'étain

Organisationen, s. American Pewter Collectors Club, Arbeitsgemeinschaft der Zinngießereibetriebe der BRD, Gütegemeinschaft Zinngerät, International Tin Council, International Tin Research Council, Tin Research Institute, Zinngießer-Innung, Zinn-Informationsbüro

Organische Zinnverbindungen, bzw. zinnorganische Verbindungen, sind im wesentlichen Salze des →Zinns mit organischen Säuren.

Organozinnverbindungen sind dadurch gekennzeichnet, daß in ihnen ein Zinnatom unmittelbar an ein Kohlenstoffatom gebunden ist (→anorganische -, →organische Zinnverbindungen).

Originalguß stammt aus der vom Meister selbst oder nach seinen Angaben hergestellten Form. Kommt diese Form in den Besitz eines anderen Meisters und wird sie von diesem weiterverwendet, spricht man von O. in Zweitauflage.

Orion, Firmenstempel, →Osiris

Orivit, Aktien-Gesellschaft für kunstgewerbliche Metallwarenfabrikation, Bronze- und Zinngießereien (vorm. Rheinische Bronzegießerei Ferdinand Hubert Schmitz) in Köln-Ehrenfeld. Eingetragene Warenzeichen »Orivit« und »Schmitz Edelzinn« seit 1901.

Ornament ist ein einzelnes Verzierungsmotiv. Die O., die einer bestimmten Stilrichtung angehören, werden zusammenfassend als Ornamentik bezeichnet. Es gibt gegenständliche (Pflanzen) und abstrakte (Bänder, Kreise) O. Die deutschen Zinngießer bedienten sich zur Verzierung ihrer Arbeiten seit der →Renaissance der O.-Stiche, die vor allem von →Nürnberger Kleinmeistern wie H. B. →Beham, V. →Solis oder P. →Flötner geschaffen wurden. Die O. auf →Edelzinn oder →Zunftzeichen sind hauptsächlich →Arabeske, →Maureske, →Bandwerk, →Laub- und Bandelwerk, →Akanthus, →Palmette, →Barockblumen, →Rollwerk, →Beschlagwerk, →Knorpelwerk.

Ornamentschüssel, →Nürnberger →Reliefzinn mit →Arabeske, →Maureske, →Groteske, auch als →Zonenteller bzw. -schüssel gefertigt. Als Reliefarten erscheinen dabei: Ätzdekor, aus geätzter Form gegossen (→Ätzen), Flachrelief und Hochrelief (→Relieftechnik).

Orpheus-Platte von N. →Horchaimer mit flachem, aus geätzter Form gegossenem Reliefdekor, dat. 1567, mitgegossenes Monogramm NH. Auf dem →Umbo sitzt Orpheus, der Sohn der →Muse Kalliope und des thrakischen Flußgottes Oiagros, mit Musikinstrumenten. Der berühmte Sänger, der der Sage nach Pflanzen und Tiere bezaubert und seine Gattin Eurydike an die Unterwelt verliert, wurde auf Zinn oft dargestellt. Auf dem Rand der O.-P. die neun Musen als geflügelte Genien mit Musikinstrumenten nach Stichvorlagen von V. →Solis, zwischen ihnen Musikinstrumente und Trophäen. Von dieser →Platte sind nur zwei Exemplare bekannt.

Osiris, Firmenstempel der Gießerei Walter Scherf u. Co. in →Nürnberg. Verschiedene Künstler ließen ihre Entwürfe hier ausarbeiten. Die von der Firma verwendete Legierung war silberhaltig und eignete sich daher gut zur →Vergoldung. Wahrscheinlich bezieht sich die Stempelung »Orion« auch auf die Firma Scherf, da künstlerischer Stil und Metall in enge Beziehung zu ihr gestellt werden können.

Ovid. Publius Ovidius Naso, geb. 43 v. Chr., gest. 17/18 n. Chr. Kurze Zeit im Staatsdienst, lebte er als Dichter in Rom, bis er 8 n. Chr. von Kaiser Augustus nach Tomi (Konstanza) am Schwarzen Meer verbannt wurde. In den »Metamorphosen« erzählt er etwa 250 Verwandlungsgeschichten von der Erschaffung der Welt bis zur Zeit des Kaisers Augustus. In der →Renaissance und im →Barock werden auf →Edelzinn Geschichten aus den Metamorphosen dargestellt, z. B. auf der →Aktäon-Platte oder der →Pyramos-und-Thisbe-Platte.

Oxidation ist der Vorgang der Verbindung eines Metalls mit (Luft-)Sauerstoff. →Zinn oxidiert vorwiegend zu Zinndioxid, einer schwarz aussehenden Verbindung (als Erz: →Kassiterit, als Pulver: →Glasur).

Paderborn, Fürstbistum und Hochstift in →Westfalen. 1610 bezog der Rat der Stadt Zinngeschirr aus →Bremen, da anscheinend das heimische Handwerk dem Auftrag nicht gewachsen war, lag doch P. ungünstig zu den großen Zinnhandelsplätzen. Ungewöhnlich sind die von Meister Johann Eilers 1618 gefertigten, 189 Zentimeter hohen Standleuchter in der Stiftskirche von Neuenheerse. Wenn auch bei späteren →Leuchtern z. B. Marken nicht eingeschlagen sind, so lassen doch formale Merkmale eine Zuordnung für P. gerechtfertigt erscheinen: Typisch ist der aus Einzelwülsten gebildete Schaft, dessen Formen Mitte des 17. Jh.s stark akzentuiert sind und sich bis ins späte 18. Jh. weich verschleifen. Erst 1712 erfolgte die Gründung einer Landeszunft, alle Stempel wurden geändert und mit »1712« versehen. Diese Zahl ist demnach charakteristisch für die Zuordnung einer Zinnarbeit nach P.

Palmette, pflanzliche Ornamentform, bei der sich Blätter fächerförmig und symmetrisch entfalten. Aus der P., die in der →Antike als Giebelbekrönung auftritt, entwickelte sich der →Akanthus. Sie wird in der Zinngießerkunst vor allem als Punze (→Augsburg) oder seit dem →Empire als Reliefborte verwendet.

Paris. Die Zinngießer von P. hatten ihre Werkstätten nach mittelalterlicher Sitte ursprünglich auf dem Pont-au-Change. Diese Brücke wurde unter Franz I. (1515 bis 1547) abgerissen. Später kamen als →Baggerfunde aus der Seine viele kleine Zinngegenstände zutage. Wie sie ins Wasser gelangten, ist nicht geklärt. Offenbar durch Hochwasser und Brückeneinstürze, denn das teure, umschmelzbare Zinn hätten die Zinngießer aus Anlaß ihres Wegzuges von dieser Brücke kaum freiwillig ins Wasser geworfen. Mittelalterliche →Hostiendosen und →Reliquienkästen mit Zinnbeschlag, ähnlich denen aus →Edelmetall, befinden sich im Musée Cluny, P. 1304 verlangten die

Palmetten-Ornament

Zinngießer von P. eine Bestätigung bzw. Änderung ihrer Zunftvereinbarungen; die eigentliche →Zunftordnung erhielten sie erst 1357, die seit dem 15. Jh. mehrfach verändert wurde.

Pariserrot, s. Hilfswerkstoffe, *Polierrot*

Paris-Urteil, Begebenheit in der griechischen →Mythologie. Während der Hochzeit des Peleus mit Thetis, der Mutter des →Achill, warf Eris, die Göttin des Streites, einen goldenen Apfel unter die Gäste mit der Aufschrift »Der Schönsten«, um den sich die Göttinnen Hera, Athene und Aphrodite bewarben. Als Schiedsrichter bestimmte man den Prinzen von Troja, Paris. Aphrodite versprach ihm Helena, die Paris entführte. Das war der Anlaß zum Trojanischen Krieg. Das P.-U., nach einer Stichvorlage von Brosamer, findet sich auf einer 1569 datierten Reliefguß-Platte von A. →Preissensin (→Paris-Urteil-Platte).

Paris-Urteil-Platte von A. →Preissensin, →Nürnberg, mit flachem, aus geätzter Form gegossenem Reliefdekor, datiert 1569. Auf dem →Umbo das →Paris-Urteil nach einem Stich von Brosamer. Auf dem Rand neun →Tugenden nach Stichen von V. →Solis, dazwischen Landschaften, Architektur, Tiere und →Hermen. Dem manieristischen Zeitgeschmack entsprechend wird die Dekorfläche vollständig ausgefüllt, es bleibt keine Stelle frei. Von der →Platte sind vier Exemplare bekannt.

Patene, Teil des →Altargeräts in der katholischen Kirche mit der Eigenschaft eines »heiligen Gerätes«. Die P. steht in unmittelbarem Zusammenhang mit dem Kelch. Im 9. und 10. Jh. von beträchtlicher Größe, für Aufnahme der Opfergaben der Gemeinde bestimmt, nimmt die P. seit dem 11. und 12. Jh. eine zum Kelch passende Größe an, als für die Kommunion kleine Hostien verwendet wurden. Zuerst reich verziert, wird sie schlichter, glatt und scheibenförmig. Kelche und P. in gotischen Formen und aus Zinn wurden in Gräbern von Geistlichen vor allem in →Frankreich, aber auch in Deutschland gefunden. Wahrscheinlich waren diese Gegenstände Würdezeichen der Verstorbenen. Da Kelche aus Zinn im allgemeinen für liturgischen Gebrauch gestattet wurden, schließt diese Bestimmung auch die P. des 17. und 18. Jh.s ein.

Patina ist ein an der Oberfläche von

1691	Paris 1762	Passau um 1550 Hans Erber	Perleberg	Pforzheim 1758 Phil. Friedr. Heller	

→Zinn entstehender Edelrost, dessen Ausbildung allmählich erfolgt und vom Einfluß von Luftsauerstoff und -feuchtigkeit sowie von der →Zinnlegierung selbst abhängt. Ihre Farbe kann dunkelbraun bis schwarz sein, bleihaltiges Gerät läuft leicht an. Die natürliche P. ist nicht sehr stabil, kann mit der Zeit die Farbe ändern und durch ungeeignete Putzmittel leicht aufgehellt oder zerstört werden. Demgegenüber ist künstlich erzeugte P. (→Patinieren) wesentlich beständiger und ändert ihre Farbe nicht, ist im Falle eines Fälschungsversuches demgemäß aber relativ leicht zu erkennen.

Patinieren. →Zinngerät wird teilweise nach dem →Polieren noch gefärbt. Das geschieht durch Eintauchen in ein Färbebad, wobei Tönungen von Braun über Grau bis Schwarz erreicht werden können. Häufig wird versucht, durch dieses P. ein Alter vorzutäuschen, das das Zinngerät nicht hat. Farbtönungen werden auch durch →Bürsten im Anschluß an das Färben erreicht.

Patriarchenhof. In →Rußland war das für die orthodoxe Kirche hergestellte →Zinngerät mit einer segnenden Hand gemarkt, dem Besitzerstempel des P.

Dieses Kirchenzinn war seiner Bedeutung wegen reich verziert.

Paulus-Zinn, s. Münster und Münsterisches Pauluszinn

Pechkrug, →Daubenkrug, der zur Abdichtung innen mit Harz oder Pech ausgestrichen (verpicht) ist.

Peltro, ital., Gebrauchsgut und feinere Waren aus Zinn (→Pewter).

Penang-Börse, internationale Rohstoffbörse, die aufgrund der Pfundschwäche und des Selbstwertgefühls der Entwicklungsländer die Bedeutung der →London Metal Exchange für die Zinnpreisgestaltung übertrifft.

Pennsylvanien, im 18. Jh. Verbreitungsgebiet von →Zinngerät nach deutschem Vorbild durch eingewanderte deutsche Zinngießer (→Nordamerika, →Heyne, →Weybrecht).

Pewter, angelsächsische Bezeichnung für Legierungen des Zinns, ähnlich der →DIN 17810.

Pewterlegierung (→Britanniametall),

| Pirna | Plauen | Posen | Potsdam | Prag | Prenzlau |
| Ende 17. Jh. Johann E. Grieser Witwe, 1739 | 1670 | 1570 | | 1710 | 16. Jh. |

in →England seit 1760 bekannt. →Blei ist in dieser Legierung durch →Antimon ersetzt worden. Man erreicht dieselbe Festigkeit, im Gegensatz zu Bleilegierungen läuft diese jedoch nicht an. Typische Zusammensetzung: 92% →Zinn, 6% Antimon, 2% →Kupfer.

Pfeifen, s. Repoussieren

Pfeifendekor, in der →Renaissance und im →Barock auftretende Ornamentform von oben abgerundeten, flachgewölbten, eng wie Orgelpfeifen nebeneinander angeordneten und erhaben gearbeiteten Rippen. P. sitzt meist auf der unteren Gefäßzone, auch in schräg liegender, geschweifter Ausführung.

Pflege. →Zinngerät ist an sich pflegearm: Beim Reinigen sind nur milde Spülmittel zu benutzen und keine Geschirrspülmaschinen wegen ätzender Hilfsmittel zu verwenden. Bei stärkerer Verschmutzung sind Zinnsand (→Hilfswerkstoffe) oder Schlämmkreide empfehlenswert. Genaue Anweisungen in der Zinn-Fibel der →Zinngießer-Innung.

Phasenumwandlung (»Zinnpest«). →Zinn tritt in zwei Modifikationen auf:

Bei Raumtemperatur ist β-Zinn stabil, unterhalb 13,2° C kann sich α-Zinn als graues Pulver bilden. Die Reaktion ist reversibel. α-Zinn bildet sich nur äußerst selten spontan in sehr reinem Zinn. Die Umwandlungsgeschwindigkeit verläuft erst unterhalb −20° C merklich und hat ein Maximum bei −40° C. Bei den für →Zinngerät üblichen Zusätzen ist die P. praktisch ausgeschlossen, da bereits 0,5% →Antimon im Zinn die Umwandlung selbst bei −40° C für mehr als fünf Jahre verzögern, einer Temperatur also, die nicht einmal im Tiefkühlfach einzustellen ist. – Im Schrifttum gab es früher Hinweise auf eine γ-Phase oberhalb 160° C, die aber heute als nicht mehr gesichert angesehen wird.

Phöniker, s. Handelswege und Antike

Pichet, französischer →Krug, der, mit einer leicht vorgezogenen Schnauze versehen, auch als Schenkgefäß benutzt wird. Die frühesten P., die noch erhalten sind, stammen aus dem 15. und 16. Jh., sind balusterförmig und halten sich, abgesehen von lokal und stilistisch bedingten Abweichungen, in ihrer Grundform bis in die 2. Hälfte des 18. Jh.s. Die stufenartige, senkrecht geformte Fußzone ist charakteristisch für →Paris; eine konisch hochsteigende untere Zone, unter der die Bauchung des Kruges ansetzt, ist in →Lothringen üblich. Einen niedrigen angedeuteten Fuß, zylindrischen Körper und eingezogenen, gedrungenen Hals zeigt der normannische Typ. Über einem walzenförmigen Ansatz einen kegelförmigen Leib und eine zylindrische Randzone weisen die P. aus →Lyon auf. Weitere Varianten sind P. ohne Deckel oder die Kombination mit dem vasenartigen Schenkgefäß, der broc. Im 19. Jh. werden die P. noch nach alten Formen gegossen. Da sie ungemarkt sind und manchmal sogar gefälschte Marken vorweisen, ist Vorsicht geboten.

Piemont, Stil und Zinngießer, s. Italien

Pieper-Lippe, Margarethe, s. Forscher

Pilgerflasche, s. Plattflasche

Pilgerzeichen trugen im Mittelalter die Wallfahrer als Andenken und Nachweis ihrer Pilgerschaft, an ihrer Kleidung aufgenäht. Mit diesen Abzeichen ausgewiesen, genossen sie auch Schutz, Hilfe und Gastfreundschaft während der langen und oft sehr beschwerlichen Reise. Die P. sind aus Blei oder Zinn gegossen, reliefiert und durchbrochen gearbeitet. Die Darstellung bezieht sich meist auf einen bestimmten Ort: Hl. Veronika (Rom), Hl. Michael (Mont St. Michel, →Frankreich), Muttergottes (Loreto), Hl. Thomas (Canterbury, →England), St. Georg (→Süddeutschland). Datierungen nach Stilmerkmalen sind schwierig, da ältere Vorbilder

Pilgerzeichen. 14./15. Jh.
Gefunden in der Seine

über längere Zeit immer wieder für Neugüsse benutzt wurden (→Devotionalie). Wenn der durch die Pilgerfahrt erbetene Beistand der Heiligen sich für den Gläubigen erfüllt hat, wurden P. manchmal als Votivgabe an den Wallfahrtsort aus Dankbarkeit zurückgebracht oder nach Vorzeigen im Verwandtenkreis als Beweis der unternommenen Wallfahrt in den Fluß des Heimatortes geworfen. Aus nicht ganz geklärten Gründen wurden viele P. im Sand der Seine in →Paris gefunden.

Pinte, in →England Maßeinheit, nach der →Kannen und →Krüge benannt

*Pitsche.
Eger, um 1800*

werden, sofern sie einen halben Liter fassen. Die P. aus der Zeit um 1500 ist balusterförmig ohne Fuß und Standring (→Balusterkanne), seit der zweiten Hälfte des 17. Jh.s wird der Lippenrand etwas abgesetzt gestaltet, der Deckel ist flach. Diese Form hält sich bis ins 18. Jh.

Pitsche oder Pesche, eigentlich Holzdaubenkrug, bei Zinn eine aus →Eger stammende, konisch geformte, behäbige krughohe →Kanne, mit Deckel und Schnabelausguß. Eine Verwandtschaft mit süddeutschen Formen ist augenscheinlich. Die P. ist nicht zu verwechseln mit den Holzpitschen oder →Daubenkrügen bzw. mit dem französischen →Pichet.

Plagiat, s. Kopien

Plakette, rechteckige Form der Medaille; im 16. und 17. Jh. kein Erinnerungsstück, sondern Modell für Reliefguß und Treibarbeit der Zinngießer, Gold- und Silberschmiede sowie anderer künstlerisch tätiger Handwerker. Die P. wurde in Blei nach Stein-, Wachs- (→Verlorene Form) oder Messingformen gegossen. Bleiabgüsse aus Messingformen sind besonders scharf, da der erkaltete Guß noch in der Form mit dem Hammer nachgeschlagen wurde, damit sich die Feinheiten der Darstellung gut abzeichneten. Manchmal noch sichtbare Schlagspuren auf der Rückseite der P. lassen den Guß aus der Messingform zusätzlich erkennen. – P. →Flötner in →Nürnberg fertigte nach der Steinform zunächst eine Zinnform und danach Bleiabgüsse in großer Zahl, die im 16. und 17. Jh. zum Inventar jeder Goldschmiedewerkstatt gehörten. Sie wurden ebenso von den sächsischen Zinngießern, wie z. B. vom Meister H. L. (H. →Lichtenhahn), benutzt. Der Meister P. →Günther (erw. 1601–1620) in Chemnitz (→Sachsen) verwendete für seinen →Krug mit den →Planetengöttern neben P. von Flötner auch solche des Nürnberger Meisters LD (Leonhard Danner?).

Plaketten-Lötung, s. Bodenstumpf

Planetengötter. Von H. S. →Beham und P. →Flötner stammen die Stichvorlagen bzw. →Plaketten zu den P., die vom »Meister der Musenplatte« und den sächsischen Zinngießern benutzt wurden (P. →Günther, N. →Horchaimer). In der Astrologie benannten bereits die Babylonier die Planeten nach bestimmten Göttern, deren Eigenschaften den jeweiligen Planeten zugeschrieben wurden. Dieser überträgt sie auf den Menschen, der unter seinem Einfluß geboren wurde. Die sieben P. und ihre →Attribute sind: Sonne (Zepter, Zackenkrone), Venus (brennendes Herz oder auf einem von einer Taube gezogenen Wagen), Merkur (Schlangenstab), Mond (Horn, Mondsichel), Saturn (mit Sense, sein Kind verschlingend), Jupiter (barhäuptig, Schwert), →Mars (Hellebarde, Schwert, Helm oder auf einem von Wölfen gezogenen Wagen) (→Allegorie, →Symbol).

Plastiken. Skulpturen wurden im 4. Jahrtausend v. Chr. in Mesopotamien aus →Kupfer hergestellt. Uralt ist die Technik des →Treibens von Metallfiguren, die sogenannte Sphyrelaton-Technik, wie sie bei der in Spanien im 12. und 13. Jh. entstandenen »Thronenden Madonna mit Kind« festzustellen ist: Um einen plastischen Kern aus Holz (bei manchen P. auch aus Ton, Wachs oder bis in die →Renaissance hinein aus →Bronze) werden mit glatten Werkzeugen dünne →Zinnbleche gebogen und festgenagelt. Als zweitälteste Zinn-P. erhielt sich »Christus auf dem Palmesel«, Elsaß 13./14. Jh. Der →Dresdener Kannengießer Ambrosius Reichenbach goß um 1590 eine nackte weibliche Figur aus Zinn nach einem Holzmodell, das der →Leipziger Bildschnitzer Valentin Silbermann angefertigt hatte. Die Figur kostete 72 Gulden 1 Pfennig, muß also von Wert gewesen sein. Bartholomaeus Gerschel aus Dresden erhält 1590 aus kurfürstlicher Kasse 129 Gulden 7 Groschen 9 Pfennige »vor einem Hirsch, einem Pelikann mit drey Jungen und einem Rehe Böcklen von Zien abzugießen«.

Ebenfalls nach Holzformen von einem Bildhauer (Jacob Felsch, →Zittau) schuf der Zittauer Zinngießermeister Paul Weise ein angeblich reich (mit Figuren) verziertes →Taufbecken für die Johanniskirche, das nicht mehr erhalten ist. Auch von C. →Enderlein wird berichtet, er sei »im Gießen von Figuren sehr geschickt«. Erhalten haben sich →Kruzifixe aus dem 17. Jh., von denen eines der bedeutendsten auf Georg Petel zurückgeht, das er in Anlehnung an ein Gemälde von Matthias Grünewald um 1630 schuf. Einmalig ist die Figur des Heiligen Johannes von Nepomuk, dat. 1641, deren Kopf wohl nach einem Steinmodell gegossen wurde, wie charakteristische Werkzeugspuren vermuten lassen.

Die P. aus Zinn sind meist stark bleihaltig, wenn nicht ganz aus →Blei, mit einem Zusatz an Zinn, Barium oder anderen Metallen, dem sogenannten Hartblei. Zinn oder Blei wurden aber nicht als Ersatz für Bronze oder edle Metalle verwendet, sondern sie ließen sich leichter und für feinste Details exakter gießen. Ein Nachziselieren der Feinheiten wie beim →Bronzeguß erübrigte sich. P. aus reinem Blei sind weitaus widerstandsfähiger als Bronze und Zinn gegen Kälte und Witterungseinflüsse, weshalb man sie für Brunnen, Denkmäler, Garten- und Parkdekorationen vor allem im 17. und 18. Jh. schuf (Versailles, Schloß Schleißheim, Nymphenburg, Brühl, Berlin, Hofkirche →Innsbruck, Belvedere →Wien). Hauptmeister der österreichischen Bleiplastik ist Raphael Donner.

Den Guß von P. als schmückendes Beiwerk auf Deckeln von →Zunftkannen und

-pokalen beherrschten auch die Handwerksmeister. Meist sind es Krieger in römischer Feldkleidung, Löwen oder Glücksgöttinnen, die Schilder oder Fahnen mit Inschriften und Wappen halten. Da es eine Anzahl Bleifigürchen als Modelle für Goldschmiede aus dem 16. und 17. Jh. gibt, werden auch die Zinngießer solche benutzt haben. Neuerdings kommen neben den flachen →Zinnfiguren vollplastische Figuren als Sammelobjekte in Mode.

Platte, →Tischgerät oder Prunkstück (→Temperantia-Platte) von mehr als etwa 25 Zentimeter Durchmesser, flach gemuldet. Der Rand und die Mitte können durch Relief oder Gravur verziert, aber auch glatt sein. Manche P. besitzen eine kleine Wölbung im Zentrum (→Umbo), die eine sichere Handhabung ermöglicht, wenn bei Tafel die P. als Wasserbecken zum Händewaschen vom Diener gereicht wird, während er aus der zugehörigen →Kanne Wasser über die Hände des Gastes schüttet. In →Böhmen und Mähren waren im 17. und 18. Jh. reich gravierte Prunk-, Hochzeits- oder Patenplatten in der Art der Reliefscheibenteller beliebt.

Plattflasche, Pilgerflasche, Schenkgefäß, von der gedrechselten Holzform der Feldflaschen abstammend, die aus der →Antike und der fränkischen Zeit (5. bis 9. Jh.) überliefert sind. Aus Steinzeug gibt es P. im Rheinland seit der →Gotik, auf Gemälden des 14. Jh.s finden sich Darstellungen von P. aus Zinn; die frühesten Exemplare haben sich jedoch erst aus dem 15. Jh. erhalten. Sie wurden – wie bildlich überliefert – zum Transport von Getränken und als Schenkflasche bei der Tafel verwendet. Die P. besitzt Ösen für Traggurte und einen Standring oder einen kantigen bzw. runden Fuß. Der Ausguß sitzt in der Frühzeit unvermittelt obenauf, später entwickeln sich gefällige Ansatzprofile. Als Verzierung sind formgerecht konzentrische Ringe gewählt worden, im Zentrum sitzt ein graviertes oder mitgegossenes Wappen. P. ohne Ösen besitzen einen Henkel und einen Klappdeckel oder auch Klappgriff.

In der →Schweiz wurden P. bis in die Zeit um 1800 gefertigt. Aus dem 16. Jh. sind zwar keine P. erhalten, wohl aber in der Luzerner Chronik von Diebold Schilling (1513) abgebildet. Seit dem 2. Drittel des 17. Jh.s gibt es einige Stücke in den Museen. Die P. stehen auf einem kunstvoll profilierten Fuß, das Zentrum verziert stets ein reliefiertes oder gemaltes Wappen. Sie kommen in Sätzen bis zu zwölf Stück vor und dienten als →Ratskannen z. B. den vier Fakultäten der Universität Basel.

Platzer, Joseph Stephan, bedeutender Zinngießer in →Salzburg. Er stammt aus →Karlsbad, arbeitet als Geselle in →Augsburg, wird 1773 Meister und übernimmt die Werkstatt des Hofzinngießers J. A. Lechner. Sein Haus wird 1775 »das Zinngießerhaus«, dann »die große Zinngießer Werkstatt zu ebner Erd« und 1800 »das Hofzinngießerhaus« genannt. Er beliefert die Hohensalzburg und viele Kirchen. Auch ein →Willkomm der Hutmachergesellen in Salzburg blieb erhalten.

Plautus, Titus Maccius, aus Sarsina (Umbrien), geb. vor 251, gest. 184 v. Chr., bedeutendster römischer Komödiendichter. In seinen Stücken schildert er Festgelage, bei dem alle Speisen in Zinnschüsseln serviert wurden.

Plinius d. Ä., Gaius (23/24–79 n. Chr.), aus Novum Comum (Como); tüchtiger Militärbeamter und Schriftsteller. Sein einziges erhaltenes Werk »Naturkunde« (naturalis historia) ist mit 37 Bänden eine Art Enzyklopädie der allgemeinen Bildung im Altertum und u.a. eine der Hauptgrundlagen für das Wissen über antike Kunstwerke und Künstler. Das Werk ist in seiner Zuverlässigkeit und Gewissenhaftigkeit von unschätzbarem Wert; z.B. berichtet er von verzinnten Kupfermünzen, zinnernen →Spiegeln und →Ampullen, auch daß die Bleirohre einer Wasserleitung mit einer →Zinnlegierung verlötet wurden. Kleine gläserne Spiegel mit Zinnunterlage und Metallfassung allerdings wurden nicht in →schriftlichen Quellen erwähnt, sondern kamen bei →Ausgrabungen zutage.

Plombs historiés, 1) s. Pilgerzeichen 2) Siegel mit der bildlichen Darstellung des Schutzpatrons eines Handwerksberufs auf dessen →Zunftemblemen und -geräten.

Pochhämmer dienen der Zerkleinerung von →Zinnerzen vor deren Anreicherung (→Gewinnung).

Pöllinger, Paulus, aus →Regensburg (Bürger 1559, erw. bis 1578), schuf →Schüsseln in Reliefguß: z.B. Bathseba im Bade, monogrammiert pp 1564; Jungbrunnen, bez. pp 1564; Bärenreiter mit Gefolge, →Stechermonogramm HH oder NH, bez. pp, um 1560/70. Vielleicht stammt das Schüsselmodell mit raufenden Landsknechten sowie dasjenige mit einem Schützen, dat. 1563, das im letzten Viertel des 17. Jh.s einmal von H. CH. Prunsterer (Meister 1676) gegossen wurde, auch von P. Es ist bemerkenswert, daß gleichzeitig mit dem →Reliefzinn in →Nürnberg auch in Regensburg und →Memmingen ähnliche Arbeiten entstanden sind.

Polieren. →Zinn läßt sich wie alle weichen Metalle relativ schwer p. Als Hilfsmittel verwendet man eine Polierpaste, auch Bimsstein. Durch P. werden wegen der optischen Wirkung gefärbte Flächen teilweise wieder aufgehellt.

Polierpaste, s. Hilfswerkstoffe

Polierrot, s. Hilfswerkstoffe

Polierstähle, s. Handwerkszeuge

Polizeybuch, →Nürnberger Rechtsverordnung, in der schon vor 1300 die Zusammensetzung der später →Nürnberger Probe genannten Zinn-Blei-Legierung festgelegt ist.

Polizeyordnung, unter anderem Legierungsvorschrift der →Linzer Zinngießerzunft, die seit dem 16. Jh. bei den jährlichen Zunfttreffen stets verlesen wurde (→Zinnlegierungen, →Zunft).

Porträtplaketten, s. Hilpert

Poterie d'étain heißt in →Frankreich das im Haushalt verwendete →Zinngerät mit glatten Oberflächen im Unterschied zur Orfèvrerie d'étain, den reliefverzierten oder gravierten Arbeiten, die dem →Edelzinn entsprechen.

Poysdorfer Fund, im Niederösterreichischen Landesmuseum →Wien, der hervorragende Arbeiten von →Linzer und →Welser Zinngießern aus dem 17. Jh. enthält.

Prag war der Mittelpunkt der Zinngießerkunst in →Böhmen und Mähren. Seit 1324 sind »Kandler« urkundlich erwähnt, die 1371 die →Nürnberger Probe 10:1 vereinbaren. Mit der Erschließung der Zinnbergwerke in →Graupen (1146), →Altenberg (1458) und Schönfeld (nach 1200) setzte in P. im 15. Jh. eine sprunghafte Entwicklung des Handwerks ein, die 1447 zur Gründung der →Zunft führte. In der Zeit von 1526 bis 1620 gehörten ihr 145 Meister an. Es war die glanzvolle Zeit von Karl V. und Rudolf II., unter deren Regierung die Handwerke und Künste in der Hauptstadt des Landes aufblühten. Im 17. Jh. dagegen zogen die Handwerker aus wirtschaftlichen Gründen weg von der Metropole in die Nähe der Zinnbergwerke, so daß →Karlsbad und →Schlaggenwald bald die Begriffe für »böhmisches Zinn« wurden. Die älteste erhaltene Arbeit aus P. ist das →Taufbecken des Meisters Matthias Naidul, um 1480 (Berlin-Köpenick, Kunstgewerbemuseum). Typisch waren für P. im 17. und 18. Jh. breite, reich gravierte Prunk- und Patenschüsseln, →Schraubflaschen, walzenförmige, gravierte →Zunftkannen auf Kugelfüßen und breite, behäbige →Krüge mit flachem Deckel.

Preisentwicklung (Rohzinn). Durch die vom →International Tin Council festgelegten Preiszonen sind keine abrupten Sprünge im Zinnpreis zu erwarten. Langfristig ist mit einer steigenden Tendenz der Preise zu rechnen, da die Kapitalaufwendungen für die Ausbeutung der Lagerstätten ständig steigen.

Preissensin, Albrecht (Meister 1563, gest. 1568), ist in →Nürnberg neben N. →Horchaimer der bedeutendste Zinngießer, der seine Stücke aus geätzter Form gegossen hat (→Holzschnittmanier, →Ätzen). Die Formen wurden aber von spezialisierten Modelleuren hergestellt, die wahrscheinlich auch für die Waffenschmiede und Plattner tätig waren. Sie schufen ihre Motive nach Stichvorlagen u. a. von V. →Solis und H. S. →Beham. Die erste nachgewiesene Arbeit von P. ist die →Paris-Urteil-Platte, dat. 1569. Ein in der Werkstatt des Meisters bevorzugtes →Ornament war die →Arabeske. Seine Modellformen wurden auch von anderen Zinngießern bis in die Mitte des 17. Jh.s benutzt. Bei →Hintze sind 27 Arbeiten P.s nachgewiesen, viele mehrfach gegossen. Mit N. Horchaimer, den Meistern der Bauerntanzplatte, der →Musen-Platten und dem Meister mit dem Ring ist P. der ersten Generation der Meister des Nürnberger →Reliefzinns zuzuordnen.

Probzinnmarken 18./19. Jh.

| Württemberg | Sachsen | Norddeutschland | Erlangen | Nürnberg |

Prelleisen, s. Handwerkszeuge

Prenner, Wenzeslaus, wird in →Nürnberg 1478 als →»Kandelschlager« erwähnt. Das läßt darauf schließen, daß →geschlagenes Zinn damals weit häufiger verlangt wurde als in späterer Zeit, so daß sich ein eigener Handwerkszweig dafür bilden konnte und diese Arbeit außerhalb der Zinngießerbetriebe vorgenommen werden durfte.

Presbyter, s. Theophilus und Schedula diversarum artium

Pressen. Heute werden zahlreiche einfache Formen aus Kostengründen gepreßt (Deckel, Aschenbecher u. a.). Dazu wird Blech unterschiedlicher Dicke verwendet. Die Preßstempel sind als negative Form ausgebildet. Oberflächen können glatt oder positiv bzw. negativ verziert sein, Kanten müssen nachgearbeitet werden.

Primärzinn, s. Bergzinn (→Gewinnung)

Prinzmetall, Legierung von →Zinn mit »Spießglanz«, der altertümlichen Bezeichnung für →Antimon. Um die Legierung zu ermöglichen, wird Antimon in warmer Salpetersäure aufgelöst; es entsteht ein weißes Oxid. Im Feuer schmilzt es leicht, wobei es die Kohlen mit weißen, feinen, glänzenden Nadeln belegt.

Prismatische Kanne, charakteristisch für den Kanton Graubünden in der →Schweiz. Ihre Grundfläche und senkrechte Wandung ist sechs-, sieben- oder achteckig. Die Schulter ist leicht gerundet und waagerecht bis zum Schraubverschluß abgesetzt. Auf dem Schraubdeckel (im deutschen Raum wird die P. K. daher als →»Schraubflasche« bezeichnet) sitzt meist ein kräftiger Ringgriff, gelegentlich auch ein kleinerer Klappgriff in Reliefguß. Unterhalb der Schulter befindet sich eine kurze, gedeckelte oder verschraubbare Ausgußröhre. Bei größeren →Kannen erleichtert eine in Bodennähe angebrachte Ringöse als Handhabe das Ausschenken. Bodenränder sind, sofern vorhanden, meist als einfache Leisten oder, wie bei den sogenannten Bündener Kranzkannen, als Hohlkehle gestaltet, die mit →Akanthus verziert ist. Die Flächen wurden oft graviert oder – besonders bei P. K. aus Chur – durch eine aufgelötete →Kartusche mit graviertem Besitzermonogramm oder Wappen verziert. Die

Marken befinden sich in der Regel auf dem Ausgußdeckel. Als Sonderform gibt es die P. K. ähnlich wie bei →Glockenkannen auch als Flasche ohne Ausgußröhre und mit Klapp- anstatt Schraubdeckel.

Probe zum Vierten, Zinnsorte im 17. Jh. nach der badischen, elsässischen und württembergischen Landesordnung; auch in der →Schweiz mit vier Teilen →Zinn und einem Teil →Blei gebräuchlich.

Probe zum Zehnten, entspricht der →Nürnberger Probe.

Probezinn, s. Reichsprobe

Produktion, s. Verbrauch

Propheten-Teller, auch →Teller mit der Halbfigur eines Fürsten oder Medaillen-Teller genannt, Reliefscheibenteller von J. →Koch II. In der Mitte das Brustbildnis eines Herrschers (nach der Medaille des Meisters des Weihnachtstellers) und die Inschrift: DRINCK: VND: IS: GOTS: NICHT: VOR: GIS. Auf dem breiten Rand vier Rundmedaillons mit Szenen aus der Genesis, dazwischen →Hermen und Ranken. Nach →Hintze der Prototyp für die zahlreichen →Auferstehungs-, →Noah-, →Kaiser- und →Kurfürstenteller der →Nürnberger Meister. Das Modell wurde auch von Jacob Koch III (1614–1639) und Konrad. Koch I gegossen. Aus der 2. Hälfte des 16. Jh.s stammt ein ähnlicher P.-T. aus →Eger.

Pulverflasche. Salzburg, um 1570. Lorentz Hentz

Pulverflaschen aus →Zinn haben sich wegen der neutralen Eigenschaften des Metalls sehr bewährt, da darin im Gegensatz zu hölzernen und ledernen Flaschen das Pulver trocken blieb. Auf dem Schlachtfeld von Pavia (1525) sollen P. gefunden worden sein. Es gibt ähnliche Gefäße mit schlankem Hals auf einem Gemälde von Lucas von Cranach d. Ä., 2. Viertel des 16. Jh.s.

Punzen, s. Handwerkszeuge

Punzierter Dekor mit verschiedenartigen Punzen (→Handwerkszeuge) angeschlagen, ist von schärferer Kontur als Reliefdekor. Es werden einzelne, aber auch mehrere aufeinanderfolgende Linien punziert. Die Ornamente sind seit der →Renaissance z. B. →Palmetten, →Akanthus, Sterne, Rosetten, Halbkugeln, Li-

lien. Im 17. Jh. wurde P.D. vor allem in →Böhmen und Mähren, →Sachsen und →Augsburg bevorzugt.

Puppengeschirr, s. Spielzeug

Purgiertes Zinn, bleifreies Zinn mit Kupferzusatz, →Englisch Zinn.

Putzen, s. Pflege

Pyramos und Thisbe, babylonisches oder assyrisches Liebespaar, das sich nur durch eine Mauerritze der benachbarten Elternhäuser flüsternd verständigen konnte. Sie beschlossen, sich nachts am Grabmal des Königs Ninos zu treffen. T. war zuerst da, wurde von einer Löwin vertrieben, die ihren fallengelassenen Mantel zerfetzte. Als später P. den Mantel fand, glaubte er sich schuldig am Tod der Geliebten und tötete sich mit dem Schwert. T. kam zurück, sah den Leichnam und tötete sich mit demselben Schwert (→Ovid, Met. 4, 55–166). Das Liebespaar wurde in der →Renaissance und im →Barock oft dargestellt, wie z. B. als Umbo-Relief auf der →P.-u.-T.-Platte.

Pyramos-und-Thisbe-Platte, in der Art der →Temperantia-Platte, entstanden in →Frankreich, 4. Viertel des 16. Jh.s. Sie ist nach der auf dem →Umbo dargestellten Szene benannt, wie →Pyramos leblos unter dem Maulbeerbaum am Boden liegt und Thisbe sich aus Schmerz darüber das Schwert in die Brust stößt. Vor der P.-u.-T.-Platte ist eindeutig die Temperantia-Platte von F. →Briot ent-

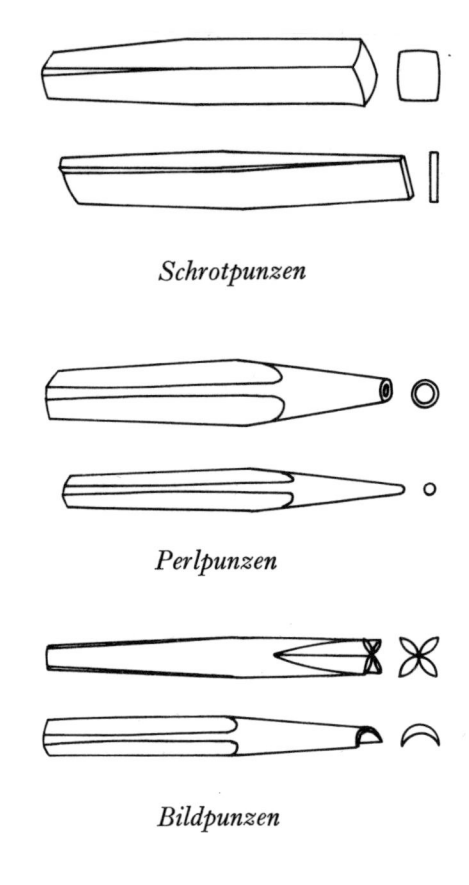

Schrotpunzen

Perlpunzen

Bildpunzen

Punzen werden beim Ziselieren verwendet. Mit ihnen werden in die Oberfläche des Werkstücks verschiedene Verzierungen eingeschlagen

standen, da der breite Fries um den Umbo auf ihr Vorbild mit den vier Elementen zurückgeht. Nach zwei Ornamentborten folgt die glatte Kehlung und der breite Plattenrand, auf dem sechs Szenen aus der Genesis, getrennt durch →Maskarons, →Rollwerk und →Kartuschen dargestellt sind. Für die Szenen gibt es Stichvorlagen von Étienne Delaune (geb. 1518/19–1583). Die überlängten Figuren und die dürre, nervöse Formensprache sind ein typisches Beispiel für französische späte Arbeiten des →Manierismus.

Pytheas von Massalia (Marseille), griechischer Entdeckungsreisender, Seefahrer und Geograph, befuhr um 325 v. Chr. die Nordsee bis zur Insel Thule, den Shetland- und Orkney-Inseln. Er berichtet auch über den Zinnbergbau an der Westspitze von →Cornwall (→Antike).

Qualitätsmarke war im Mittelalter zugleich die →Stadtmarke, die von den →Beschaumeistern verwaltet und eingeschlagen wurde. Nach 1600 wurde eine besondere Q. eingeführt in Form des Landesstempels (Ost- und Westpreußen, Württemberg), der zur Stadt- und →Meistermarke hinzugefügt wurde. Weitere Q. für die Mischung zum Zehnten oder Fünfzehnten sind: X (→Thüringen, →Sachsen) CL, das heißt »clar und lauter« (Sachsen), Kronen-, →Rosen-, →Engelmarke und die Schriftstempel »London-Zinn«, »Probezinn«, →»Blockzinn«.

Qualitätsmerkmale. Beim →Gießen lassen Leichtflüssigkeit und Oberflächenfärbung auf die Qualität des verwendeten →Zinns schließen. Bei →Zinngerät gelten Gewicht, Oberflächenmattierung, handwerkliche Besonderheiten, äußeres Erscheinungsbild und Stempelung als wichtige Q.

Qualitätsstufen, s. Klarzinn, Reichsprobe, Feinzinn, Mankgut und Halbgut

Qualitätszinn, →Zinngerät aus besonders guten Zinnsorten, seit dem 17. Jh. durch entsprechende →Marken gekennzeichnet.

Quecksilber, chemisches Element; einziges bei Raumtemperatur flüssiges Metall, Hauptbestandteil von Amalgamen (→Zinn in der Medizin).

Rackl, Max, der letzte Vertreter dieser alten Meisterfamilie in Gauting, gest. 1975. Er war der bisher einzige Schöpfer einer extrem modernen Stilgestaltung für Zinn. Dazu holte er sich Anregungen vor allem aus dem Kunsthandwerk der Etrusker und gab durch seine technische Geschicklichkeit den →Zinngeräten eine stilisierte rustikale Oberfläche.

Rätze oder Retze, schwäbische Bezeichnung für Zunftschenkkanne oder →Plattflasche.

Raffination, s. Gewinnung

RAL-RG 683, vom RAL (Ausschuß für Lieferbedingungen und Gütersicherung e.V., Frankfurt a. M.) seit Mai 1977 anerkanntes Satzungswerk zur Gütesicherung von →Zinngerät, das eine freiwillige Vereinbarung der Wirtschaft als Ersatz für veraltete Gesetze darstellt. Es ist entstanden in Zusammenarbeit mit allen deutschen Gießereiverbänden und verschiedenen Berufs- und staatlichen Institutionen. Definitionen von Begriffen wie Zinngerät, →Zinnlegierungen, →Feinzinn, →»Bleifrei« etc. sind hier für Hersteller und Handel festgehalten. Damit wurden die negativen Begleiterscheinungen für Zinnwarenbezeichnungen (→Deko-Zinn) aus dem Markt genommen (→DIN 17810).

Randariereisen, s. Handwerkszeuge

Ratskanne, Repräsentationsstück einer Stadtgemeinde, das bei den Versammlungen oder Festessen für den Umtrunk, wahrscheinlicher aber bei zeremoniellen Begrüßungen von Gästen und bei der Besiegelung von wichtigen Amtsgeschäften benutzt wurde. – Die bedeutendste R. ist die von C. →Has in →Regensburg (dat. 1453), die als Vorbild für die silberne, teilvergoldete Bergkanne von Goslar, angefertigt 1477 in →Nürnberg, angesehen wird. Seit dem 17. Jh. bestellten in →Köln viele Stadtgemeinden der Umgebung ganze Sätze von ihnen. R. tragen das Stadtwappen und sind von unterschiedlicher Form. Am häufigsten begegnet die →gefußte Kanne, sodann die →Plattflasche oder die balusterförmige →Rembrandt-Kanne, aber auch der Typ der Schweizer →Frauenfelder Konstaffelkanne. Die meisten der erhaltenen R. stammen aus dem 17. und 18. Jh.

Rauhguß, s. Modernes Zinngerät

Regensburg. Die älteste bekannte Zinngießerordnung datiert von 1517. Der erste Meister, Albrecht der Zinngießer, wird schon 1332 erwähnt. Er goß eine Glocke für den Dom in R. C. →Has schuf die älteste erhaltene →gefußte Kanne (→Ratskanne), dat. 1453, die Vorbild für die silberne Bergkanne von Goslar ist.

Ratskanne. Süddeutsch, um 1520

Bis in die Mitte des 16. Jh.s scheint in R. großer Bedarf an Zinngießern bestanden zu haben: von 28 bekannten Meistern haben 22 als Zugereiste (aus Eichstätt, Möhringen, Kitzingen, Kelheim, Berlin, Gunzenhausen, Kaub, Ingolstadt, Danzig u. a.) erst das Bürgerrecht erwerben müssen. Bereits 1563, zur Zeit der →Nürnberger Zinngießer →Horchaimer und →Preissensin, goß auch in R. der Meister →Pöllinger Arbeiten mit Reliefdekor. Im 17. Jh. entstehen davon noch einige Abgüsse. Ansonsten gibt es in R. kein →Reliefzinn, dagegen sehr schönen geflächelten Dekor (→Flächeln) und Strichgravur (→Gravieren). Die Tradition der Zinngießerkunst in R. wird heute von der Firma →Wiedamann gepflegt.

Reichsgesetz, s. Zinngesetz von 1887

Reichsprobe, Legierungsvorschrift für Zinn-Blei-Legierungen, die der →Nürnberger Probe entspricht. Sie erhielt ihren

Namen, nachdem Ende des 17. Jh.s die schlesischen Städte diese Vorschrift übernahmen.

Reims. Die Synode (und nicht ein Konzil) der römisch-katholischen Kirche fand in R. von 803 bis 813 statt. Man erlaubte von da an in →Frankreich Kelche aus Zinn für ärmere Gemeinden (→Kirchengerät).

Reinheitsgrad, s. RAL-RG 683 und DIN 1704

Reinmetallgewinnung, s. Gewinnung

Reinzinn, als Begriffsbezeichnung für →Zinngeräte gemäß →RAL-RG 683 nicht zulässig (→Feinzinn).

Rekristallisation ist die Kornneubildung innerhalb des Kristallgitters eines mechanisch verformten Metalls. Dabei gleichen sich die durch die Verformung veränderten Eigenschaften wieder ihrem Zustand vor der Verformung an, ein Umstand, der z. B. bei →Zinn schon bei Raumtemperatur zu einer →Entfestigung führt (→Erholung).

Reliefdekor, s. Edelzinn und Reliefzinn

Relieftechnik. Reliefverzierungen werden vom Formenschneider als Negative in die Gußform eingearbeitet (→Matrize). Dabei unterscheidet man das eingeschnittene, halbrunde, elegant wirkende Hochrelief und das durch →Ätzen herausgearbeitete Flachrelief, das Holzschnitten ähnelt (→Holzschnittmanier).

Reliefteller. Der Dekor weist den R. als Schau- oder Zeremonialgerät und als →Edelzinn aus. Angeregt von →Lyoner Arbeiten schuf J. →Koch II in →Nürnberg den →Propheten-Teller als Vorbild für die zahlreichen →Noah-, →Auferstehungs- und →Kaiserteller. Der sogenannte Reliefscheibenteller ist extrem flach, also scheibenförmig. Die Darstellung auf dem →Umbo gibt dem R. den Namen. Ist der Dekor rein ornamental und vielfach gegliedert angelegt, so spricht man vom →Zonenteller. R. wurden vor allem in →Süddeutschland und in der →Schweiz hergestellt. Die Hauptthemen des Dekors sind Szenen aus dem Alten und Neuen Testament, historische Personen wie Kaiser oder Könige, Blumen, →Ornamente und Wappen.

Reliefzinn, →Edelzinn mit gegossenem Hoch- oder Flachrelief. Die Blütezeit des R. dauert etwa von 1570 bis 1670/80. Es wird aus geätzter oder gestochener Form gegossen. Der Dekor umfaßt →Ornamente wie →Akanthus, →Arabeske, →Maureske, →Groteske; Figuren, Szenen aus der →Antike oder der →Bibel, →Allegorien, historische Personen oder →Barockblumen. Ausgehend vom Reliefdekor der italienischen →Renaissance gelangt das R. von →Frankreich (→Lyon) über Montbeliard (→Briot) und →Straßburg (→Faust) nach →Nürnberg. Es verbreitet sich dort besonders durch die Werkstätten des J. →Koch II, C. →Enderlein, A. →Preissensin, H. →Zatzer, N. und M. →Horchaimer, P. →Öham d. J., S. →Stoy und H. →Spatz II. Ein weiteres Zentrum für R. ist →Sachsen,

Ratibor	Rattenberg	Regensburg		Reichenbach
um 1665	(Tirol)	*Emerich*	*Chr. Friedr.*	(Voigtland)
	um 1600	*Güntzer*	*Weschke*	*17. Jh.*

wo u. a. nach →Plaketten von P. →Flötner gearbeitet wird. Auch in →Memmingen, Straßburg, →Regensburg und in der →Schweiz wurde R. hergestellt. Die wertvollen Gußformen waren z. T. über mehrere Generationen und bei verschiedenen Meistern im Gebrauch. Eine Sonderform des R. sind die am Stück geätzten Dekore aus der Mitte des 16. Jh.s (→Khuen von Belasi).

Reliquienkästen sind in der katholischen Kirche Behälter zur Aufbewahrung von Reliquien. Die Reliquienverehrung war im Mittelalter stark ausgeprägt. Reiche Gemeinden ließen kostbare Schreine von den Goldschmieden anfertigen, doch haben sich einige hölzerne R. mit Zinnbeschlag aus dem 13. und 14. Jh. erhalten. Über einen hölzernen Kasten mit walmdachartigem Deckel sind dünne →Zinnbleche geschlagen, die mit Figuren und linearen →Ornamenten in flachem Reliefguß verziert oder durchbrochen gearbeitet sind. Manchmal sind die Reliefs vergoldet oder farbig unterlegt. Als Herkunftsorte nimmt man →Frankreich, den Oberrhein und Norditalien an. Es haben sich 14 bekannte R. erhalten. In Brixen, Domschatz; Nürnberg, Germanisches Nationalmuseum; Paris, Musée Cluny; Fritzlar, Kirchenschatz von St. Petri; München, Bayerisches Nationalmuseum; Frankfurt a. M., Museum für Kunsthandwerk; London, Victoria and Albert Museum; Minden, Domschatz; Florenz, Museo Nazionale; Lüneburg, Rathaus, Bürgermeisterwahlkasten; Dresden, Museum für Kunsthandwerk; Gotha, Schloßmuseum; Leipzig, Museum des Kunsthandwerks; Straßburg, Musée des Arts décoratifs.

Da die R. im Aussehen und in der Art des Dekors den im Mittelalter allgemein gebräuchlichen Kassetten sehr ähneln, kann man, wenn sie nicht durch Urkunden als R. klar ausgewiesen sind, auch annehmen, daß es sich um Minnekästchen (im späten Mittelalter Geschenk des Bräutigams an die Braut zur Aufbewahrung von Eheurkunden oder Brautgeschenken) bzw. Briefladen handelt.

Rembrandt-Kanne, holländischer Typ einer →Zunftkanne aus dem 17. Jh., deren Namensgebung ungeklärt ist. Rembrandt hat diese Art von Gefäßen nie auf seinen Gemälden dargestellt. Es sind behäbige, nach unten abgesackte, birnförmige →Kannen mit weitem Hals und zylindrischem, etwas eingezogenem niedrigem Fuß. Gekehlte, abgedrehte Zier-

Rendsburg	Reutlingen	Riga		Rostock	Rothenburg o. T.
18. Jh.	4. Drittel 17. Jh.	1660	1625	1800	Gg. Christ. Rottstatt 1750

reifen, auch auf dem flachgewölbten Deckel, Wappenauflagen und gravierte Inschriften, die auf ihren Gebrauch als Gilde- oder Zunftkannen hinweisen, sind mitunter ihr Dekor. Es gibt dickbauchige und schlankere Ausformungen.

Renaissance (ital. rinascita, Wiedergeburt), um 1820 entstandener Stilbegriff für ein kulturgeschichtliches Zeitalter, das sich in →Italien um 1420 herausgebildet hat. Es brachte die Befreiung der Persönlichkeit von mittelalterlicher Gebundenheit, der Künstler blieb nicht mehr anonym. Antike Schönheitsideale auf allen Gebieten der Kunst werden wiederum gelehrt. Außerhalb Italiens setzt die Wende zur R. nach 1500 ein, der Übergang zum →Barock erfolgt allgemein um 1600. Hatte das Kunsthandwerk im Mittelalter seine besten Leistungen im Dienste der Kirche erreicht, so trat um die Mitte des 16. Jh.s der weltliche Auftraggeber, begünstigt durch entstehenden Reichtum als Folge der Entdeckungsreisen und des blühenden Handels, hinzu. Das Zinn gewinnt über den Gebrauchszweck als Hausgerät hinaus seit der 2. Hälfte des 16. Jh.s Bedeutung als Prunkgerät (→Briot, →Enderlein, →Nürnberg, →Edelzinn, →Reliefzinn). Ornamentstecher wie H. S. →Beham und P. →Flötner lieferten die Vorlagen für Reliefzinn aus Nürnberg und →Sachsen. Die →Zünfte in den Städten legen ebenfalls Wert auf würdige Repräsentation entsprechend ihrem Rang im städtischen Leben (→Schleifkanne, →Zunftpokal). An die Stelle der Heiligen-Darstellungen treten in der R. antike Götter und Helden (→Herkules, →Mars, →Paris-Urteil, →Musen-Platte, →Allegorien, →Hermen, →Tugenden, →Achill, →Grotesken, →Arabesken, →Mauresken, →Maskaron).

Repoussieren (franz. repousser), spiralförmige oder gerade →Kannelierung auf rotationssymmetrischen Zinngefäßen, mit Grad- oder Hohlmeißel auf federnder Unterlage hergestellt, wobei sich verschiedene Arten von Rippen – z. B. Melonenrippen – ergeben.

Restaurierung ist die Ausbesserung und Ergänzung beschädigten →Zinngeräts; dabei ergeben sich aber leicht →Verfälschungen, man sollte deshalb auf jeden Fall den Rat eines erfahrenen Restaurators einholen.

Richtplatte, s. Handwerkszeuge

Richtscheit, s. Handwerkszeuge

Riemerschmid, Richard. Architekt (1868–1957), gehörte zu den führenden Künstlern des →Jugendstils. Er schuf auch Entwürfe für Zinnarbeiten.

Ringflasche, →Glockenkanne oder →Prismatische Kanne ohne Ausgußröhre. Im 17. und 18. Jh. charakteristisch für die →Schweiz. Ihr Name leitet sich ab von dem Ringgriff auf dem Deckel. Die früheste Darstellung einer R. findet sich auf einem Glasfenster in der Elisabeth-Kirche in Marburg, 2. Viertel des 13. Jh.s.

Ritleng, Alfred, s. Sammler

Ritzzeichen, Vorläufer der →Hausmarke.

Rocaille (franz. Grotten- und Muschelwerk), asymmetrische Ornamentform des →Rokoko, aus Muschel-, Stein-, Schaumkämmen- und Pflanzenmotiven phantasievoll zusammengesetzt. Die R. ist oft der Ausgangspunkt wellenförmig ausstrahlender Rippen, die z. B. den Kaffeekannen in →Silberart die charakteristische Form geben. Im 18. Jh. sind die Griffe der →Ohrenschüssel ebenso als R. gestaltet. Sie kann als →Kartusche bildliche Darstellungen rahmen. Ornamentstecher lieferten die Vorlagen für die verschiedensten künstlerischen Handwerke. In →Frankreich wird die Stilrichtung des Rokoko auch »Style rocaille« genannt.

Röder (Röderer, Rödter, Rötter), öster-

Rocaille. Stichvorlage von F. X. Habermann, Augsburg, um 1740

reichische Zinngießerfamilie; im 18. Jh. unterhalten Familienmitglieder Werkstätten in ganz →Österreich (L. →Lichtinger).

Röders, Zinngießerei in Soltau. Der Gründer Albrecht R. versuchte schon seit 1920 in neuer, schöpferischer Gestaltung zeitgemäßes →Zinngerät herzustellen und so für Wohnen und Leben mit Zinn zu werben. Er konnte bis 1938 und wieder seit etwa 1950 vor allem mit den auf norddeutsches Stilempfinden ausgerichteten Zinngeräten große Erfolge verzeichnen. Sein Sohn Hinrich R. hat die väterliche Werkstätte zu dem heute technisch vollendetsten Zinngießereibetrieb Deutschlands ausgebaut. Unter Heranziehung namhafter Künstler wird ein hervorragend gestaltetes Herstellungsprogramm verlegt.

Rörken sind im 17. und 18. Jh. typisch norddeutsche Trinkkrüge von konisch sich nach oben erweiternder Röhrenform. Es gibt davon Miniaturausgaben und solche von etwa 30 Zentimeter Höhe. Die frühen Exemplare haben mitunter einen flachen breiten Standring, die späteren einen hohlen Wulstfuß. Die »Glücksrörken« haben kleine Würfel im siebartig abgedeckten Hohlfuß. Bei Vexierrörken (→Vexierkrug) ist die Lippenrandwandung ornamental durchbrochen, daß man scheinbar nicht daraus trinken kann, doch eine doppelte Wandung macht es unbeschadet möglich. Die R. wurden vorwiegend für →Zünfte hergestellt und sind sogar in der Mark Brandenburg und in →Schlesien anzutreffen, was auf die →Wanderschaft der Gesellen zurückgeführt werden kann.

Rohguß wird das unbearbeitete Gußstück genannt, so wie es nach dem Guß aus der Form kommt.

Rohzinn, s. Gewinnung

Rokoko, Spätphase des →Barock, in Deutschland mit der Verbreitung des →Laub- und Bandelwerk-Ornaments (→Augsburg, Paulus Decker, um 1720) einsetzend und bis etwa 1770/80 dauernd.

Rörken der Schlossergesellen in Boitzenburg. Dat. 1694

Rörken der Zimmergesellen. Kiel(?), dat. 1668

Das Grotten- und Muschelwerk, franz. →rocaille, gab diesem Stil den Namen, der sich vorwiegend im dekorativen Beiwerk zur Architektur und auf kunsthandwerklichem Gebiet zeigt. Die Üppigkeit des Barock wird im R. abgelöst von zierlichen Formen und zarten Farben im Zusammenhang mit einer nach französischem Vorbild verfeinerten und raffinierteren Lebensweise. Auch die Zinngießer gestalten ihre Erzeugnisse in beschwingten Formen in Konkurrenz zu Fayence- und Porzellangeschirren und stellen →Kannen, →Teller, Schalen usw. in →»Silberart« her.

Rollwerk, seit der Mitte des 16. Jh.s auftretende Ornamentform, bei der sich die Ränder oder Enden von Bändern und Linien rollen und plastische Wirkungen

Rollwerk-Kartusche. 2. Hälfte 16. Jh.

hervorrufen (Schule von Fontainebleau, um 1530). F. →Briot z. B. übernahm das R. bei den →Kartuschen seiner →Temperantia-Platte. Von da gelangte es nach →Nürnberg, wo es bei →Relieftellern wiederkehrt.

Rosenmarke, →Qualitätsmarke für die Legierung 15:1.

Rosensches Metall. →Zinn mit →Blei und →Wismuth legiert, ergibt das R. M., das schon in kochendem Wasser fließt.

Rose-Zinn, Markenbezeichnung eines elektrolytisch gewonnenen →Feinzinns mit mindestens 99,95% Zinngehalt der *Metallgesellschaft AG*, Frankfurt.

Rotbrüchig wird ein Guß, wenn das Metall zu stark überhitzt wurde; der Guß läuft dann regenbogenfarbig an.

Rotgießer sind Bronzegießer; der Name

Tonnies von Stade Hamburg 1657

Jobst Sigm. Wadel Nürnberg 1690

Rosenmarken mit Krone als Qualitätsmarken

leitet sich von der rötlichen Farbe der Legierung her.

Roth, Otto, Innenarchitekt, der mit R. →Wiedamann zusammengearbeitet hat.

Rütlischwur-Teller, als →Reliefteller →Schweizer Herkunft vom Formstecher Zacharias Täschler in St. Gallen um 1700 geschaffen und möglicherweise von Hans Jacob Schirmer d. J. (geb. 1657) gegossen, wobei die Marken seines gleichnamigen Vaters benutzt wurden. Im →Fond ist der Rütlischwur dargestellt, auf der →Fahne die Wappen der dreizehn alten Orte. Eine Variante dieses →Tellers zeigt das Reichswappen und zweimal das Wappen von St. Gallen im Fond. Ein weiterer Reliefteller wurde von Johannes Surd im Wallis um 1650 gegossen: auf dem schmalen Rand eine Wellenranke mit Blumen und Früchten, im Fond eine eucharistische →Vase oder ein Doppeladler. Die →Lappen und Wappenteller sowie der letztgenannte →Blumenteller sind die einzigen Reliefgußteller aus der Schweiz.

Ruhmann, Karl, s. Sammler

Rundele wird die birnförmige →Kanne

263 Zuckerdose mit Löffelständer.
Deutsch, 18. Jh.

264 Essig- und Ölständer.
Ende 18. Jh.

265 Tafelaufsatz.
Karlsbad, Ende 18. Jh.
Wohl J. Heilingötter

283 Sandstein-Guß-
form aus dem 17. Jh.

284 Zinnleuchter
(um 1800) mit Guß-
formenteilen

285 Zinngießerwerk-
stätte aus dem 18. Jh.

286 Einblick in eine
moderne Werkstatt

287 Kokillenguß

288 Kautschukform
für Modeschmuck
(Schleuderguß)

289 Schleuderguß-
maschine

290 Werkstättenbilder der Firma A. Röders, Soltau: Schmelzkessel

291 Kokillen-Einguß

292 Gußstück

293 Dreharbeit

294 Schleifarbeit

295 Montage

296   Handdrücken aus der Ronde

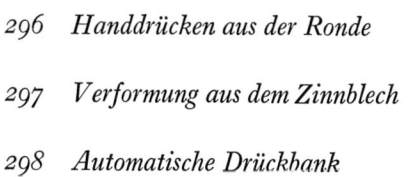

297   Verformung aus dem Zinnblech

298   Automatische Drückbank

299   Schmelzkessel einer Druckgußanlage

Symon Gryneus	George Christ.	Samuel Ernst	Gg. Ludwig
Basel 1700	Nitsche	Zimmerhäckel	Ruepprecht
	Breslau 1730	Geising (Sachsen)	Memmingen 1811
		1800	

Rosenmarken mit Krone als Qualitätsmarken

in der →Schweiz genannt. Der Körper sitzt auf einem profilierten Wulstfuß und hat einen Schnabelausguß. Der Klappdeckel mit Wulst greift über die Schnabelschnauze. Die Wandung bleibt bis auf Rillendekor und Reliefborten an den Rändern unverziert. Die Marken sind vorwiegend auf dem Deckel angebracht. Das R. wurde vor allem in der Region Basel angefertigt.

Ruprecht, Zinngießerfamilie über fünf Generationen in →Augsburg, die mit Jakob R. (Meister vor 1631) bekannt wird und mit Sebald III. R., der 1776 noch erwähnt wird, endet. Jakob R. lieferte 1636 bis 1641 viele Arbeiten nach →Tirol. Seine drei Söhne werden ebenfalls Zinngießermeister. Hans Jakob R. (Meister 1647) gilt als der bedeutendste Augsburger Zinngießer seiner Zeit. Sebald I. wird 1712 Meister und unterhält nicht nur eine überaus produktive, oft mit beanstandeten Legierungen arbeitende Werkstatt, sondern wird schließlich zu einem Großunternehmer und -händler für Zinnwaren. Zwölf Augsburger Meister arbeiten in seinem Auftrag, einige haben sich spezialisiert für Teegeschirr und Suppenschalen. R. bezieht auch von auswärts Waren, die allerdings »bey weitem nicht so fleißig und nett« sind, wie die in Augsburg gefertigten. Gerade der »Nettigkeit« wegen waren die Augsburger Erzeugnisse ungeachtet hoher Frachtspesen von fremden Herrschaften begehrt (→Silberart, →Süddeutschland).

Rußland. Reisebeschreibungen und Zollvorschriften geben Kunde, daß im 9. Jh. britannisches Zinn über Deutschland und →Österreich nach R. gelangte. Auch aus →Chorasan in Nordpersien wurde Zinn eingeführt. Mit den Städten des →wendischen Ämterverbandes standen im 12. Jh. Moskau und Nowgorod in Verbindung. Im 16. Jh. lieferte →England →Barrenzinn und Hausgerät. Im 13. Jh. war eine Kirche in Rostow mit Zinn gedeckt. Russische Fürsten riefen deutsche Handwerker ins Land, darunter wahrscheinlich auch Zinngießer. 1556 befahl Zar Alexei, alle Metallarbeiter aus dem eroberten und von Deutschen kolonisierten Livland nach Moskau umzusiedeln. Aus Dorpat wurden daraufhin 1565 sieben Zinngießer nach Moskau requiriert. Hoch bezahlt wurden 1630 die Meister Hermann und Gerhard Becker am →Zarenhof. In diesen dreißiger Jahren werden in Moskau noch sechs Zinngießer erwähnt, davon drei mit deutschstämmigen Namen. Aus

Rußland

Stadtstempel 1750
Moskau
Meisterstempel Wasiley Makiow 1725
Besitzerstempel des Zarenhofes *um 1680*
Besitzerstempel des Patriarchenhofes *um 1680*

anderen Gebieten und Städten des zaristischen R. liegen keine zugänglichen Informationen über das Zinngießerhandwerk vor. In St. Petersburg scheint mitteleuropäischer Einfluß bei der Formgestaltung zu herrschen. Das importierte englische Zinn wurde durch gravierte kyrillische Schriftbänder landesüblich dekoriert.

Die überlieferten Arbeiten Moskauer Meister, die in einem Zinngießerviertel angesiedelt waren, stammen teils vom Ende des 17. Jh.s, meist aber aus dem 18. Jh., wobei bei →Kannen die im 18. Jh. übliche Birnform anzutreffen ist. Aus ihnen wurden alle Arten von Getränken ausgeschenkt, nicht nur Kaffee. Ihr Name Olowjenik (russ. Olowo, Zinn) wurde auch auf Kannen aus anderem Material als Gattungsbegriff übertragen. Die Trinkkrüge ähneln denen aus →Norddeutschland, während die Trinkschale »Kowsch« mit seitlicher, stielförmiger Handhabe typisch russisch ist. Aus einem größeren Kowsch schöpfte man das Getränk mit der Tscharka, einem flachen Schälchen mit Griff. Die →Becher sind mit Rokokomotiven ähnlich den kostbaren Silberbechern graviert. Das Kirchenzinn war mit dem Zeichen des →Patriarchenhofes gemarkt.

Sachs, Hans, Schuhmachermeister und Meistersinger in →Nürnberg (1492 bis 1576), der für die »Eigentliche Beschreibung Aller Stände auff Erden ...« von J. Amman die Verse schrieb und dem ein →Zunftpokal zu seinem 75. Geburtstag verehrt worden sein soll (N. →Horchaimer).

Sachsen besitzt neben →Nürnberg die bedeutendste Tradition in der deutschen Zinngießerkunst. Das Land hat reiche Zinnvorkommen im →Erzgebirge, die bereits seit dem 13. Jh. abgebaut wurden. Im 16. Jh. erlebte es eine wirtschaftliche und kulturelle Blütezeit, als unter Kurfürst August I. die Wissenschaften gefördert wurden und Handwerk und Handel sich rasch entwickelten. Die sächsischen Zinn- oder Kannegießer arbeiteten zunächst ohne zunftmäßige Bindung. Der Rat der Stadt →Leipzig erließ aber bereits 1446 eine eigene »Kannengießer-Ordnung«, um die Qualität der Erzeugnisse zu sichern. Aus dieser Zeit hat sich als einziges eine 1414 dat. Taufschüssel aus der Kirche in Gottleuba erhalten. Erst nach den Bauernkriegen und den religiösen Unruhen, die mit dem →Augsburger Religionsfrieden 1555 besiegelt wurden, lassen sich wieder bedeutende Arbeiten der

Sagan		Salzburg		Salzwedel	
16. Jh.	4. Drittel 18. Jh.	1525	1756 Jos. A. Lechner	um 1650	18. Jh.

sächsischen Zinngießer nachweisen, da in Kriegszeiten →Gebrauchszinn meist zum →Bronzeguß für Kanonen eingeschmolzen wurde. Im 16. und 17. Jh. waren – als Folge der Reformation – die überall entstehenden protestantischen Gemeinden die besten Auftraggeber der Zinngießer, denn für die Ausstattung der Gotteshäuser wurde →Kirchengerät gemäß dem neuen Ritus benötigt.

Die künstlerischen und wirtschaftlichen Anreize für die Entwicklung des Zinngießerhandwerks waren gegeben. Die bedeutendsten Städte S.s auf diesem Gebiet, insbesondere des Reliefgusses, waren in der 2. Hälfte des 16. Jh.s →Annaberg, →Marienberg und →Schneeberg. →Zittau in der Oberlausitz und →Joachimsthal in →Böhmen und Mähren sind stilistisch in die sächsische Zinngießerkunst einzubeziehen. Im 17. Jh. folgten die Städte →Freiberg, →Leipzig, Chemnitz und →Dresden als handwerkliche Zentren. Anstelle der →Zunftordnungen, die bislang von den einzelnen Städten selbst aufgestellt wurden, erließ der Kurfürst von S. 1614 eine für das ganze Land geltende einheitliche Verordnung, die 1674 und 1708 bestätigt (erneuert) wurde. Die Werkstätten mußten sich zu fünf Kreisladen (Dresden, Leipzig, Wittenberg, Schneeberg, Langensalza) zusammenschließen, die die Kontrolle über die Erzeugnisse und das Zunftleben ausübten. Erst 1861 wurde diese Verordnung außer Kraft gesetzt. – Die bemerkenswertesten Leistungen sächsischer Zinngießerkunst sind im Reliefguß während des 16. und 17. Jh.s zu finden.

Sägemehl, s. Hilfswerkstoffe

Säuren werden in unterschiedlichen Konzentrationen und Mischungen (Salzsäure, Schwefelsäure, Kupfervitriol) zum Mattieren von fertigbearbeitetem →Zinngerät verwendet (→Hilfswerkstoffe).

Sakramentshäuschen, Ort der Aufbewahrung der konsekrierten, geweihten Hostie (Eucharistie), seit dem 12. Jh. in Deutschland in einer Nische an der Chorwand, vom 14. bis Mitte des 16. Jh.s im sogenannten S. an der Evangelienseite neben dem Altar. Aus dem Bereich der russisch-orthodoxen Kirche gibt es noch ein S. in Zinn aus dem Jahre 1725 mit Reliefgußdekor (→Kirchengerät).

Salpetersäure, s. Hilfswerkstoffe

Salzburg. Die älteste Zinngießerord-

| Schäßburg (Siebenbürgen) um 1600 | Schaffhausen um 1580 | um 1790 Joh. C. Schalch | Schlaggenwald 4. Drittel 17. Jh. | 18. Jh. | Schleiz (Thür.) 16. Jh. |

nung datiert von 1487. Sie wurde 1507 erweitert mit Bestimmungen über die Probe (reines Zinn ohne Zusatz; »Ordinari-Zinn« 8:1; schlechtes Zinn) und das Stadtzeichen, das von →Beschaumeistern auch der kleinsten Arbeit aufgeschlagen werden mußte. Bereits 1429, 1437 und 1442 werden Zinngießer erwähnt, die das Benediktinerstift St. Peter beliefern und ebenso Glocken gießen. Bis 1500 werden insgesamt 21 Zinngießer aufgeführt. Aus der Zeit um 1530 stammen die frühesten überlieferten Arbeiten: eine →Schüssel von Meister Cunz Ruedl sowie eine →Facettenkanne mit gravierten →Planetengöttern und Löwenfüßen von Meister G. K. nach schlesischem Vorbild. Der früheste noch erhaltene, reich gravierte Deckelkrug geht auf W. Veichtner (Bürger 1550) zurück. Die konkav geschweifte Form des →Kruges ist den →Stitzen verwandt und ist im 17. und 18. Jh. in Süddeutschland in verschiedenen Größen anzutreffen. Hauptsächlich wird in S. gediegenes →Gebrauchszinn mit schönen Gravuren hergestellt, darunter auch →Schraubflaschen und →Kirchengerät. An →Zunftzinn blieb wenig erhalten.

Salzgefäße, so darf man annehmen, sind schon in frühester Zeit hergestellt worden, da Salz ein unentbehrliches, wenn auch mitunter rares Gewürz war. S. sind in allen Stilformen hergestellt worden. Im 15. und 16. Jh. besaßen sie meist einen Deckel mit stielartigem langem Knopf, der bei geöffneter Büchse den Deckel auf dem Tisch abstützte oder auch hohl war, so daß das Salz gestreut werden konnte. Weil die mittelalterlichen S.-Formen mit denen kirchlicher Dosen (→Hostiendose) übereinstimmten, werden S. oft mit diesen verwechselt, da nur in seltensten Fällen Inschriften auf kirchliche Bestimmung hinweisen. Jedoch wird ihr Zweck durch zahlreiche Beispiele auf Gemälden und Buchillustrationen bewiesen. Es gibt auch S., bei denen anstatt des Deckels drei Arme am Rand angebracht sind, auf die ein Leinentuch gelegt wird. – Salz hat stets eine bedeutende Rolle bei den Mahlzeiten gespielt: das »Herrensalz« wurde in →England vor dem Herrn des Hauses plaziert, die Tischgenossen saßen ihrem Rang entsprechend »below or beneath the salt«. S. wurden auch mit Pfefferschalen kombiniert. Für die Küche gab es die mehrere Pfund fassende Salzmeste, die an der Wand hängt (→Gewürzdose).

Salzsäure, s. Hilfswerkstoffe

Sammler. Die ersten nach historischen und wissenschaftlichen Gesichtspunkten

Schleswig	Schneeberg	Schorndorf	Schweidnitz	Schwerin
18. Jh.	1587	(Württ.) 16. Jh.	um 1550	1640

zusammengetragenen →Sammlungen entstanden seit Mitte des 19. Jh.s bis etwa 1930. Oft war Zinn eine Abteilung neben anderen Sammelgebieten (Figdor, Lanna, Clemens, Ritleng). Meist waren die S. des 19. Jh.s die ersten →Forscher für ihr Spezialgebiet wie etwa Bapst, der frühzeitig nur Zinn sammelte und 1884 das erste Buch über die historische Entwicklung des Zinns veröffentlichte. Die zweite grundlegende Veröffentlichung brachte der S. und Forscher Hans Demiani über F. →Briot, C. →Enderlein und das →Edelzinn heraus (1897).

Damit war der geistige Grundstein gelegt für eine seit etwa 1950 rege einsetzende Sammeltätigkeit, die neuerdings wieder starken Aufschwung genommen hat. Allerdings sind die Möglichkeiten, Prunk- und Glanzstücke oder gar mittelalterliches Zinn zu erwerben, sehr eingeschränkt, weil die bisherigen Funde und Vermächtnisse sich entweder bereits in Privatsammlungen befinden, oder die altbekannten Sammlungen sind in Museumshänden, so daß das Angebot auf →Zunft-, →Gebrauchs- und Kirchengerät beschränkt bleibt. Von den durch Ausstellungen und in der Fachliteratur bekannten S. seien stellvertretend für alle erwähnt: Roman Abt, Fritz Arndt, Germain Bapst, Fritz Bertram, J. und Gustav Bossard, Wilhelm Clemens, Hans Demiani, Albert Figdor, Heinrich Gläntzer, Hugo Helbing, Adolf Hengeler, Georg Hirth, Gebrüder Heinrich und Reinhold Kirsch, Eduard Kahlbau, Albert von Lanna, P. J. Manz, Ludwig →Mory, Carl Nestel, Alfred Ritleng, Karl Ruhmann, Carlos Vallin, A. J. G. Verster, Robert M. Vetter, Julius Zöllner.

Sammlung, Aufbau. Privaten Sammlern ist es heute kaum mehr möglich, eine historisch geschlossene Kollektion von Zinnstücken zusammenzutragen. Meist gibt man der Ausschmückung des Heimes mit gefälligen Einzelstücken den Vorzug: Die Ausstrahlungskraft des matt schimmernden alten Zinns bringt das Gefühl von Wärme und Geborgenheit auch in einen modern gestalteten Raum. – Die Sammlerlust kann sich auf typische Landschaftsgebiete (→Sachsen, →Nürnberg, etc.), Stilepochen (→Barock, Neuzeit, usw.) oder Geräteformen (nur →Becher, →Humpen, →Leuchter) beschränken. Gerne wird solches Zinn heute in den praktischen Gebrauch miteinbezogen (→Sammler).

Sandguß, Bezeichnung für das →Gießen in bzw. für das Gußstück aus einer Gußform aus Formsand. S.-Formen sind im allgemeinen nur einmal verwendbar.

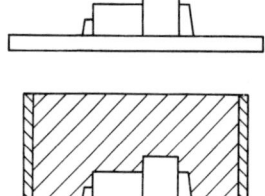

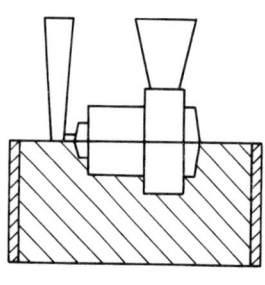

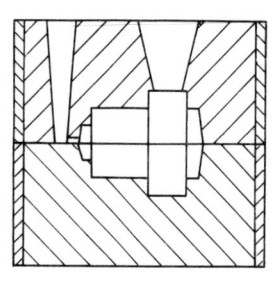

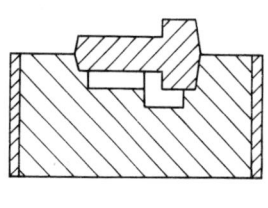

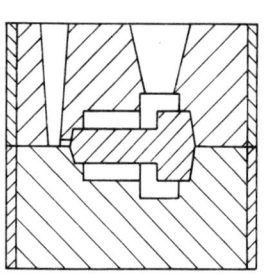

Formen in Sand. Eine Hälfte des Modells wird auf eine ebene Formplatte gelegt und mit einem Trennmittel bestäubt, um zu verhindern, daß später der Sand daran festklebt. Die eine Hälfte des Formkastens wird aufgesetzt und der Sand wird um das Modell herum aufgestampft, bis der Unterkasten voll ist. Die Formkastenhälfte ist umgedreht worden, die zweite Modellhälfte aufgelegt, Einguß- und Steigtrichter sowie Anschnitt sind angelegt. Auch hier wird Trennmittel aufgebracht, um ein Zusammenkleben der Formteile zu vermeiden. Die zweite Formkastenhälfte, der sogenannte Oberkasten, ist aufgesetzt und mit Sand vollgestampft. Danach werden die beiden Kastenteile wieder getrennt, die Modellteile entfernt und die Form, wenn nötig, ausgebessert. Den Hohlraum im späteren Gußstück bildet ein Kern, der hier im Unterkasten eingelegt ist. Die Form ist bereit für den Abguß. Die nicht schraffierten Flächen stellen den Hohlraum dar, der beim Guß durch das Metall gefüllt wird. Der Kern reicht über das Gußstück hinaus, da er im Sand eine Auflage benötigt.

Sandform, s. Gußformenmaterial

Sandstein, s. Gußformenmaterial

St. Gallen, s. Lappenteller und Rütlischwur-Teller

St.-Georgs-Schale, auf dem →Umbo in Reliefguß mit gewölbtem Rand, umrandet von Ornamentscheiben, St. Georg im Kampf mit dem Drachen; →Meistermarke CE 1615 in die Form gestochen. Diese 1615 datierte Schale von C. →Enderlein gibt es laut →Hintze in nur zwei Exemplaren. Daß die Form von Enderlein stammt, ist zweifelsfrei; ob die Schale in seiner Werkstatt gegossen wurde, ist ungeklärt, aber wahrscheinlich, da eine andere Meistermarke nicht eingeschlagen wurde, was bei anderen seiner Modelle der Fall ist.

Sarg, s. Sarkophag

Sarkophage und Särge für Standespersonen wurden seit alters her in Zinn oder Blei gearbeitet, sofern kein Stein verwendet wurde. Jacob Lehmann in →Wien, erhielt z. B. 1590 21 Gulden für den zinnernen Sarg der verwitweten Königin Elisabeth von →Frankreich, der 278 Pfund wog. Das dauerhafte Metall, das auf Feuchtigkeit nicht anfällig ist, gewährleistete die Ruhe der sterblichen Überreste für Jahrhunderte.
In Grüften und Kapellen sind prachtvoll verzierte freistehende S. aus dem 17. und 18. Jh. noch heute erhalten. Vollplastische Figuren und Porträtreliefs lassen darauf schließen, daß hervorragende Bildhauer

Saugkännchen.
Wohl Südfrankreich,
17./18. Jh.

Saugkännchen.
Niederdeutsch, um 1500

Saugkännchen.
Holland, 17. Jh.

die Gußmodelle schufen oder daran beteiligt waren. Andreas Schlüter etwa, Baumeister des Berliner Zeughauses und Schlosses sowie Schöpfer des Reiterdenkmals für den Großen Kurfürsten, hat die aus Blei gegossene Pracht-S. für Königin Sophie Charlotte und König Friedrich I. im Dom ebenda geschaffen. Weitere S. befinden sich in der Gruft der Johanniskirche zu Ansbach, in der Kapuzinergruft zu Wien und nahezu in allen fürstlichen Grabeskirchen. Aus einer →Lübecker Zinngießerwerkstatt sind Gipsformen für Sargschmuck überliefert (Ranken, allegorische Figuren, biblische Szenen, Putten, →Kruzifixus).

Sartorius, Gianbattista, im 19. Jh. verdienstvoller Zinngießer in →Turin, der die Produktion von gegossenem Gerät stark belebte.

Sauggrube, s. Gießfehler

Saugkanne, spezieller und seltener Typ einer birnförmigen →Kanne oder eines Trinkkruges, bei dem meist an der tiefgelegenen bauchigen Partie ein Saugröhrchen angebracht ist. Der Henkel sitzt seitlich davon und nicht gegenüber. Die S. wurden vermutlich von Kranken und Kindern benutzt. Es gibt auch →Vexierkrüge mit Saugröhrchen an ungewöhnlichen Stellen, wie z. B. am Henkel. S. sind bereits aus dem späten Mittelalter bekannt. Im Egerland heißen sie →Lirlkrug, die Bauchung des Gefäßes liegt bei ihm wie beim verwandten →Schweizer →Sugerli in der oberen Hälfte.

Schabmeißel, s. Handwerkszeuge

Schachtbetrieb, →Abbau von →Zinnerz im Untertagebau.

Schachtelhalm (Zinnkraut), s. Hilfswerkstoffe, *Zinnsand*

Schwyz	Soest	Solothurn	Stade	St. Gallen
um 1700	16. Jh.	um 1600	17. Jh. um 1760	1640
Caspar Balthasar Städelin				

Schaffhausen hatte bereits 1376 eine eigene »Kannengießerordnung«. Dies läßt darauf schließen, daß in dieser Stadt das Zinngießerhandwerk mit mehreren Meistern vertreten war. Die →Glockenkanne, →Prismatische Kanne und →Stitze ist im Raum S. anzutreffen (→Schweiz).

Schale, s. Schüssel

Scharlachfärben, s. Zinn und Scharlachfärben

Schaumeister, seit der →Renaissance des öfteren von der Obrigkeit eingesetzt, um eine →Verfälschung des →Zinns durch Bleizugaben zu verhindern und zu bestrafen. →Blei wurde zugegeben, da es den Guß dichter und geschmeidiger macht und vor allem billiger war.

Schedula diversarum artium, lat., Lehre von den verschiedenen Künsten; das bedeutendste Lehrbuch über die in →Klosterwerkstätten ausgeübten künstlerischen Techniken im Mittelalter (um 1100). Es handelt von Farben, Glas, Glasmalerei und Metallverarbeitung. Im Kapitel LXXXVII wird der Guß von Zinngefäßen aus →verlorener Form in allen Einzelheiten beschrieben. Der Verfasser des Buches ist →Theophilus Presbyter.

Scheibenteller, glatter →Teller mit gering vertiefter Mitte oder ganz flach, anstelle eines Holzbrettes als Unterlage für feste Speisen verwendet. Erhalten haben sich diese einfachen Geräte nicht, aber sie sind auf zahlreichen Gemälden des 14. und 15. Jh.s bei Tischszenen dargestellt (→Zinngegenstände auf Gemälden). Sie kommen als →Zierteller im 16. und 17. Jh. bei →Nürnberger →Edelzinn reich verziert mit Reliefgußmotiven in Mode (→Reliefteller).

Schenkflasche, s. Plattflasche

Schenkkanne, s. Kanne

Schiefer, s. Gußformenmaterial

Schirmer, Joachim d. Ä., s. Rütlischwur-Teller

Schlämmkreide, s. Pflege

Schlaggenwald im böhmischen →Erzgebirge, einer der bedeutendsten Fundorte, förderte seit 1532 →Zinnerz von hoher Qualität, so daß sich bald Zinngießer in diesem Ort niederlassen, die im 17. Jh. noch Zulauf aus der Hauptstadt →Prag erhalten. Es entstehen →Zunftkannen und →Gebrauchszinn, das sich durch den silbrigen Schein besonders auszeichnet. Das gilt vor allem für das Zinn in →Silberart aus dem 18. und 19. Jh. Die Nachfrage dafür war so groß, daß einzelne Meister sich auf bestimmte Artikel spezialisierten, was sich wiederum auf den Preis günstig auswirkte. Die Ware ging noch im 19. Jh. über die österreichisch-ungarische Donaumonarchie hinaus bis nach →Thüringen und →Sachsen. Während in anderen Städten das Zinngießerhandwerk zum Erliegen kam, bestand nach Zinn aus S., Schönfeld und →Karlsbad immer noch Nachfrage. Die in S. gebräuchliche →Qualitätsmarke für →Feinzinn wurde auch in anderen Orten für die Kennzeichnung hochwertiger Ware benutzt, u. a. im nahegelegenen Schönfeld, Karlsbad, Petschau. Man darf annehmen, daß für solcherweise gemarkte Erzeugnisse das Zinn aus S. bezogen worden ist. Erst die →Meister- und →Stadtmarke gibt Auskunft über den Entstehungsort des Stükkes. – Der am Ur-Metall Zinn sehr interessierte →Goethe besuchte 1818 wiederholt S. zu Studienzwecken.

Schlagstempel, s. Markeneisen

Schleifen, 1) zur Zeit der →Zünfte übliche Prozedur, der sich ein Geselle nach seiner Gesellenprüfung unterziehen mußte, wobei sich die Anwesenden manchen Spaß mit ihm erlaubten. Für den geselligen Umtrunk mußte er eine Kanne Bier spendieren (→Schleifkanne).
2) Oberflächenbearbeitung, bei der die Poren eines Zinngegenstands zugedrückt werden.

Feinzinnmarke Schlaggenwald
(auch andernorts als
Qualitätsmarke verwendet)

Schleifkanne, →Zunftkanne mit Ausgußhahn und von beträchtlichem Ausmaß, bis zu 75 Zentimeter hoch. Die Bezeichnung geht wahrscheinlich auf das Brauchtum beim Freisprechen der Gesellen, das →»Schleifen«, zurück, nach dem der neue Geselle einen Umtrunk zu stiften hatte. Die →Kannen waren so groß und schwer, daß man sie an den Tischrand heranschleifen mußte, um den gelegentlich vorhandenen Ablaßhahn öffnen und einschenken zu können. S. wurden vor allem in →Schlesien und →Böhmen und Mähren benutzt. Die bedeutendste stammt aus Neisse (um 1490): charakteristisch sind die versetzten Facettenfelder der Wandung, in die Heiligenfiguren und Maßwerkornamente graviert sind. 1498 schuf Meister M. in →Schweidnitz den »Schriftbandtyp« mit horizontal gegliederter Wandung, der vor allem in Böhmen und Mähren Anklang fand. Waren anfangs religiöse Darstellungen als gravierter Dekor üblich, so werden sie um die Mitte des 16. Jh.s von profanen abgelöst. S. sind im 17. Jh. auch in →Sachsen und →Süddeutschland hergestellt worden.

Schleifmaschine, s. Maschinen und technische Einrichtungen

Schleifkanne. Augsburg, 1699

Schleifpaste, s. Hilfswerkstoffe

Schlesien. Bereits im 14. Jh. bestand ein blühendes Zinngießerhandwerk in den Städten →Breslau, →Liegnitz, Glatz, Görlitz und →Schweidnitz. 1420 verlieh Kaiser Sigismund der Breslauer →Zunft Statuten zur Probe 12:1. →Stadt- und →Meistermarken gibt es seit der Spätgotik.
Die bedeutendsten erhaltenen Zinnarbeiten kommen aus Breslau, Hirschberg, Liegnitz, Sagan und Schweidnitz. Die hervorragendste Leistung der Zinngießer von S. sind die spätgotischen →Schleifkannen, die das →Zunftgerät bis ins 17. Jh. hinein beeinflußten. Eine Verwandtschaft zu den →Rembrandt-Kannen findet sich im Typ der Trinkkännchen des 15. Jh.s, die in Brunnenschächten gefunden wurden. Im 16. Jh. wurden in S. prunkvolle Zinnarbeiten hergestellt mit reicher Gravur, getriebenen Buckeln oder Reliefbildnissen, wie die →Schüssel des Georg Hübner aus Löwenberg (Mitte 16. Jh.). Auch →Reliefteller und -schüsseln aus geätzter Form (→Ätzen) sind in S. (Schweidnitz, Neisse, Spottau) angefertigt worden, haben sich allerdings nur in späteren Abgüssen erhalten. Im 17. Jh. sind außerdem →Rörken anzutreffen (→Stilverschleppung), die auf der Gesellenwanderung in →Norddeutschland kennengelernt wurden. →Humpen, Bierkrüge und →Kannen sind zuweilen reich graviert und mit Messingreifen dekoriert. Wie in anderen deutschen Ländern sind in S. während des 17. und 18. Jh.s zahlreiche →Zunftpokale angefertigt worden, die im Formenreichtum miteinander wetteifern: doppelbäuchig, kugelig, zylindrisch mit Wülsten. Im 18. Jh. waren Geschirrformen in →Silberart die große Mode, bis die neuen, wohlfeil gewordenen Werkstoffe Fayence und Porzellan im 19. Jh. das Handwerk zum Erliegen brachten.

Schleuderguß. Beim S. wird das flüssige Metall über einen im Zentrum angebrachten Einlauf in die mit hohen Geschwindigkeiten rotierenden Formen eingebracht. Die Zentrifugalkraft drückt das flüssige Metall in die Form. Diese sind im Regelfall zweiteilig (Ober- und Unterteil. Als Formmaterial wird meist Silikonkautschuk verwendet. So können auch Teile gegossen werden, die in starren Formen nicht gießbar sind. Seit etwa 1973 häufig für Henkel, Griffe und →Löffel eingesetzt.

Schlichte, s. Hilfswerkstoffe, *Graphit*

Schlichtemittel, s. Hilfswerkstoffe

Schloß, s. Deckelschloß

Schmelze, flüssiges Feinmetall bzw. flüssige Legierung, die vergossen werden können.

Schmelzkessel, s. Maschinen und technische Einrichtungen

Schmelzmasse, s. Schmelze

Schmelzofen, wegen der niedrigen Schmelztemperatur von →Zinn und →Zinnlegierungen von sehr einfacher Bauweise. Die Befeuerung ist durch Gas, Öl, Kohle oder elektrischen Strom möglich.

Schmelztiegel. In ihnen wird im →Schmelzofen das Schmelzgut erschmolzen. Zur Verwendung kommen Schamotte- und Graphittiegel, für größere Schmelzgutmengen Gußeisentiegel oder Tiegel aus geschweißtem Stahlblech, mit und ohne Auskleidung.

Schmieden, s. Geschlagenes Zinn

Schmuck aus vorgeschichtlicher Zeit wurde durch →Moorfunde in →Schweden und →Dänemark nachgewiesen. Es waren Ringe und Spangen aus stark bleihaltigem →Zinn oder aus zinnverziertem Bernstein. S. aus reinem Zinn kommt als →Grabbeigabe in Nordpersien in der Zeit um 2000–1500 v. Chr. vor. Während des Mittelalters wurden kleine Flachreliefs, ähnlich den →Pilgerzeichen, als S.

Schnabelstitze. München, dat. 1725

an den Hut oder das Gewand geheftet. Auch Ringe, Knöpfe, Hut- und Schuhschnallen, Abzeichen für die Schulterstücke und Kragenspiegel der Soldaten sowie Schuppenketten für ihre Helme wurden im jeweiligen Zeitgeschmack angefertigt.

Schnabelstitze (→Stitze). Auch die nicht stitzenförmige →Kanne weist gelegentlich einen angelöteten schnabelartigen Ausguß vor (→Rundele).

Schneeberg im sächsischen →Erzgebirge gehörte 1614 zu den fünf Kreisstädten (Kreisladen), die die Zinngießer ihres Umlandes zu kontrollieren hatten. 1716 wird in der Stadtgeschichte erwähnt, daß St. →Lichtenhahn »ein berühmter Kannengießer und sonderlich kunstreich auf die gegossene und erhabene Arbeit«, d. h. im Reliefguß, war. Das Zinngießerhandwerk blühte noch lange in S., der letzte nachgewiesene Meister starb 1907.

Scholl, württembergische Zinngießer-

259

*Schraubflaschen.
Deutsch, 2. Hälfte 17. Jh.*

*Schraubflasche.
Dat. 1618*

*Schraubflasche.
Dat. 1802*

*Schraubflasche.
Sachsen,
dat. 1790*

familie, die sich seit Ende des Zweiten Weltkriegs bis in die Gegenwart hinein vielseitig entwickelt hat. Vater und Sohn führen heute getrennte Werkstätten in Gnadental bzw. Neustadt und fertigen Stilstücke der vergangenen Jahrhunderte wie aus moderner Zeit. Eduard S. ist auch seit 1976 Besitzer der Zinngießerei →Wiedamann in →Regensburg.

Schopenkannetje, niederdeutsche, spätmittelalterliche Bezeichnung für →Saugkanne.

Schottland. Aus Gießereien der →Bronzezeit wurden Reste von Schalen, →Krügen und →Bechern aus Zinn zutage gefördert.

Schraubflasche. Dieses fest verschließbare Gefäß wurde vor allem von Reisenden oder von den zur Feldarbeit fahrenden Bauern geschätzt. Die S. kann zylindrisch oder kantig gearbeitet sein, ihre Flächen sind bei reinem →Gebrauchszinn glatt, als Geschenke jedoch auch reich mit Reliefdekor (→Barockblumen) oder Gravur und Widmungen verziert. Sie sind in allen Landschaften anzutreffen, in →Süddeutschland wurden sie oft von den →Katzelmachern gefertigt. Aus dem 19. Jh. haben sich zahlreiche S. aus dem jetzigen baden-württembergischen Raum erhalten. Es gibt auch S., deren Wandung in schraubenartigen Zügen, rhombisch versetzt oder in Hohlkehlen geformt ist.

Schraubzwingen, s. Handwerkszeuge

Schrein, s. Reliquienkästen und Minnekästchen

Schreiner, Zinngießerei in Nabburg. Zunächst seit 1803 allein vom Begründer betrieben, entwickelte sie sich bis zur Jahrhundertwende zu einer Zinnwarenfabrik, die vor allem ein umfangreiches Sortiment von Geräten des →Historismus und →Jugendstils herstellte. In den vergangenen zwei Jahrzehnten, unterstützt von den Künstlern F. Ermer, X. Fuhr, Walter Niedl und Karl Schmidt, ist sie schöpferisch tätig in der Gestaltung moderner Zinnformen.

Schriftliche Quellen sind oft die einzigen Nachweise über das Vorhandensein, die Verarbeitung und den Gebrauch des Zinns in der →Antike und dem Mit-

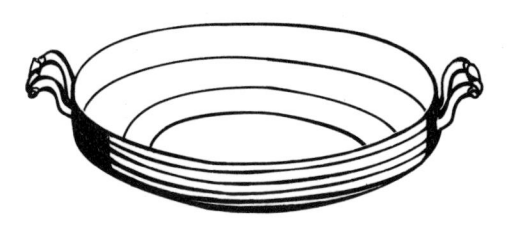

Knödelschüssel mit »französischen« Henkeln. Mitte 18. Jh.

telalter. Dazu gehören Urkunden wie →Testamentsverzeichnisse, Bürger- und Steuerbücher, Schatzverzeichnisse oder Inventar-Aufstellungen, Erlasse verschiedenster Gremien über den Gebrauch von →Kirchengerät oder Berichte von Augenzeugen, wie →Plautus, →Plinius d. Ä., →Pytheas. Andere Informationen sind aus der →Mythologie und der Dichtung zu entnehmen, so etwa aus der →Ilias von →Homer oder den Werken des →Hesiod. Antike Historiker wie →Hekatios von Milet, →Herodot und auch die →Bibel berichten über →Zinngeräte und Erzvorkommen.

Schrubbstahl, s. Handwerkszeuge

Schüssel, Schale, tiefgemuldetes →Tischgerät mit steiler Wandung und auch verzierter Mitte, im Mittelalter mit schmalem, später mit immer breiter werdendem Rand. Zwei S. übereinander gedeckt (→»gedeckte Schüsseln«) ergaben in der Frühzeit eine Deckelschüssel, in der die warmen Speisen aus der Küche in den Speiseraum oft weit getragen werden mußten. Zum Schutz der Hände wurde ein langes Tuch um die S. gebunden, wie auf alten Gemälden und Kupferstichen zu sehen ist (→Zinngegenstände auf Gemälden). Einfache S. haben sich aus dem Mittelalter und der →Renaissance selten erhalten, da sie meist umgeschmolzen wurden. Ein charakteristisches Beispiel einer gotischen S. wurde unter der Ruine Homburg im Aargau gefunden und stammt aus der Zeit vor 1356.

Schüsselring, ein Zinnreifen von etwa zwei bis vier Zentimeter Höhe, dessen Ränder verstärkte Kanten haben, und der wahrscheinlich durch →punzierten Dekor oder Gravur verziert war. Er konnte auch kleine Füßchen besitzen. Der Durchmesser richtet sich nach den →Schüsseln, denen er bei Tisch als Untersatz diente. Aus Zinn haben sich S. kaum erhalten, nur aus Fayence und vergoldetem Silber (→Tischschoner).

Schüsselzinn. In den ehemaligen Gebieten des Deutschen Ordens wurde seit 1440 die Ordnung über Proben und Marken eingehalten. S. war die zweitbeste Legierung, gemarkt mit je einem Stadt- und Meisterzeichen. Die beste Zinnsorte 10:1 erhielt zusätzlich den Landesstempel mit dem Adler (→Kannenzinn).

Schützengaben, -preise, -teller waren in der →Schweiz und auch andernorts (→Zittau) eine Auszeichnung für hervorragende Leistungen, die von den Kantonsregierungen gestiftet wurden, um die Wehrkraft der Männer und Jungschützen zu fördern und zu stärken. In →Zürich erscheint erstmals Meister C. Rechberger (1504–1511) als Lieferant von →Schüsseln, Schießplättli (→Tellern), Schenk-

Marken auf Schweizer Schützen-Zinn

18. Jh.

Schweiz

St. Gallen
*Joachim
Schirmer
1639*

Wyl
*Meisterstempel
Hans Melchior Müller
2. Hälfte 17. Jh.*

kannen usw. zu den Schützenfesten. Teller, einfach, glatt aber schwer, waren für die Jugend, →Platten und →Kannen für die Älteren reserviert. Als Kennzeichen, daß es S. waren, erhielt jedes Stück den S.-Stempel: zwei gekreuzte Musketen oder ein Wappenschild mit Muskete. Ähnliche Stempel waren den Armbrust- und Bogenschützen vorbehalten.

Schutzheilige der Zinngießer, wie auch der übrigen Gießer, ist die Hl. Barbara, die Patronin der Bergleute.

Schwabbelscheibe, s. Hilfswerkstoffe

Schwanstädter Fund. Er wurde überraschend 1907 bei Bauarbeiten im Hause eines Kaufmanns gemacht. Nach knapp 240 Jahren kamen in bester Erhaltung zahlreiche schön gravierte Zinngerätschaften zum Vorschein, von denen einige auf den →Welser Zinngießer H. →Ledermayr und seine Söhne zurückgehen.

Schweden. Bereits im 12. Jh. muß das Zinngießerhandwerk in S. ausgeübt worden sein, doch erst um die Mitte des 14. Jh.s wurde es – in Visby – im Stadtgesetz urkundlich erwähnt. Zinnerne Ringe aus der →Bronzezeit kamen durch →Moorfunde wieder ans Tageslicht. Der erste namentlich bekannte Zinngießer war Meister Holmsten, der 1376 in Stockholm erwähnt wird. Aus Uppsala ist ein Meister Olof Mathisen (1409) bekannt. Im Verlauf der von König Gustav I. seit 1527 durchgeführten lutherischen Reformation wurden Inventarlisten der Kirchen erstellt, die beschlagnahmte Kelche, Weinkannen und →Taufbecken aus Zinn aufzählen. Seit 1485 werden die Meister zur Stempelung ihrer Arbeit angehalten, seit 1622 wird die Stempelung mit →Meister- und →Stadtmarke sowie die →Jahreszahl Pflicht. Ab 1694 ist zusätzlich die →Rosenmarke vorgeschrieben. Im 18. Jh. entstanden außer in Stockholm noch weitere Meisterbetriebe mit beachtlichen Leistungen, so in Göteborg, Jönköping und Karlskrona. – Nach S. wanderten auch deutsche Gesellen auf ihrer sechsjährigen →Wanderschaft, während andererseits schwedische Gesellen nach Deutschland kamen. Es ist daher nicht ungewöhnlich, daß in Skandinavien hanseatisches und mitteleuropäisches Formengut anzutreffen ist.

Schwefel, chemisches Element (→Zinnerze). Sulfidische Erze werden als Blenden, Glanze, Kiese bezeichnet.

Schweden

Göteborg   Hälsingborg   Jönköping   Malmö   Norrköping   Stockholm   Visby
Stadtstempel Mitte 18. Jh.

Schweidnitz in →Schlesien verzeichnet wie →Breslau, →Liegnitz, Görlitz und Glatz bereits im 14. Jh. Zinngießer, und zwar im Jahre 1379 insgesamt 14, während ihre Zahl im Jahre 1788 auf vier zurückgegangen ist. Um 1498 schuf Meister M. eine →Schleifkanne, die älteste Arbeit aus S. Sie zeigt als erste den später besonders in →Böhmen und Mähren auftretenden »Schriftbänder-Typus«: auf sechs umlaufenden Zonen sind gotische →Minuskeln graviert, die fortlaufend nicht zu entziffern sind und u. a. von einer Seelenmesse handeln. An der Stirnseite hängt ein Schild mit dem Emblem der Bäcker, dat. 1498. Noch zwei weitere Schleifkannen des 16. Jh.s aus S. haben sich erhalten sowie eine Anzahl von Zunfthumpen und →-kannen des 17. Jh.s, während aus dem 18. Jh. Abgüsse von →Schüsseln mit Reliefdekor aus geätzter Form überliefert sind. Ihre Modelle entstanden im letzten Drittel des 16. Jh.s.

Schweißsand, s. Hilfswerkstoffe

Schweiz. Das Zinngießerhandwerk wurde vermutlich während des Mittelalters in den Klöstern ausgeübt. Die älteste S.er →Kanne, eine achtseitige Birnform, wurde als →Ausgrabung unter der Ruine Homburg bei Wittnau im Fricktal entdeckt und stammt aus der Zeit vor 1356. In den Ortschaften setzte die Entwicklung zögernd ein. In →Zürich waren die aus Deutschland zugewanderten Zinngießer 1336 der Schmiedezunft angeschlossen, in →Schaffhausen gab es 1376 bereits eine »Kantengießerordnung«, doch wurde der wesentliche Bedarf an Zinngeschirr aus →Frankfurt a. M. und →Nürnberg eingeführt. Deutsche Handwerker gründeten im 15. Jh. eigene Werkstätten in den größeren Städten. Allmählich bildeten sich charakteristische Gefäßformen, die Markenvorschriften wurden streng gehandhabt. Das Zinngießerhandwerk wird noch heute in zwar wenigen, aber leistungsstarken Werkstätten ausgeübt.
Als typische S.er Formen seien erwähnt: →Glockenkanne, →Prismatische Kanne, →Stitze, →Rundele, →Genfer Kanne, Berner Kanne, →Stegkanne, →Bügelkanne, Waadtländer-Kanne, →Walliser-Kanne, →Plattflasche, →Bulge, →Kettenkanne, →Gießfaß, →Sugerli, →Schützengaben, →Lappenteller. Die ersten sechs Typen sind sogenannte »Altformen«, die sich bis auf stilistische Abweichungen in Einzelheiten (Profile, Dekor, Schild, Fuß, Deckelrand) vom 16. bis

Schweizer Gefäßtypen

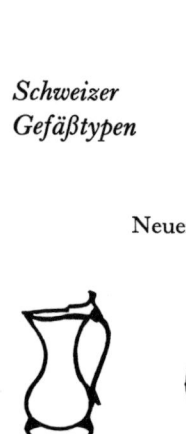

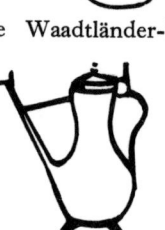

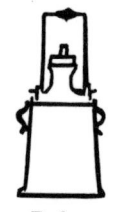

Neuenburger Stitze — Waadtländer-Kanne — Kürbiskanne — Bulge — Feldflasche

Kelchkanne — Kugelkrug — Stegkanne — Glockenkanne — Prismenkanne — Glockenflasche

Bügelkanne — Rundele — Plattflasche — Prismenflasche — Stitze — Schnabelstize

18. Jh. nicht verändern. Bei Genfer-, Waadtländer- und Walliser-Kannen wechseln nur die Proportionen. Als seltene, ungewöhnliche Formen sind oft Meisterstücke anzutreffen, deshalb wird in Basel 1710 bestimmt: »Anbetracht, daß Meisterstücke unbrauchbar und nicht mehr verkäuflich sind... soll künftighin nach gangbarer Mode also eingerichtet sein, daß solches einem Anfänger nützen und verkäuflich sein könne.«

Schweizer, noch tätige Zinngießerei in Dießen/Ammersee; 1796 von Adam S. gegründet, im 19. Jh. fast 60 Jahre lang gemeinsam betrieben mit dem eingeheirateten Zinngießer Josef Rathgeber aus Landsberg. Nach redlicher Teilung 1875 produzierten beide Firmen in den folgenden 100 Jahren besonders volkstümliche Kleinkunst mit profanen und religiösen Darstellungen, z. B. Figuren verschiedenster Art, Puppengeschirr, Eisenbahnen, Postkutschen sowie →Amulette, Wallfahrtszeichen, Krippen und Christbaumschmuck. Das Formenmaterial der Firma Rathgeber ist aus Erbgründen 1977 in den Besitz der Familie S. gekommen, die unter Wilhelm S. bis 1975 in größerem Umfang auch Stückzinn hergestellt hat.

Schwindmaß. Beim Übergang vom flüssigen in den festen Zustand verringern alle Metalle ihr Volumen, sie schwinden. Dabei handelt es sich um einen dreidimensionalen Vorgang. →Zinn hat nur ein geringes S., nämlich 0,5%; d.h. gegenüber dem flüssigen Volumen verkürzen sich im festen Zustand alle Abmessungen um 0,5%.

Stargard	Stein (Rhein)	Stendal	Stettin	Speyer	Steyr
um 1630	J. C. Etzweiler 1684	1700	um 1630	Hans Müller 1604	um 1567

Sederteller. Auf ihm liegen beim Seder-Abend, dem Beginn des jüdischen Pesach-Festes, die ungesäuerten Brote, die an den Aufbruch des Volkes Israel aus Ägypten erinnern. Er war so eilig, daß die Frauen um die Mitternachtsstunde den Teig noch ungesäuert in Tücher packten, um auf dem Wege daraus Brot zu backen. Der S. war stets reich verziert, um seiner Bedeutung gerecht zu werden: gravierte Texte, Szenen vom Auszug aus Ägypten, das Pesach-Lamm, die ungesäuerten Brote oder Genre-Szenen vom häuslichen Pesach-Fest. Auch die Sternbilder des Pesach-Monats Nisan werden im Zusammenhang mit astrologischen und kosmologischen Spekulationen gern dargestellt. Im Mittelalter aus Ton, fertigte man ihn bis ins 19. Jh. aus Zinn wie das übliche Hausgerät. In reichen Familien war er aus Silber.

Seeltopf, s. Hangeltopf

Seifenwasser, s. Hilfswerkstoffe

Seifenzinn, durch Verwitterungsprozesse an der Erdoberfläche freiliegendes →Zinnerz, das im Tagbau gewonnen werden kann. Es handelt sich dabei um sogenannte sekundäre Lagerstätten.

Seigerungen können beim Erstarren einer schmelzflüssigen Legierung auftreten. Dabei erstarren zuerst Kristallite, die einen größeren Anteil der höher schmelzenden Komponente enthalten. Sie setzen sich am Rand der →Schmelze bzw. des Gußstücks ab. Zum Inneren des Gußstücks hin werden die Kristallite immer reicher an der niedriger schmelzenden Komponente. Dieser Vorgang führt zu einem inhomogenen Gußgefüge mit meist schlechten mechanischen Eigenschaften. →Zinn neigt zu S. vor allem in Eisenlegierungen.

Sekundärzinn, s. Seifenzinn

Selangor Pewter, →Zinngerät der für den Weltmarkt bedeutenden malaysischen Firma *The Selangor Pewter Company*, die →bleifreies Zinngerät vorwiegend in Handarbeit (→Gießen, →Drücken) herstellt.

Selbstimpfung, beim →Zinnfraß auftretende Erscheinung, bei der im Laufe der Zeit von einer befallenen Stelle ausgehend, weitere Fraßstellen auftreten. Es handelt sich dabei um Umwandlungserscheinungen im Kristallgefüge (→Phasenumwandlung).

Stollberg	Stolp	Stralsund		Straubing	
um 1700	(Pommern) *Mitte 17. Jh.*	*1620*	*1820*	*Ende 16. Jh.*	*Joseph Bernhard Meining 1756*

Serpentin, s. Gußformenmaterial

Serpentinkrüge, -dosen und -flaschen wurden vor allem in →Sachsen hergestellt. Die Hauptfundstätte des sächsischen Serpentins, dessen Farbskala von hellgrau über grün, rot bis zu zitronengelb reicht, liegt bei Zöblitz, nahe →Marienberg im →Erzgebirge. Dem Stein wurden in damaliger Zeit magische Kräfte zugesprochen: Er schwitzt, wenn giftige Speisen ihn berühren. – Während des 15. bis 18. Jh.s entstanden in Sachsen hauptsächlich Gebrauchsstücke mit Silber- oder Zinnmontierung. Die →Humpen sind meist glatt gedreht, →Schraubflaschen und →Dosen tragen verschiedene Drechselmuster, senkrechte Muster kommen selten vor. Geschätzt werden alte Arbeiten, kunstvolle →Ornamente und schöne Färbung des Steins.

's-Hertogenbosch-Kanne, s. Holland und Boss'sche Kanne

Sichart, 1825 in →Wien gegründet als Werkstätte für Zinngeräteherstellung und Offizin für →Zinnfiguren, die noch heute einen anerkannten Ruf in →Österreich hat.

Sickerlot, s. Blaslot

Sidol, s. Hilfswerkstoffe

Siebenbürgen. Aus der →Bronzezeit fand man in S. in ausgegrabenen Gießereien Reste von Zinnschalen, -krügen und -bechern. In diesem seit dem 12. Jh. von Deutschen besiedelten Gebiet Ungarns lagen im Mittelalter die ersten Zinngießerwerkstätten. Früheste Urkunden, in denen Meister erwähnt werden, stammen von 1393. →Zünfte der Zinngießer gibt es im 14. und 15. Jh. nicht. Die Werkstätten konzentrierten sich in den Städten Klausenburg, Schäßburg, Kronstadt und Hermannstadt, die sich stilistisch an Formen deutscher Herkunft orientierten. Die Meister Nordungarns in den Städten Kaschau, Leutschau und Eperies richteten sich nach österreichischen und böhmischen Vorbildern. Die frühesten Zunftartikel stammen 1549 aus Hermannstadt. das Zunftprivilegium von 1580 bestimmt u. a., daß nur die Zunftmitglieder ausländische Zinngegenstände einführen dürfen, außerdem untersagte es die Reparatur alter Gefäße. Im 16. und 17. Jh. war →Zinngerät in S. vorwiegend bei Magnaten und reichen Stadthaushalten im Gebrauch. So besaß der Königsrichter von Sebes, Andreas Welther, im 16. Jh. 244 →Zinngeräte. Das älteste erhaltene Stück

Straßburg Strelitz Stuttgart
um 1575 *1705* (Mecklen- *1670*
              burg)

Kaffeekanne.
Frankfurt a. M.,
um 1780

Kaffeekanne in
Silberart.
Hall in Tirol,
2. Hälfte 18. Jh.

ist ein →Krug von 1594 aus Hermannstadt, da viele Geräte in Kriegszeiten eingeschmolzen wurden, um →Bronze für Kanonen herzustellen. Nach der Überlieferung ließ z. B. Fürst Báthory 1610 sämtliches Zinn in Kronstadt requirieren. Die Blütezeit der Zinnherstellung lag im 17. und 18. Jh., bis sie im 19. Jh. von Fayence, Glas und Porzellan verdrängt und eingestellt wurde. Charakteristisch für Zinn aus S. sind die auf den Bandhenkeln befindlichen Ranken in Reliefguß. Diese →Ornamente wurden auch für Schraubflaschen bevorzugt. Ebenso kommen Reliefgußhenkel nach Vorbild der Gold- und Silberschmiedearbeiten vor. Bei der Gravierung ist das Jagdmotiv beliebt, der Blumendekor lehnt sich an die volkstümlichen Wandmalereien an. Es ergibt sich eine zeitliche Reihenfolge der Gefäßtypen: großer Birnkrug mit glattem Henkel (16. Jh.); →Humpen, →Schleifkanne mit gravierten geometrischen Ornamenten oder Blumendekor und Reliefgußhenkel, →Schraubflaschen, Jagdszenenteller (17. und 18. Jh.); Teller mit Genreszenen und klassizistische Formen (19. Jh.). Außer →Gebrauchszinn wurden auch Zunft- und Nachbarschaftszeichen, →Leuchter und →Kirchengerät hergestellt.

Siegellack, s. Hilfswerkstoffe

Siegelschneider, s. Matrize

Signatur, s. Markenwesen

Silber, chemisches Element. Vereinzelt Zusatz zu →Zinnlegierungen, im wesentlichen dient es zur weiteren Aufhellung des ohnehin silbrig hellen →Zinns.

Silberart nennt man im engeren Sinne das während des 18. Jh.s zuerst in →Augsburg von der Zinngießerfamilie →Ruprecht gearbeitete →Zinngerät (→Kannen, →Teller, →Terrinen, →Taufgeschirr, →Tafelaufsatz usw.), das – wie das hochfeine Silber des →Rokokos – passig geschweifte Rippen aufweist. Derartige Formen hielten sich bis ins 19. Jh. Aber schon früher, im 16. und 17. Jh., wurde →Reliefzinn in enger Anlehnung an Silbertreibarbeiten geschaffen. So soll 1629 für die Hochzeit König Ferdinands von Habsburg nach bestimmten Formen und Mustern Gerät nach Silberarbeiten

267

aus →Prag und →Wien angefertigt worden sein. Eindeutige Vorbilder sind die →Barockblumen der →Nürnberger und Augsburger Silberarbeiten, die, in relativ flachem Reliefguß, auf Tellern und – in kräftiger Gestaltung – z. B. auf →Schraubflaschen vorkommen. Zinn in der beliebten S. des 18. Jh.s wurde hauptsächlich in →Frankfurt a. M., Augsburg und →Karlsbad hergestellt.

Silberzinn, bleifreies →Zinn, das einen silbrigen Glanz hat und lange blank bleibt. Die Bezeichnung ist jedoch irreführend, da es kein →Silber enthält.

Singkep, südostasiatische Insel, auf der →Zinnvorkommen seit dem 18. Jh. im Tagbau (→Abbau) in bedeutenden Mengen abgebaut werden.

Sintern ist das Zusammenbacken von kleinkörnigen Stoffen. Diese werden bis zu einer Temperatur erhitzt, bei der ihre Oberfläche aufweicht und mit den Nachbarkörnern zusammenschmilzt, ohne daß die Körner ganz durchschmelzen. Es lassen sich mit diesem Verfahren sehr maßgenaue Werkstücke herstellen (→Zinnpulver).

Skulpturen, s. Plastiken

Soest in →Westfalen. Die erste Nachricht über Zinngießer vermittelt die Vorschrift von 1511, der ältere Bestimmungen vorangegangen sind. Stadtzeichen ist ein aufrecht stehender Schlüssel, dessen Bart nach links weist. Als älteste Arbeit hat sich ein →Altarleuchter aus dem 15. Jh. erhalten. Ein durch →Ausgrabungen zutage gekommener →Teller des 16. Jh.s zeigt Stadt- und Meisterstempel als Nachweis der Probe 10:1, die für →Qualitätszinn bis Ende des 18. Jh.s beibehalten wurde. 1694 wurde bleifreies →Zinn mit der →Engelmarke gestempelt. Selten sind die unter preußischer Regierung eingeführten rechteckigen Kontrollstempel mit einem Zepter (ähnlich der Marke der kgl. Porzellanmanufaktur Berlin).

Solis, Virgil, Kupferstecher und Holzschnittmeister; geb. 1514 →Nürnberg, gest. 1562 ebenda. Als Ornamentstecher gehört er zu den sogenannten Kleinmeistern, die vorwiegend in kleinem Format gearbeitet haben und Ornamentvorlagen für Goldschmiede, Büchsenmacher, Plattner, Formstecher, Schreiner, Zinngießer u. a. schufen. S.' »sieben freie →Künste« übernahm z. B. N. →Horchaimer für den Ätzdekor auf seiner →Fama-Platte von 1567.

Solnhofer Stein, s. Gußformenmaterial

Sowjetunion, durch die Erschließung Sibiriens das Land mit den bedeutendsten →Zinnvorkommen. →Gewinnung vorwiegend aus →Bergzinn.

Spanien, s. Galice

Spannvorrichtungen, s. Maschinen und technische Einrichtungen

Spatz, Zacharias (Meister 1661, gest. 1713), gehört zur Nachfolgergeneration der Hauptmeister des →Nürnberger →Reliefzinns. Er übernimmt traditionsgemäß die Formen aus der Werkstatt seines Vaters (→Kaiser-Teller, →Auferstehungs-Teller); das Modell des →Blumentellers entwickelt er jedoch weiter von kleinteiliger zu großzügiger Auffassung in barockem Geschmack.

Spatz II, Hans (Meister 1630, gest. 1670), gehört zu der Gruppe der Meister des →Reliefzinns und hat als erster →Blumenteller gegossen. Er verwendete auch bekannte Modelle anderer Meister, so die →Zonenteller von C. →Enderlein, und bereicherte den Formenschatz der →Reliefteller mit 18 Modellen (→Kaiser- und →Kurfürsten-Teller des Stechers G. H., →Auferstehungs-Teller.) Die Arbeiten aus seiner Werkstatt erfreuten sich großer Nachfrage und befinden sich heute in Museen oder bekannten Sammlungen.

Speckstein, früher häufiger verwendeter Werkstoff zur Herstellung von Modellen, besonders für →Plaketten, wie sie z. B. für P. →Flötner nachgewiesen sind.

Spezifisches Gewicht (Wichte). Darunter versteht man das Gewicht eines Stoffes pro Volumeneinheit, meist pro cm^3. Es ist abhängig von der →Dichte des Stoffes und dem herrschenden Gravitationsfeld. Im Bereich der Erdanziehung ist es zahlengleich mit der Dichte.

Spiegel (→Fond) wurden in der →Antike mittels Zinnfolie hergestellt (→Plinius d. Ä.). →Zinn mit →Blei, →Wismut und →Quecksilber vermengt gibt eine gute S.-Folie.

Spiegellot, s. Blaslot

Spielzeug war meist das übliche Gebrauchsgerät in stark verkleinertem Maßstab, wie z. B. Puppengeschirr und →Zinnfiguren. Aus der Seine wurden mittelalterliche Miniaturgeräte als →Baggerfund geborgen, aus →Nürnberg stammen im 16. und 17. Jh. entstandene Reliefdekorschüsseln von nur fünf Zentimeter Durchmesser, die wohl für Puppenküchen und -häuser bestimmt waren. Dazu zählen auch die Hausaltärchen und →Kirchengeräte in Kleinstformat. Bis ins 19. und 20. Jh. waren die Zinnfiguren sehr beliebt, die sogar in den Märchenschatz eingingen (Chr. Andersen, Der standhafte Zinnsoldat).

Spindelloch, s. Bodenstumpf

Sprengeisen, s. Handwerkszeuge

Spritzguß, s. Druckguß

Spruchtafel, s. Wandtafel

Stadtmarke. Sie war im Spätmittelalter der von den →Beschaumeistern verwahrte Kontrollstempel mit dem sie die Ware stempelten. Diese entsprach damit den in der →Zunftordnung festgelegten Qualitätsbestimmungen (→Gemerke). Später wurde die Stempelung mit der S. den Meistern selbst übertragen, da den Beschaumeistern die Arbeit zu beschwerlich wurde. Die S. kann auch mit der

→Meistermarke vereinigt sein (→Einmarkensystem). In vielen Fällen stimmt die S. mit dem Stadtwappen überein oder hat Teile davon übernommen. Die S. allein verwendet, kennzeichnet ebenfalls geringe Legierungen oder umgegossenes Gerät. In Mannheim allerdings erhielt umgegossenes, altes Zinn nur das Meisterzeichen, nicht die S.

Stahlwolle, s. Hilfswerkstoffe

Stannarius, frühe Bezeichnung für Kannengießer, abgeleitet von lat. →stannum, Zinn.

Stannin (Zinn-Kies), s. Zinnerz

Stanniol zu bereiten, wird von →Theophilus Presbyter bereits ausführlich beschrieben. Es dient als dünne Folie zum Belegen von →Spiegeln oder eingefärbt als Ersatz für →Vergoldung und →Versilberung. Hierbei wird das reinste Zinn mit dem Hammer auf einem Ambos dünn ausgeschlagen und währenddessen mehrmals mit einem Wollappen und feingeriebener Kohle gesäubert, bis eine dünne Folie entsteht. Zum Schluß wird das S. mit einem Eberzahn auf einer glatten Holztafel gerieben, wodurch es leuchtend wie Silber wird (Spiegelbelag). Vergoldet wird S. mit Firnis aus Leinöl, überstrichen mit Gummiarabikum, anschließend an der Sonne getrocknet, dann in eine Mixtur aus gelbem Holz, Safran, Bier oder Wein getaucht, bis es Goldfarbe angenommen hat. Auf dieses gefärbte S. kann der Zinnarbeiter nun mit Farben malen.

Stannum (lat.), seit dem 4. Jh. n. Chr. üblicher Ausdruck für Zinn.

Statuetten sind fingerlange, reliefartig flache, aber auf Vorder- und Rückseite durchgebildete Zinnfigürchen, die bei →Ausgrabungen 1872 in der mittelitalienischen Stadt Palestrina, auf dem Esquilin in Rom und im Tiber gefunden wurden. Vermutlich waren es antike Weihegaben, die größeren Kultbildern nachgestaltet wurden und in Tempeln oder Hausaltären Aufstellung fanden oder als segenverheißende →Grabbeigaben dienten.

Stechermonogramm. Es kommt auf →Reliefzinn des 16. und 17. Jh.s unter anderem in →Nürnberg vor. Die Namen der Stecher sind nicht bekannt bis auf C. →Enderlein. Die Stecher waren meist Siegelschneider und Graveure für Medaillen und Münzen.

Stechmeißel, s. Handwerkszeuge

Stegkanne mit birnförmiger oder kugeliger Wandung und schlankem, oben erweitertem und gewölbtem Deckel. Eine schräg ansteigende Ausgußröhre sitzt an der Bauchung und wird mit dem Hals durch einen Steg verbunden, der ihr größere Festigkeit und Halt verleiht. →Kannen mit steiler langer Ausgußröhre, die ein dünnstrahliges, kunstvolles, in hohem Bogen geübtes Einschenken ermöglichen, gibt es in Europa nachweisbar seit dem 14. Jh., wie z. B. die Kannen aus dem Baseler Münsterschatz oder die sogenannten →Jan-Steen-Kannen, die in →Holland während des 17. Jh.s beliebt

Stegkanne. Wels/Österreich, um 1680. Caspar Ledermayr

waren. Die mit einem Steg verbundene Röhre begegnet auch an einer gefußten →Kölner Kanne aus der 1. Hälfte des 17. Jh.s, während sich die charakteristische S.-Form seit dem 17. Jh. in der →Schweiz als sogenannte Berner S. herausgebildet hat. Der Typus begegnet auch in Thun, Zofingen, Aarau und gelegentlich in Biel, Solothurn und Otwalden. Die S. ist ebenso über Savoyen, die Poebene bis nach Toulouse verbreitet.

Abgesehen von der kräftigen Birnform der Wandung ist die anthropomorphe Ausformung des Steges für die sechskantige, gedeckelte Ausgußröhre charakteristisch: ein Arm, modisch mit einem mehrfach gepufften (Dame) oder glattem Ärmel (Herr) bekleidet, ergreift mit der Hand die Röhre. Auch einfache Baluster-Stege kommen vor. Die →Meistermarken befanden sich in der Regel auf dem Deckel, selten auf dem Henkel. Die →Stadt- und Meistermarken deuten darauf hin, daß S. während des 17. Jh.s auch in →Ulm, Oberösterreich, und, als →Krug, in →Augsburg übernommen worden sind, wobei der Armsteg beibehalten ist, die Form der Wandung aber variieren kann. Selbst im 18. und 19. Jh. wurden S. hergestellt. In der Neuzeit führte das stärkere Interesse an S. zu Nachahmungen der alten Modelle, so daß größte Sorgfalt bei der Datierung geboten scheint.

Steiggüssel, s. Güssel

Steigtrichter, s. Güssel

Steinzeug. Rheinische S.-kannen und -Plattflaschen aus dem 14. bis 16. Jh. gelten nach Auffassung einiger →Forscher als Vorbilder z. B. für →Balusterkannen, →Plattflaschen und →Stegkannen. Hervorragendstes Beispiel ist der Typ der St.-Balusterkanne, die im 15. Jh. im rheinischen Siegburg hergestellt wurde und unter dem Namen »Jacobaeakanne« bekannt ist. Sie wurde über →Köln als Handelsmittelpunkt bis nach →Holland, →England, Nordostdeutschland und Skandinavien exportiert.

Stempeleisen, s. Punzen

Stempelwesen, s. Markenwesen

Steuer-Gesetzmäßigkeit bei Zinn. Sowohl das Rohmetall wie derzeit neu hergestellte →Zinngeräte unterliegen dem normalen, gesetzlichen Mehrwertsteuersatz (1977: 11%). Dieser Satz ermäßigt sich um die Hälfte, wenn es sich nach § 12 des gültigen Umsatzsteuergesetzes (letzte Fassung des BFM vom 30.1.75), »um Sammlungsstücke (Nr. 9905 des Zolltarifs) von geschichtlichem, kunst- oder kulturhistorischem Wert handelt, die zur Aufnahme in eine nach wissenschaftlichen Grundsätzen aufgebaute, öffentliche →Sammlung geeignet sind«. Weder Preis noch Seltenheit sind dabei ausschlaggebend. Der normalen Antiquität (Mindestalter 100 Jahre) fehlen diese Eigenschaften, d.h. daß der größte Teil der heute im Handel befindlichen Zinnstücke normal besteuert werden muß. Der gewerbliche Verkäufer ist für seine Einordnungsentscheidung steuer- und zivilrechtlich verantwortlich. Im Zweifelsfall ist das Gutachten eines anerkannten Sachverständigen heranzuziehen (→Markt und Preise).

Stilentwicklung, s. Antike, Gotik, Renaissance, Barock, Rokoko, Louis-quatorze, Louis-quinze, Louis-seize, Empire, Biedermeier, Historismus, Jugendstil, Stilverschleppung, Stilverzögerung und Stilwidrigkeiten

Stilverschleppung einer charakteristischen Form bei Zinngegenständen wurde durch den Gebrauchszweck oder eine bestimmte stilistische Geschmacksrichtung gefördert. Auf →Handelswegen oder über die →Wanderschaft der Gesellen ist z.B. die →Kanne mit steilem Ausgußrohr aus der Zeit um 1500 vom hanseatischen Raum nach →Köln (→Baggerfund im Rhein) bis zum Rheinknie bei Basel gelangt. Um 1600 wanderte diese Kannenform nach der →Schweiz und die Donau abwärts bis →Österreich, über den Inn nach →Tirol und nach Südwesten bis über →Lyon. In →Holland wird dieser Kannentyp als →Jan-Steen-Kanne bezeichnet. Sie ist auch in →Lübeck anzutreffen. Wiederum in Köln »zugewandert«, erhält sie dort den zylindrischen Fuß als →»Kölner Kanne«, bis sich in Bern der Steg als Charakteristikum der →Stegkanne durchsetzt. Diese verbreitet sich dann bis in die Lombardei und nach Toulouse. Es fällt auf, daß die Stegkanne des 17. und 18. Jh.s vorwiegend in Gegenden des Weinanbaus benutzt wurde, die Stilwanderung also vorwiegend von der Nutzanwendung der Kanne bestimmt wurde. Andere Beispiele sind →Nürnberger Wurstkrüge mit →Münchener Marke, Nürnberger →Reliefteller mit Marke aus →Innsbruck und →Sugerli mit der Stadtmarke von →Salzburg.

Stilverzögerung. Von S. spricht man, wenn noch Kriterien einer vergangenen Stilepoche bei der Formgebung eines Gegenstandes befolgt werden, obwohl bereits ein Stilwandel eingetreten ist. Gerade bei Zinngeräten treten S. auf, weil Gebrauchsgefäße und Gerät zur Traditionspflege (→Zunftzinn usw.) nicht modischem Wechselspiel unterliegt. Außerdem sind Formen und Modeln teuer und deshalb möglichst lange verwandt, meist sogar über Generationen hinweg vererbt worden. Deshalb ist eine sichere Datierung des Objekts vor allem anhand der →Stadt- →und Meistermarken vorzunehmen. Eine gewisse Datierungshilfe sind Abgüsse von Münzen und Medaillen, die auf mittelalterlichem Gerät gelegentlich anzutreffen sind.Спätgotische Formen haben sich bis in die 2. Hälfte des 16. Jh.s erhalten, als das →Reliefzinn beliebt war. Für die jahrhundertelange Beibehaltung von bewährten Grundformen bei →Gebrauchszinn trifft die S. nicht zu.

Stilwidrigkeiten sind bei dem Versuch, historische Zinngegenstände nachzubilden, in der Zeit des →Historismus anzutreffen. Mit der Industrialisierung ganzer Handwerkszweige verlor sich das sichere Stilgefühl. Entwerfer kreierten »Originalität« oder Zinngießer versuchten von sich aus, alte Formen abzuwandeln und als Neuheit auf den Markt zu bringen, wie z. B. die →Nischenkannen. Auch bei Reparaturen oder Umänderungen alter Stücke, wenn z. B. eine Ausgußschnauze angebracht werden sollte, können S. vorkommen. Sie mindern den Wert der Stücke oder entstellen ihre Form.

Stitze, →Kanne mit konischer, nach unten ausschwingender Wandung, ohne Fuß, flach aufsitzend. Oft weisen sie eine Schnabelschnauze (Schnabelstitze) oder eine kleine, schnabelartige Ausbuchtung am Rand auf. Der Deckel ist gewölbt, auch flach und herzförmig, entsprechend dem Umriß der Mündung. Die Wandung kann durch einen Wulstring gegliedert sein, der Dekor ist sparsam: gravierte oder geflächelte Blumen, Ranken und Monogramme. Die S. ist zwischen Donau und Etsch heimisch. In der →Schweiz tragen die Schnabelausgüsse im Gebiet Solothurn auch bärtige Gesichter (Bartmanns-S.). Bei Neuenburger und Freiburger S. verläuft die Wandung im obe-

Stop. Zunftbecher der Schiffszimmerleute in Wismar. 15. Jh.

ren Drittel zylindrisch oder sich verbreiternd. Mit Ranken und Blumen verziert sind vorwiegend S. aus →Zürich und Zofingen. Auch Henkel mit Reliefguß-Ranken kommen vor. Die Marken sind auf Henkel oder Deckel zu finden. S. gibt es seit dem 17. Jh. Sie werden heute gern gefälscht, wobei Nachgüsse selbst die alten Gebrauchsspuren vorweisen können (→Fälschungen).

Stop, ein für →Norddeutschland charakteristischer dickwandiger Zunftbecher mit seitlichen Henkeln, manchmal auf Löwenfüßen stehend. Im 15. Jh. ist er breit und gedrungen, außerdem mit Inschriften in gotischen →Minuskeln verziert; im 16. Jh. werden seine Formen schlanker, auf Inschriften und Henkel wird verzichtet, bis sich schließlich diese Becherform im 17. Jh. zum →Rörken entwickelt.

Stoy, Sebald (Meister in →Nürnberg 1608, erw. bis 1622), gehört zur Gruppe der Meister des →Reliefzinns, benutzt auch Modelle anderer Meister, wie den →Teller mit der Erschaffung Evas (1621) (→Eva-Teller) und die →Temperantia-Platte und -Kanne (1611) von →Enderlein.

Straits-Zinn, Markenbezeichnung für →Blockzinn (Feinzinn) aus →Malaysia,

Handelsqualität an der →London Metal Exchange. Das S.-Z. stammt aus der Hüttenproduktion von den Lagerstätten der Firma *Straits Settlements*, die die früheren Niederlassungen von Großbritannien, Singapur und Penang an der (See-)Straße von Malakka (früher Straits) umfassen.

Straßburg. 1368 werden »Kantengießer« erstmalig erwähnt, seit 1401 sind Meisternamen bekannt. Die Zinngießer, die der Schmiedzunft angeschlossen waren, erhielten ihre Handwerksordnungen, die das →Marken- und Probenwesen regelten, im Rahmen der →»Policey Ordnung der Stend im Elsasz« 1471, 1536, 1552, 1572. Die Proben bestanden in der →Nürnbergischen von 10:1 und in der geringeren von 4:1. →Geschlagenes Zinn durfte nur aus →Lauterzinn ohne Zusätze gefertigt sein. Wer altes →Zinngerät zum →Umguß brachte, sollte die Prozedur selbst beobachten, und ein Stück davon für eine Probe erhalten, »damit eim jeden das sein ohne andern zusatz wieder werde«. 1427 gab es in S. drei, 1715 18 und Anfang des 19. Jh.s zwei Meister.

Aus dem Mittelalter sind keine Arbeiten erhalten. Vom Ende des 16. Jh.s kennt man gravierte →Krüge und →Teller, vom Anfang des 17. Jh.s das aufwendige →Reliefzinn in der Art des F. →Briot. Als Hauptmeister dafür gilt I. →Faust. Michel Hollinger goß einen Krug mit ausladender Fuß- und Lippenrandzone sowie eingelegtem Messingreifen, der reich graviert und mit einem Sinnspruch beschriftet ist. Außerdem trägt er die Inschrift »Anno Domini 1612 – Daniell Settauw Vo Dantzig«. Settauw arbeitete 1612 als Zinngießergeselle in S. und wurde 1613 dort Bürger. Dieser Krug scheint somit ein Zeugnis zu sein, an dem die Gravierkunst der Gesellen erprobt werden sollte (→Gravieren). Auch →Stitzen werden in S. reich graviert. Typisch jedoch sind die zwischen 1680 und 1740 beliebten →Wöchnerinnen-Schüsseln, die anscheinend nach Vorbildern aus →Lyon gegossen wurden. Sie fanden auch in der →Schweiz und in Deutschland mit vereinfachtem Dekor und in →Silberart Nachahmung.

Streichlehm, s. Hilfswerkstoffe, *Lehm*

Strohzinn, →Lieferform für Rohzinn eingeborener Schmelzer in Nigeria. (Schon in früheren Jahrhunderten gebräuchlich.) Dabei wird Stroh in feuchte Asche eingebettet, dann wieder herausgezogen und die so entstandenen Kanäle werden vollgegossen.

Stuck, Franz von, Maler und Bildhauer in →München (geb. 1863, gest. 1928); entwarf u.a. Zinngegenstände für den Münchner Zinngießer L. →Lichtinger, der sich im →Historismus und →Jugendstil verdient machte.

Sturzguß, eine vor allem im Figurenguß früher häufig angewandte Gießmethode. Die Form wird wie beim →Vollguß ohne →Kern gegossen. Wenn der Gießer glaubt, daß die →Gußhaut schon erstarrt ist, wird die Gußform (→Maschinen und technische Einrichtungen) umgestürzt und das im Figureninneren noch flüssige

Metall ausgegossen. Der wahre Meister ist dabei am dünnwandigen Guß mit fehlerloser Oberfläche zu erkennen.

Süddeutschland. In S. – Bayern, Baden, Württemberg – hat sich das Zinngießerhandwerk unter fast gleichen Voraussetzungen entwickelt. Landeseinheitliche →Zunftordnungen wie z.B. in →Sachsen oder beim →Wendischen Ämterverband hat es zwar gegeben, aber die einzelnen Städte haben ihre Eigenständigkeiten deswegen nicht aufgegeben, da eine straffe Oberaufsicht fehlte. Dagegen gibt es typisch süddeutsche Gerätschaften, deren Formen anderweitig nicht üblich waren, so →Stitzen, →Tischschoner, →Hefekannen oder →Bratwurstdosen. →Nürnberg und →Augsburg tragen zur Ausprägung süddeutscher Stilformen in besonderer Weise bei (→Memmingen, →Ulm, →Regensburg).

Südtirol. Seit Wilhelm Raming, der Kesselrichter des Herzogs Sigmund alle in der Grafschaft →Tirol ansässigen Kessel-, Pfannen- und Rotschmiede, die Kandler, Glockengießer und alle anderen Hartschmiede für den 17. August 1449 nach Sterzing berufen, sind in S. Zinngießer bekannt. Sie arbeiten in Brunneck, Sterzing, →Brixen, →Bozen, →Meran. →Gebrauchszinn herzustellen, war das Hauptanliegen der S.er Zinngießer, jedoch ist wenig erhalten geblieben. Die →Stitze mit weiter als üblich ausladendem Fußteil ist in S. charakteristisch.

Sündenfall-Platte, s. Adam-und-Eva-Teller

Sugerli oder Brunnkesseli, →Schweizer Ausdruck für die Sonderform der →Saugkanne mit Klappdeckel, verbreitet im 17. und 18. Jh., wird als Schwenkkessel an einem Bügel hängend benutzt. Aus zweckmäßigen Gründen ist der Schwerpunkt des Gefäßes in seine obere Hälfte verlagert, wo an der Bauchung das Saugröhrchen sitzt, während die untere Hälfte sich verschmälert. Man nimmt an, daß das S. als Saugkanne für Kinder verwendet wurde, da das Mundstück am Ende wie bei Kindertrinkflaschen verdickt und oft abgenützt ist. Daß sie dazu gedient hätte, die →Gießfässer aufzufüllen oder die Stubenböden zu besprengen, weil sie eine Zeitlang »Stubenspritzerli« genannt wurden, ist unwahrscheinlich. Sie sind auch im Salzburgischen und in →Süddeutschland anzutreffen. Im Egerland haben sie einen seitlichen Henkel und heißen →Lirlkrug.

Sultan-Teller, →Nürnberger →Reliefteller mit dem Reiterbildnis eines Sultans im Mittelfeld, bezeichnet D. TIRCKRICH · KEISER. Auf der →Fahne Ovalmedaillons mit den Reiterbildnissen der Könige von →England, →Schweden, Spanien, →Dänemark, →Frankreich und Polen. Marke des A. →Dambach, entstanden um 1637, dem Jahr der Krönung Ferdinands III. von Habsburg zum Römischen Kaiser Deutscher Nation. Auch der →Gustav-Adolf-Teller stammt aus jenen Jahren wie der →Krönungsteller und der →Kaiserteller. Es ist deshalb anzunehmen, daß diese →Teller mit Kaisern und Königen in Erinnerung an jene Tage sehr beliebt waren.

275

Susanna (»Lilie«), Hauptperson einer Legende, die dem Buch des Propheten Daniel im Alten Testament (→Bibel) als Kapitel 13 hinzugefügt ist. S. wird beim Baden heimlich von zwei Alten beobachtet. Da sie ihre Anträge zurückweist, wird sie von ihnen fälschlich des Ehebruchs beschuldigt. Der junge Daniel beweist ihre Unschuld. Szenen der Legende sind auf der →Susannen-Kanne und →Susannen-Platte dargestellt.

Susannen-Kanne, →Edelzinn in der Art der →Temperantia-Kanne. Auf dem Mittelfries Szenen aus der Geschichte der →Susanna (Dan. 13), →Frankreich, 2. Drittel des 16. Jh.s. Auf der unteren Zone und der Schulter-Halspartie sind →Grotesken und Ovalmedaillons in strenger Ordnung verteilt. Nach stilkritischen Gesichtspunkten ist diese →Kanne früher entstanden als die →Susannen-Platte, die als Frühwerk des aus →Lothringen stammenden F. →Briot gilt.

Susannen-Platte, →Edelzinn in der Art der →Temperantia-Platte. Die S.-P. ist benannt nach der auf dem →Umbo befindlichen Reliefdarstellung der →Susanna im Bade, die von den beiden Alten belauscht wird (Dan. 13). Der Umbo ist wie der auf der →Mars-Platte gleichsam in den ihn umgebenden Wulstfries eingebettet, auf dem →Grotesken reliefiert sind, und der wiederum von einer flachen und breiten Zone mit →Arabesken umgeben ist. Nach einer glatten Kehle folgt der breite Plattenrand mit abwechselnd hoch- bzw. querovalen, kräftig reliefierten Beschlagwerk-Kartuschen mit den vier Jahreszeiten und den freien →Künsten; dazwischen Grotesken und →Maskarons. O. v. Falke (→Forscher) ordnet die S.-P. als Bindeglied zwischen den →Arabesken-Kannen aus →Lyon und der Temperantia-Platte von →Briot ein. Sie ist demnach sein Frühwerk aus der Zeit um 1580/1590. Die Temperantia-Platte dürfte zwischen 1585/90 und die Mars-Platte um 1600 entstanden sein.

Symbol. Es veranschaulicht einen bedeutsamen Inhalt oder Sinn im Unterschied zur →Allegorie. Ein S. ist etwa das Kreuz oder die Zahl 13; es kann auch einer Allegorie zugeordnet sein wie auf den →Plaketten der →Tugenden von P. →Flötner, die von sächsischen Zinngießern häufig benutzt wurden.

Tabakbüchsen, -dosen in runder oder eckiger Form waren seit dem 17. Jh. in →Norddeutschland und in →Holland beliebt, den Ländern, die als erste die Bekanntschaft mit der aus Übersee kommenden Pflanze machten. Die Wandungen blieben glatt bis auf gravierte Monogramme und →Hausmarken. Eine Ausnahme bildet die in Anlehnung an Reliefdekor aus →Nürnberg verzierte runde →Dose des Willems Uven aus Norden (Friesland), um 1800. Charakteristisch sind für T. im Innern die mit Knopfgriff versehenen bleihaltigen schweren Platten, mittels deren der Tabak niedergedrückt und beschwert wird. Zinn ist für T. bestens geeignet, da es das Aroma nicht beeinflußt, den Tabak nicht austrocknen läßt und weder rostet noch Grünspan ansetzt.

Taufkessel. Kuttenberg, 1485

Taufbecken. Mainz, 1328

Taufkessel. Böhmen, 1. Viertel 16. Jh.

Tafelaufsatz. Mit der Verfeinerung der Tischsitten im 17. und 18. Jh. fand man Geschmack an kostbaren Geräten und luxuriöser Tafelausstattung, wofür besonders Silber, Glas und später das Porzellan herangezogen wurden. Auf dem T. ließen sich Früchte, Konfekt oder Kuchen sehr dekorativ in gestaffelter Höhe darbieten. Auch aus Zinn waren T. beliebt, denn der milde silbrige Glanz des in →Silberart gearbeiteten Metalls setzte z. B. Orangen und Zitronen effektvoll ins Licht.

Tagbau, s. Abbau

Taubes Gestein, auch Gangart genannt, ist bei der Erzförderung mitgefördertes Gestein, das kein Erz enthält (→Gewinnung).

Taufbecken und -schüssel. Seit dem 11. Jh. trat anstelle der Taufkirche (Baptisterium) das T. (niederdeutsch Fünte). Es wurde aus unterschiedlichem Material gefertigt: Stein, Bronze oder Zinn. Da im Mittelalter die Zunftangehörigen der Glockengießer (niederdeutsch →Grapengießer) zugleich auch im Zinnguß arbeiteten, haben die frühen T. eine umgedrehte Glockenform mit Reliefverzierungen und gegossenen Inschriften. Die frühesten Zinn-T. stammen aus dem 13. Jh. Vom 15. Jh. an ist das Hauptverbreitungsgebiet für Zinn-T. →Böhmen und Mähren. Es sind in der Regel Kessel auf drei Beinen, die im 16. Jh. höher und schlanker werden. Angepaßt an die jeweilige Stilforderung sind in Böhmen bis zum →Empire T. geschaffen worden. Ende des 19. Jh.s hatten sich noch über 200 Exemplare erhalten. Die bedeutendsten Zinn-T. befinden sich in der Nicolaikirche zu Rostock (Kriegsverlust), Kirche zu Hettfelden, →Westfalen, 13. Jh.; Kirche zu Siegelsum, Hannover, 1317; Dom zu Mainz, 1328; Kirche zu Königgrätz (ältestes böhmisches T.), 1406; Theinkirche zu →Prag, 1414.

Die Taufschüssel ist ein flaches Becken mit einem Durchmesser von etwa 50 bis 80 Zentimeter und wurde in einen Unterbau eingelassen. Das frühest erhaltene Exemplar ist 1414 datiert und stammt aus der Kirche zu Gottleuba in →Sachsen. Ihr einziger gravierter Schmuck sind vier Heilige in Halbfigur mit ihren Namen in →Minuskeln auf dem Rand. Um 1500 entstand in Venedig eine Taufschüssel mit getriebenen →Ornamenten, während im 16. Jh. Reliefdekor nach →Plaketten von P. →Flötner ausgeführt wurde.

Taufgeschirr besteht aus Schale und →Kanne. Die Formen folgen den Stilwandlungen des profanen Gebrauchsgeräts. Seine charakteristische Ausbildung fand es im 17. Jh. Die Schale ist tief gemuldet, die Kanne besitzt einen Ausguß in Form einer Schnabelschnauze, oder sie ist mit einem breit und einseitig vorgezogenen Rand versehen (Helmkanne), damit das Taufwasser behutsam ausgegossen werden kann. Man darf annehmen, daß T. besonders für die im Elternhaus vorgenommene Taufe benutzt wurde. Es gibt auch verschraubbare Taufwasserkannen. Eine der frühesten Taufkannen, die sich erhalten haben, entstand um 1600 in →Frankreich. Im 18. Jh. bevorzugt man T. in →Silberart.

Tauschierung (arabisch tauschige, »Färbung«) nennt man die Verzierung von Metallgegenständen mit andersfarbigem Metall durch Einlegen und Festhämmern von Drähten oder aus Blechen geschnittenen →Ornamenten. T. ist demnach eine Art →Intarsia in Metall. T. in →Bronze kennt man aus der →Antike (Mykene) und in Nordeuropa während der →Bronzezeit bis zu den Wikingern. Im Mittelalter gelangte die Kunst der T. von →China, →Japan (Teekasten aus Zinn mit tauschierten Ornamenten und Ranken), Arabien nach Spanien und →Italien; von da im 16. Jh. nach Deutschland und dem übrigen Europa, wo sie im Laufe des 17. Jh.s wieder aufgegeben wurde.

Technologie der Zinngießerei. Fortschritte darin, d. h. Anwendung besserer Formstoffe und -verfahren, üben auch immer einen Einfluß auf die Formgebung und Verzierung von →Zinngerät aus. Die stilistische Entwicklung lief also immer parallel zur technologischen.

Teller, ein im Vergleich zur →Schüssel relativ flaches und rundes →Tischgerät, das mit maximal 25 Zentimetern einen geringeren Durchmesser als die →Platte besitzt. Aus dem Mittelalter haben sich keine Zinn-T. erhalten, da sie wohl am ehesten eingeschmolzen wurden. Über ihr Aussehen unterrichten aber Gemäldedarstellungen des 14. und 15. Jh.s (→Zinngegenstände auf Gemälden). Zunächst sind es flache Scheiben, bei denen sich allmählich ein vom Boden (→Fond oder Spiegel) abgesetzter schmaler Rand entwickelt. Im 16. Jh. wird der Fond kleiner, mäßig vertieft und weist manchmal im Zentrum eine flache Wölbung (→Umbo) auf. Der Rand verbreitert sich und ist reich verziert (→Reliefteller). Im 17. Jh. werden T. mit sehr breitem, glattem Rand, die sogenannten →Kardinalteller, beliebt. In der 2. Hälfte des 17. Jh.s erhalten die mittlerweile verstärkten Randkanten Zierprofile. Im 18. Jh. werden die T. in →Silberart ausgeführt.

Tell-Teller, s. Wilhelm-Tell-Teller

Temperantia-Kanne von F. →Briot, Montbeliard, um 1585/90, zur Temperantia-Platte gehörend. Sie besitzt eine gefußte eiförmige Wandung und einen kurzen engen Hals mit Helmkannenausguß und hochgezogenem Reliefgußhenkel. Das Profil des Fußes paßt genau auf das Profil des Platten-Umbos. Auf drei Zonen der Wandung und dem Hals sind in feinstem Reliefguß Figuren, →Ornamente und →Kartuschen ausgeführt: zuunterst, auf der Schulterzone und am Hals →Grotesken, →Maskarons und →Beschlagwerk, auf der mittleren Zone drei ovale Kartuschen mit den →Allegorien der theologischen →Tugenden mit den lateinischen Bezeichnungen: Fides (Glaube), Caritas (Liebe), Spes (Hoffnung); dazwischen →Arabesken. Die T.-K. von C. →Enderlein, →Nürnberg, um 1611, zeigt Darstellungen von zwei verschiedenen Arbeiten Briots: unten die Motive von der Schulterzone der →Briot-Kanne; auf der Mittelzone drei Kartuschen mit den Allegorien der Erdteile von der →Mars-Platte und dazwischen Bandornamente; auf der Schulter die Reliefs der Jahreszeiten Frühling, Herbst und Winter nach der →Susannen-Platte.

Temperantia-Platte, Prunkgerät aus der Gruppe des →Edelzinns, das mit der zugehörigen →Temperantia-Kanne den Rosenwasserbecken der höfischen Goldschmiedekunst entspricht. Da man bis zum 18. Jh. die Mahlzeiten vorwiegend mit der Hand aß, konnten sich die Tischgäste zwischen den Gängen oder nach dem Essen die Hände spülen, indem die Dienerschaft flache Becken reichte und aus zugehörigen →Kannen das Wasser über die Hände des Gastes fließen ließ. Dieser einfache Vorgang wandelte sich zu einer prunkvollen Zeremonie mittels der kostbaren →Platten und Kannen, die zur Repräsentation auf großen Schaubuffets ausgestellt wurden. Der Kannenfuß paßt genau auf das erhabene Mittelstück (→Umbo) der Platte, das wiederum von unten als Griffmulde bei der Darreichung der Platte nützlich ist.

Am bedeutendsten ist die von F. →Briot als Hauptwerk um 1585/90 geschaffene T.-P., die von C. →Enderlein in →Nürnberg kopiert wurde (sie zeigt auf dem Balken der »Geometrie« das Monogramm CE 1611). Von diesen T.-P. (auf dem Sockel der T.-P. CE) gibt es zahlreiche erhaltene Exemplare, die wegen ihres künstlerischen Wertes hoch geschätzt wurden. 1920 waren noch ca. 30 Platten und Kannen vorhanden, die von Briot stammten und meist auch mit seiner Porträtmedaille auf der Unterseite versehen sind. Die T.-P. hat ihren Namen von der auf dem erhöhten →Umbo dargestellten →Tugend der Mäßigkeit, die als Frauenfigur auf einem Steinblock sitzt und in einer Hand die Weinschale, in der anderen den Wasserkrug hält. Das weitere Bildprogramm des Reliefdekors ist der Ideenwelt des humanistisch gebildeten Zeitalters der Spätrenaissance entnommen: auf der breiten Zone im →Fond in ovalen →Kartuschen die Personifikationen der vier Elemente Terra (Erde), Ignis (Feuer), Aer (Luft) und Aqua (Wasser) vor üppigem Landschaftshintergrund. Jeweils rechts von den Kartuschen ist eine →Herme dargestellt, die

| Thun (Schweiz) 1764 | Traunstein 16. Jh. | Trebitsch (Mähren) Jac. Konwar 1557 | Troppau Mitte 17. Jh. | Tübingen 17. Jh. |

das betreffende Element symbolisch wiederholt (z. B. rechts neben Ignis eine männliche Herme mit Feuerwerkskörpern in den Händen, unten am Postament Blitze und Feuerkugeln, darüber die Sonnenrosse des Helios, über der Luft-Herme Vögel, über der Erd-Herme Fruchtbündel und Getreidegarben). Auf der Randzone in acht ovalen Kartuschen Minerva und die sieben freien →Künste sowie als Füllungen vier →Maskarons. Die exakte Anordnung der Figuren und →Symbole ist also keineswegs willkürlich, sondern unterliegt einem intellektuellen Programm. Spätere Repliken der T.-P. von Enderlein zeigen Abweichungen. Die T.-P. von F. Briot mit dem schärfsten Reliefguß und der delikat angeordneten Erd-Herme über dem Haupt der Temperantia befand sich in der ehemaligen Sammlung Demiani (→Sammler). Die stilistischen Vorbilder für den Reliefdekor gehen auf Stichvorlagen des →Straßburger Ornamentstechers Étienne Delaune (geb. 1518/19–1583) und die Wandmalereien im Schloß von Fontainebleau zurück, die der italienische Maler und Dekorateur Francesco Primaticcio (1504–1570), seit 1532 zusammen mit G. B. Rosso und anderen Italienern schuf. – Die Schule von Fontainebleau war die bedeutendste Vermittlerin von italienischem Formengut nach →Frankreich und dem übrigen Europa. Auch aus diesen Gründen erklärt sich die Beliebtheit der T.-P. Sie weist übrigens eine überraschende Ähnlichkeit mit einer T.-P. des →Pariser Kunsttöpfers Bernard Palissy (1510–1590) auf. Die T.-P. wurde auch in Silber und Keramik ausgeführt.

Terrine. Sie entwickelte sich aus der →»gedeckten Schüssel« des Mittelalters und findet als →Tischgerät ihre eleganteste Ausprägung im 18. Jh., als sie in →Silberart geformt wurde.

Testamentsverzeichnis. Es enthält u. a. eine Liste der Zinngegenstände aus dem Haushalt des Verstorbenen und wurde in vergangenen Jahrhunderten meist in den Ratsarchiven der Städte verwahrt. Es gibt Aufschluß darüber, wie umfangreich das Küchenintventar und der Vorrat an dekorativem Zinn (oft Geschenke) eines Bürgerhaushalts oder einer fürstlichen Hofhaltung waren. Andererseits läßt es Rückschlüsse auf die wirtschaftliche Bedeutung und Auftragslage der regionalen Zinngießerwerkstätten zu. Manche T. führen die Gegenstände nach Stückzahl geordnet auf, wie bei dem Renaissancemaler Albrecht Altdorfer oder dem 1515 in →Regensburg verstorbenen Bürger Andreas Rettendorfer, der 17 große und kleine →Schüsseln, 4 →Platten, 18 →Teller und 36 →Kannen besaß. Andere T. erwähnen nur das Gewicht wie z. B. 390 Pfund Zinngeschirr.

Theophilus, Presbyter, Verfasser der →Schedula diversarum artium, höchstwahrscheinlich identisch mit dem Benediktinermönch Rogerus von Helmershausen, der um 1100 im gleichnamigen Kloster bei →Paderborn lebte.

Thüringen ist noch nicht in →Markenbüchern erfaßt worden. Einige →Stadtmarken sind bekannt wie Altenberg, Erfurt, Greiz und Schleiz.

Tin, tinplate (engl.), verzinntes Stahlblech. →Zinn bzw. Zinngerät wird als →Pewter bezeichnet.

Tingheter, s. Kandlgießer

Tingieren, Überziehen eines →Zinngeräts mit einer Gold- bzw. Silberauflage; im 16. Jh. gebräuchlich. Diese →Vergoldungen und →Versilberungen erwiesen sich als nicht besonders haltbar und wurden auch deshalb aufgegeben, weil sie dem Charakter des Zinns nicht entsprachen.

Tin Research Institute (T. R. I.), (Zinn-Forschungsinstitut), gegründet 1932 in Greenford, Middlesex; Exekutivorgan des →International Tin Research Council. Es betreibt anwendungstechnische Forschung für Zinn, für seine Legierungen und Verbindungen und berät technisch die Zinnverarbeiter in aller Welt. Außenstellen in vielen Staaten (→Zinn-Informationsbüro Düsseldorf).

Tintenzeug (Tintenfaß, Streusandbüchse). Von allen verfügbaren Materialien war Zinn am wohlfeilsten und als haltbares Tintengefäß geeignet, da es nicht korrodiert und durch Schraubverschluß abzudichten ist, worauf besonders bei Reise-T. Wert gelegt wurde. In →Wien lieferte 1562 G. Schiernprant für die neuen Schreibtische des inneren Rates zwölf »zinen tintencalamal«. Es gibt schlichte Nutzformen, aber auch solche mit reichem Reliefdekor nach Motiven der →Temperantia- und →Mars-Platte, wie sie in sächsischen Kanzleien des 17. Jh.s anzutreffen waren. T. sind meist stark bleihaltig.

Tirol durfte nur aus dem zum Habsburgerreich gehörenden →Böhmen und Mähren das Zinn beziehen. Durch eine Verordnung von 1573 war ausnahmslos für alle Zinngeschirre das »gerechte gute Zinn« ohne jede Beimischung vorgeschrieben. Die frühesten erhaltenen Stücke sind →Platten mit dem Wappen der Familie →Khuen von Belasi, die aus T. stammt. →Hintze nimmt an, daß sie in →Innsbruck um 1550 entstanden sind. Ihr Dekor ist nach dem Guß auf den Rand geätzt worden. Auch für schöne Gravuren sind die Zinngießer aus T. bekannt, wie z. B. N. →Jenbacher, denen die →Nürnberger Ornamentstiche als Vorlagen gedient haben mögen. Neben glockenförmig ausschwingenden →Kannen gibt es seit dem 17. Jh. auch glatte zylindrische; Sonderformen entstanden in T. nicht. Generationen der alteingesessenen Zinngießerfamilien, wie z. B. Karant (1641–1734) und →Apeller (1703 bis nach 1809) bezeugen das große Ansehen des Handwerks.

Tischgerät ist Teil des Gebrauchsgerätes und unterscheidet sich z. B. von →Zunftgerät oder →medizinischem Gerät. T. war seit alters her Bestandteil der Stücke, die zur →Meisterprüfung einschließlich der zugehörigen Formen angefertigt werden mußten. Auf die Reinheit des →Zinns von giftigen Bestandteilen wurde seitdem großer Wert gelegt (Lauterzinn, Probezinn). Waren es im 14. bis 17. Jh. vorwiegend →Schüssel und →Kannen, so verlangte die Ordnung in Kurbrandenburg 1797 u. a. eine »Plat de Menage mit Mästrich-Kanne, Zucker- und Pfefferdose sowie Citronen-Körbchen nach der Mode« (→Gewürzdose, →Zuckerdose, -streuer, →Teller, →Salzgefäße, →Schüsselring, →Tischschoner, →Becher, →Kardinalteller, →Humpen, →Krug, →Kranenkanne, →Löffel, →Löffelständer).

Tischplatte, s. Tischschoner und Zierplatte

Tischschoner sind in der Regel runde, brettähnliche →Platten auf kleinen Füßen, damit die heiße →Schüssel o. ä. nicht mit der Tischplatte Kontakt erhält. Sie können auch durchbrochen gearbeitet sein. Ein T. mit Spuren von Messerschnitten ist eher eine Kuchenplatte. Eine besonders kunstvoll gravierte Platte durfte trotz vorhandener Gebrauchsspuren eher als →Zierplatte denn als T. gedacht sein. Es gibt auch T. in der Form eines →Schüsselringes. T. wurden bevorzugt in →Süddeutschland hergestellt.

Todsünden, sieben; wie die →Tugenden als Frauen mit →Attributen personifiziert: Hoffart (Flügel aus Pfauenfedern, Spiegel, Pferd); Geiz (Fledermausflügel, verbundene Augen, Geldsack, Kröte); Unkeuschheit (aufgefaßt als Venus, brennender Pfeil, geflügeltes Herz, Stier); Zorn (gepanzerte geflügelte Figur, Fackel, Bär, Haut mit Löwenfell bedeckt, einen krummen Säbel sich in die Brust stoßend); Gefräßigkeit (dicke, geflügelte Frau mit Vase und Schwein, das an Kothaufen riecht); Neid (alte geflügelte Frau mit Hund, an Herzen nagend); Trägheit (halbgeschlossene Augen, hängende Flügel, Esel). Diese Figuren wurden von P. →Flötner im 2. Viertel des 16. Jh.s in Form von Bleiplaketten als Modelle für Zinngießer, Goldschmiede usw. entworfen und angefertigt. Sie wurden vor allem im 16. und 17. Jh. in →Sachsen als Reliefdekor benutzt wie auf einer Reliefplatte mit →Plaketten, die dort um 1575 entstanden ist.

Ton, s. Hilfswerkstoffe

Trademarks, Stempel amerikanischer Zinngießer, die Firmenbezeichnungen, oft mit Reklamecharakter, sind. Da es in →Nordamerika nicht zur Zunftbildung kam und daher Vorschriften fehlten, handelt es sich bei den T. nicht um Kontroll- oder →Beschauzeichen.

Tasso

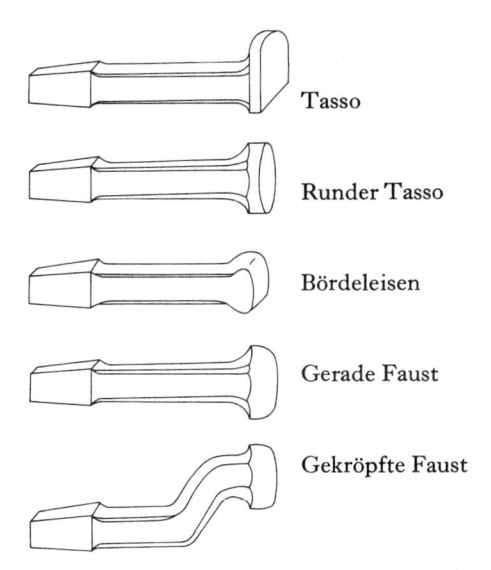

Runder Tasso

Bördeleisen

Gerade Faust

Gekröpfte Faust

Fäuste dienen als Gegenlager beim Prellen

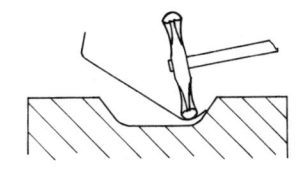

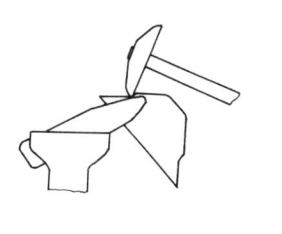

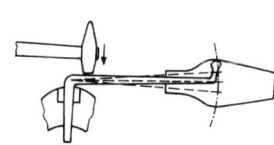

Auftiefen. Das Metallblech wird mit Hilfe eines Treibhammers in einer Hartholzform getrieben

Aufziehen. Das Metallblech wird über einem in einen Schraubstock gespannten Holzblock mit dem Hammer geformt

Prellen. Das Prelleisen wird durch Hammerschläge in Schwingungen versetzt und treibt dadurch das Gefäß von der Innenseite aus

Treiben. Dabei wird ein Metallblech mit Hilfe von verschiedenen Treibhämmern über Sperrhörnern und Fäusten oder in Formen durch Hämmern in Gestalt gebracht. Die Arbeitstechniken lassen sich dabei unterteilen in Auftiefen, Aufziehen, Planieren und Prellen.

Das *Auftiefen* wird bei der Herstellung von Schalen angewandt, dazu wird das Blech der Reihe nach in immer tiefere Holzformen eingehämmert. Die Hammerschläge werden spiralförmig von der Mitte des Werkstücks bis zu seinem Rand gesetzt. Die durch das Hämmern schlechter werdende Verformbarkeit des Metalls wird durch ein Ausglühen des Werkstücks mit Hilfe des Bunsenbrenners wieder verbessert.

Das *Aufziehen* wird angewandt, wenn größere Tiefen erreicht werden sollen. Es erfolgt über Hartholzunterlagen verschiedener Form oder über Sperrhörnern.

Planieren ist notwendig, um beim Auftiefen bzw. Aufziehen entstandene Unebenheiten auszugleichen. Dem Werkstück wird dabei von der Innenseite ein seiner Form angepaßtes Gegenlager, die sogenannte Faust, entgegengehalten und von außen wird die Unebenheit mit dem Planierhammer ausgeglichen. Es ist darauf zu achten, daß das Werkstück nicht getrieben wird.

Prellen wird bei der Herstellung von Gefäßen mit enger Öffnung angewandt. Ein federndes Prelleisen wird dazu in einen Schraubstock eingespannt und durch Hammerschläge in Schwingung versetzt, dabei prellt der Kopf des Prelleisens von innen nach außen.

Tremblieren, s. Flächeln

Trenck-Becher heißen →Becher, die Freiherr Friedrich von der Trenck (1726 bis 1794) während seiner neunjährigen Haft auf der Festung Sternschanze zu

Magdeburg (1754–1763) mit Hilfe eines Nagels gravierte. Über die ganze Becherwandung sind eng aufeinanderfolgend wie ein Bilderbogen teils deutsch, teils lateinisch beschriftete Szenen dargestellt. Schon zu Lebzeiten Trencks sollen die Becher teuer gehandelt worden sein. Aus dem 19. und 20. Jh. gibt es zahlreiche →Fälschungen.

Trinkkrug, s. Krug, Humpen und Rörken

Trojanischer Krieg, s. Hcmer und Ilias

Tudor-Rose, Wappen des englischen Königsgeschlechts (1485–1603), dessen Rosenform in seiner stilisierten Art auch andernorts übernommen wurde; so z.B. als Relief für die Bodenplaketten oder →Rosenmarke.

Tugenden sind ethische Grundbegriffe, die bereits in der →Antike personifiziert wurden. Die mittelalterliche Kunst hat die vier T. als weibliche Figuren dargestellt. Es gibt →Kardinaltugenden. Die drei theologischen T. sind Glaube (Fides, mit Kelch und Kreuz), Liebe (Caritas, mit Kindern) und Hoffnung (Spes, mit Anker). Im Laufe der Zeit ist die Zahl der T. noch vermehrt worden, z.B. Geduld (Patientia, mit Lamm). Die T. finden sich auf →Plaketten von →Flötner im 2. Viertel des 16. Jh.s; auch die sächsischen Zinngießer des 16. und 17. Jh.s benutzten sie als Modelle für Reliefdekor, wie etwa H. →Lichtenhahn für seinen Deckelkrug.

Turin in →Italien. Die hervorragenden Leistungen des Zinngießers Gianbattista →Sartorius belebten in der 2. Hälfte des 19. Jh.s erneut die Nachfrage nach Zinn. Neuerdings wird im Raum →Mailand nach Vorbildern des 18. Jh.s Zinn hergestellt.

Uhren-Zifferblatt. Es wurde in →Messing wie auch in →Zinn angefertigt mit dem Vorteil, daß es nicht oxidierte. Ziffern und Auszier konnten leicht graviert werden, gelegentlich wurde der Dekor als Reliefguß ausgeführt. Eine landschaftlich stilistische Einordnung für U.-Z. gibt es nicht, sie waren überall in Mode, auch in einer Kombination von Messingblatt und Zinn-Ziffernring.

Ulm. Die älteste »Kantengießerordnung« stammt von 1445 und schreibt die →Nürnberger Probe (10 Teile →Zinn, 1 Teil →Blei) vor. Wenn auf Zinn des 16. Jh.s neben einer →Nürnberger Marke ein kleines Meisterzeichen erscheint, ist es auf die Verordnung von 1550 zurückzuführen, wonach auf das aus Nürnberg importierte Zinn zusätzlich das Zeichen des U.er Meisters geschlagen wurde. Die ältesten erhaltenen Zinngegenstände aus U. sind →Tischschoner (→Kuchenplatten) mit gravierten biblischen Szenen, dat. 1529, 1550, 1555 und 1564. Neben →Kannen und →Krügen ist Anfang des 17. Jh.s und im 18. Jh. auch der Typ der Berner →Stegkanne in U. gearbeitet worden; im späten 17. Jh. begegnen →Zunftkannen. Die Tischschoner des 16. Jh.s erleben im 18. Jh. eine nochmalige Blütezeit. Bekannt war U.er Zinn wegen der Gravuren. Zinngießer sind in U. bis ins 20. Jh. tätig.

Uelzen	Ulm		Vevey		
	um 1530	17. Jh.	1720	1736	1750

Umbo (lat. Nabel), das erhabene runde Mittelstück eines →Tellers, einer →Platte oder einer Schüssel, dessen Bildmotiv dem Objekt den Namen gibt; z.B. →Fama-Platte. Der U. kann auch glatt belassen sein, man spricht dann von einem Spiegel-U., wie ihn etwa die →Kardinalteller und -schüsseln vorweisen.

Umguß, Einschmelzen und Neugießen von →Zinngerät, auch durch wandernde Zinngießer im beginnenden 19. Jahrhundert (→Hausierer).

Unedelmetalle sind alle Metalle außer den →Edelmetallen. Sie bilden mit Luftsauerstoff Oxide, z.B. Rost bei →Eisen, →Patina bei →Kupfer und →Zinn.

Ungarn, s. Siebenbürgen

Ungestempeltes Zinn, s. markenloses Zinngerät

Unterkühlung, im Verein mit feuchter Umgebung, kann zu →Zinnfraß führen.

Untertagebau, s. Abbau

Urteil des Paris, s. Paris-Urteil

USA, s. Nordamerika

Vallin, Carlos, s. Sammler

Vase. In Form der Altarvase seit Ende des 16. Jh.s nachweisbar, in Zinn erst im 19. und 20. Jh. als selbständige Form für Blumenschmuck nach keramischen Vorbildern entstanden, die im 16. und 17. Jh. aus →China nach Europa gelangten. Da die V. nicht mit Nahrungsmitteln in Verbindung kam, konnte zunächst eine geringwertige →Zinnlegierung dafür verwendet werden. Ende des 19. und im 20. Jh. wurden originelle →Jugendstil- und moderne V. geschaffen (→modernes Zinngerät). Die Legierung wurde mit →Antimon versetzt, wodurch eine wenig oxidierende, silbrigglänzende Oberfläche erzielt wurde (→Kayserzinn, →Britanniametall).

Vasenteller, auf dem →Umbo eine sogenannte eucharistische →Vase (in Anlehnung an Altarvasen), auf dem Rand eine Barockblumenranke, kommt auch mit einem Doppeladler auf dem Umbo vor. Der V. ist neben dem →Lappenteller (in mehrfacher Variation) als Reliefgußteller in der →Schweiz eine Sonderform, die in die Kategorie der →Stilverschleppung eingeordnet werden kann.

Veichtner, Walthasar, s. Salzburg

Venedig, venezianischer Stil, s. Italien

Verbrauch, und entsprechend die Produktion, nahmen von weltweit 129 000 Tonnen im Jahr 1943 auf 211 500 Tonnen im Jahr 1973 zu. Eine entsprechende Steigerungsrate im V. ist auch weiterhin zu erwarten (→Weltvorrat).

Verfälschung. Werden an einem Zinngegenstand, z.B. bei Reparaturen, die sehr lange zurückliegen können, stilfremde Ergänzungen angebracht, oder werden – weil es seinerzeit üblich war – ältere Marken auf das Stück eingeschlagen, die aus der Werkstatt des Vaters stammen und dadurch eine Datierung erschweren, so kann man von V. sprechen.

Vergoldung, Oberflächenbearbeitung, die besonders im verarmten Deutschland nach dem 30jährigen Krieg für Altargeräte angewandt wurde, um →Edelmetall vorzutäuschen. Zu jener Zeit auch in →Frankreich gebräuchlich. Das →Zinngerät verliert dadurch allerdings nicht zu seinem Vorteil den ihm eigenen Charakter.

Vergüten, Verbesserung von Werkstoffeigenschaften durch eine Wärmebehandlung.

Verhüttung, s. Gewinnung

Verkauf von Zinngerät, s. Markt und Preise

Verkupfern. Um beim →Gießen der ineinandergreifenden Scharnierteile (für

Gefäß für die hl. Öle. Nordwestdeutschland, 17. Jh.

Deckel) diese nicht zu einem einzigen Stück zu verschmelzen, muß eine Scharnierhälfte verkupfert werden (höhere Schmelztemperatur des →Kupfers).

Verlötung, s. Weichlöten

Verlorene Form. Dieser Ausdruck wird fälschlicherweise meist generell für das →Wachsausschmelzverfahren angewandt. Er ist aber nur gültig, wenn nach einem Guß sowohl das Modell als auch die Form unbrauchbar (verloren) sind, das Gußstück also nicht reproduzierbar ist, außer es selbst dient wieder als Modell.

Vermarktung des Zinns geschieht über internationale →Handelsplätze wie die →London Metal Exchange und →Penang-Börse.

Versäubern, Entfernen von →Gußnähten und Lötspuren durch Abfeilen, Abschaben, Abdrehen.

Versäuberungswerkzeuge, s. Handwerkszeuge, *Stechmeißel, Schabmeißel, Feilen, Klingen*

Versehgerät, in der katholischen Kirche die Geräte, die bei Krankenbesuchen zur Austeilung der Heiligen Sakramente

(Kommunion, Letzte Ölung) gebraucht wurden (→Kirchengerät); so das →Ziborium und die Gefäße für die heiligen Öle, auch vereint zu einer →Dose in Dreipaßform. In der evangelischen Kirche gibt es außerdem Versehkelche.

Versilbern, im 16. und 17. Jh. vereinzelt angewandt, nach dem 30jährigen Krieg vor allem für →Kirchengerät. Die Versilberungen waren aber nicht sehr haltbar.

Verster, A. J. G., s. Sammler

Verstreichmittel. Die Teile der Gußform (→Maschinen und technische Einrichtungen) werden auf der Innenseite mit V. behandelt, die verhindern, daß das →Zinn in den feinen Poren der Gußformwandung festhaftet. Zu den V. gehören Lehmwasser, Schlichte; außerdem Graphit, Kreide und Bolus (→Hilfswerkstoffe).

Vertikale Gußmethode. Bis etwa 1500 wies der Leib der →Kannen eine vertikale Teilung auf, d. h. die Kanne bestand aus zwei vertikalen Hälften. Nach 1500 ging man dazu über, die Kannen horizontal zu teilen.

Verwendung, s. Zinn-Verwendung

Verzinnen, für Kupfermünzen schon von →Plinius d. Ä. (1. Jh.) beschrieben. – Heute vorwiegend bei →Weißblech angewandt, wofür ein sehr großer Anteil der Zinnproduktion verwendet wird.

Vetter, Robert M., s. Sammler

Vexierkrug, Trinkgefäß, das so konstruiert ist, daß auf normale Weise nicht aus ihm getrunken werden kann. Schon im Altertum bekannt, war der V. aus Zinn und anderem Material im trinkfreudigen 16. und 17. Jh. sehr beliebt. Meist ist die Wandung ornamental durchbrochen gearbeitet, die Flüssigkeit steigt im hohlen Henkel oder durch eine geschickt verborgene doppelte Wandung auf (→Rörken).

Viktorszinn, s. Dülmener Viktorszinn

Visby, s. Schweden

Vogt, Peter Hans, Meister in →Zug in der →Schweiz, gest. 1648. Er schuf eine 1630 datierte, reich gravierte →Dedikationsplatte mit dem Allianzwappen des Hauptmanns J. Maienberg und seiner Ehefrau B. Kreuwlin.

Vollguß, Gußstück ohne innere Hohlräume (→Hohlguß, →Kern).

Vollgut, →Zinn, für das als Mischungsverhältnis 10 Teile Zinn und 1 Teil →Blei vorgeschrieben sind (→Bremen).

Volute, spiralförmig eingerollte Endung. Nach ihrem Auftreten in der →Antike als wesentlicher Bestandteil des ionischen Kapitells, wird sie erst wieder in der italienischen Hochrenaissance üblich. Sie begegnet bei Zinn als Form von Füßen, Deckeldrückern und Henkelendungen.

Vorgeschichtliches Zinn, Bronzefunde aus vorgeschichtlicher Zeit beweisen das Vorhandensein und die Kenntnis der

Voluten- und Akanthusornament. Stich von A. Mitelli, Italien 1640/50

Verarbeitung von →Zinn. Das älteste Vorkommen von Zinn als Bestandteil von →Bronze datiert in die Zeit um 3000 v. Chr. Die frühesten bekannten Gegenstände aus reinem Zinn stammen von →Ausgrabungen in Nordpersien (1. Hälfte des 2. Jahrtausends v. Chr.). In Mitteleuropa tritt Zinn erst gegen Ende der Kupferzeit (um 1800 v. Chr.) als sogenanntes →Blattzinn zum →Verzinnen von Tongefäßen auf (Pfahlbauten am Neuenburger und Züricher See); außerdem sind Dolchspitzen, Nadeln, Spateln, Stäbchen, Stifte, Rädchen, Ringe usw. aus Zinn überliefert. In der →Bronzezeit kommen Schalen, →Krüge und →Becher hinzu. Die meisten Gegenstände aus v. Z. scheinen eingeschmolzen worden oder im Erdreich inzwischen verrottet zu sein. Gewiß galten sie als kostbar sowohl in Form von →Schmuck als auch Behältern für Speise und Trank. Deshalb waren sie nur in geringer Zahl vorhanden.

Vorkommen, s. Zinnvorkommen

Vorräte, s. Weltvorrat

Votivgaben, s. Pilgerzeichen

Waadtländer-Kanne, Sonderform der →Walliser-Kanne; sie ist prismatisch und wird hauptsächlich in Genf, Vevey und Lausanne hergestellt. Sie ist jedoch mit Vorbehalten einzuschätzen und oft eine →Halbfälschung, wenn aus beschädigten, verbeulten, bauchigen Walliser-Kannen der Korpus herausgeschnitten und der Seltenheit wegen durch sechs- bis achtseitige (prismatische) Wandungen ersetzt wurde.

Wachs, s. Hilfswerkstoffe

Wachsausschmelzverfahren. Dabei wird ein in Wachs geformtes Modell in Sand, Ton oder Gips eingeformt. Dann wird die Form erhitzt, bis das Wachs schmilzt und ausläuft. Der dabei entstehende Hohlraum wird dann beim →Gießen durch das Metall eingenommen (→Handwerkszeuge, →Hilfswerkstoffe, →Maschinen und technische Einrichtungen).

Wachsglanz. Durch leichtes Einreiben mit Wachs läßt sich der Glanz einer →Patina meist noch verbessern.

Wärmflasche war früher als Bettwärmer wegen der ungeheizten Schlafräume, bei Reisen oder auf dem Kirchgang im Winter unentbehrlich. Mit Schraubverschluß versehen, ist ihre Form rund oder oval wie ein Brotlaib; manchmal besitzt sie eine Vertiefung, die als Einsatz für das Warmhalten von Kinderflaschen gedacht war. Für den Kirchgang z. B. erhielt sie die Form eines Buches, dessen Flächen reich verziert waren. Handgroß und kugelig steckte man sie in den Muff. Aus dem 19. Jh. haben sich eine Anzahl schlichter Bettflaschen erhalten. Kastenförmige W. waren für Kutschen gedacht.

Wallfahrtsabzeichen, s. Pilgerzeichen und Devotionalie

Walliser-Kanne. Sie ähnelt der Berner →Stegkanne und den Weithalskrügen aus Fayence: ein gedrückter Kugelbauch auf eingezogenem Wulstfuß, der weite Hals verbreitert sich im oberen Viertel schalenartig und ist als Ausguß leicht zugespitzt; flacher herzförmiger Deckel mit Eicheldrücker, flacher Bandhenkel. Dieser Typ I (Bauchkanne) ähnelt der steglosen Berner Kanne mit gedrückter kugeliger Wandung und ist verwandt mit der →Cimarre aus →Frankreich. Die frühesten Exemplare stammen aus der Mitte des 16. Jh.s. Der Typ II (Kelchkanne) weist anstelle des Fußes einen Standring vor, auf dem der Kannenkörper leicht konisch erweitert anstatt kugelig gerundet ist. Typ III ist nur im Wallis anzutreffen. Der Körper besitzt die Gestalt eines Kegelstumpfes, auf dem der erweiterte Mündungsrand mit flachem Deckel sitzt. Im 20. Jh. wurden alte verbeulte W.-K. mit neuen prismatischen Körpern versehen (→Waadtländer-Kanne).

Wandbrunnen, s. Gießfaß

Wandernde Zinngießer, s. Hausierer und Wanderschaft

Wanderschaft war für den zum Gesellen freigesprochenen →Lehrling eine Pflicht. Die W. dauerte mindestens sechs Jahre und führte je nach Unternehmungslust des Gesellen z. B. von →Straßburg bis Livland, →Schweden, →Dänemark zurück über die Hansestädte nach →Holland. Im Juli 1560 befanden sich in →Nürnberg Gesellen aus →Leipzig, Schneeberg, →Breslau, Gotha, Hannover, Erfurt, Esslingen, Danzig, →Joachimsthal, →Dresden, Freiburg und Mainz. In →Ulm galt 1616 die Bestimmung, daß Meistersöhne zwei, die anderen Gesellen drei Jahre wandern mußten. Im Laufe der Zeit organisierten sie sich zu Gesellenschaften, um ihre Interessen gegenüber den Städten und Meistern zu wahren. Die wichtigsten Anliegen waren ein gerechter Arbeitsnachweis, für den Neuankömmling die Beherbergung, Hilfe in Notfällen sowie ungestörte Zusammenkünfte in der Schenke und Selbstbestimmung.

Diejenigen Handwerkszweige, die sich diesen Forderungen angeschlossen hatten, wurden die »geschenkten Handwerker« genannt, da die auf W. begriffenen Gesellen sich zur Beratung in der Schenke trafen. Wer sich »unredlich« als Geselle gemacht hatte, wurde in der Herberge am schwarzen Brett notiert und bis zur Sühne seines Frevels nirgends gelitten. Umgekehrt konnte der »Verruf« auch Meister betreffen oder sich auf ganze Städte beziehen, in denen kein Geselle sodann Arbeit annahm und die Meister boykot-

| 1560 | Wels
Hieronymus
Ledermayr
1627 | Wertheim
2. Hälfte
17. Jh. | Wien
um 1580 | Hans Casp.
Vogl | Wiener
Neustadt
seit 1575
J. P. Pfeifer
1700 |

tiert wurden. Kam der Geselle in die fremde Stadt, ließ er sein Gepäck beim Torwächter, ging zu einem Meister, wo er zunächst verköstigt wurde. Dann mußten sich die Orten- oder Urtengesellen nach Arbeit für ihn umsehen. Fanden sie welche, ging der Geselle mit ihnen um vier Uhr in die Schenke und vertrank einen bestimmten Geldbetrag, etwa 10 Heller. Dann arbeiteten sie wieder bis sieben Uhr. Fand der Geselle keine Arbeit, erhielt er »von Handwerks wegen« einen Trunk und mußte weiterziehen. Kehrte der Geselle von der W. zurück, konnte er sich zur →Meisterprüfung vormerken lassen.

Durch die W. erhielten die Gesellen weitgreifende Kenntnisse über handwerkliche Fertigungen in anderen Werkstätten und Ländern, brachten aber auch ihre Erfahrungen, ihr Stil- und Formgefühl in andere Betriebe ein, so daß künstlerische und technische →Stilverschleppungen eintraten.

Wandtafel oder Spruchtafel, mit gravierten bildlichen Darstellungen oder reicher Kalligraphie, gelegentlich auch geätzt, in der Art von Kupferstichen. W. mit religiösen Szenen haben sich aus dem 16. Jh. erhalten. Im 17. und 18. Jh. entstanden die Spruchtafeln, meist mit Psalmen oder Bibelsprüchen, die auf eine Herkunft aus protestantischen Gegenden hindeuten. Marken finden sich selten. Sie dienten der häuslichen Andacht und Erbauung, mögen aber auch als Stiftungen an Kirchen gedacht sein. Andere W. zeigen Stadtansichten oder Darstellungen, die sich auf Begebenheiten des persönlichen Lebens (Geburt, →Heirat usw.) beziehen. Sie stammen von einem gewissen Edmann, der im 18. Jh. auf Bestellung arbeitete und seine Platten als →Hausierer anbot. Die W. sind nicht zu verwechseln mit der →Dedikationsplatte und dem →Tischschoner. Sie ähneln aber der →Zierplatte.

Wappenteller, s. Wilhelm-Tell-Teller

Warmauslagerung. Darunter versteht man die Steigerung der Härte, Festigkeit und Streckgrenze durch eine Erwärmung des Metalls mit anschließendem raschem Abkühlen. Voraussetzung dafür ist das Vorhandensein eines Mischkristalls, der eine mit sinkender Temperatur abnehmende Löslichkeit für mindestens eine Komponente besitzt. Erwärmt wird bis zur Temperatur, bei der dieser Mischkristall existiert. Wird dann rasch abgekühlt,

Waldenburg	Wasserburg	Winterthur	Wismar	Wittstock	Worms
(Sachsen)	(Inn)	*Joh.*	*um 1656*	(Mecklen-	
um 1750	*17. Jh.*	*Schellenberg*		burg)	
		1788		*seit 1600*	

kann sich die nichtlösliche Komponente nicht mehr ausscheiden. Dies führt zu einer Verspannung im Kristallgitter, und damit zur Verfestigung. Durch die Beeinflussung der Abkühlungsgeschwindigkeit kann man den Ausscheidungsgrad der nichtlöslichen Komponente, und damit die Festigkeit, steuern.

Wasa, schwedisches Kriegsschiff, das am 10. 8. 1628 auf seiner Jungfernfahrt im Hafen von Stockholm unterging und am 24. 4. 1961, 333 Jahre später, wieder gehoben wurde. Die an Bord befindlichen sieben Zinnschraubflaschen, zum Teil mit Stockholmer Marken, waren noch brauchbar. Zerfallserscheinungen wie →Zinnfraß des Metalls gab es nicht. Der Grund dafür dürfte Luftausschluß und die Stärke des Bleigehalts bei diesem →Zinn sein.

Waschgerät, s. Gießfaß

Wasserblase, s. Gießfaß

Wasserkanne, s. Taufgeschirr, Temperantia-Kanne

Weichlöten. Besteht →Zinngerät aus mehreren Einzelteilen, so werden diese überwiegend weichgelötet, gelegentlich auch verklebt oder geschweißt. Beim W. schmilzt nach der Definition in DIN 8505 der Grundwerkstoff nicht auf. Da die Schmelzpunkte des legierten →Zinns und der Weichlote nicht weit auseinanderliegen, ist ein Anschmelzen nicht immer zu vermeiden. – Als Lote kommen alle binären zinn-, blei-, wismut- und kadmiumhaltigen in Frage, letztere nur für Außenlötungen (DIN 1707). Auch das Grundmaterial selbst kann als Lot verwendet werden. Im Regelfall wird mit einem milden Flußmittel zur Erleichterung des Benetzens gearbeitet, dessen Reste nach der Lötung abgewaschen werden müssen. Gelötet wird meist mit Lötkolben mit Gasflamme. Bei der Auswahl der Lote ist zu beachten, daß sich Farbunterschiede von Anfang an, nach dem Färben – aber auch nach natürlicher Alterung (→Patina) – zum Grundmaterial ergeben können.

Weihbrunnkesselchen oder Weihwasserkessel hängen in katholischen Haushalten meist neben dem Türstock. Wer das Haus verläßt, bekreuzigt sich mit Weihwasser. Im 16. und 17. Jh. sind die W. gefußte, bauchige Schwenkkessel aus Bronze oder Zinn, die in größerer Ausfertigung auch innen am Kirchenportal zu finden sind. Im 18. Jh. werden die kleinen W. mit

Würzburg
seit 1560
Melchior
Gottfried
Schelger 1695

Wunsiedel
seit 1640

Wyl

Vorliebe aus Zinn gefertigt. Das halbrunde Gefäß mit Klappdeckel sitzt an einer mit Reliefguß verzierten Wandplatte.

Weiner, Piroska, s. Forscher

Weinkostschälchen, s. Branntweinschale

Weinkühler, Gläserkühler. Für große Gastmähler wurden W. benötigt, die an reichen Fürstenhöfen aus Silber bestanden, aber auch nach deren Vorbild aus Zinn gefertigt wurden. Es sind runde oder ovale Wannen, die mit Eisbrocken und Flaschen gefüllt wurden. Manchmal ist der Rand lappenförmig gebogt.

Weißblech, verzinntes Stahlblech, hauptsächlich für Verpackungszwecke (Konservendosen) verwendet, wegen der hohen Resistenz des →Zinns gegenüber den in Lebensmittel vorhandenen Chemikalien. Hauptverwendungsgebiet für Zinn in unserer Zeit.

Weißes Zinn (β-Zinn), s. Phasenumwandlung

Wels. Die seit 1540 bis in die Neuzeit weitergeführten Handwerkerbücher verzeichnen bereits 1558 einen Zinngießer. Selten sind in →Österreich →gefußte Kannen wie die drei erhaltenen →Ratskannen von W., die J. Ruepp geschaffen hat und die 1577 dat. sind. 1907 wurde bei Bauarbeiten im Hause eines Kaufmanns der sogenannte →Schwanstädter Fund gemacht. Gegen Mitte des 17. Jh.s wurden in W. ebenso wie in →Innsbruck und →Linz →Stegkannen hergestellt.

Weltvorrat. Nach verschiedenen Untersuchungen betragen die gesicherten Reserven von Zinn etwa zehn Millionen Tonnen, die noch nicht entdeckten Reserven werden auf etwa 30 Millionen Tonnen geschätzt. Bei gleichbleibenden Steigerungsraten im →Verbrauch würden diese Reserven für etwa 170 Jahre ausreichen.

Wendischer Ämterverband oder Städtebund. In →Norddeutschland (Vorpommern, Mecklenburg, Schleswig-Holstein, Gebiet Elbmündung) fanden seit dem 14. Jh. regelmäßige Städteversammlungen des sogenannten wendischen Kreises statt. Die ersten Vereinbarungen über die Zinnprobe wurden 1361 getroffen. 1526 schlossen sich die Zinngießer zum w. Ä. zusammen mit den Hauptämtern in →Lübeck, Hamburg, Wismar, Rostock, Stralsund, →Lüneburg, →Bremen. Insgesamt gehörten 15 Städte zwischen Stettin und Bremen dazu, die alle sieben Jahre in Lübeck tagen sollten: Anklam, Brandenburg, Bremen, Greifswald, Hamburg, Itzehoe, Kiel, Lübeck, Lüneburg, Rostock, Schwerin, Stade, Stralsund, Wismar. Im Jahre 1596 wurde das →Dreimarkensystem eingeführt.

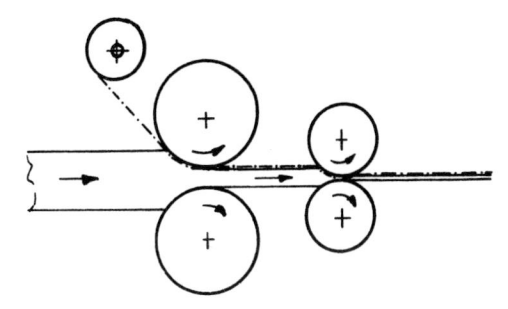

Aufwalzen einer Zinnfolie. Das Metall, auf das die Folie aufgewalzt werden soll, wird in Form eines stärkeren Bleches mehreren hintereinanderliegenden Walzenpaaren zugeführt. Gleichzeitig wird von einer Seite – bei beidseitiger Beschichtung natürlich von beiden Seiten – die Zinnfolie zugeführt und durch den Druck, den die Walzen ausüben, fest in die Metalloberfläche eingedrückt. Das Verfahren findet vor allem in der Weißblechindustrie Anwendung.

Werkstatteinrichtung, s. Maschinen und technische Einrichtungen

Werkstoffe, s. Hilfswerkstoffe

Werkzeuge, s. Gußwerkzeuge und Handwerkzeuge

Wersin, Wolfgang von, Architekt und Entwurfszeichner in →München (1882 bis 1976). 1913 brachten die Deutschen Werkstätten in →Hellerau seine Entwürfe für →Zinngerät zur Ausführung. Nach 1918 betätigte er sich wieder als Entwerfer für Metall, Keramik und Glas sowie für die Zinngießerei →Wiedamann, →Regensburg.

Westfalen. Das →Markenwesen wurde in den kleineren Orten nicht so exakt wie in den Städten →Münster und →Soest eingehalten. Beim →Zunftgerät gab es einfallsreiche Formen. In manchen Orten sind Zinngießer kaum nachzuweisen, →Hausierer aus →Italien deckten meist den Bedarf der einfachen Haushalte. →Kirchen- und Zunftzinn wurde vorwiegend aus →Köln bezogen.

Weybrecht, Johann Martin, in →Nordamerika eingewanderter Schmied, der 1733 der lutherischen Gemeinde der Dreifaltigkeitskirche in Lancaster, →Pennsylvanien, eine Zinnkanne schenkte, die er aus seiner Heimat mitgebracht hatte. Die Marke der →Kanne ordnete E. →Hintze dem Meister Heinrich Müller aus Rothenburg o. d. T. zu. Die Kanne, eine Schnabelstitze auf drei geflügelten Engelsköpfen als Füße, mit Kugeldrücker und Bandhenkel, wurde das Vorbild für andere →Abendmahlskannen in Pennsylvanien, die J. Ch. →Heyne schuf.

Weygang, Öhringen, seit 1805 als Zinngießerei nachweisbar, noch in Betrieb. Frühere Meister dieser Familie waren bereits um 1659 in Bautzen und Stockholm tätig. Etwa 1850 befaßte sich Carl W. in Göttingen mit der Herstellung von →Zinnfiguren, die August W. seit 1919 in Öhringen fortführt. Bereits 1885 begründete dieser die Herstellung von →Zinngerät in manufakturmäßigem Umfang. Hauptsächlich wurden Stilstücke im Charakter der Barock- und Renaissancezeit kopiert, auf alt patiniert und in viele Staaten exportiert. Diese Erzeugnisse sind gegenwärtig im Antiquitätenhandel wieder zahlreich aufgetreten.

Wiedamann, Regensburg, Zinngießerfamilie seit 1821. Besonders Richard W. (geb. 1905) hat seit etwa 1930 die moderne Formgestaltung von →Zinngeräten vorangetrieben. Unterstützt von dem Architekten und Kunstgewerbler W. von →Wersin sowie dem Innenarchitekten O. →Roth wurden neben schlichten glatten Flächen einfache, mit Rillen und Ringprofilen gegliederte Körper geschaffen. Richard W. belebte auch die alten Techniken des →Ätzens und verzierender Flachornamente (→Holzschnittmanier) wieder. Er wurde Wegweiser für viele Zinngießereien Deutschlands.

Wiegolt, Christoph, s. Marienberg

Wien. Seit 1326 sind in W. Zinngießer urkundlich erwähnt. Die Zinngießerordnung bestand wahrscheinlich schon 1368 und wurde 1430 in das Ordnungsbuch der →Zünfte der Stadt eingetragen. Erst aus dem 17. Jh. ist eine größere Anzahl von Arbeiten erhalten. Die →Zunftkannen sind zylindrisch und schwingen in der Standfläche wie →Stitzen aus. Manchmal wurden geflügelte Engelsköpfe oder sitzende Löwen als Füße angebracht. Kleine behäbige Trinkkrüge sind sorgfältig graviert. Im 18. Jh. werden in W. Deckelkrüge mit einer charakteristischen spitzen Schnauze versehen. Eine Spezialität für W. sind die →Fußwaschungsbecher aus dem 18. Jh. Da in W. Bildhauer von internationalem Rang wie Raffael Donner bevorzugt Skulpturen in →Blei gegossen haben, darf man annehmen, daß auch Zinngießermeister sich ihrer Modellformen bedienten, zumal die Figur eines Amor auf einem Muschel-Waschbecken aus der 1. Hälfte des 18. Jh.s von hervorragender Qualität ist. Eine andere Besonderheit der Zinngießerkunst von W. sind die sogenannten Habsburger →Sarkophage. – Auch im 19. Jh. waren noch zahlreiche Zinngießer in W. tätig. Um 1900 beteiligten sich die Wiener Werkstätten mit Zinnarbeiten an der neuen Formgebung des →Jugendstils.

Wight, britische Insel mit →Zinnvorkommen, die von den Phöniker entdeckt und zur Ausfuhr ausgebeutet wurden. Später erfolgte der Abbau durch die Römer (→Antike, Handelswege).

Wildner. Zinngießerfamilie in →Eger, seit dem späten 15. Jh. bekannt. Heimeran W. d. J. (erw. 1559–1565) fertigte in der Art des →Reliefzinn aus →Nürnberg und →Sachsen ein Kännchen mit Szenen aus der Genesis nach →Plaketten von P. →Flötner. Nach 1590 stellte er aus einer vorhandenen Reliefform einen →Propheten-Teller mit →Grotesken in der Art derjenigen der →Mars-Platte her.

Wildt, Hans d. Ä. und d. J. aus →Joachimsthal in →Böhmen und Mähren. Beide Meister schufen →Kannen und →Krüge mit figürlichen und ornamentalen Borten in Reliefguß. Vom älteren Meister lassen sich u. a. die →Zunftkanne der Fleischhacker in Preßnitz mit einem Puttenfries nach →Plaketten von P. →Flötner und mit anderen Figurenszenen sowie ein Deckelkrug nachweisen. →Hintze schreibt ihm außerdem drei ungemarkte qualitätvolle Arbeiten zu, die allesamt

1 Willkomm der Handschuhmacher in Helsingborg. Schweden, um 1700   2 Willkomm der Maurergesellen. Dat. 1851   3 Willkomm, mit Widmungsschilden behangen. Deutsch, dat. 1641   4 Willkomm. Lüben, dat. 1593   5 Willkomm. Breslau, dat. 1798

Joachimsthaler →Bodenmedaillen vorweisen: die Müllheimer Kanne von 1551, ein Deckelkrug mit Taten des →Herkules, außerdem ein Deckelkrug mit Kreuzigungsszenen und →Allegorien nach Flötner-Plaketten. Sein Sohn schuf neun Deckelkrüge mit Reliefdarstellungen nach Holzschnitten von →Beham und Plaketten von Flötner sowie anderen Kleinmeistern mit Motiven aus dem Alten und Neuen Testament.

Wilhelm-Tell-Teller. Als →Reliefteller von →Nürnberg beeinflußt, zeigt er auf dem →Umbo den Apfelschuß des Wilhelm Tell, auf der →Fahne die Wappen der dreizehn alten Orte. Der Formschneider ist HIG. Hans Melchior Müller in Wyl (1660–1733) goß ihn nachweisbar zehnmal. Der gleiche Formschneider schuf das Modell für Johannes Gmünder (oder Jacob Glinz) in St. Gallen. Diese →Teller sind seit dem 19. Jh. bis heute in Hunderten von Exemplaren nachgeahmt worden, nicht nur in Zinn, sondern auch in →Bronze und →Eisen.

Willkomm, zeremonielles Trinkgefäß einer →Zunft, aus dem zu besonderen Anlässen getrunken wurde. Der W. kann die Form eines Pokals (→Zunftpokal) oder eines →Kruges haben.

Windblasen, kleine Lufteinschlüsse, die während des Gusses in →Zinn (und anderen Metallen) entstehen können. W. auf →Kayserzinn sind Erkennungshilfe für →Fälschungen.

Wismut, chemisches Element, im angelsächsischen Raum als Legierungszusatz für →Zinn üblich (bis zu 2%). W. verbessert die akustischen Eigenschaften gedrückten →Zinngeräts bis praktisch zu den Klangformen von gegossenem Zinngerät.

Witwen-Stempelordnung. Bis weit ins 19. Jh. hinein war die →Meistermarke streng an die Person gebunden. Nur die Witwe durfte mit Erlaubnis der Innung die Marke weiterführen, mußte sie jedoch entweder mit einem waagrechten Strich durchfeilen oder durch ein zusätzliches W kennzeichnen.

Wöchnerinnen-Schüssel, eine →Ohrenschüssel, deren Deckel drei Füßchen vorweist, so daß dieser umgedreht als →Teller zu benutzen ist. Die W. oder Goden(Paten)-Schüssel wurde den Müttern im Kindbett geschenkt. In →Straßburg stellt man sie zwischen 1680 und 1740 in hervorragendem Reliefguß her. Man unterscheidet W. entweder mit nurfigürlichem oder nurornamentalem oder mit figürlichem und ornamentalem Reliefdekor. Auf dem Deckel sind meist drei Medaillons angeordnet, wobei neun verschiedene Dekormotive festgestellt werden konnten. Die Motive sind den zeitgenössischen Vorlagestichen entnommen und zeigen deutlich französischen Einfluß.

Worshipful Company of Pewterers, s. Nordamerika

Wyl in der →Schweiz. Meister Hans Melchior Müller (1660–1733) goß den reliefierten →Wilhelm-Tell-Teller oder Apfelschuß-Teller mit den Wappen der dreizehn »alten Orte« und der Marke des Formstechers HIG, der das gleiche Motiv für den Zinngießer JG (Jacob Glinz oder J. Gmünder) in St. Gallen schuf.

Zäpfchen (Eichzapfen) waren als Pegel

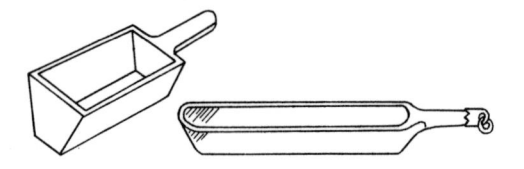

Zanne, heutige Form   *Zanne, nach Agricolas De re metallica, 1556*

im Kanneninneren angebracht. Trinkkannen hatten oft mehrere Z., und beim Umtrunk war es für den jeweiligen Trinker wichtig, genau von Z. zu Z. zu trinken.

Zamponi, weit verzweigte und angesehene Zinngießerfamilie aus Piemont, →Italien, die sich seit dem frühen 18. Jh. vorwiegend in der Steiermark, sodann im übrigen →Österreich, in →Böhmen und Mähren und in Deutschland niederlassen durfte, nachdem sie zuvor als →Hausierer ihr Handwerk ausgeübt hatte. Bis ins 20. Jh. lassen sich 35 Meister dieser Familie nachweisen.

Zannen, s. Handwerkszeuge

Zarenhof. In →Rußland hatte jeder Hofzinngießer seine Arbeiten mit seiner Marke zu versehen. Der Z. importierte das →Gebrauchszinn im 16. und 17. Jh. vorwiegend aus →England, ließ es aber in Moskau durch gravierte, kyrillische Schriftbänder (Namensinschriften) landesüblich verzieren. Neben den englischen →Stadt-, →Meister- und →Qualitätsmarken sind auf den →Schüsseln, →Platten und →Tellern daher das Monogramm des Graveurs und das Besitzerzeichen des Zarenhofes, der doppelköpfige Adler, von dem elf Varianten bekannt sind, angebracht. Aus Anlaß von Namensfesten und Inthronisationsfeiern wurden die sogenannten Krönungsbecher für den Z. hergestellt. Sie waren schlank, stark konisch, mit gewölbtem, durch einen Knauf verzierten Deckel versehen und reich graviert.

Zatzer, Hans (Meister 1587, gest. 1618), schuf in →Nürnberg, vor allem →Ornamentschüsseln mit →Arabesken und Blattranken-Borten, getrennt durch Reihen mit olivenförmigen Buckeln (→Buckelteller). Auch →Grotesken nach der →Mars-Platte von →Briot finden sein Gefallen. Gelegentlich weisen seine →Schüsseln das →Stechermonogramm WS vor. Der →Noah-Teller von M. →Horchaimer wurde auch von ihm gegossen. Selbst Puppenteller kennt man von ihm. →Hintze weist 23 Arbeiten nach.

Zechenzeichen (Marken der Zinnhütten), s. Zinnfeder

Zeicheneisen, s. Handwerkszeuge, *Punzen*

Zerfallserscheinung, s. Phasenumwandlung

Ziborium, seit dem 16. Jh. Teil des »heiligen« Altargeräts in der katholischen Kirche in Form eines Deckelpokals, in dem die zur Austeilung an die Gläubigen bestimmten konsekrierten Hostien aufbewahrt werden. In Ausnahmefällen ist das Z. aus Zinn gefertigt worden, wie z. B. in Notzeiten nach dem 30jährigen

Ziborium. Frankreich(?), um 1620

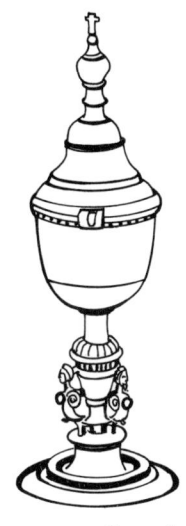

Krieg oder auch in ärmeren Gemeinden während des 18. Jh.s.

Ziehen, s. Fließpressen

Ziehklinge, s. Handwerkszeuge, *Klingen*

Zierplatte, eine in →Süddeutschland und der →Schweiz beliebte Zinngießerarbeit in Form einer flachen Scheibe, die an die Kunst des →Gravierens oder →Ätzens hohe Anforderungen stellte. Die Motive werden der →Bibel und der →Mythologie entlehnt oder es werden Wappen wie bei den →Dedikationsplatten bevorzugt. Die ersten nachweisbaren Z. entstanden in der 2. Hälfte des 16. Jh.s in →Augsburg, →Ulm, Freiburg, →Memmingen und Nördlingen. Eine andre Art von Z. sind diejenigen mit durchbrochen gearbeiteten und gravierten →Ornamenten, die bis ins 18. Jh. angefertigt wurden. Manche Z. sind zu →Kuchenplatten zweckentfremdet worden, wie die Spuren von Messerschnitten vermuten lassen. Eine Sonderform sind Z. in Reliefguß.

Zier-Zinn, s. Deko-Zinn

| Zittau | Zofingen seit 1580 | Zürich seit 1730 | | Zug Peter Hans Vogt | Oswald Müller | Zwickau seit 1567 |

1. Hälfte 17. Jh.

Zinkchlorid, s. Hilfswerkstoffe

Zinn, chemisches Element, das in zwei Modifikationen (α und β, →Phasenumwandlung) vorkommt. Z. und die üblichen Z.-Legierungen für Gerät dehnen sich beim Aufschmelzen aus, so daß bei Kesseln Explosionsgefahr besteht, wenn die eingefrorenen Kessel nicht von oben oder vom Rand her aufgeschmolzen werden. – Die Zugfestigkeit von reinem Z. schwankt je nach Korngröße und Belastungsgeschwindigkeit. Z. ist chemisch sehr beständig, reagiert aber mit starken, besonders oxidierenden Säuren sowie starken Laugen. Im Zusammenhang mit →Zinngerät ist eine gewisse regelmäßige Reinigung (→Pflege) zu beachten.

Zinn, gepeitschtes, s. Gepeitschtes Zinn

Zinn, gerauhtes, s. Gerauhtes Zinn

Zinn, geschlagenes, s. Geschlagenes Zinn

Zinn, graues, s. Phasenumwandlung

Zinn zu Malzwecken. →Zinn wird fein geschabt, gemahlen und gewaschen. Mit Leim angerührt, wird es auf das Papier gebracht und mit dem Zahn geglättet, um Silberwirkung zu erzielen. Will man →Vergoldung vortäuschen, wird Safran mit Eiklar vermengt und damit anderntags das Zinn bestrichen und nochmals geglättet.

Zinn als Mangelgut, s. Weltvorrat

Zinn in der Medizin. Wichtiges Anwendungsgebiet ist die Zahnmedizin, wo für Zahnfüllmassen heute vorwiegend Silber-Zinn-Amalgame mit einem Zinngehalt von etwa 12% verwendet werden. – Zur Füllung von Zahnlöchern war →Zinn schon seit dem Mittelalter gebräuchlich.
Für Zahnabdruckmassen werden →Organozinnverbindungen, für Zahnpasten Zinnfluoride verarbeitet.

Zinn als Rohmaterial, s. Gewinnung, Lieferformen, RAL-RG 683 und DIN 1704

Zinn und Scharlachfärben. Drehspäne von weichem Malakka-Zinn werden in Scheidewasser aufgelöst. Diese »Scharlachkomposition«, eine metallische Säure, verwandelt im Nu das Karmesin des Koschenilleblutes in eine Blutfarbe. Je nach Menge des Zusatzes wird die

Scharlachfarbe orangegelber und für das Auge blendender. Zum Scharlachfärben wurden deswegen Kessel von feinem Zinn verwendet. In Kupferkesseln gefärbt, fühlt sich das Scharlachstück rauh an. Das war die Art, den Gobelin-Scharlach in →Paris zu färben. Man kann auch der Koschenille einen Zusatz von feinem Zinnkalk beigeben, der sich damit zu einer Art metallischem Malerlack verwandelt. Das Scheidewasser öffnet die Zwischenräume der Wollfasern, der ölige, metallische Überzug kann eindringen und läßt sich auf den Fasern nieder.

Zinn und ultrareines Wasser. Wegen seiner Beständigkeit und toxischen Unbedenklichkeit (günstiger als Glas, Kunststoffe, rostfreier Stahl) werden alle Teile von Anlagen zur Herstellung ultrareinen Wassers, die mit diesem in Berührung kommen, aus →Zinn hergestellt bzw. mit Zinn ausgekleidet.

Zinn, weißes, s. Phasenumwandlung

Zinn, Wortursprung. Der Name des Metalls, der aus dem Altertum bekannt ist, läßt darauf schließen, daß man seinen Abbau am frühesten im Orient betrieben hat oder dort Haupthandelsplätze für den Weitertransport nach Westen gelegen haben. Die Griechen nannten das Zinn κασσίτερος (kassiteros). Dieses Wort ist abgeleitet von akkadischen und spätbabylonischen Wortstämmen ik-kasduru, kâzazatiro und dem Wort kastira aus dem Sanskrit. Der Name des elamitischen Volkes (das Reich Elam, östlich des Tigris) Cassi oder Kossaeer könnte für diese Worte der Ursprung der Bedeutung sein. Auch heute noch wird das zinnhaltige Gestein, aus dem das Metall durch Verhüttung gewonnen wird, →Kassiterit genannt.
Die verschiedensten Sprachen lassen eine Beziehung zu dem Sanskrit-Wort erkennen: arabisch »kasdir«, illyrisch »kositer«, nubisch-Dar-Four »kastir« oder »kaesdir«. Die Römer nannten Zinn bis zur Kaiserzeit (27 v. Chr.) »plumbum album«, »plumbum candidum« oder »plumbum argentarium«, d.h. weißes, schimmerndes oder silbernes Blei. Seit der Kaiserzeit wird Zinn als →»stannum« bezeichnet, abgeleitet aus dem dafür gebrauchten keltischbritannischem Wort ystaen, sten, staen, was auf die Besetzung Britanniens durch die Römer (43–407) und auf die Berichte Caesars zurückzuführen ist, der Britannien 55/54 v. Chr. zuerst betrat. Woher die germanische Bezeichnung tin und zin stammt, ist nicht geklärt.

Zinnadern, im umgebenden Gestein eingeschlossene Adern von weitgehend reinem →Zinnerz.

Zinnasche, Zinndioxid, zu dem →Zinn bei hoher Temperatur verbrennt. Wird für →Glasuren und Emaille verwendet.

Zinnbarren, s. Lieferformen

Zinn-Bergwerke, s. Abbau und Zinnvorkommen

Zinnblech. Seine Verwendung für Beschläge und →Intarsia ist schon für die Zeit vor 1200 durch noch vorhandene →Reliquienkästen nachgewiesen.

Zinn-Börsen, Handelsplätze für Zinn. Bedeutung für den Weltmarkt haben die →London Metal Exchange, →Penang-Börse.

Zinndioxid, als Erz →Kassiterit, in reiner Form als Zinn-Stein (→Gewinnung); wird als →Zinnasche für Glasuren und Emaille verwendet.

Zinneinlagen, s. Intarsia, Daubenkrug und Tauschierung

Zinnerze. Wichtigstes ist der oxidische →Kassiterit. Weniger wichtig sind Zinn-Kies, Franckeit und Kylindrit, bei denen es sich um komplexe Zinnsulfide handelt. Diese werden in →Bolivien abgebaut.

Zinnfeder, von Zechen den Rohblöcken beigefügtes Probestück mit Ursprungsstempel, der Zechenzeichen bzw. Marken enthielt. (Seit der →Renaissance gebräuchlich.) Zur Herstellung wurde von dem gelieferten Metall ein →Löffel voll auf einer Eisenplatte ausgegossen, wobei ein grobgefiedert aussehendes, flaches und 10 bis 30 Zentimeter langes Zinnstück entstand. Im 18. Jh. wurden Z. zur →Lieferform →Ballenzinn verarbeitet.

Zinnfiguren, zunächst als einzelne Abbilder von Menschen und Tieren aus Blei-Zinn-Legierungen, schon aus der Zeit des griechisch-römischen Altertums bekannt. Das älteste Stück soll eine im Britischen Museum, London, befindliche römische Legionärsfigur aus der Zeit um 100 n. Chr. sein. Die erste mengenmäßige Herstellung von figürlichen Szenen begann im 12. und 13. Jh. in →England und →Frankreich mit den →»plombs historiés« sowie in Deutschland mit den →Pilgerzeichen. Eigentliches →Spielzeug (Puppengeschirr, Pfeifchen) kam erst im 16. Jh. auf. Mit den Kriegen Friedrichs d. Großen setzte ein gewerbsmäßiger Aufschwung der typischen Zinnsoldaten-Produktion ein, die von den Werkstätten der Zinngießer ausging, besonders seit der 2. Hälfte des 18. Jh.s in →Nürnberg (J. G. →Hilpert), Fürth (Allgeyer) und in Öhringen (A. →Weygang). Es bildeten sich selbständige »Offizine« mit einem umfangreichen Sortiment von Zinnfiguren der Weltgeschichte, die in Span-Schachteln verpackt waren. Betriebe wie Ammon, Besold, Haffer und Heinrichsen waren im 19. Jh. führend. – Die Gießformen, im allgemeinen heute noch wie früher aus graphiertem Schieferstein, bestehen seit neuestem auch aus Aluminium und Kunststoffen. Das Gießmaterial ist aus ca. 60% →Zinn und 40% →Blei legiert. Heute arbeiten noch einige Zinngießereien, besonders im oberbayerischen Dießen/Ammersee (B. →Schweizer), hauptsächlich in volkstümlichen Figurendarstellungen, Puppen-Geschirr und Altargeräten.

Das »Deutsche Zinnfiguren Museum« auf der Plassenburg in Kulmbach bewahrt in vielen Dioramen und Einzelfiguren die Erzeugnisse dieses einst blühenden Nebenzweiges des Zinngießer-Handwerks.

Zinn-»Flöhe« heißen die kleinen, dunklen Verbrennungsmale an Händen und Armen des Zinngießers, wenn er gelegentlich durch Unachtsamkeit in eine vom

Reinigen noch feuchte Gußform die heiße, flüssige Zinnmasse einzugießen versucht. Mit explosionsähnlichem Ausbruch wird dabei das Zinn aus der Form geschleudert.

Zinn-Flößen. 1321 verlieh Kaiser Ludwig IV. den Bürgern von →Eger das Recht, »Zinn zu flößen«, d. h. das →Erz durch Waschen von taubem Gestein zu befreien und weiterzuverarbeiten.

Zinnfraß, →Phasenumwandlung des reinen →Zinns, bei der es zu einem grauen Pulver zerfällt (→Nowaja Semlja).

Zinnfunde, s. Ausgrabungen, Baggerfunde, Moorfunde und Grabbeigaben

Zinngegenstände auf Gemälden. Da sich aus der →Gotik und den vorangehenden Stilepochen wenig →Zinngeräte erhalten haben, sind Buchmalerei, Gemälde, Holzschnitte und Bildteppiche die einzigen Quellen, die verbindlich Auskunft über die Formen und den Gebrauchszweck der Geräte geben.

Zinngerät, Sammelbegriff für Gegenstände aus →Zinn und seinen Legierungen.

Zinngerät, modernes, s. modernes Zinngerät

Zinngerät in Testamenten, s. Testamentverzeichnis

Zinngesetz von 1887, ein Reichsgesetz, das die unzulässige und betrügerische Streckung des →Zinns durch Bleizugaben unterbinden sollte. Es erlaubte jedoch noch einen Bleigehalt von bis zu 10%.

Zinngeschrei, Umgangssprache für das eigenartige, knirschende Geräusch bei leichtem Biegen von, →Zinn. Irrtümlicherweise wird es als Eigenschaft des reinen Zinns angenommen, tritt aber auch bei Bleizusätzen bis zu ca. 40% auf.

Zinngewinnung, s. Gewinnung

Zinngießer-Amt, s. Zunft

Zinngießer-Innung, seit dem 14. Jh. Zusammenschluß örtlicher Meisterwerkstätten, heute in der BRD als »Landes-Innung für Bayern und Baden-Württemberg« mit Sitz in →München bestehend. Sie stellt eine Körperschaft öffentlichen Rechts dar und ist die einzige Berufsorganisation entsprechend dem Gesetz zur Ordnung des Handwerks (1969); Träger des →Handwerkssiegels. – Mitgliedschaft setzt →Meisterprüfung voraus, verpflichtet zur Wahrung des Ausbildungs- und Prüfungswesens. Die von der Z. herausgegebene Werbeschrift »Zinn-Fibel« orientiert über Geschichte, Stilkunde, Herstellung und →Pflege der →Zinngeräte (→Gütegemeinschaft Zinngeräte e. V.).

Zinngießerorganisationen, s. Zinngießer-Innung, Zunft

Zinnglanz. →Zinn besitzt einen schönen, matten Glanz, der durch Patinabildung etwas dunkler wird.

Zinnglasur, s. Glasur

Zinnglocken. Anläßlich der 200-Jahr-Feier der USA (→Nordamerika) kam dort von einer englischen Firma eine limitierte Auflage von 5000 Tischglocken auf den Markt. In →England ist eine Serie von Nachbildungen berühmter einheimischer Glocken geplant.

Zinnhaltige Konservendosen. Um die in ihnen aufbewahrten Nahrungsmittel langfristig vor Verderblichkeit zu schützen, werden die Blechdosen innenseitig verzinnt. In der BRD ist eine den DIN-Vorschriften entsprechende Mindeststärke und Zinnqualität der Überzugsschicht einzuhalten. Nach Öffnung der Dose sollte ihr Inhalt in ein Porzellan- oder Glasgefäß umgefüllt werden, um bei längerer Offenhaltung durch falsches Lagern eine mögliche Metalloxidation mit eventueller Geschmacksbeeinflussung zu vermeiden. Massiv hergestellte, bleifreie →Zinngeräte werden von diesen Erscheinungen nicht berührt.

Zinn-Handel, s. Handel und Zinn-Börsen

Zinnhandwerks-Niedergang. Für den Ende des 18. Jh.s beginnenden Niedergang gibt es viele Gründe; zu den wichtigsten gehören sicherlich das Pfuschertum, der sich ändernde Zeitgeschmack, neue Werkstoffe für Eß- und Trinkgeschirr, industrielle Massenerzeugnisse, behördliche Einmischungen und veränderte Lebensgewohnheiten.

Zinn-Informationsbüro GmbH, Düsseldorf, gegründet 1953, Außenstelle des →International Tin Research Council für den deutschsprachigen Raum. Das Z.-I. führt technische Beratungen aller Zinnverarbeiter sowie Öffentlichkeitsarbeit durch (Zeitschrift »Zinn und seine Verwendung«, »Die Große Zinnkunde«, Vortragsveranstaltungen).

Zinnkies, s. Zinnerze

Zinnkrankheiten sind Abblätterung, →Fleckenbildung und →Zinnfraß.

Zinnkraut, s. Hilfswerkstoffe, *Zinnsand*

Zinn-Kulturzeitraum. Zinn zählt zu den ältesten bekannten Metallen auf der Welt. Der Mensch macht es sich seit etwa 5000 Jahren zunutze, wobei es vorwiegend als Legierungselement dem →Kupfer zur Herstellung von →Bronze beigegeben wurde (→Mythologie, →Antike, →vorgeschichtliches Zinn).

Zinnlegierungen, metallische, feste Lösungen von Zusatzelementen in →Zinn (als Hauptbestandteil) zur Erhöhung der Festigkeit und anderer Eigenschaften. Früher glaubte man, →Zinngerät nur mit relativ hohen Bleizugaben gießen zu können. Heute sind in Deutschland daneben Legierungen nach →DIN 17810, auch mit niedrigeren →Kupfer- und →Antimon-Gehalten, sowie vereinzelt solche mit bis zu 4% →Silber üblich. Im angelsächsischen Raum wird für gedrücktes Zinngerät auch bis zu 2% →Wismut verwendet. Die Auswahl der Legierung für bestimmte Teile richtet sich häufig überwiegend nach dem Fertigungsverfahren, aber auch nach

der zu erwartenden mechanischen Belastung der Teile. So werden höher belastete Teile im Regelfall höher legiert. – Ein beträchtlicher Teil der Fertigung basiert aber in Deutschland nach wie vor auf Legierungen mit höheren Bleigehalten.
Die genannten Legierungselemente lösen sich alle relativ leicht in schmelzflüssigem Zinn. Einige Hersteller bevorzugen es, sich ihre eigene Legierung zu erschmelzen; viele beziehen dagegen legiertes Vormaterial.

Zinn-Mineralien, s. Zinnerze

Zinn-Nägel wurden, wie →Ausgrabungen belegen, bereits in der Vor- und Frühzeit verwandt. Aus einem Grab der frühen →Bronzezeit auf Jütland wurde eine mit Z.-N. in Bänder- und Sternmuster beschlagene Holzschale geborgen, die sich heute im Nationalmuseum Kopenhagen befindet. – Wegen der Weichheit des Metalls hat der Gebrauch von Z.-N. wohl nur für Verzierungen einen Sinn.

Zinnorganische Verbindungen, s. Organische Zinnverbindungen

Zinnoxide. 1) Zinnoxid (→Kassiterit, →Gewinnung).
2) Zinnoxid, Zwischenprodukt bei der Erz-Reduktion.

Zinnpest, fälschlicher Ausdruck der Umgangssprache für →Zinnfraß bzw. →Phasenumwandlung des reinen →Zinns, da es sich dabei nicht um eine Krankheit handelt, die von einem Zinngegenstand auf einen anderen übertragen werden kann.

Zinnprobe, s. Nürnberger Probe, Cölnische Probe, Reichsprobe und Gewichtsprobe

Zinnpulver, allein oder mit Kupferpulver als Zusatzmetall beim →Sintern von Eisen- und Stahlpulver verwendet, führt bei niedrigeren Dichten zu hoher, gleichmäßiger Härte, kurzen Sinterzeiten, niedrigeren Sintertemperaturen und sehr guter Maßgenauigkeit.

Zinnsand, s. Hilfswerkstoffe

Zinnschmelze, s. Schmelze

Zinnschmuck, s. Schmuck

Zinn-Schrott, unbrauchbar gewordenes →Zinngerät, das der Wiederverwendung zugeführt wird. Besonders früher in Kriegszeiten ging auch brauchbares Zinngerät den Weg des Schrotts zur Wiederverwendung (→Zinnverluste).

Zinn-Späne werden hauptsächlich bei der Herstellung von →anorganischen Zinnverbindungen verwendet.

Zinnsulfid, s. Zinnerze und Eisblumenmuster

Zinnstein ist →Zinndioxid (→Kassiterit) in seiner bei der →Gewinnung erreichten reinen Form ohne sonstige Beimengungen.

Zinnverbindungen, heute übliche Unterscheidung in →anorganische, →organische und →Organozinnverbindungen.

303

Zinn-Verbrauch, s. Verbrauch

Zinn-Vergoldung, s. Vergoldung

Zinnverluste (geschichtlich). Da →Zinn zu den weniger edlen Metallen zählte, wurde abgenütztes →Zinngerät rasch wieder ein- und umgeschmolzen, so daß durch die ständige Wiederverwendung nur wenige alte Stücke erhalten sind. Viel altes Zinn wurde auch durch Zinnfraßbefall zerstört, erheblich mehr ging allerdings an die in Kriegszeiten immer wiederkehrenden Metallsammlungen für die Waffenherstellung verloren.

Zinnverwahrer. Seit dem Spätmittelalter war es an Fürstenhöfen üblich, daß ein Bediensteter für das zinnerne Tafelgerät verantwortlich war und dessen Gebrauch zu überwachen hatte. Der →Dresdener Hof z. B. besaß unter seinem Tafelgerät 1000 Stück aus Zinn.

Zinn-Verwendung. Das Hauptanwendungsgebiet von Zinn ist →Weißblech (verzinntes Stahlblech), hauptsächlich für die Verpackung (Konservendosen) für Nahrungsmittel. In der BRD zur Zeit etwa gleichauf folgen →Zinngerät und Weichlote, ferner Zinnbronze, →anorganische (Farben) und →Organozinnverbindungen (Stabilisatoren für PVC, Katalysatoren für Polyurethanschaum etc.). Zinn ist auch ein wichtiger Bestandteil sehr vieler Lagerlegierungen für Kraftfahrzeuge, Brücken u. a.

Zinnvorkommen. Zinnmineralien kommen hauptsächlich in verhältnismäßig begrenzten hydrothermischen Erzadern in Verwerfungen oder Abscherungen von gewachsenem Fels vor, seltener sind weitverbreitete Einschlüsse. Häufig finden sich bis zu 600 Meter dicke Lagerstätten über (→Malaysia und →Indonesien) oder unter (→Cornwall) Granit. Der →»off-shore« Abbau aus flachen Küstengewässern hat große Bedeutung erlangt. – Die Haupterzeugerstaaten sind in Südostasien: Malaysia, Indonesien, Thailand; in Afrika: Zaire und →Nigeria; in Südamerika: →Bolivien. Bedeutende Z. finden sich in der VR China, UdSSR, Australien und Brasilien. In Europa wird Zinn im Raum →Erzgebirge (ČSSR und DDR) sowie in →Cornwall (Großbritannien) gewonnen.

Zinn-Vorräte, s. Weltvorrat

Zinnwaage, s. Handwerkszeuge

Zipfel, Veit (Meister 1582, gestorben 1611), arbeitet in →Nürnberg vorzugsweise Reliefgußteller und verwendet dabei auch Formen von A. →Preissensin und C. →Enderlein. Sein eigener Entwurf ist eine →Schüssel mit Zonengliederung, Reliefborten (Eicheln, Nelken) und eingepreßten runden Buckeln. Dieses Modell benutzte später S. →Stoy.

Ziselieren ist einmal die Nachbearbeitung der Oberfläche von Gußstücken, vorwiegend mit Punzen (→Handwerkzeuge); zum anderen das →Treiben plastischer Formen.

Zittau, in der Oberlausitz im Südosten

→Sachsens gelegen, weist als ersten Zinn- und Glockengießermeister F. Stolle urkundlich nach, der 1419, 1435 und 1436 für die Johanniskirche bzw. den Ratsturm der Stadt die Glocken gegossen hat. Bei Paul Weise – erw. 1558, gest. 1594 (?) – ließ sich sogar die →Meistermarke ermitteln. Er lieferte 1560 nach dem Modell des Bildhauers Jacob Felsch den Taufbehälter für die Z.er Johanniskirche und schuf die →Schleifkanne mit Reliefdekor nach →Plaketten von P. →Flötner, die sich im Victoria and Albert Museum, London, befindet (die Echtheit eines in Z. befindlichen ähnlichen Exemplars wird in Frage gestellt). In der 2. Hälfte des 18. Jh.s waren die Meister in Z. wegen ihrer Schützenteller (→Schützengaben) bekannt, die den Schützenkönigen als Preise verehrt wurden. Der dafür bedeutendste Zinngießer war Heinrich B. Alsleben (Meister 1763, gest. 1800). Der zuletzt erwähnte Meister in Z. war R. G. P. Winkler, gest. 1910.

Zöllner, Julius, s. Sammler

Zonenteller, -platten oder -schüsseln, in →Nürnberg entwickelte ornamentale Gliederung der →Teller, wobei glatte, reliefierte und mitunter gebuckelte (→Buckelteller) Zonen miteinander abwechseln. Die Teller- oder Schüsseltiefe wurde dadurch optisch auf eine Ebene verlegt, wie sie im Scheibenteller verwirklicht ist. Die erste Zonengliederung schufen V. →Zipfel und J. →Koch II mit je einer →Schüssel, während H. →Zatzer sich auf Z. spezialisierte und über 30 Stück herstellte.

Zuckerdose, -streuer. In Kurbrandenburg wurde seit 1797 als Meisterstück auch eine Z. gefordert. Da Zucker stets eine Kostbarkeit war, entspricht die Form meist im 18. und 19. Jh. derjenigen in Silber. Die Z. sind auch verschließbar, die Zuckerstreuer haben Balusterform mit ornamental durchbrochenen Haubenverschlüssen.
Angeblich aßen als erste Europäer die Soldaten Alexanders d. Gr. auf ihrem Zug nach Indien Rohzucker. Um 1130 brachten die Kreuzfahrer Zucker aus Jerusalem nach Europa, 1573 entstand in →Augsburg die erste Raffinerie für Deutschland, 1747 entdeckte Marggraf den Zuckergehalt der Runkelrübe, und erst seit 1802 wird er fabrikmäßig gewonnen. – Deshalb treten die meist erhaltenen Z. erst im 19. Jh. auf, als Z. für fast jedermann erschwinglich wurde. Manche Z. sind in →Silberart gearbeitet und mit bunten Glaseinsätzen versehen.

Zürich. In der →Zunftordnung der Schmiede werden 1336 einige aus Deutschland (Baden, Rottweil, →Nürnberg, →Frankfurt a. M., Ingolstadt) zugewanderte Zinngießer erwähnt. Bereits 1371 gab es eine Ordnung des Z.er »Kantengießerhandwerks«, die eine →Probe zum Vierten (4:1) sowie die Markierung durch Stadt- und Meisterzeichen vorschrieb. 1552 wird als →Qualitätsmarke für reines →Zinn eine Krone als Marke gefordert. Im Kanton Z. werden auch die →Glockenkannen, →Stitzen und →prismatischen Kannen hergestellt. Die gravierten →Dedikationsplatten sind vor allem im 17. Jh. angefertigt worden.

Zug, Kanton und Stadt in der →Schweiz. Von dort stammen zwei der ältesten →Ratskannen der Schweiz, die sogenannten →Bügelkannen mit dem großen gegossenen Stadtwappen von Z., der eingeschlagenen →Stadtmarke von Z. und der →Meistermarke des Johann Vogt (geb. 1480). Die Entstehungszeit liegt um 1509 bis 1575. Sie waren ursprünglich wohl die Ratskannen von Z. und mögen gegen 1650 in die Gemeinde Baar gekommen sein. Weiter sind im Kanton Z. folgende Kannentypen anzutreffen: →Glockenkanne, →prismatische Kanne, →Stitze. Auch die reich gravierte →Dedikationsplatte findet sich in der Stadt Z., wo noch im 19. Jh. Zinngießer tätig sind.

Zunft, Zusammenschluß von Handwerkern einer Berufssparte. Durch die →Zunftordnung wird vor allem auch die bei Arbeiten einzuhaltende Qualität festgelegt, die bei den Zinngießerzünften von →Schaumeistern überwacht wurde. Da es sich bei den Z. um Zusammenschlüsse mehrerer Handwerker handelt, entstanden sie meist in Städten. Einzelne Handwerker auf dem Land wurden gewöhnlich der Z. der nächsten großen Stadt oder der Landeshauptstadt zugewiesen (→Zunftschild, →Zunftsiegel, →Wendischer Ämterverband, →Meisterprüfung).

Zunftbecher, s. Zunftkrug

Zunftgerät entstand seit dem späten 15. Jh. als Folge der sich bildenden Traditionen in →Zünften und Innungen bei der feierlichen Lossprechung von →Lehrlingen und Gesellen, bei der »zünftigen« Betreuung der wandernden Gesellen. Die →Zunftordnungen, bestätigt von der Obrigkeit, regelten die wirtschaftlichen und sozialen Belange ihrer Mitglieder. Urkunden und Gelder wurden in der →Zunftlade verwahrt. →Zunftschilder hingen an den Herbergen oder den Stammplätzen in Wirtschaften. Am bekanntesten sind die typischen →Zunftkannen, →Schleifkannen, →Zunftpokale oder →Willkomm, →Zunftkrüge, -humpen und -becher sowie die →Zunftzeichen als Prunkgefäße. Formen des üblichen Gebrauchsgerätes wie →Kannen, →Krüge, →Becher erweisen sich nur durch gravierte Inschriften als Z. →Jahreszahlen sind nicht immer identisch mit dem Entstehungsjahr des Stückes, für das die Marken und stilkritische Merkmale entscheiden; oft sollen sie an wichtige Ereignisse (Bestätigung der →Zunftordnung, Gründung der Zunft, Erneuerung der Ordnung) erinnern und dienen somit der Traditionspflege. Neuerdings werden alte Z. mittels Kautschuk- und Kunststofformen abgegossen.

Zunfthumpen, s. Zunftkanne und Zunftkrug

Zunftkanne ist ein Schenkgefäß, das ähnliche Größe annehmen kann wie eine →Schleifkanne. Die frühesten Z. stammen aus der Zeit um 1500 und sind facettiert und reich graviert. 1498 schuf Meister M. in →Schweidnitz eine 48 Zentimeter hohe →Kanne vom sogenannten »Schriftband-Typ«, der vor allem in

*Zunftkanne.
Um 1500*

→Böhmen und Mähren später verbreitet war. Außer gravierten Figuren, →Minuskeln oder →Ornamenten gibt es den Dekor in Reliefguß nach →Plaketten der →Mars-Platte wie bei der Z. der Fleischer zu →Joachimsthal von Chr. Dürr, 1656, oder nach Plaketten von P. →Flötner bei der Z. von P. Weise, →Zittau, 3. Viertel 16. Jh. Zur zylindrischen, leicht konischen Kanne gesellt sich der aus der gotischen Zeit übernommene Typ der hochgefußten Schenkkanne mit Kugelbauch, engem Hals und Röhrenausguß, die H. Günther 1628 für die Freiberger Bergknapp- und Bruderschaft goß. Die Z. ruhen meist auf Füßen aus auf Sockeln hockenden Tieren, was das Kippen beim Ausschenken erleichtert. Der Z. in Deutschland entspricht die →Gildekanne in →Holland.

Zunftkrug, -humpen, -becher dienten dem Umtrunk, den die Zunftmitglieder z. B. bei Gesellenzusammenkünften pflegten (Bruderschaften, Freie Gesellschaft, Gesellenvereinigung). Nach allgemeiner Gepflogenheit stifteten die Vorsteher der Gesellenvereinigung auch dem arbeitsuchenden, auf →Wanderschaft befindlichen Gesellen von →Zunft wegen einen Trunk, ehe dieser weiterzog. →Krüge und →Humpen fassen etwa einen halben Liter (zwei Quartier, Quartel, Viertel), →Becher weniger. In →Norddeutschland gibt es besondere Humpenformen mit zwei Henkeln, die →Stop genannt werden; andere, die vor allem in →Schlesien und →Süddeutschland anzutreffen sind, die sogenannten →Baumölkrüge, besitzen Doppelhenkel, halbierte Deckel und innen meist ein Gewürzsieb. Sie mußten bei Strafe von den Jung-Gesellen auf einen Zug ausgetrunken werden. Auch bei diesen Gefäßen gibt lediglich die Inschrift über den Gebrauch derselben innerhalb einer →Zunft Auskunft.

Zunftlade, kleine Truhe, meist eine sehr kunstvolle Schreinerarbeit mit →Intarsia und Beschlägen, in der die Urkunden der →Zunft und ihrer Mitglieder sowie die Gelder verwahrt wurden. In →Dresden z. B. wird die Z. der Zinngießer noch im Stadtmuseum aufbewahrt. Vor der geöffneten Z. fand die Zeremonie des Freispruches von →Lehrlingen und Gesellen statt.

Zunftordnung legte vor allem den Qualitätsmaßstab des →Zinngeräts und die Art der Stempelung fest. In den verschiedenen Ländern und Städten wurden die einzelnen Bestimmungen mit großen zeitlichen Unterschieden eingeführt. Erst-

Schaffhausen 1506 *Breslau 1532* *Nürnberg 1578*
Siegel der Kannengießer-Zunft

mals nachweisbare Bestimmungen zur Stempelung enthält die →Nürnberger »Kannengießer-Ordnung von 1578«. Vollständige Zunftsatzungen sind noch von den →Lübecker (um 1360) und →Prager (1371) Zinngießern erhalten (→Reichsprobe, →Beschauzeichen, →Markenwesen).

Zunftpokal oder →Willkomm bildete sich mit dem Erstarken der →Zünfte im 16. Jh. heraus. Der früheste bekannte stammt von N. →Horchaimer und wurde 1561 für die Schuhmacher-Zunft in →Nürnberg angefertigt. Sie soll ihn Hans →Sachs zu dessen 75. Geburtstag verehrt haben, wo er bis zu dessen Tode, 1576, blieb. Die Z. dienten zum feierlichen und ehrenvollen Willkommenstrunk oder – bei der Freisprechung der →Lehrlinge und Gesellen – dem vom Obermeister dargebrachten sogenannten Abdanktrunk. Die Formen der Pokale ähneln denen aus Silber. Sie sind oft mit Ösen versehen, in die im Verlauf von Jahrzehnten und Jahrhunderten Widmungsschilder eingehangen wurden. Z. waren mehr in →Nord- und Mitteldeutschland üblich, wobei die norddeutschen charakteristische Säulenbekrö-

Zunftzeichen der Fischer. 18./19. Jh.

Zunftzeichen der Metzger in Form eines Ochsen. Wohl Augsburg, 17. Jh.

Zunftzeichen der Böttger. 1760

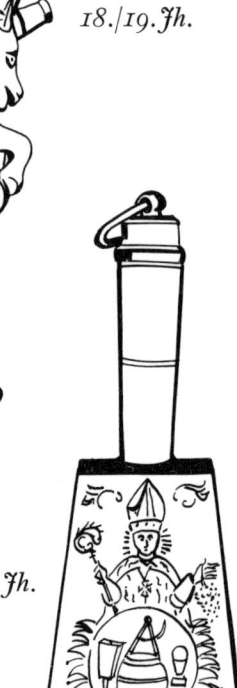

Zunftzeichen. 17./18. Jh.

Zinngießer-Zunftzeichen. 16. Jh.

nungen auf dem Deckel vorweisen. Im 17. und 18. Jh. gibt es auch Formen aus Kugeln und Wülsten sowie gedrehten Rippen in →Silberart. Im 19. Jh. wurden sie für altdeutsche Trinkstuben gern kopiert.

Zunftsatzung, s. Zunftordnung

Zunftschild, aus →Zinnblech ausgeschnittenes →Emblem, auch mit Farbsteinen verziert und graviert, das als Aushängeschild für die Zunftherbergen zur Information der wandernden Gesellen und auch als Stammplatzzeichen in den Schenken diente. Die erhaltenen Z. stammen aus dem 18. und 19. Jh. Man darf aber annehmen, daß Z. aus Zinn auch in früheren Zeiten vorhanden waren (→Zunftgerät).

Zunftsiegel. Diese zeigen anfangs, seit dem 14. Jh., zunächst nur Handwerksembleme, mit oder ohne Wappenschild und mit entsprechender Unterschrift. Häufig wurde auch eine →Kanne dargestellt. Ein allgemeines, übergeordnetes Handwerkswappen hat sich erst allmählich im 18. Jh. verbreitet.

Zunftwappen, s. Zunftsiegel

Zunftzeichen als Trinkgefäße waren beliebte Ausstattungsstücke der Zunftstuben. So findet man eine Kuh oder einen Stier als Trinkgefäß der Metzger, einen Schuh bei Schuhmachern, einen Fäustel bei Bergleuten, einen Schlegel bei Böttchern, einen Fisch oder auch ein Schiff mit Takelage und Figuren bei Fischern usw. Im 19. Jh. und später wurden Z. sehr geschickt kopiert.

Zunftzinn, s. Zunftgerät

Zupfeisen, s. Handwerkszeuge

Zum Vierten, s. Probe zum Vierten

Zum Zehnten, s. Probe zum Zehnten

Zweimarkensystem. Im Unterschied zum →Einmarken- und →Dreimarkensystem werden hier die →Stadt- und →Meistermarke einzeln eingeschlagen.

Zwickzange, s. Handwerkszeuge

Zwitter (→Kassiterit).

Verzeichnis der Abbildungen

1 Tischgerät. 15. Jh. Mariä Geburt (Ausschnitt), oberrheinisch (?), um 1480. Württembergisches Landesmuseum Stuttgart →Tischgerät
2 Zeus auf dem Ochsen. Römische Kaiserzeit, Reliefplakette, Fundort Istanbul. 11 × 7,5 cm. Priv.-Slg. München →Antike
3 Thronende Madonna mit Kind. Spanien, 12./13. Jh. Zinnblech auf Holzkern, Farbsteine, teilweise Farbfassung. H. 54 cm. Ehem. Slg. J. Bossard →Plastik, →Gotik
4 Hl. Johannes von Nepomuk. Böhmen, dat. 1641. H. 100 cm. Museum für Kunsthandwerk Dresden →Plastik, →Böhmen und Mähren, →Barock
5 Kruzifix. Dresden, 1781. Meister C. W. Simon u. a. H. 97 cm. Schloß Cappenberg, Museum Dortmund →Altarkreuz
6 Justitia. Nürnberg, 2. Viertel 16. Jh. P. Flötner. Bleiplakette. 8 × 5,5 cm. Kunstgewerbemuseum Köln →Plaketten, →Flötner, →Tugenden
7 Medaillon mit Bild eines deutschen Fürsten. 18. Jh. H. 10 cm. Slg. Ruhmann →Plaketten, →Hilpert
8 Aktäon-Platte. Frankreich (Lyon?), 2. Drittel 16. Jh. D. 45,8 cm. Museum für Kunsthandwerk Dresden →Aktäon-Platte, →Lyon
9 Temperantia-Platte. F. Briot, um 1585/90. D. 44,5 cm. Ehem. Slg. Vallin, Barcelona →Temperantia-Platte, →Briot
10 Porträt F. Briot. Von der Rückseite der →Temperantia-Platte, →Briot
11 Mars-Platte. F. Briot, um 1600. D. 48,7 cm. Ehem. Slg. Vallin, Barcelona →Mars-Platte
12 Susannenplatte. F. Briot (?), um 1580/90. D. 45,5 cm. Museum für Kunsthandwerk Dresden →Susannen-Platte
13 Pyramus-und-Thisbe-Platte. Frankreich, 4. Viertel 16. Jh. D. 47 cm. Ehem. Slg. Vermeersch Brüssel →Pyramus-und-Thisbe-Platte
14 Herkules-Platte. Frankreich, 4. Viertel 16. Jh. D. 45 cm. Kunstgewerbemuseum Berlin-Charlottenburg →Herkules-Platte
15 Adam-und-Eva-Platte. Frankreich, um 1600. D. 46,5 cm. Kunstgewerbemuseum Köln →Adam-und-Eva-Platte, →Genesis-Schüssel
16 Temperantia-Platte. Nürnberg, dat. 1611. C. Enderlein. Modell II, Guß von S. Stoy. D. 46,4 cm. Museum für Kunsthandwerk Dresden →Temperantia-Platte, →Enderlein, →Stoy, →Tugenden
17 Marien-Platte. Nürnberg, 1. Viertel 16. Jh. D. 46,5 cm. Bayerisches Nationalmuseum München →Enderlein
18 Fortuna-Platte. Nürnberg, dat. 1567. N. Horchaimer. Aus geätzter Form, sogenannte Holzschnittmanier. D. 30 cm. Bayerisches Nationalmuseum München →Fortuna-Platte, →Horchaimer, →Fortuna
19 Fama-Platte. Nürnberg, dat. 1567. N. Horchaimer. Aus geätzter Form, sogenannte Holzschnittmanier. D. 35,6 cm. Bayerisches Nationalmuseum München →Fama-Platte, →Horchaimer, →Solis
20 Paris-Urteil-Platte. Nürnberg, dat. 1569. A. Preissensin. Modelleur B. I. Aus geätzter Form, sogenannte Holzschnittmanier. Abguß von W. Stoy. D. 36,8 cm. Slg. Ruhmann →Paris-Urteil-Platte, →Preissensin, →Stoy
21 Musenplatte. Nürnberg, um 1575. Meister der Musenplatte. Aus geätzter Form, sogenannte Holzschnittmanier. D. 47 cm. Slg. Ruhmann →Musen, →Beham, →Planetengötter
22 Arabeskenschüssel. Nürnberg, um 1580/83. N. Horchaimer. D. 34 cm. Slg. Kirsch →Arabeske, →Horchaimer
23 Maureskenteller. 2. Hälfte 16. Jh. Am Stück geätzt. D. ca. 22 cm. Slg. Röttgen →Mauereske, →Scheibenteller
24 Schüssel aus dem Khuen-von-Belasi-Service. Südtirol, 1549. Am Stück geätzt, mit Namensinschriften. D. 38 cm. Slg. Ruhmann →Khuen von Belasi
25 Buckelplatte. Greiffenberg, Schlesien. 2. Hälfte 16. Jh. Mit geflächeltem Dekor: Befreiung Petri aus dem Gefängnis. D. 28 cm. Auktion 158, Weinmüller München →Buckelteller, →Flächeln, →Schlesien
26 Zonenschüssel. Nürnberg, 1587–1618. H. Zatzer. Mit Rankenborten und getriebenen Buckeln. D. 26,6 cm. Ehem. Slg. Hengeler →Zonenteller, →Buckelteller, →Zatzer
27 Lappenteller mit dem Rütlischwur. St. Gallen, um 1700. J. Schirmer. Modell von Z. Täschler. D. 21,5 cm. Privatbesitz →Lappenteller, →Rütlischwur-Teller
28 St.-Georg-Schale. Nürnberg, dat. 1615. C. Enderlein. In nur zwei Exemplaren erhalten. D. 24,4 cm. Privatbesitz →St.-Georg-Schale, →Enderlein
29 Schale mit der Hochzeit zu Kana. Nürnberg, um 1600. St. Christan. D. 19,3 cm. Slg.

Mory →Lot-Schale, →Christan
30 Blumenteller. Nürnberg, um 1640. H. Spatz II, Modell I der Blumenteller. D. 19,6 cm. Privatbesitz →Blumenteller, →Barockblumen, →Spatz II
31 Blumenteller. Nürnberg, um 1700. Z. Spatz. Stilistische Endphase der Blumenteller. D. 19,2 cm. Auktion 158, Weinmüller München →Blumenteller, →Barockblumen, Z. →Spatz
32 Schützenteller. Leipzig, um 1700. G. Meyer. Modell G. Kandler. D. 25,7 cm. Kunstgewerbemuseum Köln →Schützengaben, →Stilverschleppung
33 Reliefteller. Innsbruck, 1630–1665. H. Hasse. D. 15 cm. Museum Ferdinandeum Innsbruck →Innsbruck, →Stilverschleppung
34 Kaiserteller. Ferdinand II. Nürnberg, dat. 1630. G. Schmauß. Stechermonogramm C. Vorbild für die Teller mit Reiterbildnissen. D. 19,8 cm. Privatbesitz →Kaiserteller
35 Krönungsteller. Kaiser Ferdinand III. Nürnberg, 1671–1675. H. Spatz III. Stechermonogramm G. H. D. 19,2 cm. Privatbesitz →Krönungsteller
36 Gustav-Adolf-Teller. Nürnberg, Mitte 17. Jh. P. Öham d. J. D. 20 cm. Ehem. Slg. Vetter →Gustav-Adolf-Teller, →Öham
37 Eberhard-Teller. Calw, 2. Drittel 17. Jh. J. C. Hunn. Stechermonogramm A. L. D. 19,5 cm. Privatbesitz →Kaiserteller, →Stilverschleppung
38 Ringkanne. 13/14. Jh. Miniatur aus der Manessischen Handschrift. Zürich, wohl um 1320. Universitätsbibliothek Heidelberg →Kanne, →Schweiz

39 Wasserkanne mit Ausgußröhre, kleines Wasserbecken als Handwaschgerät. 1. Hälfte 14. Jh. Christus vor Pilatus. Klosterneuburg, um 1330/40. Bayerisches Nationalmuseum München →Kanne
40 Gefußte Kanne und Schale. 2. Hälfte 15. Jh. Mariä Geburt (Ausschnitt). Meister des Marienlebens, 1460–1480. Bayerische Staatsgemäldesammlungen München →Gefußte Kanne, →Schüssel
41 Ringkanne mit kantiger, gedeckelter Ausgußröhre, Salzschälchen mit hohem Deckelknopf als Stütze für den geöffneten Deckel. 2. Hälfte 15. Jh. Verkündigung (Ausschnitt). Augsburg, um 1470. Germanisches Nationalmuseum Nürnberg →Kanne, →Schweiz, →Salzgefäße
42 Eva-Teller oder Jahreszeiten-Teller. Nürnberg, Modell C. Enderlein. D. 18 cm. Privatbesitz →Eva-Teller, →Enderlein
43 Auferstehungsteller. Nürnberg, 1580–1605. St. Christan. Modell I. D. 18,2 cm. Bayerisches Nationalmuseum München →Auferstehungsteller, →Christan
44 Propheten-Teller. Nürnberg, 1583–1619. J. Koch II. Vorbild für ähnliche Reliefteller (Noah-, Kaiser-, Krönungs-, Auferstehungsteller). D. 17,5 cm. Österreichisches Museum für angewandte Kunst Wien →Propheten-Teller, →Koch II, →Genesis-Schüssel
45 Noah-Teller. Nürnberg, dat. 1619. P. Öham d. Ä. Modell I. D. 17,6 cm. Auktion 158, Weinmüller München →Noah-Teller, →Genesis-Schüssel
46 Auferstehungsteller. Nürnberg, 1630–1670. H. Spatz II. D. 19,2 cm. Auktion

158, Weinmüller München →Auferstehungsteller, →Spatz II
47 Auferstehungsteller. Nürnberg, 2. Drittel 17. Jh. P. Öham d. J. D. 19,8 cm. Auktion 158, Weinmüller München →Auferstehungsteller, →Öham d. J.
48 Ohrenschüssel. Straßburg, um 1730. N. Bolgau. D. 28,5 cm. Slg. Ruhmann →Ohrenschüssel, →Straßburg
49 Europa-Schüssel. Iglau, 1. Viertel 17. Jh. Meister MZ. Bayerisches Nationalmuseum München →Iglau, →Allegorie, →Reliefzinn
50 Reliefschüssel. Regensburg, 4. Viertel 17. Jh. Modell P. Pöllinger (?), Guß H. Ch. Prunsterer. D. 14,8 cm. Bayerisches Nationalmuseum München →Reliefteller, →Regensburg, →Stilverschleppung
51 Leuchter. Memmingen, 1588. M. Bachmann. Streusandfaß. Sachsen, 16. Jh. Leuchter aus geätzter Form. H. 18,6 cm. Ehem. Slg. Bertram, Kunstgewerbemuseum Berlin-Köpenick. – Streusandfaß H. ca. 6 cm →Memmingen, →Bachmann, →Sachsen
52 Deckelkrug. Marienberg, Sachsen, Ende 16. Jh. Ch. Wiegold. Jagdrelief auf dem Mittelstreifen. H. 20,2 cm. Ehem. Slg. Bertram. Kunstgewerbemuseum Berlin-Köpenick →Sachsen
53 Deckelkrug. Nürnberg, Ende 16. Jh. J. Koch II. H. 20,7 cm. Ehem. Slg. Bertram. Kunstgewerbemuseum Berlin-Köpenick →Nürnberg, →Koch II
54 Arabeskenkanne. Lyon, 2. Drittel 16. Jh. Rolyn Greffet. Typ I der französischen Schenkkannen, sogenannte Arabesken-Vase. H. 20,7 cm. Museum für Kunsthandwerk

Dresden →Lyon, →Arabeskenkanne, →Greffet, →Arabeske
55 Briot-Vase. Frankreich, um 1570. F. Briot (?). H. 23,5 cm. Ehem. Slg. Bertram →Briot, →Briot-Vase, →Frankreich
56 Temperantia-Kanne. Montbeliard, um 1585–1590. F. Briot. Auf der Schulter Beschlagwerkkartuschen mit Maskarons, auf der Wandung die theologischen Tugenden Fides, Spes, Caritas. H. 30 cm. Museum für Kunsthandwerk Dresden →Temperantia-Platte, →Briot, →Tugenden, →Kartusche, →Beschlagwerk
57 Mars-Kanne. Montbeliard, um 1600. F. Briot. Auf der Schulter Grotesken, auf der Wandung Ovalmedaillons mit Allegorien nach der Mars-Platte. H. 27,8 cm. Germanisches Nationalmuseum Nürnberg →Mars-Platte, →Briot, →Frankreich, →Groteske, →Allegorie
58 Deckelkrug. Nürnberg, 1. Hälfte 17. Jh. N. Rumpler. Mit der Darstellung der Elemente nach der Temperantia-Platte. Abguß von Meister R. S. H. 20,8 cm. Museum für Kunsthandwerk Dresden →Nürnberg, →Temperantia-Platte
59 Deckelkrug. Nürnberg, 1. Hälfte 17. Jh. C. Enderlein. Mit der Darstellung der Erdteile nach der Mars-Platte. Abguß vom Meister mit der Lilie. H. 17,2 cm. Museum für Kunsthandwerk Dresden →Enderlein, →Mars-Platte
60 Deckelkrug. Nürnberg, Ende 16. Jh. J. Prey. Grotesken nach dem Vorbild der Mars-Platte. H. 17 cm. Gewerbemuseum der Landesgewerbeanstalt Bayern, Nürnberg →Nürnberg, →Groteske, →Mars-Platte

61 Deckelkrug. Straßburg, 2. Drittel 17. Jh. I. Faust. Ovalmedaillons mit den Allegorien der Tugenden Patientia, Solertia und Non vi von der Mars-Platte. H. 16,7 cm. Museum für Kunsthandwerk Dresden →Straßburg, →Faust, →Tugenden, →Mars-Platte
62 Deckelkrug. Annaberg, um 1600. Ch. Geriswaldt. Auf dem Mittelstreifen Szenen aus der Genesis. H. ca. 17 cm. Privatbesitz →Annaberg, →Genesis
63 Deckelkrug. Chemnitz, 1. Viertel 17. Jh. P. Günther. Arkadenfries mit Planetengöttern. H. 18,7 cm. Bayerisches Nationalmuseum München →Sachsen, →Günther, →Planetengötter
64 Deckelkrug. Joachimsthal, um 1600. H. Wildt d. J. Darstellung der vier Evangelisten. H. 17,2 cm. Museum für Kunsthandwerk Dresden →Joachimsthal, →Wildt
65 Deckelkrug. Eger, 2. Hälfte 16. Jh. H. Wildner d. J. Auf dem Mittelstreifen Szenen aus der Genesis. H. 16,6 cm. Bayerisches Nationalmuseum München →Eger, →Wildner, Genesis-Schüssel
66 Zunftkanne der Metzger. Joachimsthal, dat. 1645. Ch. Dürr (?). H. 44 cm. Slg. Ruhmann →Joachimsthal, →Zunftkanne
67 Kanne. Joachimsthal, dat. 1551. Abendmahlskanne des ev. Pfarramtes Müllheim in Baden. Reliefdarstellungen nach Stichvorlagen von H. S. Beham (Taten des Herkules) und dem Alten und Neuen Testament. Früheste Reliefzinnarbeit dieser Art. H. 36 cm. Ehem. Slg. Figdor →Joachimsthal, →Beham, →Bibel
68 Schleifkanne. Neisse, um 1490. H. 70 cm. Gewicht 27

Kilogramm, Fassungsvermögen 18 Liter. Slg. Manz, Kriegsverlust →Schlesien, →Schleifkanne, →Facettenkanne
69 Schleifkanne der Zimmergesellen. Breslau, 1483. H. Grofe (?). Früheste bekannte Schleifkanne. H. 54 cm. Germanisches Nationalmuseum Nürnberg →Breslau, →Schleifkanne, →Facettenkanne
70 Gefußte Kanne, Breitrandteller, Becher. 15. Jh. Mariä Geburt (Ausschnitt mit Joachim), Ulm, Wengen-Kloster, etwa 1472 bis um 1486. Ludwig Schongauer (geb. um 1440–1494). Städtisches Museum Ulm →Gefußte Kanne, →Breitrandteller
71 Gefußte Kanne, Breitrandplatte, Schale, gedeckelte Salzschale (bei der Frau vorn). 2. Hälfte 15. Jh. Hochzeit zu Kana. Meister des Bartholomäus-Altars, Köln, um 1480–1495. Musée des Beaux Arts Brüssel →Gefußte Kanne, →Breitrandteller, →Salzgefäße
72 Schleifkanne. Trebitsch, Mähren, dat. 1557. J. Kannegießer. H. 59 cm. Kunstgewerbemuseum Köln →Schleifkanne
73 Schleifkanne der Tuchscherer. Leisnig, Sachsen, dat. 1605. G. Schleyffengeuer. Gravierte Szene: Bathseba und König David. H. 61 cm. Auktion 133, Weinmüller München →Schleifkanne
74 Willkomm der Schuhmacherzunft. Nürnberg, 1561. N. Horchaimer. Soll ein Geschenk der Zunft an Hans Sachs 1569 zu dessen 75. Geburtstag gewesen sein. Um Wandung und Deckel 29 Messingringe. H. 70,5 cm. Ehem. Slg. Bertram, Kunstgewerbemuseum Berlin-Köpenick

→Nürnberg, →Willkomm, →Sachs, →Horchaimer
75 Willkomm. Norddeutsch. 18. Jh. H. 43 cm. Ehem. Slg. Hengeler. Auktion 158, Weinmüller München →Willkomm, →Norddeutschland
76 Willkomm der Kornmesser. Norddeutsch (?), dat. 1669. H. 70 cm. Auktion 158, Weinmüller München →Willkomm, →Norddeutschland
77 Willkomm der Schmiede in Wilster, Holstein, 1666–1680. A. Wiese. H. 70 cm. Auktion 158, Weinmüller München →Willkomm
78 Innungspokal der Gürtler. München, 1858. Georg Kreittmann. H. 64 cm. Stadtmuseum München →Willkomm, →Historismus, →Gotisierendes Gerät
79 Schützenpokal. 1907 bis 1909. 33 × 11 cm →Schützengaben
80 Schenkkanne der Drechslermeister. Güstrow, Mecklenburg, dat. 1685. Meister G. L. V. Charakteristische norddeutsche Zunftkannenform. H. 36 cm. Auktion 158, Weinmüller München →Zunftkanne
81 Zunftkrug der Gärtner. St. Gallen, um 1670. J. Schirmer. H. 38 cm. Slg. Ruhmann →Zunftkanne
82 Zunftkanne der Gelbgießergesellen. Lübeck, dat. 1738. Gelbguß-Auflagen von Meister Rösske. H. 26 cm. St.-Annen-Museum Lübeck →Zunftkanne, →Lübeck, →Intarsia
83 Zunftschild der Zinngießer zu Immenstadt, dat. 1794. Ehem. Slg. Ritleng →Zunftschild
84 Liturgisches Gefäß. Oberrhein (?), 15. Jh. Horn mit Zinnfassung und -deckel. Engel tragen einen Kamm, das Attribut der Hl. Hildegund oder der Hl. Verena (vielleicht Votivgabe der Kammacher als Gefäß für Salbwerg). H. 26 cm. Auktion 85, Weinmüller München, jetzt Rheinisches Landesmuseum Bonn →Kirchengerät
85 Reliquienkästchen. Deutsch (?), 14. Jh. Holz, mit vergoldeten Zinnblech-Reliefs. 8 × 33,5 × 13 cm. Bayerisches Nationalmuseum München →Reliquienkästen
86 Reliquienkasten (?). Italien, um 1400. Zinnblech-Beschlag mit Ritterfiguren. 15 × 24,7 × 13,5 cm. Grassi-Museum Leipzig →Reliquienkästen
87 Krummstab eines Abtes. Böhmen oder Süddeutschland, Mitte 18. Jh. Mainfränkisches Museum Würzburg →Grabbeigabe
88 Kruzifix. Langobardisch, Ende 6. bis Anfang 7. Jh. Gefunden im Grabraum bei der Nordostecke der St. Lorenz-Kirche von Paspels in Graubünden. Die Ösen deuten an, daß das Kruzifix an die Kleidung des Toten genäht wurde, ähnlich wie bei Pilgerzeichen. 7,4 × 5,8 cm →Grabbeigaben, →Pilgerzeichen
89 Pilgerzeichen. Frankreich, 1. Hälfte 15. Jh. Nadel in Form eines Palmzweiges mit Reliefplakette eines Hl. Königs. H. 4,8 cm. Kunstgewerbemuseum Köln →Pilgerzeichen
90 Beschlag-Figur. Italien, 12./13. Jh. Nach Überlieferung sollen diese Figuren in einem Behälter unter der Urne mit Reliquien der Hl. Euphemia gefunden worden sein, als eine Überführung der Reliquien von Aquileja nach S. Appolinare (Ravenna) stattfand. Dargestellt sind Kreuzritter, wie sie auf mehreren Reliquienkästen des 12. bis 14. Jh. zu finden sind. H. 3 cm. Slg. Ruhmann →Grabbeigaben, →Pilgerzeichen, →Reliquienkästen
91 Pilgerzeichen. Italien, 12./13. Jh. Halbfigur eines Bischofs von Paenula. 3,8 × 2,7 cm. Kunstgewerbemuseum Köln →Pilgerzeichen
92 Pilgerzeichen. Neuss, 1. Hälfte 15. Jh. Hl. Quirinus. Reste von Vergoldung, im Rhein gefunden. H. 7,1 cm. Kunstgewerbemuseum Köln →Pilgerzeichen
93 Pilgerzeichen. Böhmen (?), um 1350. Hl. Petrus und Kaiser Karl IV. (1347–1378), Papstwappen, Reichswappen und Wappen von Böhmen. H. 6 cm. Stadtmuseum Prag →Pilgerzeichen
94 Leuchter. Niederlande, um 1590. Auf der arktischen Insel Novaja Semlja 1597 von Jacob van Heemskerk und William Barendsz zurückgelassen und nach 300 Jahren 1876 wieder gefunden. H. ca. 28 m. Rijksmuseum für Volkskunde Arnheim →Novaja Semlja, →Leuchter, →Zinnkrankheiten
95 Leuchter. 2. Hälfte 16. Jh. →Leuchter ,
96 Leuchter. 2. Drittel 17. Jh. H. ca. 32 cm. Privatbesitz →Leuchter
97 Leuchter, um 1720/30 →Leuchter
98 Leuchter, 1770/80 →Silberart
99 Altarleuchter. 17. Jh. Sogenannter Hellebarden-Leuchter. H. 47 cm. Auktion 138, Weinmüller München →Altarleuchter
100 Altarleuchter. Böhmen, um 1700. H. 46 cm. Auktion 128, Weinmüller München →Altarleuchter, →Barock, →Böhmen und Mähren
101 Altarleuchter. Böhmen, Anfang 18. Jh. H. 43,5 cm. Pri-

vatbesitz →Altarleuchter, →Silberart
102 Altarleuchter. Böhmen, 2. Drittel 18.Jh. H. ca. 58 cm. Privatbesitz →Altarleuchter
103 Bergmannsleuchter. Sachsen oder Thüringen, dat. 1767. H. 23 cm. Auktion 96, Weinmüller München →Leuchter, →Sachsen
104 Leuchter. Sachsen oder Böhmen, dat. 1731. H. ca. 22 cm. Privatbesitz →Leuchter
105 Leuchter. Augsburg, 4. Viertel 18.Jh. J.' B. Blumenstock. Leuchter sind nur gemarkt, wenn für sie eine hochwertige Zinnlegierung verwendet wurde. H. 16 cm. Auktion 169, Weinmüller München →Leuchter, →Silberart, →Augsburg
106 Chanukkaleuchter. Augsburg, 2. Viertel 19.Jh. A. B. Tischer. 38 × 32 × 15 cm. Privatbesitz →Chanukkaleuchter
107 Girandole. Stockholm, Ende 18.Jh. J. Sauer III (1791 bis 1801). H. 36,7 cm. Nordiska Museet Stockholm →Leuchter, →Schweden
108 Jugendstil-Leuchter. Deutsch, um 1900. H. ca. 28 cm. Gewerbemuseum der Landesgewerbeanstalt Bayern, Nürnberg →Jugendstil
109 Meßkelch. Deutsch (?), 16.Jh. H. 15,5 cm. Auktion 150, Weinmüller München →Meßkelch
110 Meßkelch mit Patene. Deutsch, dat. 1687. H. 18,5 cm. Auktion 150, Weinmüller München →Meßkelch, →Patene
111 Ziborium. Holland, um 1600. H. 23 cm. Slg. Vetter →Ziborium
112 Kelch, dat. 1727. H. ca. 18 cm. Privatbesitz →Meßkelch
113 Breitrandplatte, Becher, eckige Tafeln als Vorform für Teller, Knabe mit Wasserkanne und Schale zum Reinigen der Finger, im Hintergrund auf Stollenschrank Kannen und Platten als Schaugerät. Ende 15.Jh. Der Arme vor dem Haus des Reichen (Ausschnitt aus der Tafel einer Ars moriendi). Südniederdeutsch (?) unter nordniederländischem Einfluß, um 1500. Slg. Thomée →Breitrandteller, →Becher, →Kanne, →Platte
114 Altarvase. Deutsch, 17.Jh. H. 17,5 cm. Slg. v. Negelein →Kirchengerät, →Vase
115 Altarvase. Landshut, um 1700. Meister M. Sick d. Ä. H. 21 cm. Slg. v. Negelein →Kirchengerät, →Vase
116 Altarvase. Kaufbeuren (?), dat. 1742. Meister G. K. H. 20,5 cm. Slg. Negelein →Kirchengerät, →Vase
117 Altarvase. Deutsch, dat. 1763. H. 21,5 cm. Slg. v. Negelein →Kirchengerät, →Vase
118 Taufkanne und Schüssel, 17.Jh. Breitrandplatte, sogenannte Kardinalshutplatte und Helmkanne in französischer Art. D. 28 cm. H. 22 cm. Privatbesitz →Taufgeschirr
119 Taufgeschirr. Süddeutsch, um 1750. Meister M. Fries. Sogenannte Helmkanne, Formgebung in Silberart. D. der Schale 34,8 cm. Slg. Mory →Taufgeschirr, →Silberart
120 Plattflasche mit Fuß und Henkel. 1. Hälfte 15.Jh. Abraham und Melchisedek (Ausschnitt). Heiligenthaler Altar. Lüneburg, vor 1444 bis um 1448/50 – Hans Bornemann (erw. 1448, gest. vor 1474). St. Nicolaikirche Lüneburg →Plattflasche
121 Gefußte Kanne mit vierpassigem Fuß und reich gegliedertem Henkel in der Art von Silberschmiedearbeiten, um 1500. Krankenheilung (Ausschnitt), Tirol, um 1500. Germanisches Nationalmuseum Nürnberg →Gefußte Kanne
122 Weinkannen, Diener mit »gedeckter Schüssel« (Kardinalschüssel), 15.Jh. Empfang und Bewirtung des Hl. Jakob von Compostella. Rheinisch/schweizerisch, Mitte 15.Jh. Galerie Koller Zürich →Gedeckte Schüssel, →Kardinalteller
123 Taufbecken. Sachsen, dat. 1675. Stiftung des Hospitalvorstehers S. Heyne in Wurtzen zum Andenken an seine im Dezember 1674 verstorbene Frau. D. 90 cm. Slg. Ruhmann →Taufbecken
124 Weihwasserkessel, 16./17.Jh. H. 18,5 cm. Privatbesitz →Weihbrunnkesselchen
125 Taufkessel. Prag, um 1488. Am Rand Inschrift in gotischen Minuskeln: Zum Umgießen gestiftet von Kyzyre & Matthias aus Arody, Naidul, Kessler (d. h. Zinngießer). H. 51,5 cm. Ehem. Slg. Bertram, Kunstgewerbemuseum Berlin-Köpenick →Taufbecken
126 Epitaph. Eichstätt, dat. 1776. F. Hiemer. H. 46,5 cm. Württembergisches Landesmuseum Stuttgart →Epitaph
127 Weihbrunnkessel. Österreich, Anfang 18.Jh. Reste von Vergoldung. H. 44 cm. Privatbesitz →Weihbrunnkesselchen
128 Almosenbüchse. Südostdeutsch (?), dat. 1691. Hebräische Inschrift: »Ein Geschenk im Heimlichen bezwingt den Zorn (Spr. Sal. 21, 14). Angefertigt von Rabbiner Nataski, David Kari, Levi. 1691. Gott möge sie schützen.«

20 × 15 × 3,5 cm. Slg. Ruhmann →Almosenschüssel
129 Sederteller. Deutsch, 18./19. Jh. D. 33,5 cm. Kölnisches Stadtmuseum Köln →Sederteller
130 Feldflasche. Tomburg, vor 1473. H. 25,5 cm. Stadt Rheinbach →Plattflasche
131 Feldflasche. Frankreich (?), 16. Jh. H. ca. 48 cm. Privatbesitz →Plattflasche
132 Schenkflasche (Rätze, Retze). Kitzingen a. Main, dat. 1674. Aus dem Besitz der Fischerzunft. H. 43,3 cm. Städtisches Museum Kitzingen a. Main →Plattflasche
133 Plattflasche. Basel, dat. 1704. S. Gryneus. Aus einem Satz von vier Plattflaschen der Fakultäten der Universität Basel. H. ohne Bügel 53 cm. Historisches Museum Basel →Plattflasche
134 Schenkflasche mit Kette. Winterthur, 1716. J. Sulzer d. Ä. Mit zwei gemalten Wappen. H. 36,5 cm. Bayerisches Nationalmuseum München →Plattflasche
135 Ratskanne. Regensburg, dat. 1453. C. Has. Frühestes Beispiel der gotischen hochgefußten Kannen. H. 58 cm. Slg. Kirsch →Ratskanne, →Gefußte Kanne, →Regensburg, →Has
136 Ratskanne. Wels, dat. 1577. J. Ruepp. Eine von drei Ratskannen mit vergoldetem Wappenschild. H. 45 cm. Städtisches Museum Wels →Gefußte Kanne
137 Ratsherrenkanne. Nürnberg, um 1650. H. Spatz II. H. 43 cm. Bayerisches Nationalmuseum München →Gefußte Kanne
138 Ratsschenkkanne. Regensburg, dat. 1660. A. Prunsterer. H. 57,2 cm. Ehem. Slg. Bertram, Kunstgewerbemuseum Berlin-Köpenick →Gefußte Kanne, →Ratskanne, →Regensburg
139 Kännchen. England oder Frankreich, Anfang 15. Jh. H. 12,5 cm. Victoria and Albert Museum London →Kanne
140 Jan-Steen-Kanne. Niederlande, 17. Jh. H. 18,6 cm. Ehem. Slg. de Groot →Jan-Steen-Kanne, →Holland
141 Bügelkanne. Bern, 16. Jh. Typ der sogenannten Frauenfelder Konstaffelkanne. H. 41 cm. Auktion 141, Weinmüller München →Schweiz, →Frauenfelder Konstaffelkanne
142 Berner Stegkanne. Bern, dat. 1756. H. 32 cm. Privatbesitz →Schweiz, →Stegkanne
143 Hansekanne. Holland, dat. 1331. H. 27 cm. Museum Boymans Rotterdam →Hansekanne
144 Schenkkanne. Breslau, um 1480. Auf dem Deckel graviertes Viereck (Marke des Meisters Nickel Firecke?). H. 23,5 cm. Slg. C. Kirsch →Kanne, →Breslau
145 Gildekanne der Amsterdamer Bierträger. Dat. 1648. Typ der sogenannten Rembrandt-Kanne. H. 25 cm. Slg. Vetter →Rembrandt-Kanne
146 Pichet. Frankreich, um 1600. Vermutlich Rousseau Denis, Meister und Bürger in Paris um 1599. H. 14,9 cm. Slg. Mory →Frankreich
147 Kölner Kanne. 17. Jh. H. 18,5 cm. Privatbesitz →Kölner Kanne
148 Krug. Schwäbisch Hall, dat. 1615. H. 18,3 cm. Museum der Stadt Aschaffenburg →Krug
149 Hefekännchen. München, 1647. G. Rieger. Charakteristische süddeutsche Form. H. 14,2 cm. Privatbesitz →Hefekännchen
150 Abendmahlskanne. München, Mitte 17. Jh. G. Rieger. Sogenannte Birnkanne. H. 27 cm. Privatbesitz →Abendmahlskanne
151 Schenkkanne. Wallis, 18. Jh. Typ der Walliser Kettenkannen (letztere meist spätere Zutat). H. 29,5 cm. Privatbesitz →Schweiz, →Walliser Kanne
152 Schalen, Scheibenteller, Näpfe, Becher u. a. 16. Jh. Festessen als Monatsbild Januar. Augsburger Meister, spätes 16. Jh. →Scheibenteller, →Becher
153 Kaffeekanne. Deutsch, 1. Hälfte 18. Jh. H. ca. 28 cm. Auktion 95, Weinmüller München →Silberart
154 Kaffeekanne. Frankfurt a. M. (?), um 1780. J. J. Lahr. H. 24 cm. Slg. Mory →Silberart, →Rokoko
155 Kaffeekanne. Deutsch, Ende 18. Jh. H. 25 cm. Ehem. Slg. Ritleng →Louis-seize
156 Helmkanne. Um 1800. H. 28 cm. Badisches Landesmuseum Karlsruhe →Taufgeschirr
157 Kanne. Um 1880. H. ca. 28 cm. Privatbesitz →Historismus
158 Kanne. Kayserzinn, um 1903. Entwurf Hugo Leven. Privatbesitz →Kayserzinn
159 Kranenkanne. Westdeutsch, Ende 18. Jh. H. 35 cm. Auktion 158, Weinmüller München →Kranenkanne
160 Sugerli. Schaffhausen, 18. Jh. H. 17 cm. Auktion 137, Weinmüller München →Sugerli
161 Kranenkanne (Dröppelminna). Holland (?), Ende 18. Jh. Mit Lackbemalung (Typ I) H. 41 cm. Lackmuseum Herbig-Haarhaus Köln →Kranenkanne, →Lackbemalung

162 Kanne. China, 17. Jh. Vorbild für europäische Kannenformen mit Röhrenausguß (?). H. 42 cm. Museum für Kunsthandwerk Dresden →China
163 Kaffeekanne. Eibenstock, Sachsen, um 1850. J. E. Flach. H. 15 cm. Privatbesitz →Biedermeier
164 Glockenkanne (Ringkanne). Schweiz, 17. Jh. H. 40 cm. Auktion 158, Weinmüller München →Schweiz, →Glockenkanne
165 Stitze. Steyr, 2. Hälfte 16. Jh. A. Bock. H. 25 cm. Historisches Museum Frankfurt a. M. →Stitze
166 Stitze. Augsburg, 2. Hälfte 16. Jh. J. Hamburger. H. 30,5 cm. Auktion 154, Weinmüller München →Stitze
167 Stitze. Straßburg, dat. 1606. H. Holm d. Ä. Gravierte Inschrift »JOANN ZIEGELNEISER ERSTER VNTERVOGT ZV FREYDENSTAT 1606«. H. 25,5 cm. Ehem. Slg. Bertram, Kunstgewerbemuseum Berlin-Köpenick →Stitze, →Straßburg
168 Abendmahlskanne (Schnabelstitze). Lancaster/ Pennsylvanien (USA), dat. 1771. J. Ch. Heyne. Gravierte Inschrift »for The Peters Kirche in Mount Joy Toun Ship von John Dirr 1771«. Arbeit des aus Deutschland eingewanderten Meisters Heyne. H. ca. 38 cm. Standort unbekannt →Nordamerika, →Heyne
169 Flötenkrug. Schässburg (Segesvár), um 1670. Meister M. G. Typische Siebenbürger Kannenform, auf dem Henkel Reliefguß-Ranke. H. 28 cm. Slg. Ruhmann →Siebenbürgen, →Henkelformen
170 Kanne. Lübeck, 2. Hälfte 18. Jh. B. Ch. Böttger. Typische norddeutsche Kannen- und Krugform. H. ca 27 cm. Privatbesitz →Lübeck, →Kanne
171 Krug. Wien, 2. Hälfte 16. Jh. H. 12,8 cm. Oberösterreichisches Landesmuseum Linz →Krug, →Wien
172 Krug. Rotterdam, um 1600. H. 14 cm. Slg. van Beuningen →Krug
173 Humpen. London, dat. 1730. W. Eddon. H. 18,5 cm. Slg. Vetter →Humpen, →England
174 Pitsche. Bayern, 19. Jh. Holzdauben, verschiedenfarbig intarsiert. H. ca. 20 cm. Privatbesitz →Pitsche, →Daubenkrug
175 Lichtenhainer Krug. Zinnmontierung, dat. 1796. Holzdaubenkrug aus Lichtenhain bei Jena. H. ca. 20 cm. Privatbesitz →Daubenkrug
176 Daubenkrug (à la Lichtenhain). Kulmbach (?), 1. Hälfte 18. Jh. H. 23 cm. Bayerisches Nationalmuseum München →Daubenkrug
177 Morisken-Kanne. Passau, 1588. P. Harthammer. H. 28 cm. Slg. Kirsch →Moriskenkanne
178 Facettenkrug. Böhmen, dat. 1603. H. 24 cm. Auktion 159, Weinmüller München →Facettenkanne
179 Serpentinhumpen. Sachsen, 17. Jh. H. 18,5 cm. Auktion 85, Weinmüller München →Serpentinkrug
180 Krug. Brieg, Schlesien, 2. Hälfte 18. Jh. J. F. Bischoff. Zunftkrug der »Altgesellen der Posementierer«. H. 19 cm. Auktion 158, Weinmüller München →Krug
181 Schnabelkännchen (Pitsche). Steyr, dat. 1731. H. 15 cm. Auktion 89, Weinmüller München →Pitsche
182 Schnabelkrug. Stockholm, 1. Viertel 18. Jh. H. ca 18 cm. Privatbesitz →Schweden
183 »Rörken«-Krug der Weberzunft zu Bremen, 1666. H. 29,5 cm. Privatbesitz →Rörken
184 Bierkrug. Oberbayerischer Typ. Dingolfing, um 1730. Meister Bernhart Meining. Museum der Stadt Regensburg →Krug
185 Bierkrug, Sächsischer Typ. Meißen, 2. Hälfte 18. Jh. Slg. Mory →Krug, →Sachsen
186 Humpen. München, 1870/80. Reliefdekor mit Stadtansicht München (Neuausformung). H. 18 cm. Slg. Mory →Humpen, →Historismus
187 Humpen. München, 3. Drittel 19. Jh. Sogenannter Franzosenkrug. Kaiser Napoleon III. versucht dem schen Michel das Schlaflager wegzuziehen. Anspielung auf 1870/71. Entwurf Ferdinand Barth, München. Ausführung J. Lichtinger. H. 17,2 cm. Slg. Mory →Historismus, →Lichtinger
188 Bierkrug. München, 1903. L. Lichtinger. Privatbesitz →Jugendstil, →Lichtinger
189 Gildebecher der Polykarpus-Bruderschaft. Delmenhorst, dat. 1646. H. 18 cm. Privatbesitz →Becher, →Bruderschaft
190 Becher. Köln, 17. Jh. H. 17,5 cm. Privatbesitz →Becher
191 Trenck-Becher. Um 1760. Graviert von Freiherr Friedrich von der Trenck während seiner Kerkerhaft in Magdeburg. H. 15 cm. Landesmuseum für Kunst- und Kulturgeschichte Oldenburg →Trenck-Becher

192 Becher. Süddeutsch, dat. 1753. H. 11 cm. Auktion 158, Weinmüller München →Becher
193 Deckelbecher. Neisse, Schlesien, Mitte 18. Jh. J. Brosig. H. 14 cm. Auktion 158, Weinmüller München →Becher
194 Becher. Nürnberg, 1905. Ausführung: »Osiris«, 784. Gegossen in der Werkstatt Behrendsen, Magdeburg. H. ca 14 cm. Standort unbekannt →Jugendstil, →Osiris
195 Maßbecher mit Eichmarke. Österreich, 18. Jh. H. ca. 15 cm. Privatbesitz →Maßgefäß
196 Weinmaß. England, um 1650. H. 18,6 cm. Ehem. Slg. Bertram, Kunstgewerbemuseum Berlin-Köpenick →Balusterkanne, →Maßgefäß
197 Gemäßkanne. Frankreich, um 1750. H. 19 cm. Privatbesitz →Maßgefäß
198 Maßgefäß (Gemäß). Wismar, 1. Viertel 19. Jh. P. R. D. Stammann. Seit dem Mittelalter übliche, handgerechte Gemäßform. H. 22 cm. Auktion 158, Weinmüller München →Maßgefäß
199 Gemäßkanne. Frankreich, 19. Jh. H. ca 25 cm. Privatbesitz →Maßgefäß
200 Viertellitermaß. Linz, um 1800. J. Nickmüller. H. 13 cm. Privatbesitz →Maßgefäß
201 Kettenkanne. Vevey, um 1680. J. Simmer. Kanne der Küferzunft Sitten/Wallis. H. 41 cm. Ehem. Slg. Bertram, Kunstgewerbemuseum Berlin-Köpenick →Kettenkanne
202 Flasche. Solothurn, 17. Jh. Mit Kette und graviertem Brauereiwappen. H. ca. 38 cm. Slg. Ruhmann →Kettenkanne
203 Nachttopf. Holland (?), 16. Jh. H. ca 18 cm. Privatbesitz →Nachtgeschirr
204 Eisbüchse. 18./19. Jh. H. ca. 24 cm. Privatbesitz →Küchenzinn
205 Medizinbüchse mit Flasche 18./19. Jh. Aus einer Reiseapotheke. H. ca. 6 cm. Privatbesitz →Medizinische Geräte
206 Vorratsbüchse. Ansbach, 2. Hälfte 18. Jh. N. Schaefer. H. 40 cm. Auktion 80, Weinmüller München →Medizinische Geräte
207 Apothekenbüchse. Österreich, 18./19. Jh. H. 22,5 cm. Stadtmuseum Linz →Medizinische Geräte
208 Apothekenbüchse mit Stiftswappen. Linz, 1768. F. J. Winckler. H. ca. 28 cm. Privatbesitz →Medizinische Geräte
209 Medizinische Geräte. 18./19. Jh. Deckeltopf mit Doppelhenkel, Maßkännchen, Schraubdöschen für Salben, Schraubbüchse, Medizinbüchse aus einer Reiseapotheke, Spritze, Medizinschälchen. Privatbesitz →Medizinische Geräte
210 Teller, Schüssel und Weinkanne mit Messingplakette in der Art der Temperantia-Kanne. 17. Jh. Frühstücksstilleben. Jan Davidsz de Heem (1606–1683/84). Kunsthistorisches Museum Wien →Teller, →Schüssel, →Temperantia-Kanne
211 Weinkanne, Variante der sogenannten Rembrandtkanne. 17. Jh. Vertrauliche Unterhaltung. Adrien van Ostade (1610–1684). Rijksmuseum Amsterdam →Rembrandtkanne
212 Schraubflasche. Süddeutschland, um 1650. H. ca. 25 cm. Slg. Ruhmann →Schraubflasche
213 Schraubflasche. Linz, um 1700. J. Maußrieder. H. 32 cm. Slg. Ruhmann →Schraubflasche
214 Schraubflasche. München, 2. Hälfte 17. Jh. Th. Koch. H. 24 cm. Privatbesitz →Schraubflasche, →Barockblumen, →Silberart
215 Schraubflasche. Lindau, 2. Hälfte 18. Jh. J. A. Roos. H. 29,5 cm. Slg. Gläntzer →Schraubflasche
216 Platte. Emden, 1686. H. Lubberts. Geschlagenes Zinn. D. 50 cm. Ostfriesische Landschaft Aurich →Platte, →Geschlagenes Zinn
217 Kardinalschüssel. München, dat. 1695. D. 41,5 cm. Auktion 158, Weinmüller München →Kardinalteller
218 Schüssel. Bistritz (Besztercze), dat. 1630. Meister H. K. Punzierter Dekor. D. 41,5 cm. Slg. Ruhmann →Schüssel, →Siebenbürgen
219 Schüssel. Straßburg, um 1615. H. Holm d. Ä. D. 35 cm. Musée Municipaux Strasbourg →Schüssel, →Straßburg, →Flächeln
220 Schützenteller. Zittau, dat. 1789. D. ca. 26 cm. Privatbesitz →Schützengaben, →Zittau
221 Teller. Augsburg, 2. Hälfte 18. Jh. D. 27,5 cm. Privatbesitz →Teller, →Augsburg, →Silberart
222 Platte. Norddeutsch, Ende 18. Jh. D. 33,5 cm. Auktion 158, Weinmüller München →Platte
223 Teller. Linz, 1. Drittel 19. Jh. A. Lachner. Standardform, die bis ins späte 19. Jh. üblich ist. D. 22,5 cm. Oberösterreichisches Landesmuseum Linz →Teller

224 Teller. London, um 1903. Liberty & Co. Slg. Plickert, München. →Jugendstil
225 Holzschale mit Zinn-Nägeln. Süd-Jütland, ältere Bronzezeit, 1200–1000 v. Chr. Fund in einem Eichensarg. D. ca. 14 cm. Nationalmuseum Kopenhagen →Grabbeigaben, →Bronzezeit
226 Wöchnerinnenschüssel. Schweiz (?), dat. 1672. D. ohne Griffe 18 cm. Privatbesitz →Wöchnerinnenschüssel
227 Wöchnerinnenschüssel. 18. Jh. D. ohne Griffe 15,5 cm. Auktion 150, Weinmüller München →Wöchnerinnenschüssel
228 Deckelschüssel. Frankreich, 3. Viertel 18. Jh. Diese Schüssel wurde auch in Fayence ausgeformt. D. ohne Griffe 15,5 cm. Auktion 158, Weinmüller München →Silberart
229 Schüssel. Freiberg, Sachsen, 2. Drittel 17. Jh. M. Günther. 37 × 31,2 cm. Ehem. Slg. Bertram, Kunstgewerbemuseum Berlin-Köpenick →Schüssel, →Freiberg
230 Schüssel. Linz. 2. Drittel 18. Jh. J. Kohauf. 26 × 26 × 26 cm. Slg. Ruhmann →Schüssel, →Silberart
231 Schüssel. Linz, Ende 18. Jh. J. Nickmüller. Wohl eine Rasierschüssel. 38 × 23,5 cm. Privatbesitz →Silberart
232 Deckelterrine. Großenhain, 3. Drittel 18. Jh. Chr. G. Hegemeister. 26 × 37 × 18 cm. Auktion 169, Weinmüller München →Sachsen, →Silberart
233 Tröstelbierschale. Leer, 1. Hälfte 19. Jh. Th. Ronstadt. D. ohne Griffe ca. 14 cm. Privatbesitz →Branntweinschale

234 Hangelpott. Lübeck, 2. Hälfte 18. Jh. M. A. Kupferschmidt. H. 20 cm. Auktion 158, Weinmüller München →Lübeck, →Hangelpott
235 Deckelschüssel. Augsburg, 1. Hälfte 18. Jh. S. Ruprecht I. D. 30 cm. Auktion 158, Weinmüller München →Augsburg
236 Bratwurstdose. Nürnberg, um 1840. J. A. Herbst. L. 28 cm. H. 14 cm. Slg. Mory →Bratwurstdose
237 Tablett. Württemberg, dat. 1772. 31,5 × 51 cm. Auktion 144, Weinmüller München →Tischgerät
238 Salzgefäß. Dat. 1520. H. 9 cm. Nationalmuseum Prag →Salzgefäße, →Tischgerät
239 Salznäpfchen: oben, um 1700; unten, um 1820 →Salzgefäße, →Tischgerät
240 Gewürzdose. Nürnberg, 1760. J. J. Marx. D. 15,5 cm. Gewerbemuseum der Landesgewerbeanstalt Bayern, Nürnberg →Gewürzdose
241 a+b Tabakbüchse, Gewürzdose. Augsburg, 18. Jh. H. ca. 11 cm. Auktion 150, 158. Weinmüller München →Gewürzdose
242 Deckeldose. Frankreich (?), um 1600. Bodenfund. D. 14 cm. Slg. Gläntzer →Ausgrabungen, →Dosen
243 Urkundendose. Basel, dat. 1702. J. Wick, J. J. Wetzel. Zunftgerät zur Aufbewahrung von Gesellenbriefen. 8,2 × 17,5 × 17,5 cm. Historisches Museum Basel →Zunftgerät
244 Salznapf, Gewürzständer. Süddeutsch, 17. Jh. H. 8,5 cm. L. 11 cm. Slg. Mory →Salzgefäße, →Tischgerät
245 Tintenzeug. Um 1800. 7 × 12 × 8 cm. Privatbesitz →Tintenzeug

246 Wasserkübel. Frankreich, um 1700. H. ca. 80 cm. Privatbesitz →Küchenzinn
247 Wasserkübel. Biberach a. Riß, um 1846. F. A. Gutermann. H. 42 cm. Slg. Gläntzer →Küchenzinn
248 Salzmeste. München, 1805. J. B. Knoll. H. 20,8 cm. Privatbesitz →Salzgefäße, →Küchenzinn
249 Salzmeste. Süddeutsch, 2. Hälfte 19. Jh. (?) Reliefguß nach Motiven der Temperantia-Platte. 36 × 17 × 15,5 cm. Auktion 158, Weinmüller München →Historismus, →Temperantia-Platte
250 Gießfaß mit Becken. Schweiz, 18. Jh. D. 16 cm. 10 × 35 × 30 cm. Auktion 133, Weinmüller München →Gießgefäß
251 Gießfaß mit Becken. Innsbruck, nach 1742. J. C. Rötter. Typ I. H. 56 cm. Auktion 165, Weinmüller München →Gießgefäß
252 Delphin-Gießfaß mit Becken. Schweiz, 18. Jh. Typ II. H. ca. 42 cm. Becken 36 × 32 × 24 cm. Privatbesitz →Gießgefäß
253 Wandbrunnen. Breslau, 1. Hälfte 18. Jh. G. Ch. Nitsche. Typ III. H. 34 cm. Formsammlung Braunschweig →Gießgefäß
254 Delphin-Gießfaß. Schweiz, 18. Jh. Typ II. H. ca. 38 cm. Privatbesitz →Gießgefäß
255 Löffelform, 18. Jh. Neuguß eines Löffels aus der alten Form. Slg. Mory →Löffel
256 Löffelbrett. Um 1820. H. ca. 50 cm. Privatbesitz →Küchenzinn, →Löffelständer
257 Handwärmflasche in Form eines Gebetbuches. 17. Jh. 17 × 15 × 7 cm. Auktion 79, Weinmüller München →Wärmflaschen

258 Siebtopf. Penig, Sachsen, dat. 1835. J. Ch. G. Richter. H. 22,8 cm. Privatbesitz →Küchenzinn
259 Weinkühler. Landshut, Anfang 18. Jh. D. 36 cm. Slg. Ruhmann →Küchenzinn
260 Wärmflasche. Nordwestdeutschland, 19. Jh. H. 30,8 cm. Museumsdorf Cloppenburg →Wärmflasche
261 Münchner Bierkrug, Teller, Steinzeugkrüge mit Zinndeckeln, rotgelackte Flasche mit geöffnetem Zinn-Schraubverschluß. 18. Jh. Der Wirt bei der Brotzeit. Peter Jacob Horemans (1700–1776). Bayerische Staatsgemäldesammlungen München →Krug, →Teller, →Schraubflasche
262 Tischgerät der Gegenwart →Modernes Zinngerät
263 Zuckerdose mit Löffelständer. Deutsch, 18. Jh. H. 20,3 cm. Österreichisches Museum für angewandte Kunst Wien →Zuckerdose, →Löffelständer
264 Essig- und Ölständer. Ende 18. Jh. H. ca. 25 cm. Privatbesitz. →Tischgerät, →Silberart
265 Tafelaufsatz in Silberart. Karlsbad, Ende 18. Jh. Wohl J. Heilingötter. H. 35 cm. Slg. Mory →Tischgerät, →Silberart
266 Zierplatte. Dat. 1572. Bauerntanz (Monatsdarstellungen) nach Stichvorlage von H. S. Beham. D. 24 cm. Slg. Kirsch →Zierplatte, →Beham
267 Dedikationsplatte. Zürich, dat. 1645. H. Wirz. Wappen der Schaffhauser Familie Stocker. D. 32,5 cm. Historisches Museum Basel. →Dedikationsplatte
268 Schrifttafel. Sachsen (?), um 1720. 18,6 × 25 cm. Slg. Gläntzer →Wandtafel
269 Keksdose. London, um 1902/03. Liberty & Co. Entwurf Archibald Knox. Slg. Plickert. →Jugendstil
270 Tischuhr. London, um 1903. Liberty & Co. Entwurf Archibald Knox. Zinn mit Email →Jugendstil
271 Rauchgarnitur. Soltau, 1976. A. Röders →Modernes Zinngerät, →Röders
272 Schnapskrug. Ludwigsburg, 1968. H. Buchrucker →Modernes Zinngerät
273 Bierkrug. München, 1965. L. Mory →Modernes Zinngerät, →Mory
274 Sektbecher. Soltau, 1975. A. Röders →Modernes Zinngerät, →Röders
275 Wasserkanne. Le Tignet, Frankreich, 1975. H. A. Molenaar →Modernes Zinngerät, →Molenaar
276 Weinkanne. Neu-Ötting, 1976. Blachian →Modernes Zinngerät
277 Trinkbecher. Soltau, 1976. A. Röders →Modernes Zinngerät, →Röders
278 Bierbecher. Gauting, 1970. M. Rackl →Modernes Zinngerät, →Rackl
279 Reliefdekor: Holzstockmanier, Ätzung am Stück, geätzte Form, Reliefguß mit gekörntem Grund →Holzschnittmanier, →Ätzen, →Relieftechnik
280 Dekorarten nach dem Guß: ziseliert, graviert, geflächelt →Ziselieren, →Gravieren, →Flächeln
281 Fälschungen: Sandguß, Schieferform-Guß, Gravur mittels Elektrogriffel →Fälschungen
282 Schraubflasche mit gegossenem Flächeldekor →Flächeln, →Fälschungen
283 Sandstein-Gußform aus dem 17. Jh. für glatten Eßteller →Sandformen
284 Zinnleuchter (um 1800) mit den einzelnen Gußformenteilen →Maschinen und technische Einrichtungen, Gußformen
285 Zinngießerwerkstätte aus dem 18. Jh.
286 Einblick in eine moderne Werkstatt. A. Röders, Soltau
287 Kokillenguß. St. Grenningloh, Deilinghofen
288 Kautschukform für Modeschmuck (Schleuderguß)
289 Schleudergußmaschine der Firma Otto Vogel, Sümmern
290 Werkstättenbilder der Firma A. Röders, Soltau: Schmelzkessel
291 Kokillen-Einguß
292 Gußstück
293 Montage
294 Dreharbeit
295 Schleifarbeit
296 Handdrücken aus der Ronde. A. Frieling, Sundern
297a Verformung aus dem Zinnblech (Ronde). Leifeld & Co., Ahlen/Westfalen
297b Automatische Drückbank (Ausschnitt). Leifeld & Co., Ahlen/Westfalen
298 Schmelzkessel einer Druckgußanlage. A. Frieling, Sundern

Öffentliche Sammlungen und Museen

Bundesrepublik Deutschland

Aschaffenburg, Stadtmuseum
Augsburg, Maximilianmuseum
Berlin, ehem. Schloßmuseum
Braunschweig, Formsammlung der Stadt
Braunschweig, Städtisches Museum
Bremen, Focke-Museum
Coburg, Veste Coburg
Cloppenburg/Oldenburg, Museumsdorf
Darmstadt, Hessisches Landesmuseum
Flensburg, Städtisches Museum
Frankfurt a. M., Museum für Kunsthandwerk
Hamburg, Museum für Kunst und Gewerbe
Karlsruhe, Badisches Landesmuseum
Kassel, Staatliche Kunstsammlungen
Köln, Kunstgewerbemuseum
Kulmbach, Plassenburg, Zinnfigurenmuseum
Lindau, Heimatmuseum
Lübeck, Museum für Kunst- und Kulturgeschichte
München, Bayerisches Nationalmuseum
München, Stadtmuseum
Nürnberg, Germanisches Nationalmuseum
Nürnberg, Landesgewerbeanstalt
Oldenburg, Landesmuseum
Passau, Oberhausmuseum
Regensburg, Stadtmuseum
Reutlingen, Heimatmuseum
Rostock, Stadtmuseum
Schleswig, Schleswig-Holsteinisches Landesmuseum
Speyer, Historisches Museum der Pfalz
Stuttgart, Württembergisches Landesmuseum
Stuttgart, Landesgewerbemuseum
Ulm, Museum der Stadt
Wiesbaden, Städtisches Museum
Worms, Museum der Stadt Worms
Würzburg, Mainfränkisches Museum

Deutsche Demokratische Republik

Berlin, Kunstgewerbemuseum (Sammlung Bertram)
Berlin, Märkisches Museum
Dresden, Museum für Kunsthandwerk, Schloß Pillnitz (Sammlung Demiani)
Leipzig, Museum des Kunsthandwerks, Grassimuseum
Zittau, Stadtmuseum

Frankreich

Colmar, Unterlinden-Museum
Paris, Musée des Arts décoratifs
Paris, Musée de Cluny
Paris, Musée du Louvre
Straßburg, Musée des Arts décoratifs
Straßburg, Musée des Beaux Arts

Großbritannien

London, London Museum
London, Victoria and Albert Museum

Italien

Brixen, Diözesanmuseum
Meran, Volkskunstmuseum

Niederlande

Amsterdam, Rijksmuseum
Antwerpen, Oudheidkundige Musea, Vleeshuis
Arnheim, Gemeentemuseum
Delft, Museum Delft
Den Haag, Gemeentemuseum
Leiden, Museum de Lakenhal
Rotterdam, Museum Boymans-van Beuningen
Zwolle, Provinciaal Museum

Österreich

Joanneum
Innsbruck, Tiroler Landesmuseum Ferdinandeum
Innsbruck, Tiroler Volkskunstmuseum
Linz/Donau, Oberösterreichisches Landesmuseum
Salzburg, Museum Carolino Augusteum
Wien, Museum für angewandte Kunst
Wien, Volkskunde-Museum

Polen

Gdańsk (Danzig), Muzeum Narodowe
Kraków (Krakau), Muzeum Narodowe
Szczecin (Stettin), Muzeum Pomorza Zachodniego
Wrocław (Breslau), Muzeum Historyczne

Schweiz

Basel, Historisches Museum
Bern, Historisches Museum
Murten, Historisches Museum
St. Gallen, Historisches Museum
Zürich, Historisches Museum
Zürich, Schweizer Landesmuseum

Skandinavien

Göteborg, Historisches Museum
Helsinki, National-Museum
Karlskrona, Blekinge Museum
Karlskrona, Varvsmuseet

Kopenhagen, National-
Museum
Malmö, Museum
Oslo, Norsk Folkemuseum
Stockholm, Nationalmuseum
Stockholm, Nordiska musset

Tschechoslowakei

Liberec (Reichenberg),
Severoceské Muzeum
Praha (Prag), Muzeum Mesta
(Städt. Museum)
Praha (Prag), Národní
Muzeum (Nationalmuseum)
Praha (Prag), Státní Zidovské
Muzeum (Jüdisches Museum)
Teplice (Teplitz), Oblastní
Muzeum

UdSSR

Leningrad, Eremitage

Ungarn

Budapest, Budapester Museum
für Kunstgewerbe
Budapest, Ungarisches
Nationalmuseum

Privatsammlungen

Abt, Roman, Luzern
Arndt, Fritz, Oberwartha
(versteigert, Nov. 1930,
Helbing, München)
Audéoud, Edouard, Genf
(versteigert, April 1925,
A. Mincieux und J. Kündig,
Zürich)
Bapst, Germain, Paris
Bertram, Fritz, Lichtenwalde
b. Chemnitz (seit 1969 im
Kunstgewerbemuseum Berlin-
Köpenick)
Beuningen van, H. J. E.,
Rotterdam

Bleibinhaus, A., München
(versteigert, Dez. 1930,
Helbing, München)
Böhler, W., München
Bossard, J., Luzern
(versteigert, Juli 1910,
Helbing, München)
Clemens, Wilhelm, Köln
(als Stiftung 1919/20 an das
Kunstgewerbemuseum Köln)
Demiani, Hans, Leipzig
(übereignet 1911 dem Museum
für Kunsthandwerk Dresden)
De Ridder, Frankfurt
(versteigert, 1919, H. Helbing,
München)
Figdor, Albert, Wien
(versteigert, 1930, Artaria u.
Co., Glückselig GmbH, Wien)
Flasshaar (versteigert, Mai
1931, R. Elsas, Berlin)
Ganz, A., St. Niklausen
(versteigert, Nov. 1958,
Stuker, Bern)
Gläntzer, Heinrich, Bielefeld
Günther-Prestel, Ferdinand,
Frankfurt a. M. (versteigert,
November 1910, Helbing,
München)
Helbing, Hugo, München
Hengeler, Adolf, München
(versteigert, Juni 1931,
Helbing, München)
Hirth, Georg, München
(versteigert, November 1916,
Helbing, München)
Huber, Richard, Reichenberg/
Sachsen, 1920
Hupka, W., Baden-Baden
(versteigert, Mai 1928,
Helbing, München)
Kahlbau, Eduard, Stuttgart
(verkauft, 1908, an das Grassi-
Museum Leipzig)
Kahlbaum, Berlin (seit 1909
im Germanischen National-
museum, Nürnberg)
Kirsch, Gebr. Heinrich und
Reinhold, München
Kleist, Ewald von, Zürich
(versteigert, Mai 1933,
Th. Fischer, Luzern)
Kodella, Graz (versteigert,

Aug. 1934, Th. Fischer,
Luzern)
Kratzenberger, Karl, Berlin
Kuppelmayer, Max, München
(versteigert, 1896, bei
I. M. Heberle durch
H. Lempertz, Köln)
Lanna, Adalbert von, Prag
(versteigert, 1909, Rudolf
Lepke, Berlin)
Leonhardt, G. J., Laren
List, Magdeburg (versteigert,
1939, Hans W. Lange, Berlin)
Manz, P. J., Stuttgart
Moeser, Karl, Innsbruck
Mory, Ludwig, München
Nestel, Carl, Stuttgart
(versteigert, Okt. 1916,
Helbing, München)
Oppler, Edwin, Hannover
(versteigert, Febr./März 1913,
Lepke, Berlin)
Siebenbürgen, 1936
Plickert, Eva, München
Ritleng, Alfred, Straßburg
(versteigert, April 1906,
Straßburg)
Ruhmann, Karl, Wildon/
Steiermark
Schweizer und Nürnberger
Zinn, Sammlung Konsul J.
(versteigert, Februar 1918,
Kende, Wien)
Vallin, Carlos, Barcelona
(versteigert, August 1937,
Fischer, Luzern)
Verster, A. J. G., Amsterdam
(seit 1954 Museum Boymans-
van Beuningen, Rotterdam)
Vetter, Robert M., Wien
(seit 1970 aufgelöst)
Vieweg, Braunschweig
(versteigert, März 1930,
Lepke, Berlin)
Volckamer, G. von, München
(seit 1944 im Germanischen
Nationalmuseum Nürnberg)
Wessner, Otto, St. Gallen
(versteigert, 1924 u. 1925,
H. Helbing, München)
Zöllner, Julius, Leipzig
(verkauft, 1906, an das Grassi-
Museum, Leipzig)

Literaturverzeichnis

*Art Objects in Tin
by Russian Craftsmen*
Leningrad 1972

Bapst, M. Germain
L'étain, Paris 1884
Études sur l'Étain dans l'antiquité et au moyen-âge, 1888
Barten, Sigrid
Kayser-Zinn-Gegenstände, Hamburg 1974
Bauer, Dirk
Kirchliches Zinngerät aus dem Kreise Marburg, 1970
Bedford, John
Pewter. Collector's Pieces, London 1965
Bell, Malcolm
Old Pewter, London 1913
Belloncle, M.
Les Étains, Paris 1968
Berling, Karl
Altes Zinn, Berlin 1919
*Bertram, Fritz und
Zimmermann, Helmut*
Begegnungen mit Zinn, Prag 1968
Bidault, Abbé Paul
Étains réligieux, Paris 1971/72
Bondy, K.
Das alte Zinngießer-Handwerk in Böhmisch-Leipa, 1937
Borchers, Walter
Bäuerliches Zinn in Westfalen und im angrenzenden Niedersachsen, 1958
Bossard, Gustav
Die Zinngießer der Schweiz und ihr Werk, Zug 1920/34
Boucaud, Philippe
250 Poincons d'étain, Paris 1970
Bruzelli, Birger
Tenngjutare i Sverige, Stockholm 1967

Cotterel, Howard Herschel
National types of Old Pewter, London 1925 und 1972
Old Pewter: its Makers and Marks in England, Scotland and Ireland, London 1929
Cox, R.
Victorian Tinware with Notes on a 19th Century Catalogue, Stamford 1970

*Delden van, Edzard und
Buddemeier, Ernst*
Norddeutsches Zinn, Osnabrück 1976
Demiani, Hans
François Briot, Caspar Enderlein und das Edelzinn, Leipzig 1897
Dexel, Walter
Das Hausgerät Mitteleuropas, Braunschweig 1962
Dietz, A.
Das Frankfurter Zinngießereigewerbe und seine Blütezeit im 18. Jahrhundert, Frankfurt am Main 1903
Douroff, B. A.
Étain français des XVIIe et XVIIIe siècles, Paris 1959
Dreier, Franz Adrian
Die mittelalterlichen Baluster-Zinnkannen Nordostdeutschlands, Berlin 1959
Dress, Heinrich
Emder und Oldenburger Zinngießer, 1965/66
Dubbe, B.
Tin en Tinnegieters in Nederland, Zeist 1965

Falke, Otto von
Lyoner Edelzinn, Berlin 1910
Fritz, Rolf
Dortmunder Zinngießer in der Barockzeit, 1965

Gahlnbäck, Johannes
Russisches Zinn, Leipzig 1932
Zinn und Zinngießer in Finnland, Helsingfors 1925
Zinn und Zinngießer in Livland, Estland und Kurland, 1929
Gläntzer, Heinrich
Zinn, Katalog der Ausstellung der Sammlungen Kirsch und Gläntzer, Museum für Kunst und Kulturgeschichte Dortmund, 1961
Gould, Mary Earle
Antique Tin and Tole Ware, Rutland, 1958
*Guilbert-Guieu, M. und
Breton, J.*
Les étains. Trésors des Musées d'Angers, 1973

Haedeke, Hanns Ulrich
Zinn, Braunschweig 1963/1973
Zinn, Leipzig 1973
Sächsisches Zinn, Leipzig 1975
Haldner, A.
Colectia des cositoare, Sibiu 1972
Hallens, J. S.
Werkstätte der heutigen Künste, »Der Zingießer«, Brandenburg 1761
Hedges, Dr. E. S.
Tin in Social and Economic History, London 1964
Hintze, Erwin
Die deutschen Zinngießer und ihre Marken, Leipzig 1921/27
Nürnberger Zinn, Leipzig 1921
Formengeschichte des schlesischen Zinns, Breslau 1924
Huber, U. und Oertel, G.
Siebenbürgisch-Sächsisches und anderes Zinn, Reichenberg 1936

Kauffman, H. J. und Briggs, D.
The American Pewterer.

His techniques and his
products, Camden N. J. 1970
Kerfoot, J. B.
American Pewter,
New York 1942
Klinkowstroem, Carl Graf von
Zinn-Bibliographie, Börsen-
blatt des Deutschen Buch-
handels, Frankfurt,
Mai 1962
Knebel, Konrad
Rot-, Zinn- und Glocken-
gießer Freiburgs, 1903
Köster, Kurt
Mittelalterliche Pilger-
zeichen und Wallfahrts-
devotionalien, Katalog
Rhein und Maas, Köln 1972
Kohlmann, Theodor
Zinngießerhandwerk und
Zinngerät in Oldenburg,
Ostfriesland und Osnabrück,
Tübingen 1967
Kratzenberger, Karl
Altes norddeutsches Zinn-
gerät und seine Marken,
Brandenburg 1926 und 1930

Lamy-Lasalle, Colette
Enseignes de Pélerinage,
Paris 1964/67
Laugblin, Ledlie Irwin
Pewter in America,
Barre 1969
Lebmacher, Carl
Zinngießer in Kärnten,
Villach 1935
Löfgren, Albert
Finnländische Zinngießer
und deren Stempelmarken
vor 1809
Helsingfors 1927
Det Svenska Tenngjutare-
hantverkets Historia,
Stockholm 1925/1950

Mais, Adolf
Die Zinngießer Wiens, 1958
Meyer-Eichel, Eva
Die bremischen Zinngießer,
Bremen 1931
Michaelis, Ronald F.
Antique Pewter of the
British Isles, London 1955
British Pewter, London 1968
Mirow, G.
Brandenburgische Zinn-
gießer, 1927
Die Zinngießer von
Königsberg, 1937
Die Prenzlauer Zinngießer,
1942
Mory, Ludwig
Schönes Zinn – Geschichte,
Formen und Probleme,
München 1961/
5. Auflage 1975
Zinn in Europa, Regionale
Krug- und Kannentypen
(Bildkarte), München 1972
Il peltro in Europa,
Mailand 1964
Müller, B. F.
Die große Zinnkunde,
Zinn-Taschenbuch,
Düsseldorf 1975
Müller, Theodor
Ein Reliquienkasten im
Brixener Domschatz,
München/Innsbruck 1955
Murray, W. G. D.
De Rotterdamsche
Tinnegieters, 1938

Naef, Ernest
L'étain et le livre des potiers
d'etain Genevois, Genf 1920

Ortmann, E.
Zinnfiguren einst und jetzt,
Leipzig 1972

Pichelkastner, Eleonore
Zur Formengeschichte der
Schleifkannen, Dresden 1964
Pieper-Lippe, Margarete
Altes Münsterisches Zinn,
Münster 1958
Altes Dülmener Zinn, 1967
Zinn im südlichen
Westfalen, 1974
Pniower, Otto
Mittelalterliche Zinnkannen
a. d. Mark Brandenburg,
1917

Presbyter, Theophilus
(Mönch Rugerus)
Schedula diversarium
artium, Benediktinerkloster
Helmershausen an der
Diemel, 11./12. Jahrhundert
(Schriften der techn. Künste,
3. Buch Metallarbeit,
übers. von Albert Ilg,
Wien 1874)

Reinecke, Wilhelm
Lüneburger Zinn, 1947
Riff, Adolphe
L'orfèvrerie d'étain en
France, Straßburg 1925
Les étains Strasbourgeois
du XVIe à XIXe siècle,
Straßburg 1925
Roch, Willy
Die Annaberger Zinngießer,
1970
Ruhmann, R., Dr., Karl
Edelzinn, Katalog der
Ausstellung im Tiroler
Landesmuseum Ferdinan-
deum, Innsbruck 1960

Sagebiel, H.
Bergische Zinngießer,
1937 und 1956
Salmon, Pierre Augustin
Art du Potier d'Étain,
Paris 1788
Schauplatz der Künste und
Handwerke, 5. Band von
Daniel Gottfried Schreber,
Leipzig 1795
Santesson, B. O.
Gammald Teen
Västeras 1962
Schmidt, Ernst Eberhardt
Vaihinger Zinngießer, ihre
Marken und ihre Erzeug-
nisse, Stuttgart 1970/71
Schneider, Hugo
Zinn, Katalog der Samm-
lung des Schweizerischen
Landesmuseums,
Zürich 1970
Schubert, Albert
Kölner Zinn der Spätgotik
und der Renaissance, o. J.

Stempel, Karl
  Deutsche Zinngießer im Wartheland, Posen 1943

Tardy
  Les poinçons des étains français, Paris 1974

Tischer, Friedrich
  Böhmisches Zinn und seine Marken, Leipzig 1928

Verster, A. J. G.
  Oud Tin, Maastricht, 1928
  Tin door de Eeuwen, Amsterdam, 1954, als deutsche Ausgabe »Das Buch vom Zinn«, Hannover 1963, übersetzt von R. M. Vetter, Wien

Vetter, Robert M. and Cotterell H. H.
  European Continental Pewter, London 1927

Vetter, Robert M. und Wacha, Georg
  Linzer Zinngießer, Wien 1967

Viebahn, Egon
  Bergisches Zinn, Wuppertal 1972

Walcher v. Molthein-Wien, Alfred
  Deutsches und französisches Edelzinn, Wien 1904
  Das Zinngießerhandwerk der Stadt Salzburg, 1910

Warncke, J.
  Die Zinngießer zu Lübeck, 1922

Weiner, Piroska
  Zinnkunst in ungarischen Sammlungen, Budapest 1971

Welsh, Charles
  History of the Worshipful Company of Pewterers of the City of London, 1902

Wiedamann, Eugen
  Zinngerät, Werkstattbericht des Kunstdienstes, Berlin 1943

Wiedamann, Richard
  Vom Handwerk der Zinngießer, Katalog der Internat. Ausstellung »Zinngerät von Heute« Düsseldorf 1955

Wiedner, Johannes
  Schlesische Bierkrüge aus Zinn, Würzburg 1966

Wolfbauer, Georg
  Die österreichischen Zinngießer und ihre Marken, Graz 1934

Wood, L. Ingleby
  Scottish Pewterware and Pewterers, 1905

Fotonachweis

Badisches Landesmuseum, Karlsruhe: 156. Bayerische Staatsgemäldesammlungen, München: 40, 261. Bayerisches Nationalmuseum, München: 17, 18, 39, 43, 49, 50, 63, 65, 85, 134, 176. Bildarchiv Bruckmann, München: 120, 152. Germanisches Nationalmuseum, Nürnberg: 41, 57, 69, 121, 266. Gewerbemuseum der Landesgewerbeanstalt Bayern, Nürnberg: 60, 108, 240. Grassi-Museum, Leipzig: 86. Historisches Museum, Basel: 133, 243, 270. Historisches Museum, Frankfurt/Main: 165. Kölnisches Stadtmuseum, Köln: 129. Kunstgewerbemuseum Berlin-Charlottenburg: 14. Kunstgewerbemuseum Berlin-Köpenick: 51, 52, 53, 74, 125, 138, 167, 196, 201, 229. Kunstgewerbemuseum, Köln: 6, 15, 32, 72, 89, 91, 92. Kunsthistorisches Museum, Wien: 210. Lackmuseum Herbig-Haarhaus, Köln: 161. Landesmuseum für Kunst- und Kulturgeschichte, Oldenburg: 191. Mainfränkisches Museum, Würzburg: 87. Musée des Beaux Arts, Brüssel: 71. Musée Municipaux, Straßburg: 219. Museum Boymans, Rotterdam: 143. Museum der Stadt Aschaffenburg: 148. Museum der Stadt Regensburg: 184. Museum Ferdinandeum, Innsbruck: 33. Museum für Kunsthandwerk, Dresden: 4, 8, 12, 16, 54, 56, 58, 59, 61, 64, 162. Museumsdorf Cloppenburg: 260. Nationalmuseum, Kopenhagen: 225. Nationalmuseum, Prag: 238. Nordiska Museet, Stockholm: 107. Oberösterreichisches Landesmuseum, Linz: 171, 223. Österreichisches Museum für angewandte Kunst, Wien: 44, 263. Rheinisches Landesmuseum, Bonn: 84. Rijksmuseum, Amsterdam: 211. Rijksmuseum für Volkskunde, Arnheim: 94. Sammlung Plickert, München: 158, 224, 269, 270. Schloß Cappenberg, Museum Dortmund: 5. Städtisches Museum, Kitzingen/Main: 132. Städtisches Museum, Ulm: 70. Städtisches Museum, Wels: 136. Stadtmuseum, Linz: 207. Stadtmuseum, München: 78. Stadtmuseum, Prag: 93. Universitätsbibliothek Heidelberg: 38. Victoria & Albert Museum, London: 139. Württembergisches Landesmuseum, Stuttgart: 1, 126.
Die übrigen Fotos stammen aus der Sammlung L. Mory, München, und weiteren, nicht genannten Privatsammlungen.